आधुनिक युगीन युद्ध प्रबन्ध काव्यों का संदेश

डॉ. मनिता सेंगर

ट्रू साइन

प्रकाशक : ट्रू साइन पब्लिशिंग हाउस

पता : SY.N0.21/2 & 21/3, सोननहल्ली,
कृष्णराजपुरा, बेंगलुरु, कर्नाटक – 560049, भारत

ईमेल: books@truesign.in

वेबसाइट: www.truesign.in

आधुनिक युगीन युद्ध प्रबन्ध काव्यों का संदेश

डॉ. मनिता सेंगर

ISBN: 978-93-5584-302-9

संस्करण: 2022

पुरोवाक्

मानव सभ्यता में युद्ध एक ऐसा शाश्वत सत्य है जैसे युद्ध के मध्य मानवता का। भारत में युद्ध को क्षत्रिय धर्म माना गया है। अन्याय के प्रतिकार का यह अन्तिम प्रतिकार है, जब प्रतिपक्ष के समझाने पर भी अन्यायी नहीं समझता तब शान्ति की स्थापना के लिए युद्ध अनिवार्य हो जाता है, कर्मण्येवाधिकारस्ते का उद्बोध भी तो इसी संदर्भ का है। शौर्य वीरता के कारण ही वसुन्धरा वीरभोग्या कही गयी है।

पूर्व काल में शान्ति हेतु युद्ध का करना अनिवार्य माना जाता था, किन्तु आज युद्ध देश और काल के सापेक्ष में अधिक विनाशकारी हो गया है। युद्ध के कारण कुछ भी हो, तो परिणाम सभी को भोगना पड़ता है।

संस्कृत में आदि कवि वाल्मीकि कृत रामायण से लेकर हिन्दी साहित्य में आधुनिक युगीन कवियों की रचनाएं युद्ध प्रसंगों से पूर्ण हैं। राम की शक्ति पूजा (निराला), जयभारत (मैथिलीशरण गुप्त), रश्मिरथी कुरुक्षेत्र, परशुराम की प्रतीक्षा (दिनकर), आत्मजयी (कुंवर नारायण), संशय की एक रात (नरेश मेहता), एक कण्ठ विषपायी (दुष्यन्त कुमार), अंधायुग (धर्मवीर भारती), उन्मुक्त (सियाराम शरण गुप्त) और आर्यावर्त (मोहन लाल महतो) आदि रचनाओं में युद्ध की समस्या को रचनाकारों ने उठाया है और कवियों ने यह लक्ष्य सामने रखा है कि इस समस्या का हल वैयक्तिक और सामाजिक आधार पर निकलना चाहिए। इन युद्ध प्रबन्ध काव्यों के नायक व्यक्तिगत लाभ के लिए जन विनाश नहीं करना चाहते। इन रचनाओं में युद्ध और शान्ति का हल खोजने का प्रयास किया गया है क्योंकि बिना शान्ति के मनुष्य जीवन में सुख नहीं पा सकता। इस अणु युग में तो इसकी महती आवश्यकता है।

युद्ध की पृष्ठभूमि पर लिखे गये जितने भी प्रबन्ध काव्य हैं सभी में कोई न कोई संदेश दिया है। चाहे वह समाजवादी चिन्तन हो या मानवतावादी, चिन्तन, युद्ध और शांति विषयक चर्चा हो, अथवा अस्तित्ववादी, चिन्तन की चर्चा हो, सभी में इन प्रसंगों से संदेश, और प्रेरणाएं मिलती रही हैं।

केवल भाव पक्ष ही नहीं शिल्प की दृष्टि से भी युद्ध प्रबन्ध काव्य जीवन्त और प्रभावकारी है। भाषा, अलंकार विधान प्रतीक और बिम्ब विधान, छन्द, सूक्ति, लोकोक्ति और मुहावरों के सफल प्रयोग से युद्ध प्रबन्ध काव्य सुसज्जित है।

इस प्रकार इन युद्ध प्रबन्ध काव्यों के विवेचन द्वारा इनमें निहित संदेश मानव जीवन पर प्रकाश डाला गया है और जब तक समाज में वैषम्य की स्थिति रहेगी, संघर्ष रहेगा।

प्रस्तुत शोध प्रबन्ध को सात अध्यायों में विभक्त किया है इनका विवरण इस प्रकार है -

प्रथम अध्याय में आधुनिक हिन्दी काव्य एक विश्लेषण में आधुनिक हिन्दी काव्य की पृष्ठभूमि, चम्पू प्रबन्ध कार्य का इतिहास और विकास, आधुनिक हिन्दी काव्य : उद्भव और विकास जिसमें प्रथम उत्थान काल (भारतेन्दु युग), द्वितीय उत्थान काल (द्विवेदी युग), तृतीय उत्थान काल छायावादी युग, चतुर्थ उत्थान काल (प्रगतिवाद), पंचम उत्थान काल (प्रयोगवाद, नयी कविता, विविध काव्यान्दोलन) पर उल्लेख किया गया है। आधुनिक हिन्दी काव्य : स्वरूप एवं प्रवृत्तियों में विचारगत प्रवृत्तियाँ, भावगत प्रवृत्तियाँ, शिल्पगत प्रवृत्तियों, का भी उल्लेख किया गया है, विशिष्ट कवि एवं कृतियां, परशुराम की रचना, आर्यावर्त, रश्मिरथी, आत्मजयी।

द्वितीय अध्याय में प्रबन्ध काव्य : एक विश्लेषण, काव्य : स्वरूप, परिभाषा एवं भेद-प्रभेद (भारतीय एवं पाश्चात्य मत) प्रबन्ध काव्य, मुक्तक काव्य, काव्य के हेतु एवं प्रयोजन, महाकाव्य की अवधारणा (भारतीय एवं पाश्चात्यमत) हिन्दी काव्य परम्परा में प्रबन्ध काव्य: वस्तु एवं शिल्प की दृष्टि से संक्षिप्त अध्ययन, संस्कृत, हिन्दी आदि का वर्णन किया गया है।

तृतीय अध्याय में आधुनिक युद्ध प्रबन्ध काव्य में युग बोध (द्विवेदी एवं छायावादी युग) में विशिष्ट कवियों की कृतियों का उल्लेख किया गया है- प्रिय प्रवास- अयोध्या सिंह उपाध्याय 'हरिऔध', साकेत-मैथिलीशरण गुप्त, जयद्रथ वध- मैथिलीशरण गुप्त।

चतुर्थ अध्याय में आधुनिक युद्ध प्रबन्ध कार्यों में युग बोध (प्रगतिवाद, प्रयोगवाद एवं नयी कविता) के विशिष्ट कवियों और उनकी रचनाओं को वर्णित किया गया है। कुरुक्षेत्र-रामधारी सिंह दिनकर, रश्मिरथी-रामधारी सिंह दिनकर, अंधा युग-धर्मवीर भारती, आत्मजयी-कुँवर नारायण।

पंचम अध्याय में आधुनिक युद्ध प्रबन्ध काव्यों का जीवन दर्शन एवं सन्देश में युद्ध एवं शान्ति विषयक चिन्तन, मानवतावादी चिन्तन, समाजवादी चिन्तन, अस्तित्ववादी चिन्तन, राज्य व्यवस्था/शासन सत्ता सम्बन्धी चिन्तन, युद्धों की विभीषिका संशय, शोक अथवा दायित्व बोध, पौराणिक आख्यानों के माध्यम से आधुनिक संदेश आदि को वर्णित किया गया है।

षष्ठ अध्याय में आधुनिक युद्ध प्रबन्ध कार्य के शैल्पिक उपकरण के अन्तर्गत भाषा : शब्द भण्डार, शब्द शक्तियाँ, नाद सौन्दर्य, अलंकार विधान, प्रतीक योजना, बिम्ब विधान, छन्द विधान, सूक्ति लोकोक्ति, मुहावरे, अन्य शैल्पिक सौन्दर्य आदि का वर्णन किया गया है।

सप्तम अध्याय के अन्तर्गत उपसंहार में आधुनिक युद्ध प्रबन्ध काव्यों की प्रासंगिकता, निष्कर्ष तथा उपलब्धियों को वर्णित किया गया है। इस निष्कर्षों का समीक्षा जगत में सम्मान होगा, इसी के साथ इस शोध प्रबन्ध का समापन किया गया है।

इस शोध प्रबन्ध में व्यक्त अपने विचारों के समर्थन में उपयुक्त उदाहरणों को मैंने परिश्रमपूर्वक ढूंढ-ढूंढ कर एकत्र किया है।

किसी भी कार्य की सफलतापूर्वक सम्पन्नता पर आभार व्यक्त करना हमारी परम्परा है। इस क्रम में सर्वप्रथम मैं अपनी शोध निर्देशिका डॉ. शुभा बाजपेयी (रीडर, हिन्दी विभाग) डी.एस.एन. कालेज, उन्नाव के प्रति अपना आभार व्यक्त करती हूँ, जिनके कुशल निर्देशन

में यह शोध कार्य पूर्ण हो सका है। मैं उनके स्नेह और वात्सल्य की चिरऋणी हूँ। विभाग के अन्य प्राध्यापक-प्राध्यापिकाओं के प्रति सहयोग प्रदान करने वाले की मैं हृदय से आभारी हूँ। मैं वी.एस.एस.डी. कालेज कानपुर के रीडर डॉ. राकेश शुक्ल एवं डॉ. अरुण प्रकाश अवस्थी मौरावाँ एवं 'द ग्रेट ओरियन्टल' पुस्तक के लेखक श्री विनोद शंकर मिश्रा जी (लखनऊ), एवं स्व. उमाशंकर दीक्षित (इलाहाबाद), डॉ. रश्मि दीक्षित (उन्नाव), डॉ. प्रज्ञा कुशवाहा (कानपुर), श्री रजनीन्द्र दीक्षित (उन्नाव), जिन्होंने अहेतु की कृपा करके मुझे इस योग्य बनाया है। मैं इस कार्य में प्रत्यक्ष तथा अप्रत्यक्ष रूप से सहयोग करने वाले अपने परिवारीजनों में सर्वप्रथम अपने पिता स्व. डॉ. नरेन्द्र सिंह सेंगर जिनकी प्रेरणा और प्रोत्साहन से यह शोध करने के लिए मैं तत्पर हुई, अपनी माँ श्रीमती मधु सेंगर (अध्यापिका), पति श्री संजीव सिंह एवं चाचा अमरेन्द्र सिंह सेंगर, दीदी हर्षिता सिंह एवं अपने बच्चों शुभिराज एवं रितिका सिंह एवं ससुराली पक्ष में ससुर श्री जवाहर सिंह चौहान (अध्यापक), सास श्रीमती प्रभा सिंह, ननद श्रीमती गिरिजा कुशवाहा (अध्यापिका) ग्वालियर, जिन्होंने अत्यन्त स्नेह और आत्मीयतापूर्वक मेरा सहयोग किया है। मैं अपने सभी बंधु-बांधवों और मित्रों का आभार व्यक्त व्यक्त करती हूँ।

डी.एस.एन. कालेज पुस्तकालय उन्नाव, राजकीय पुस्तकालय उन्नाव, महात्मा गाँधी पुस्तकालय उन्नाव, मारवाड़ी पुस्तकालय कानपुर, गया प्रसाद पुस्तकालय, कानपुर, हिन्दी साहित्य पुस्तकालय समिति मौरावाँ, सिंह जीराक्स के टंकणकर्ता श्री रामचन्द्र वर्मा के प्रति विशेष आभार जिन्होंने मनोयोग पूर्वक टंकित करके समय से इस कार्य को पूर्ण करने में सहयोग दिया है।

शोध प्रबन्ध में हुई त्रुटियों के सम्बन्ध में मैं मानस की यह चौपाई विद्वज्जनों से निवेदित करती हूँ -

"जो बालक कह तौतरि बाता। सुनहि मुदित गुरु पितु अऊ माता"

मेरे इस कार्य पर विद्वत्वर्य का आशीर्वाद अपेक्षित है।

(मनिता सेंगर)

शोधकर्ती

मनिता सेंगर

विषय-सूची

आधुनिक युद्ध प्रबन्ध काव्य के प्रमुख रचनाकार

जयशंकर प्रसाद

सुमित्रा नन्दन 'पन्त'

रामधारी सिंह 'दिनकर

सूर्यकान्त त्रिपाठी 'निराला'

प्रथम अध्याय

आधुनिक हिन्दी काव्य : एक विश्लेषण

अध्याय-प्रथम

आधुनिक हिन्दी काव्य : एक विश्लेषण

(1) आधुनिक हिन्दी काव्य की पृष्ठभूमि

हमारे देश के तथा अन्य देशों के साहित्य शास्त्रियों ने काव्य की जो परिभाषाएँ लिखी हैं उनमें भिन्नता है। कुछ लोगों ने 'सुनने में प्रिय' शब्दों के समुदाय को कविता कहा है। कुछ ने शब्दों की रमणीयता को काव्य का लक्षण माना है और कुछ ने शब्द और अर्थ दोनों की सुन्दरता से युक्त कथन को काव्य कहा है। इस अन्तिम विचार वाले विद्वानों का वर्ग कविता के लिए निम्न बातें आवश्यक समझते हैं-

(1) वह ऐसी भाषा में व्यक्त की जाय, जो साधारणतया व्यवहार में आने वाली भाषा से ज्यादा सुन्दर, संस्कृत और गठी हुई हो।
(2) जिसका अर्थ रमणीक और आनन्दमय हो। कविता केवल कानों की सुखद व मनोरंजक ही न हो, अर्थ की मनोहरता से भी युक्त हो।

इस प्रकार निर्दोष, गुणपूर्ण, अलंकृत, मनोहर 'अर्थ समन्वित वाक्य' को काव्य कहते हैं।

कुछ लोग यह भी मानते हैं कि यदि इन कविताओं में अन्य विशेषताएँ हों, किन्तु अलंकृति (सजावट) न हो तो भी वाक्य को काव्य कहा जा सकता है। तात्पर्य यह है कि "प्रकट या शीघ्र ही जान पड़ने वाला अलंकार न होने पर भी 'अन्य गुणों के होने पर' किसी उक्ति में काव्यत्व हो सकता है। परन्तु इस परिभाषा में काव्य के पूर्ण रूप का बोध नहीं होता। कविता का काम है-

(1) विचारों का परिष्कार करके उन्हें काव्यमय बनाना।
(2) हृदय को अनिर्वचनीय आनन्द देना और काव्य के साथ ही हृदय में ऐसी भावना उत्पन्न करना और सदा ध्यान रखना जिसके द्वारा हमारा सृष्टि के अन्य सम्पूर्ण चेतन और अचेतन पदार्थों से एक प्रकार का आत्मिक सम्बन्ध स्थापित हो जाय। किन्तु यह भावना कविता के श्रोता या पाठक के मन में तभी जाग्रत होगी जब वह सरल और सरस भाषा में हो, एवं उसमें रूप सौष्ठव हो। इसलिए सुन्दर और सरल वाक्यों के द्वारा अभिव्यक्त, ऐसे विचारों को कविता कहा जा सकता है जो श्रोता या पाठक के हृदय में वही भाव उत्पन्न करने में समर्थ हों जो, उनके रचयिता के हृदय में उठे थे और जिनके सहारे काव्य में अहं भाव छोड़कर सजीव और निर्जीव सभी

पद्यों से मानसिक भावना के द्वारा एकता का अनुभव करेंगे। काव्य विषयक इस धारणा को संक्षेप में इस प्रकार कह सकते हैं कि सरल और सरस शब्दों में काव्य मन को मुग्ध करने वाले ऐसे उच्च भावों को काव्य कहते हैं, जो हमारे विचार देश या काल की सीमा को लांघकर सृष्टि के पदार्थों से मानसिक एकता का अनुभव करने लगे।

इस परिभाषा का विश्लेषण करने पर विदित होता है कि (1) काव्य का विषय ऐसा होना चाहिए जो मानव हृदय में प्रभावशाली हो और जिसके द्वारा उसमें से पशुत्व का अहं भाव निकलकर उसमें सच्चे मनुष्यत्व, विश्व-बन्धुत्व भाव, प्रतिष्ठित हो जाय तथा (2) जो ऐसे शब्दों में भाव प्रकट किया जाय कि मानव हृदय को अपनी ओर खींच कर उसे मोह सके और उसमें ऐसा आनन्द पैदा कर सके जो काव्य के अन्य पदार्थों से प्राप्त न हो सकता हो।

इन बातों को ध्यान में रखकर किसी रसात्मक वाक्य के संदर्भ में वह गद्य में हो चाहे पद्य में, काव्य कह सकते हैं परन्तु हमारे देश में यद्यपि पहले भी इसमें अपने भाव प्रकट करके उनको ग्रन्थों में सुरक्षित रखने की प्रथा थी, तथापि लोग अपने भाव पद्य में ही छोड़ गए हैं। हमारे यहाँ काव्य ग्रन्थ सदा से पद्यबद्ध होते आए हैं। इससे साधारणतया पद्य और कविता एक दूसरे के पर्यायवाचक से हो गये हैं परन्तु सच पूछा जाय तो पद्यमय सभी वाक्य काव्य कहलाने के अधिकारी नहीं होते। जैसे -

भोजन बनाओ, अब उठो
जिन कार्य साधो, सब उठो
तुमको अभय दायक वचन हमने दिये।

इनको वाक्य ही कहा जायेगा। इसमें कोरी तुकबन्दी है, श्रोता व पाठक के हृदय में वक्ता के भाव भर देने की शक्ति नहीं। इसी प्रकार-

कनक कनक ते सौ गुनी, मादकता अधिकाय,
यहि खाये बौरात नर, वह पाये बौराय।।

– **बिहारी**

इस दोनों में कनक शब्द के 'सोना' और 'धतूरा' इन दो के कारण शाब्दिक चमत्कार प्रदर्शित किया है किन्तु इसको सुनकर हम शब्द के प्रयोग की चतुराई पर ही प्रसन्न होकर रह जायेंगे। इससे हमारी अन्तरात्मा को कोई स्थायी बना रहने वाला आनन्द न मिलेगा। इस प्रकार के काव्य को पद्य न कहकर 'सूक्ति' कहेंगे पर 'काव्य' नहीं।

परन्तु जब हम राम और लक्ष्मण के साथ वन यात्रा करते यमुना पार जाने के अनन्तर गांव की भोली-भाली स्त्रियों के, राम का परिचय पूछने पर इस चौपाई के द्वारा 'सीता' और 'राम' से अपना सम्बन्ध बताते हुए देखते हैं-

"बहुरि वदन-विधु अंचल ढाकी,
प्रिय तन चितै भौंहकर बांकी।
खंजन मंजु तिरीछे नैननि,
निज पति तिनहिं कहेउ सिय सैननि।' [1]

तब हम केवल आर्य–मर्यादा की प्रतिनिधि स्वरूपा सीता को अपने पति की उपस्थिति में उनके नाम का उच्चारण करने में विरत ही नहीं देखते, किन्तु पति के समीप होने से भारतीय ललना को जो स्वाभाविक लज्जा लगती है, उसको भी प्रत्यक्ष देखते हैं। इतना ही नहीं सबके सामने अपने पति का परिचय देने के ढंग में सीता की चतुरता भी हृदय पर अपना प्रभाव डालती है। इस प्रकार पद्य, सूक्ति और काव्य का अन्तर स्पष्ट हो जाता है, अब यह उचित प्रतीत होता है कि काव्य के अन्तर्गत जितने प्रकार की रचनाएं हो सकती हो उनका भी अध्ययन कर लिया जाय।

काव्य के अन्तर्गत केवल उन्हीं रचनाओं की गणना होती है जिसमें कवित्व का मूल तत्व, जिसका विवेचन ऊपर किया जा चुका है, वर्तमान में हो। ऐसी रचनाएं गद्य और पद्य दोनों में हो सकती हैं। महाकवि तुलसी का 'रामचरितमानस' या श्री मैथिलीशरण गुप्त का 'जयद्रथ वध', काव्य है, श्री वियोगी हरि कृत 'तरंगिणी' या 'अन्तर्नाद' अथवा श्री रायकृष्णदास विरचित 'साधना' और 'भावुक' भी काव्य हैं। कुछ परम्परा के अनुयायी केवल 'पद्यात्मक' रचनाओं को ही काव्य मानते हैं परन्तु ऐसा करके वे आकार को, बाहरी ढांचे को प्रधान मान लेते हैं। आत्मा की कविता के मूल तत्त्व की उपेक्षा कर बैठते हैं। यह ठीक नहीं। वास्तव में काव्य के विशिष्ट गुणों से कथन को चाहे वह पद्य में हो या वह गद्य में, काव्य कहना अधिक युक्ति पूर्ण है। परन्तु कुछ रचनाएँ ऐसी भी हैं जो गद्य और पद्य दोनों में है। श्री जयशंकर प्रसाद के 'चित्राधार' में संग्रहित 'उर्वशी' और 'बभ्रुवाहन' तथा श्री अनूप शर्मा कृत 'फेरि मिलिबो' इसी प्रकार की कृतियाँ हैं। ऐसी रचनाओं को 'मिश्र काव्य' या चम्पू कहते हैं।

"संस्कृत में अनन्त भट्ट का चम्पू भट्ट और लक्ष्मण कवि का चम्पू रामायण प्रसिद्ध है।"

आधुनिक काल के साहित्य में पाश्चात्य प्रभाव की प्रवृत्ति विशेष लक्षित होती है। आधुनिक कालीन साहित्य का प्रमुख स्वर मध्यम वर्ग का चित्रण है। इस वर्ग का चित्रण न तो वीर गाथाकालीन साहित्य में मिलता है और न भक्तिकालीन और न ही रीति कालीन साहित्य में।

विजयेन्द्र स्नातक ने लिखा है कि "रीतिकालीन काव्य के बाद हिन्दी काव्य क्षेत्र में एक विराट परिवर्तन आया। यह परिवर्तन भाव, वर्ण्य–विषय तथा भाषा एवं अभिव्यंजना शिल्प की दृष्टि से उल्लेखनीय है।

(2) चम्पू काव्य का इतिहास और विकास

संस्कृत के गद्य ग्रन्थ जो परम श्रेष्ठ काव्य संरचना के समकक्ष है, उसमें बाणभट्ट की कादम्बरी और चन्द्रपीड कथा उच्च कोटि के ग्रन्थ हैं। विलियम शेक्सपियर के लिखे नाटक सुखान्त और दुखान्त नाटक भी काव्य और गद्य को लपेटे में लिए हुए हैं। नाट्य (नौटंकी) विद्या जो अवध क्षेत्र में उपलब्ध हुई, सरल हिन्दी/हिन्दुस्तानी में लिखे गये चम्पू विधान है। इनमें गति, लय, संगीत, भाव भंगिमा, आरोह, अवरोह, समस्त काव्यात्मक और सृजनात्मक तत्व अपने उच्चतम और लौकिक स्वरूप में देखने को मिलते हैं अपने लोक कवियों और नाटककारों द्वारा हिन्दी साहित्य के दिये गये उच्चतम कोटि के मंगल पुष्प हैं, जिन्होंने अभी तक मूल्यांकन नहीं पाया इनको थियेटर कम्पनी और नौटंकी कम्पनियों में जिसमें गुलाबबाई और श्री किशन पहलवान दरबंगा और मथुरा की कम्पनियां जो दिन में रामलीला और रात में नाटक करती थी, यह गद्य पद्य के ध्वनि विधान की उच्चतम परिकल्प है। जब हम अकबर के समकालीन एलिजाबेथ प्रथम के समय में लंदन में इंग्लिश थियेटर अपने चरम पर था, जिस समय मारलो, विलियम शेक्सपियर के नाटक थियेटर कम्पनियों में खेले जा रहे थे, जिसमें मारलो का एडवर सेकेण्ड, शेक्सपियर का सुखान्त नाटक 12, 9 मर्चेन्ट आफ वेनिस।

दुखान्त नाटकों में हेमलेट, जूलियस सीजर, किंगलियर खेले जा रहे थे। यह गद्य और पद्य के नाटक रचना संचार का स्वर्ण युग था। ठीक इसी समय तुलसीदास जी ने संकट मोचन में रामलीला का नाटक रचना संसार जो गद्य और पद्य का स्वर्णिम रचना संचार था। नवाब वाजिद अली शाह के समय में लखनऊ में केसरबाग बारादरी में साहित्य प्रबन्ध काव्य में गद्य और पद्य दोनों शामिल थे। लखनऊ में भी, मेफेयर सभागार में गद्य ओर पद्य मिश्रित महफिलें सजती थी। इस प्रकार से साहित्य, जनश्रुति और अस्मित से होता हुआ दृश्य पटल पर उतरता है, तब गद्य और पद्य से अद्भुत प्रस्तुति होती है इसमें दर्शक श्रोता और श्रोता दर्शक बन जाता है।

(3) आधुनिक हिन्दी काव्य : उद्भव और विकास

आधुनिक हिन्दी काव्य विकास की विभिन्न श्रेणियों से गुजरा है। युग और परिस्थितियों के अनुरूप उसके भाव और कला पक्ष में पर्याप्त परिवर्तन हुए हैं। उसकी विभिन्न प्रवृत्तियों का विकास हुआ है।

सन् 1850 से आधुनिक युग का प्रारम्भ होता है जबकि अंग्रेजी शासन पूरी तरह प्रतिष्ठित हो जाता है। इस नवीन विदेशी शासन के सम्पर्क से भारत में एक नवीन राजनैतिक, सामाजिक, आर्थिक एवं साहित्यिक चेतना का स्वरूप आविर्भाव होता है। हमारे साहित्य ने रूढ़ि के बंधनों को तोड़ विकास की एक नई दिशा में प्रवेश किया। परिणामत: हमारे साहित्य में विचार और भाव, शैली या शिल्प-विधान और काव्य रूप सभी क्षेत्रों में अनिवार्य रूप से परिवर्तन आया। आधुनिक हिंदी साहित्य के प्रत्येक युग में ये प्रवृत्तियाँ

थोड़े बहुत अन्तर से पुष्पित और पल्लवित होती रही है और विकसित होती रही है। इन समस्त प्रवृत्तियों का हम क्रमश: अध्ययन करेंगे -

(क) प्रथम उत्थान काल (भारतेन्दु युग)
(ख) द्वितीय उत्थान काल (द्विवेदी युग)
(ग) तृतीय उत्थान काल (छायावादी युग)
(घ) चतुर्थ उत्थान काल (प्रगतिवाद)
(ङ) पंचम उत्थान काल (प्रयोगवाद, नई कविता, विविध काव्यान्दोलन)

(क) प्रथम उत्थान काल (भारतेन्दु युग)

भारतेन्दु युग आधुनिक हिन्दी साहित्य का प्रवेश द्वार है। इस युग के साहित्यकार कवि की अपेक्षा समाज सुधारक, प्रचारक और पत्रकार अधिक थे। परिणामस्वरूप इन कवियों ने अपनी पत्र-पत्रिकाओं में हिन्दू समाज में प्रचलित कुरीतियों, धार्मिक आडम्बरों, छल, कपट, अमीरों की स्वार्थ परता, पुलिस और कर्मचारियों की लूट खसोट, अंग्रेजी सरकार की पक्षपातपूर्ण नीति, अकाल और महामारी आदि का चित्रण किया है। इन कवियों ने जहाँ नवीन विषयों को कविता का माध्यम बनाया वहां दूसरी ओर रीतिकालीन श्रृंगार परम्परा का भी सुन्दर रीति से निर्वाह किया। इन्होंने राधा-कृष्ण से सम्बन्धित भक्ति एवं मधुर प्रेम से युक्त पदों की रचना की।

भारतेन्दु युगीन कविता में देश भक्ति और राजभक्ति की भावना से प्रेरित होकर अंग्रेजी शासन के प्रति रोष व्यक्त किया गया है। देश की जागृति के लिए इन कवियों ने ईश्वर से प्रार्थना की है अंग्रेजी शासन के प्रति अपना रोष व्यक्त करते हुए स्वयं भारतेन्दु जी ने लिखा है-

अंग्रेज राज सुख साज सजे सब भारी।
पै धन विदेश चलि जात यहै अति ख्वारी।।[2]

भारतेन्दु युगीन कविता में प्राचीन एवं नवीन विषयों का समन्वय मिलता है। इन कवियों ने जहाँ पुराने भक्त कवियों के समान राधा और कृष्ण की भक्ति के पद लिखे हैं, वहाँ भाव और भाषा से सम्बन्धित नवीनता का भी समावेश किया गया है। इस काल में उपदेश और सूक्ति काव्यों की भी रचना हुई है।

इस युग की कविता में प्रकृति के परम्परा मुक्त रूप का चित्रण मिलता है। इन कवियों का मन बाह्य प्रकृति की अपेक्षा नर प्रकृति के चित्रण में अधिक रमा है। इस युग के प्रकृति चित्रण में संवेदनशीलता का अभाव है।

भारतेन्दुकालीन कविता में इतिवृत्तात्मकता की प्रधानता है। इन कविता ने विभिन्न विषयों पर फुटकर पद एवं कविताएं लिखी हैं, जिनमें कहीं-कहीं तो मात्र तुकबंदी है। इनकी कविताओं में विचार और अनुभूति की गहनता के दर्शन नहीं होते।

कविता के क्षेत्र में इन कवियों ने ब्रज भाषा का और गद्य के क्षेत्र में खड़ी बोली का प्रयोग किया है। गद्य के क्षेत्र में नाटक, उपन्यास, कहानी, निबंध और आलोचना का पर्याप्त विकास हुआ।

इस काल की कविता में छन्दों के क्षेत्र में स्वतंत्र और नवीन प्रयोग दिखाई नहीं पड़ता। इन कवियों ने परम्परा से चले आते हुए सवैयां, ढोला, छप्पय, कवित्त, लावनी और कजरी आदि छन्दों का प्रयोग किया है।

आचार्य रामचन्द्र शुक्ल ने आधुनिक गद्य साहित्य की परम्परा का प्रथम उत्थान संवत् 1925 से 1950 तक निर्धारित किया है। भाषा और साहित्य पर 'भारतेन्दु' बाबू हरिश्चन्द्र आदि का प्रभाव पड़ा। वे वर्तमान हिन्दी गद्य के प्रवर्तक माने जाते हैं। उन्होंने पद्य की ब्रजभाषा का भी अच्छा समन्वय किया था। उस समय साहित्य क्षेत्र में एक ऐसा अनुकूल वातावरण तैयार होने लगा था जिसके कारण उसे नई-नई दिशाएं दिख रही थीं। उस समय श्रृंगार रस की पुरानी परम्पराएँ भी प्रचलित थीं। इस काल के लेखकों में उनकी व्यक्तिगत विशेषताएं भी दृष्टिगोचर होती हैं। इस काल के प्रमुख लेखकों में पं. बदरीनारायण चौधरी 'प्रेमधन', ठा. जगमोहन सिंह और पं. बाल कृष्ण भट्ट के नाम विशेषत: उल्लेखनीय हैं।

भारतेन्दु काल के सभी लेखक अपनी भाषा की प्रकृति और पहचान की परख रखते हैं।

भारतेन्दु के आविर्भाव से ही आधुनिक काल मान लिया गया। 'भारतेन्दु' का जन्म वर्ष सन् 1850 है किन्तु तब से ही आधुनिक काल का प्रारम्भ मानना उचित नहीं है। विभिन्न प्रवृत्तियों में से एक दूसरे से अपना प्रार्थक्य घोषित करती है। कुछ मनीषी 1857 से आधुनिक काल का प्रारम्भ मानते हैं। भारतेन्दु ने सन् 1868 से काव्य सर्जना का श्री गणेश किया था, यह वह वर्ष था जब समूचा समाज रूढ़ियों, अंधविश्वासों और मृत परम्पराओं की श्रृंखला में निरन्तर जकड़ा होने के कारण मुक्ति और नवजागरण के लिए कसमसा रहा था, आचार्य रामचन्द्र शुक्ल ने रीतिकालीन कविता की अन्त्येष्टि सन् 1843 में की किन्तु उसके तुरन्त बाद नवजागरण की भूमिका सन् 1870 के आसपास दिखाई देती है। आधुनिक काल का प्रारम्भ सन् 1868 या 1870 से मानना ही समीचीन है।

राष्ट्रीय भावना, सामाजिक जागृति और एक प्रकार की स्वतंत्र भावना का विकास भी उक्त सन् से माना जा सकता है।

भारतेन्दु युग से ही दैनिक प्रयोग के शब्द काव्य भाषा में स्थान पाने लगे थे। भारतेन्दु जी ने अपने साहित्य में पद्यात्मक भाषा एवं गीतों का प्रयोग किया है। श्रीधर पाठक, बदरी नारायण 'प्रेमधन' आदि कवियों ने भाषा को शास्त्रीयता से मुक्त कर दैनिक व्यवहार के

शब्दों से प्रवाहपूर्ण बनाया। शिल्प की दृष्टि से भारतेन्दु युग में रीति और आधुनिक काल की संक्रान्ति दृष्टिगत होती है। प्रतीक योजना आरम्भ में तो रीतिकाल जैसी रही, किन्तु धीरे-धीरे प्रतीकों का अभिनव रूप जो राष्ट्रीयता, समाज सुधार, स्त्री शिक्षा, सांस्कृतिक उत्थान आदि से सम्बन्धित था, भाषा में स्थान पाने लगा।

भारतेन्दु जी ने अपनी कविताओं में ब्रज भाषा को स्थान दिया है। व्यवस्थित रूप से उनकी कविता का प्रथम चरण सन् 1870 से प्रारम्भ होता है। भक्त सर्वस्व भक्ति विषयक प्रथम ग्रन्थ में उन्होंने भागवत के आधार पर 319 दोहे और 7 छप्पय लिखे हैं। यह ग्रन्थ काव्य सौष्ठव की दृष्टि से महत्वपूर्ण नहीं है। भक्तों के लिए ही इसका महत्व है। प्रेम मलिका सन् 1871 में प्रकाशित हुई। भक्ति विषयक इनकी रचनाओं की संख्या लगभग 40 है। सन् 1879 में इन्दर सभा नामक उर्दू एक नाटक लिखा। भारतेन्दु जी की खड़ी बोली का रूप विधान भी इस ग्रन्थ में लक्षित किया जा सकता है। वर्षा विनोद, कृष्ण चरित्र, विजय वल्लरी, प्रेम मलिका, आदि इनकी पद्यात्मक रचनाएं विपुल मात्रा में उपलब्ध हैं। भारत जननी नील देवी सती प्रताप, आदि गीति नाट्यों में उनकी काव्य प्रतिभा के दर्शन होते हैं। 'चन्द्रावली' नाटिका होकर विभिन्न विषयों पर लिखे गये कवित्त सवैये, गीत आदि हैं। भारतेन्दु के काव्य में अनेक विषयों का समावेश मिलता है।

भारतेन्दु ने रीतिकाल का भी अनुसरण किया तथा रस रत्नाकर शीर्षक से जो कविता लिखी उसमें नायिका भेद जैसे श्रृंगारपरक, काव्यशास्त्रीय विषय को भी स्थान दिया। भारतेन्दु जी तत्कालीन राजनीति से भी परिचित थे। हिन्दी के लिए तो उन्होंने पूरा एक काव्यात्मक भाषण ही लिखा था। जिसकी दो पंक्तियां आज अपनी मातृ भाषा के सम्बन्ध में सर्वत्र उल्लेखनीय बन गयी है-

"निज भाषा उन्नति अहै
सब उन्नति को मूल।
बिन निज भाषा ज्ञान के,
मिटत न हिय को सूल।।"

भारतेन्दु जी ने अपने समकालीन काव्य प्रेमी व्यक्तियों का एक मण्डल बना लिया था। उसमें बाबा सुमेर सिंह साहबजादे (सन् 1847–1902), श्री बद्री नारायण चौधरी 'प्रेमधन' (सन् 1855-1922), पं. प्रताप नारायण मिश्र (सन् 1856-1894), ठा. जगमोहन सिंह (सन् 1857-1899), श्री अम्बिका दत्त व्यास (सन् 1858–1900), श्री रामकृष्ण शर्मा (बलबीर) (सन् 1859-1906), श्री राधाचरण गोस्वामी (सन् 1858–1925) आदि कवि विशेष रूप से सहयोगी समकालीन कविगण थे। इनके प्रभाव से तीन-चार अन्य व्यक्ति भी हिन्दी कविता के प्रणयन में रुचि लेते थे।

भारतेन्दु जी ने 25 वर्ष में ही हिन्दी कविता के लिए आकर्षण का केन्द्र 'काशी' में स्थापित किया था। द्विवेदी युग में जिन कवियों ने ब्रज भाषा और खड़ी बोली में स्तरीय काव्य रचना की, वे भी भारतेन्दु युग की काव्य भाषा से किसी न किसी रूप में प्रभावित अवश्य थे।

भारतेन्दु युगीन कवियों ने भारतीय अतीत के गौरव को तो शब्द-बद्ध किया ही है वे क्षेत्रीय सीमाओं को पार करके समूचे राष्ट्र की धमनियों में प्रवाहित रक्त में राष्ट्रीयता का रंग घोलने में भी समर्थ हुए हैं। भारतेन्दु युग की राष्ट्रीयता दो बिन्दुओं पर खड़ी दिखाई देती है। एक तो विदेशी शासन को समूल नष्ट करके उसे उखाड़ फेंकने के लिए उसकी आर्थिक, धार्मिक और राजनैतिक नीतियों पर प्रहार करती है और दूसरे देश को नवजागरण का संदेश देकर कुंभकर्णी निद्रा से जगाने का मंत्र फूंकती है।

भारतेन्दु युग में बाह्याडम्बरों, बाल-विवाह और विधवा विवाह का विरोध किया गया। इतना ही नहीं नारी-शिक्षा, विधवाओं की दुर्दशा और अस्पृश्यता को लेकर अनेक सहानुभूति मूलक कविताएँ भी लिखी गयीं।

भारतेन्दु की प्रबोधिनी कविता में विदेशी वस्तुओं के बहिष्कार का स्वर है, तो प्रताप नारायण मिश्र की 'होली' कविता के सहारे भारतीय समाज की रूपरेखा है।

भारतेन्दु जी की कविताओं में जहाँ नवजागरण और समकालीन जीवन स्वर हैं, वहीं उसमें भक्तिकालीन भक्ति व रीति युगीन श्रृंगार की गंगा-जमुनी मेल भी देखा जा सकता है।

भारतेन्दु युगीन प्रेम संयत और स्वाभाविक है। अपवाद स्वरूप कृष्ण राधा की लीलाओं का वर्णन। एक ओर ब्रज भाषा का ललित प्रयोग और दूसरी ओर खड़ी बोली का प्रयोग इस काल की भाषायी चेतना के दो छोर हैं। भारतेन्दु युग में हिन्दी उर्दू का संघर्ष जोरों पर था किन्तु फिर भी यह सही है कि लोकपरक चेतना के कारण भारतेन्दु युग के कवि भी इस चिन्ता में थे कि पुनर्जागरण युग के ये कवि भाषा की शुद्धता के उतने पक्षपाती नहीं थे जितने कि हिन्दी या खड़ी बोली के इन कवियों ने भाषायी प्रयोगों से भी हिन्दी का भण्डार भरा है।

भारतेन्दु युग के प्रमुख कवियों का संक्षिप्त परिचय निम्न है

1. भारतेन्दु हरिश्चन्द्र

भारतेन्दु जी आधुनिक युग के प्रवर्तक माने जाते हैं। भारतेन्दु जी के काव्य ग्रन्थों की संख्या लगभग 70 है। काशी नागरी प्रचारिणी सभा ने उनकी रचनाओं का संकलन दो खण्डों में भारतेन्दु ग्रन्थावली के नाम से किया है। इनकी प्रमुख रचनाएं ये हैं- भक्त सरोवर, प्रेम, भक्त सर्वस्व प्रेम, माधुर्य, प्रेम-तरंग, सतसई श्रृंगार, होली वर्षा, विनोद, विजय वल्लरी, मधु मुकुल उत्तरार्ध भक्त माल प्रेम फुलवारी और दानलीला आदि। इनकी भाषा-शैली

अत्यन्त सरल है। भक्ति श्रृंगार और प्रेम से भरी हुई भारतेन्दु की कविता में समाज सुधार और जनजागरण का स्वर काफी स्पष्ट सुना जा सकता है।

2. प्रेमधन

इनका पूरा नाम श्री बदरी नारायण चौधरी 'प्रेमधन' था। गद्य निर्माण में भारतेन्दु के बाद इन्हीं को स्थान प्राप्त है। गद्य लेखक के साथ-साथ ब्रज भाषा के सरस कवि भी थे। 'प्रेमधन सर्वस्व' में इनकी कविताएं संकलित हैं। 'प्रेमधन' जी ने प्रमुख रूप से ब्रज भाषा में काव्य रचना की है किन्तु खड़ी बोली से भी इन्हें कोई विरक्ति नहीं थी। छन्दोबद्ध रचनाओं के अतिरिक्त इन्होंने लोक संगीत की कजली और लावनी शैलियों में भी सरल कविताएं लिखी हैं।

3. प्रताप नारायण मिश्र

मिश्र जी का जन्म उन्नाव जिले में हुआ था। इनका पैतृक व्यवसाय ज्योतिष का था, किन्तु इनकी रुचि साहित्यिक रचना में थी। कविता, निबन्ध और नाटक इनके प्रमुख रचना क्षेत्र हैं। 'प्रेम पुष्पावली' मन की लहर, लोकोक्ति शतक और श्रृंगार विलास इनकी प्रसिद्ध रचनाएं हैं। प्रताप जहरी में इनकी प्रतिनिधि कवितायें संकलित हैं। अपने समय की देश-दशा और राजनैतिक चेतना का वर्णन बड़े मनोयोग से किया है। काव्य रचना के लिए इन्होंने ब्रज भाषा को अपनाया है।

4. जगमोहन सिंह

ठाकुर जगमोहन सिंह जी मध्य प्रदेश की विजय राघवगढ़ रियासत के राजकुमार थे। हिन्दी, संस्कृत, और अंग्रेजी की शिक्षा प्राप्त जगमोहन सिंह की कविताओं में श्रृंगार वर्णन, प्रकृति सौन्दर्य जैसे विषय प्रमुख रहे हैं। इनकी प्रमुख कृतियों में प्रेम सम्पत्ति, लता श्यामलता, श्यामा सरोजनी और देवयानी को लिया जा सकता है। कल्पना का लालित्य, भावुकता, चित्र शैली, अलंकृति और सरस मधुर ब्रज भाषा इनकी कविताओं की विशेषताएं मानी जा सकती हैं।

5. अम्बिका दत्त व्यास

अम्बिका दत्त व्यास (1858-1900) काशी निवासी सुकवि थे। पीयूष प्रवाह का सम्पादन इन्होंने किया था। इन्होंने ब्रज भाषा में रचना की है पर खड़ी बोली में कंस-वध शीर्षक से एक प्रबंध काव्य की रचना भी प्रारम्भ की थी। 'बिहारी-विहार' इनकी एक और रचना है।

6. राधाकृष्ण दास

श्री राधाकृष्ण दास, भारतेन्दु हरिश्चन्द्र के फुफेरे भाई थे और बहुमुखी प्रतिभा के धनी थे। इनकी कविताओं में भक्ति श्रृंगार और समकालीन सामाजिक राजनैतिक चेतना को विशेष महत्व प्राप्त है। "भार बारहमासा' और 'देश-दशा' इनकी प्रसिद्ध कविताएँ हैं। इनकी कवितायें राधाकृष्ण ग्रन्थावली में संकलित हैं। इस युग के अन्य कवियों में (7) नवनीत चतुर्वेदी जी (8) गोविन्द गिल्ला भाई (9) दिवाकर नवोढ़ा रत्न (10) रामकृष्ण वर्मा (11) बलबीर गुलाब सिंह आदि के नाम लिए जा सकते हैं।

इस युग में काव्य सृजन प्रेरणा का विकास गोष्ठियों, पत्रिकाओं आदि के माध्यम से हुआ। इन कवियों ने जीवन में डूबकर अपने कटु अनुभवों और सत्यों का निर्भीकता पूर्वक वर्णन किया है। इसी कारण इस युग की कविता में कलात्मकता का अभाव पाया जाता है।

ख- द्वितीय उत्थान काल (द्विवेदी युग)

भारतेन्दु युगीन हिन्दी कविता का पूर्ण विकास द्विवेदी युग के काव्य में दिखाई देता है। भारतेन्दु युग में जहाँ कविता ब्रज भाषा में और गद्य खड़ी बोली में लिखा जाता था, वहाँ द्विवेदी युग में गद्य और पद्य के लिए खड़ी बोली का प्रयोग किया जाने लगा। 'सरस्वती' के सम्पादक के रूप में आचार्य महावीर प्रसाद द्विवेदी ने भाषा को शुद्ध, सुसंस्कृत, व्याकरण सम्मत एवं परिमार्जित बनाने में पूर्ण योग दिया।

द्विवेदी युग के प्रमुख कवियों में अयोध्या सिंह उपाध्याय, राम नरेश त्रिपाठी, माखन लाल चतुर्वेदी, गोपाल शरण सिंह, सियारामशरण गुप्त प्रसिद्ध हैं। इसके अतिरिक्त बालकृष्ण शर्मा 'नवीन', श्याम नारायण पाण्डेय, सुभद्रा कुमारी चौहान एवं सोहन लाल द्विवेदी की गणना इसी युग के कवियों में की जाती है।

इस काल की कविता का प्रमुख विषय देश का गौरव गान रहा है। इन कवियों ने देश भक्ति के सम्बन्ध में कुछ न कुछ लिखा है। इस युग की कविता में देश भक्ति की भावनाओं की अभिव्यक्ति छोटी-छोटी फुटकर कविताओं और प्रबन्ध काव्य दोनों ही रूपों में हुई। इस काल की कविता में वर्तमान की दयनीयता पर करुणा प्रकट की गई है तथा उसे अतीत के सहारे उन्नत बनाने की चेष्टा की गई है। इस युग की कविता में मानव को मानव समझने की भावना का तीव्रता के साथ विस्तार हुआ तथा भगवान के कोटे गुणानुवाद के स्थान पर उनमें मानवीय गुणों की प्रतिष्ठा की गयी है। इस युग के कवियों के अनुसार ईश्वर-प्रेम और मानव-प्रेम दोनों एक हैं। ईश्वर की प्राप्ति भी मानव प्रेम से ही सम्भव है। इस युग के कवि ने जीवन, जगत और प्रकृति में व्याप्त ईश्वर के पति अपनी रहस्यवादी भावना को व्यक्त किया है। आगे चलकर यही रहस्यात्मक प्रवृत्ति छायावादी कविता का प्रमुख अंग बनी।

द्विवेदी युगीन कविता में समाज के सभी अंगों को वाणी मिली है। इस युग के कवियों ने अछूतोद्धार, समाज-सुधार, स्त्री-सुधार, विधवा विवाह आदि विषयों पर कविताएँ लिखी हैं। 'साकेत' और 'यशोधरा' जैसे काव्यों में नारी के महान रूपक का चित्रण मिलता है। द्विवेदी

युगीन कविता में इतिवृत्तात्मकता की प्रधानता है। इस युग की यह शैली नैतिकता के प्रचार और आदर्शों की प्रतिष्ठा के अधिक उपयुक्त रही। द्विवेदी युगीन कविता में प्रकृति का स्वतंत्र रूप में चित्रण मिलता है। इस युग के सभी कवियों ने युग की बदलती हुई भावनाओं को अपनाने का प्रयत्न किया है। द्विवेदी युग की कविता में बौद्धिकता की प्रधानता दिखाई देती है। इस युग के कवियों में प्राचीन भारतीय संस्कृति की बौद्धिक व्याख्या की है। इन्होंने राम और कृष्ण को अवतार माना है और उन्हें समाज सुधारक और नेता के रूप में ग्रहण किया है, जो अपने कर्मों से पृथ्वी को स्वर्ग के समान सुन्दर बनाना चाहते थे। द्विवेदी युगीन कविता के विषय नवीन एवं साधारण हैं। इन कवियों ने त्याग, वीरता, उदारता तथा सहिष्णुता इत्यादि से सम्बन्धित अनेक विषयों को कविता में ढालने का प्रयत्न किया है। इस काल की कविता में देसी और विदेशी भाषाओं के साहित्य का अनुवाद भी पर्याप्त मात्रा में हुआ इससे हिन्दी भाषा और साहित्य की पर्याप्त उन्नति हुई। द्विवेदी युगीन काव्य में अनेक छन्दों का प्रयोग मिलता है। इन कवियों ने हिन्दी के मात्रिक छन्दों के अतिरिक्त अतुकान्त युक्त छन्दों का प्रयोग किया गया। द्विवेदी युगीन काव्यों में ब्रज भाषा के स्थान पर खड़ी बोली के परिष्कार के लिए द्विवेदी जी ने महत्वपूर्ण कार्य किया। उन्होंने खड़ी बोली के वाक्य विन्यास को शुद्ध कर उसके व्याकरण सम्मत रूप पर विशेष बल दिया।

निष्कर्ष रूप में यह कहा जा सकता है कि देश भक्ति, मानवतावादी विचारधारा, बुद्धिवाद की प्रधानता, अश्लील श्रृंगार का परित्याग, इतिवृत्तात्मकता, स्वतंत्र प्रकृति-चित्रण, अनुवाद की प्रवृत्ति, नवीन एवं साधारण विषयों का चयन, भाषा का परिवर्तन, छन्दों का स्वच्छंद प्रयोग आदि इस युग की कविता की मुख्य प्रवृत्तियाँ हैं। जो जीवन को कर्म यज्ञ बना देती हैं, यह अधूरा काम द्विवेदी युगीन कविता ने पूरा किया। जागृति के नवोन्मेष सुधार, परिष्कार और अनुकरणीय जीवन की नियामिका यह कविता पावनता, संयमशीलता, सदाचार और परित्याग की कविता है। इस युग में नवीन मानवतावादी दृष्टि विकसित हुई। सामान्य मानव को गौरव मिला और अद्वितीय ही नहीं क्षुद्र भी कविता का विषय बना।

आचार्य महावीर प्रसाद द्विवेदी इस कालखण्ड के ऐसे मनस्वी चिन्तक और सर्वाधिक प्रभावी व्यक्ति थे, जिनके प्रयत्न से हिन्दी कविता का यह युग परिष्कार की दिशा में कार्य करने लगा। भावों में कल्पनाशीलता हो या इतिवृत्तात्मकता, हर क्षेत्र में इस कालखण्ड के यह वह समय था जबकि लोग मनमानी कर रहे थे। भाषा और भाव के क्षेत्र में अराजकता फैली हुई थी और कुछ शुद्धतावादी और सुधारक व्यक्तित्व भारतीय जीवन को सही दिशा प्रदान कर रहे थे। ऐसी स्थिति में द्विवेदी ने अपने साहित्यिक एवं संस्कारी व्यक्तित्व के द्वारा तत्कालीन काव्य एवं साहित्य को सुनिश्चित एवं सुदृढ़ आधार प्रदान किया।

भारतेन्दु युग की समस्या अधिक समय तक नहीं बांधे रह सकी। आचार्य द्विवेदी ने अपने परिष्कारी प्रयत्नों से हिन्दी कविता को विषय-वैविध्य, छन्द-वैविध्य और काव्य रूपों के वैविध्य की ओर, मैथिलीशरण गुप्त, अयोध्या सिंह उपाध्याय 'हरिऔध', नाथूराम शर्मा और

सियाराम शरण गुप्त आदि कवियों ने सुधारवादी दृष्टिकोण को अपनाकर काव्य रचना की। इस युग की कविताओं में ये सभी भाव देखे जा सकते हैं।

भाषा का परिष्कार, शैली की विविधता, प्रबन्ध और मुक्तक दोनों का सृजन तथा पौराणिक प्रसंगों के आधार पर नवोन्मेष एवं सामाजिक परिष्कार इस समूची काव्यधारा में दिखाई देता है।

इस युग की कविता का प्रमुख उद्देश्य देशानुराग तो था ही राष्ट्रीय और जनचेतना में परिष्कार लाना भी था। अनेक ऐसी विशेषताएं हैं जो इस इस काव्यधारा के प्राणों में प्रवाहित होती हुई उस युग की स्थिति, मनोवृत्ति और जीवन चेतना पर प्रकाश डालती है।

प्रमुख प्रवृत्तियाँ

1. द्विवेदी युग में कविता के क्षेत्र में ब्रज भाषा के स्थान पर खड़ी बोली को विशेष महत्व प्राप्त हुआ है।
2. द्विवेदी युग में प्रबन्ध काव्यों के निर्माण का कार्य प्रारम्भ हुआ और पौराणिक प्रसंगों को युगीन परिप्रेक्ष्य में प्रस्तुत किया गया।
3. श्रृंगार रस का बहिष्कार करके आदर्श प्रेम को स्थान मिला और नैतिकता का मूल्य उत्तरोत्तर बढ़ता गया।
4. सामाजिक चेतना, देश भक्ति और राष्ट्रीयता को विकसित होने का अधिक अवसर प्राप्त हुआ।
5. मनुष्य के व्यक्तित्व में आस्था का स्वर प्रबल हुआ।
6. द्विवेदी युग में प्रयुक्त काव्य-शैलियों में गद्यात्मकता तथा भाव निर्वहण में इतिवृत्तात्मकता को पर्याप्त महत्व मिला।
7. कविता में विविध छन्दों का प्रयोग हुआ और छन्द के प्रति कवियों का ध्यान अधिक गया।
8. कहानी और उपन्यास का यथेष्ट विकास हुआ नाटकों का निर्माण कम हुआ।
9. प्रकृति का स्वतंत्र निरूपण यद्यपि भारतेन्दु युग में प्रारम्भ हो गया था, द्विवेदी युग में रामनरेश त्रिपाठी, मुकुटधर पाण्डेय और श्रीधर पाठक ने प्रकृति के आलम्बन रूप को प्रोत्साहन दिया। मैथिलीशरण और 'हरिऔध' ने भी कुछ मौलिक, प्रकृति चित्रण प्रस्तुत किए।

इस युग के प्रगुख कवि

बाबूराम शर्मा 'शंकर', श्रीधर पाठक, महावीर प्रसाद द्विवेदी, अयोध्या सिंह उपाध्याय 'हरिऔध', जगन्नाथ दास रत्नाकर, मैथिलीशरण गुप्त, राम नरेश त्रिपाठी।

द्विवेदी युग के अन्य कवियों में द्विवेदी जी, प्रसाद जी, उपाध्याय जी, गया प्रसाद शुक्ला, सनेही जी, बालमुकुन्द गुप्त, भगवानदीन, कामता प्रसाद, गुरु गिरिधर शर्मा, नवरतन, रूप नारायण पाण्डेय जी, लोचन प्रसाद पाण्डेय और मुकुटधर पाण्डेय के नाम विशेष रूप से उल्लेखनीय हैं।

संवत् 1950 से 1975 तक का समय हिन्दी साहित्य के इतिहास में द्विवेदी युग के नाम से जाना जाता है। इस युग के प्रधान पुष्प महावीर प्रसाद द्विवेदी जी थे। वे दीर्घकाल तक सरस्वती पत्रिका का सम्पादन करते रहे।

द्विवेदी युग की कविता में भारतेन्दु कालीन कविता की अपेक्षा राष्ट्रीयता का स्वर और अधिक उभर आया। इस युग के सम्बन्ध में डॉ. शिवदान सिंह चौहान लिखते हैं कि आश्चर्य की बात तो है कि उन्नीसवीं शताब्दी में ही नहीं बीसवीं शताब्दी के पहले दो दशकों तक अर्थात् छायावादी काव्यधारा के फूटने से पहले तक के हिन्दी कवि 'महावीर प्रसाद द्विवेदी', 'अयोध्या सिंह उपाध्याय 'हरिऔध' और मैथिलीशरण गुप्त इस घेरे का अतिक्रमण करने का साहस नहीं कर पाए।

गुप्त के 'साकेत' की उर्मिला ससैन्य आततायी पर टूट पड़ने के लिए तैयार हो जाती है। हरिऔध के 'प्रिय–प्रवास' की राधा आदर्श त्यागमयी एवं समाज सुधार कार्य में सतत-रत है। प्राय: इस युग के साहित्य पर इतिवृत्तात्मक शैली की नीरसता का आरोप लगाया जाता है। काव्य के क्षेत्र में 'द्विवेदी युग' के कवि किसी वाद में बंधकर नहीं चले। यद्यपि गांधीवाद का इनकी विचारधारा पर सर्वाधिक प्रभाव पड़ा है। द्विवेदी युगीन कविता की प्रवृत्तियों का विवेचन करते हुए डॉ. शिवदान सिंह चौहान लिखते हैं- उनकी दृष्टि मूलत: बहिर्मुखी है इसलिए राष्ट्रीय जीवन की समसामयिक हलचलों में निरन्तर रमती चली आयी है। अन्तर्मुखी होकर व्यक्ति चेतना की अगम गहराइयों में नहीं उतर पाई। यह एक प्रकार से राजनीति में राष्ट्रीय आन्दोलन और काव्य में स्वच्छन्दतावाद की प्रवृत्ति के बीच पलने-बहने वाली कविता की बहिर्मुखी धारा है। जिसने हिन्दी भाषी जनता को आधुनिक युग के व्यक्ति समाज संबंधी गहरे तात्विक प्रश्नों के प्रति नहीं तो राजनैतिक पराधीनता और राष्ट्रीय संघर्ष की आवश्यकता के प्रति सचेत बनाने में बहुत बड़ा कार्य किया। नाटक क्षेत्र में द्विवेदी काल को भारतेन्दु युग की अपेक्षा किसी भी दशा में उन्नत नहीं कहा जा सकता है। इस काल के बीच बंगला, संस्कृत और अंग्रेजी नाटकों का अनुवाद ही होता रहा। 'गोपाल राम गहमरी' जासूसी उपन्यास लिख रहे थे। देवकी नंदन खत्री 'तिलस्मी' उपन्यास लिखते थे। द्विवेदी जी ने संस्कृत कवियों पर अच्छी आलोचनाएं लिखी हैं।

द्विवेदी 'सरस्वती' पत्रिका में नई पुस्तकों की आलोचना किया करते थे। हिन्दी आलोचना को आधुनिक रूप देने में इन लोगों का काफी योगदान है।

द्विवेदी युग वस्तुत: गद्य का युग है। इस युग में अनेकों कवियों को प्रेरणा मिली जो कि हिन्दी का श्रृंगार हैं। द्विवेदी जी ने बंगला की कल्पना प्रधान शैली की अपेक्षा मराठी की इतिवृत्तात्मक पद्धति को अधिक आश्रय दिया और इस युग के लेखक इतिवृत्तात्मकता में रमे रहे।

भारतेन्दु युग की तुलना में इन लेखकों ने अपनी कला का श्रृंगार भी किया, किन्तु फिर भी उनके भावों, अनुभूतियों और कल्पना तथा भावना में ऊँची उड़ाने भरने की क्षमता ही नहीं थी। भारतेन्दु युग की तुलना में इन लेखकों ने अपनी कला का श्रृंगार भी किया किन्तु फिर भी उनके भावों, अनुभूतियों और कल्पना में गहराई और गम्भीरता की कमी थी। यह भी छायावाद ने पूरी की। जो रास्ता आधुनिक हिन्दी साहित्य ने भारतेन्दु युग में पकड़ा उस पर द्विवेदी युग ने हमें आगे बढ़ाया। साहित्य के विविध रूपों का विकास और प्रस्फुटन इस युग में हुआ, किन्तु लक्ष्य से हम अभी दूर थे। खड़ी बोली में सुस्पष्टता और मधुरता, व्यंजना में गम्भीरता और कोमलता आदि गुण आ गये थे। फिर भी उस भाषा में एक अटपटापन शेष था। हिन्दी के प्रसिद्ध आलोचक प्रकाश चन्द्र गुप्ता के शब्दों में "द्विवेदी युग तैयारी का युग था। भारतेन्दु जी ने भूमि गोड़ी और बीज वपन किया। द्विवेदी युग में तरु लताओं से उपवन लहलहाने लगा था किन्तु तृतीय उत्थान में 'शुक्ल जी', प्रेमचन्द, प्रसाद, निराला, पन्त और महादेवी वर्मा जैसे उच्चकोटि के साहित्यकार हिन्दी ने उत्पन्न किए।

द्विवेदी युग उस शस्त्र को चमका रहा था और पैना कर रहा था जिसका तीसरी पीढ़ी के कलाकारों ने कुशल हाथों से प्रयोग किया। अस्तु हिन्दी साहित्य के आधुनिक काल के आरम्भ में जिन शैलियों को जन्म मिला, द्विवेदी युग में उन्हें विकास का पूर्ण अवसर मिला। उस पर अब बंगला, मराठी और उर्दू की शैलियों का प्रभाव पड़ा।

डॉ. कृष्ण लाल के शब्दों में हिन्दी ने अपनी जातीय विशेषताओं के अनुरूप अंग्रेजी साहित्य की स्पष्ट भाव-व्यंजना, बंगला की सरलता और मधुरता मराठी की गम्भीरता और उर्दू की प्रवाह ग्रहण किया।

हिन्दी साहित्य के एक काल खण्ड को (सन् 1902 से 1925) द्विवेदी युग से अभिहित किया जाता है। आचार्य शुक्ल जी ने इसे "हिन्दी काव्य की नई धारा' की संज्ञा दी है। हिन्दी काव्य की नई धारा से उनका तात्पर्य रीतिकालीन श्रृंगारिक प्रवृत्तियों, अभिव्यंजना रूढ़ियों तथा संस्कृत काव्यशास्त्र के अनुकरण पर रीतिबद्ध शास्त्रीय रचना को छोड़कर नई अभिव्यक्तियों और नई अभिव्यजना शैलियों के ग्रहण से था। कुछ आलोचक द्विवेदी युगीन काव्य को भारतेन्दु युग की प्रतिक्रिया का परिणाम बताते हैं। उनका तात्पर्य है कि खड़ी बोली में काव्य रचना का सचेष्ट प्रयास शिल्प में भी नूतन पद्धति के छन्द अलंकार आदि के प्रयोग, भारतेन्दु युग में रीतिकालीन काव्य विषयों को छोड़ने का भरसक प्रयास किया गया था। किन्तु सब प्रयत्नों के बावजूद काव्य प्रयोक्ताओं की सम्पूर्ण आस्था अभी तक नई

काव्यधारा के प्रति सजग नहीं हो पाई थी और शिल्पगत संकीर्णता और ब्रज भाषा की परम्परागत समृद्ध परिपाटी तथा रीतिकालीन मतानुगतिकता बनी हुई थी। द्विवेदी युग के प्रतिनिधि कवियों में भारतीय एवं अतीत गौरव के प्रति मोह प्रारम्भ से ही बना हुआ था। सन 1900 से लेकर 1925 तक भारतीय इतिहास का आधुनिक काल एक विशिष्ट प्रकार की मनोवृत्ति से प्रभावित रहा है। तत्कालीन धार्मिक एवं सामाजिक नेताओं ने जनता के मन में एक प्रकार का उद्बोधन उत्पन्न कर दिया था। वे केवल भक्ति के ही विषय नहीं रहे। वरन् मानवीयता की सीमा में उन्हें लौकिक रूप में काव्य में स्थान प्राप्त हुआ। द्विवेदी युग के कवियों में श्री अयोध्या सिंह उपाध्याय (प्रिय प्रवास), श्री रामचरित, उपाध्याय (रामचरित चिन्तामणि) श्री मैथिलीशरण गुप्त (साकेत) आदि ने पुरुषोत्तम पर ब्रह्म की लीलाओं के स्थान पर राम कृष्ण आदि की चारित्रिक क्षमता को स्थान देकर उन्हें नवीन जागरूक संचेतना के साथ अपने काव्य ग्रन्थों में प्रस्तुत किया। द्विवेदी युग में मुक्ति का प्रश्न नैतिक, आदर्शपरक, चरित्र निष्ठा से सम्बद्ध हो गया। इसीलिए इस युग के कवि समाज-सुधार जैसे विषयों की ओर प्रवृत्त हुए। आदर्शवाद इस युग में काव्य का मुख्य विषय बन गया। उस युग के कवियों से अपने काव्यों में चरित्र नायकों का वर्णन किया है। द्विवेदी युग से पहले भारतेन्दु युग में खड़ी बोली हिन्दी काव्य का आरम्भ हो चुका था। खड़ी बोली में शनै:-शनै: काव्य रचना की ओर भी कवियों की प्रवृत्ति हुई। श्रीधर पाठक खड़ी बोली के परिष्कृत कवि हैं जो पहले ब्रज भाषा काव्य में रचना करते थे किन्तु जब खड़ी बोली के प्रति जनमानस आश्वस्त हो गया तब आचार्य महावीर प्रसाद द्विवेदी ने भाषा परिष्कार के लिए जो प्रयास किये उन्हीं का फल है कि खड़ी बोली गद्य पद्य दोनों क्षेत्रों में समान रूप से स्थापित हो गयी। इस प्रकार परिमार्जित रूप से स्थापित करने का श्रेय आचार्य महावीर प्रसाद द्विवेदी को है। इसी कारण इस युग का नाम द्विवेदी युग पड़ गया है। जब महावीर प्रसाद द्विवेदी ने इस दिशा में प्रयास शुरू किया तो वे भाषा परिष्कर्ता के रूप में सामने आये, भारतेन्दु के बाद पन्द्रह वर्ष का समय खड़ी बोली हिन्दी के लिए संघर्ष का समय था। सन् 1903 में महावीर प्रसाद द्विवेदी ने सरस्वती के सम्पादन का दायित्व ग्रहण किया। उन्होंने नवोदित कवियों का ऐसा वर्ग तैयार किया जो निरन्तर द्विवेदी जी के सिद्धान्तों पर चलता हुआ भाषा का प्रयोग करता था। जिस निर्भीकता के साथ उन्होंने अपने युग के कवियों की रचनाओं में सुधार किया वैसा सुधार उर्दू शायरी में तो पाया जाता है किन्तु हिन्दी जगत में आचार्य द्विवेदी को ही गुरु का यह गौरव मिला। इसके साथ ही उन्होंने अनुवाद का नया क्षेत्र भी खड़ी बोली हिन्दी के लिए उद्घाटित किया। द्विवेदी युगीन कवियों को हम विषय वस्तु, साहित्य विधा, शिल्प आदि की दृष्टि से कई वर्गों में विभाजित कर सकते हैं। द्विवेदी जी काव्य भाषा का जो स्वरूप जनता के सम्मुख प्रस्तुत करना चाहते थे उसे वे अपनी रचनाओं में प्रकाशित करते रहते थे। द्विवेदी जी की काव्य भाषा सम्बन्धी नियमावली का सफल अनुकरण करने वाले मैथिलीशरण गुप्त थे। गुप्त जी ने द्विवेदी जी को अपना काव्य गुरु बना लिया था। खड़ी बोली में उनकी सर्वप्रथम कृति "रंग में भंग" सन् 1910 में प्रकाशित हुई जिसके संशोधन में

द्विवेदी जी का हाथ था। वीर और रौद्र रस की यह रचना कई संदर्भों में वज्र रूप से ब्रिटिश हुकूमत पर भी प्रहार करती थी। महाभारत का एक मिथक आख्यान होने के कारण उसे पकड़ पाना साधारण पाठक के लिए सरल नहीं था। भाव, भाषा और अभिव्यंजना शिल्प के सफल प्रयोक्ता के रूपक में प्रतिष्ठित हो गए। पंचवटी, यशोधरा और साकेत जैसी रचनाएं उनको महाकाव्य तथा खण्ड काव्य लेखक कवियों में तीसरे शतक में मूर्धन्य स्थान पर पहुँचा देती है। उन्होंने वीर रस के अतिरिक्त करुण, श्रृंगार आदि रसों में भी रचना का सूत्रपात किया। रामचरित उपाध्याय ने द्विवेदी युग में छोटे बड़े कई काव्य लिखे जिनमें "रामचरित चिन्तामणि" प्रमुख हैं। महाकाव्य के लक्षणों की दृष्टि से यह रचना महाकाव्य की कोटि में स्थान पाती है। इसके अनेक स्थल बहुत मार्मिक तथा रमणीय हैं। काव्य गुण की दृष्टि से यद्यपि उनका विशेष महत्व नहीं है किन्तु उन्होंने खड़ी बोली में उर्दू शब्दों का प्रयोग करके भाषा का सीमा विस्तार किया। द्विवेदी युग में महाकाव्य तथा खण्ड काव्य की रचनाओं का सूत्रपात हो चुका था। उस समय 'प्रिय प्रवास' साकेत, रामचरित चिन्तामणि आदि महाकाव्य लिखे गये। इनकी परम्परा द्विवेदी युग के बाद भी सतत चलती रही। खण्ड काव्य की परम्परा भी गुप्त जी ने प्रारम्भ की जिसमें जयद्रथ वध, किसान और पंचवटी, रामनरेश त्रिपाठी का 'पथिक' और मिलन आदि हैं। द्विवेदी युग में मुक्तक रचना का भी प्राचुर्य रहा। मुक्तक के रूप में कवियों की अनेक प्रवृत्तियां कार्य कर रही थीं। अलंकारिक चमत्कार के रूप में कहीं उक्ति वैचित्र्य के रूप में और कहीं मार्मिक अनुभूतियों के रूप में कवियों की सुदूर अभिव्यंजना प्रकट हो रही थी। उस युग में कुछ कवियों ने समाज सुधार की दृष्टि से उपदेशात्मक कविताएं भी लिखीं।

द्विवेदी युग में अतुकान्त रचनाओं का प्रयोग बहुतायत के साथ हुआ। वर्णिक छन्दों के लिए तो यह प्रयोग संस्कृत परम्परा के साथ मेल खाता ही है। आदर्श चरित्रों का वर्णन और भारतीयता के पोषक महापुरुषों के चरित्रों पर प्रबंध काव्य लिखे। अत: वह नहीं चाहते थे कि उनके वृत्त में आने वाले कवि श्रृंगार रस में काम के लिए क्रीड़ा आदि का वर्णन करें, महापुरुषों में जिन सद्गुणों की हम कामना करते हैं वे सब इनमें स्थापित किये गये। भारत भारती में तो इन सभी का गुप्त जी ने समावेश किया है। देशोद्धार की दिशा में काव्य रचना करने वाले कवियों के सामने अपना स्वर्णिम अतीत बार-बार कौंध जाता था और अतीत गौरव गान में प्राय: सभी कवि रामायण काल से लेकर महाभारत काल, मध्य काल, आधुनिक काल आदि सब पर उनकी दृष्टि जाती थी।

वास्तव में काव्य शिल्प की दृष्टि से आधुनिक हिन्दी कविता का दूसरा चरण ही आधुनिक नाग को साकार करता है, क्योंकि शिल्प और रूप दोनों दिशाओं में नये प्रयोग, इसी युग में हुए। भाषा सम्बन्धी नई उपलब्धि यह हुई कि "ब्रज-भाषा" के स्थान पर हिन्दी खड़ी बोली काव्य भाषा के रूप में अपनाई गई। 'सरस्वती' पत्रिका के माध्यम से आचार्य महावीर प्रसाद द्विवेदी ने हिन्दी भाषा में परिष्कार कर तत्सम एवं संस्कृत निष्ठ शब्दों को

अपनाने की प्रेरणा दी। उन्होंने स्वयं भी सम्पादक के रूप में शास्त्रीय एवं चिन्तन प्रधान निबंधों द्वारा हिन्दी साहित्य में नवजागरण ला दिया। "वैदेही वनवास' और प्रिय प्रवास में 'हरिऔध' ने यद्यपि संस्कृत साहित्य के छन्द और संस्कृत निष्ठ भाषा का प्रयोग किया। मैथिलीशरण गुप्त का साकेत, जयद्रथ-वध, पंचवटी आदि ऐसी ही रचनाएँ हैं।

साकेत की शिल्प विधि यद्यपि सर्गबद्धता एवं कथा-वस्तु की दृष्टि से शास्त्रीय ही है। भाषागत वैविध्य तथा अनेक छन्दों के प्रयोग "साकेत" में परिलक्षित होते हैं। 'बुन्देलखण्ड' की लोक भाषा का प्रयोग करके गुप्त जी ने भाषा को जन-भाषा से जोड़ा। साकेत की भाषा का प्रवाह इसीलिए अधिक है, क्योंकि गुप्त जी ने संस्कृत-निष्ठ शब्दावली कम, क्षेत्रीय प्रयोगों को अधिक अपनाकर राष्ट्रीय और सामाजिक चरित्र विकसित किया।

(ग) तृतीय उत्थान काल : छायावाद युग

छायावाद का आविर्भाव द्विवेदी युग की इतिवृत्तात्मक शैली की प्रतिक्रिया स्वरूपक हुआ। साथ ही अंग्रेजी के रोमांटिक कवियों और रवीन्द्र का प्रभाव, वैयक्तिक और सामाजिक विषमताएँ, नवीन सामाजिक और आध्यात्मिक दर्शन आदि ने भी छायावाद के आविर्भाव में योग दिया। इस काव्य धारा की प्रमुख प्रवृत्तियाँ इस प्रकार हैं- प्रेम और सौन्दर्य की अभिव्यंजना, स्थूलता के स्थान पर सूक्ष्म, सौन्दर्यवादी दृष्टिकोण, प्रतीकात्मकता, लाक्षणिकता धन्यवात्मकता, वैयक्तिकता, वेदना की विवृत्ति, उपचार–वक्रता, रहस्य भावना, नवीन छन्दों एवं अलंकारों का प्रयोग, प्रकृति का सजीव चित्रण, नारी के प्रति उदार दृष्टिकोण आदि।

जयशंकर प्रसाद, सुमित्रानन्दन पंत, सूर्यकान्त त्रिपाठी "निराला', महादेवी वर्मा, डॉ. राम नरेश वर्मा आदि इस युग के प्रमुख कवि हैं।

दो महायुद्धों के बीच की स्वच्छन्दतावादी कविता को छायावाद के नाम से पुकारा जाता है।

आचार्य रामचन्द्र शुक्ल ने छायावाद को दो अर्थों में माना है। एक तो रहस्यवाद के अर्थ में और दूसरे काव्य शैली या पद्धति विशेष के व्यापक अर्थ में।

डॉ. देवराज का कहना है कि छायावाद गीतिकाव्य है, प्रकृति काव्य है, प्रेम काव्य है।

डॉ. नगेन्द्र इसे "स्थूल के प्रति सूक्ष्म का विद्रोह" मानते हैं, तो दूसरी ओर डॉ. राम कुमार वर्मा यह स्वीकार करते हैं कि "परमात्मा की छाया आत्मा में पड़ने लगती है और आत्मा की छाया, परमात्मा में, यही 'छायावाद' है।'

उपर्युक्त सभी परिभाषाएँ एकांगी हैं। इनसे छायावाद की समस्त प्रवृत्तियां पूर्ण तथा स्पष्ट नहीं होती।

छायावाद की प्रवृत्तियाँ

छायावाद की प्रमुख प्रवृत्तियों को ध्यान में रखते हुए इस काव्य धारा के प्रतिनिधि कवि "श्री जयशंकर प्रसाद" ने लिखा कि "छाया भारतीय दृष्टि से अनुभूति और अभिव्यक्ति की भंगिमा पर अधिक निर्भर करती है। ध्वन्यात्मकता, लाक्षणिकता, सौन्दर्यमय प्रतीक, विधान तथा उपचार वक्रता के साथ स्वानुभूति की विवृत्ति छायावाद की प्रमुख विशेषताएँ हैं।" कुल मिलाकर छायावाद की प्रमुख प्रवृत्तियाँ इस प्रकार हैं-

छायावादी काव्य की पृष्ठभूमि मूलत: वैयक्तिक है। अहं भावना की अभिव्यक्ति में ही वह अपनी कविता की विशेषता देखता है। पर, उनकी यह वैयक्तिकता, व्यक्तिवाद का पर्याय नहीं है, क्योंकि छायावादी कवि समाज की अवहेलना करके कहीं नहीं चला है। उदाहरणार्थ निराला की कविता देखिए-

"मैंने "मैं" शैली अपनाई।
देखा एक दुःखी निज भाई।
दुःख की छाया पड़ी हृदय से,
झट उमड़ वेदना आई।"[3]

छायावादी कवि ने प्रकृति का चित्रण पूर्ण तन्मयता के साथ किया है। इस काव्य में प्रकृति पर चेतनता का आरोप मिलता है। प्रसाद, पन्त, निराला और महादेवी वर्मा ने प्राकृतिक सौन्दर्य एवं प्रेम की अभिव्यक्ति नारी के माध्यम से की है।

छायावादी कवियों ने नारी के सूक्ष्म एवं अश्लील रूप का चित्रण किया है, जिसमें कहीं भी स्थूलता एवं नग्नता नहीं है, प्रेम के क्षेत्र में इन कवियों को किसी प्रकार का बंधन स्वीकार्य नहीं है।

छायावादी कवियों ने अलौकिक प्रेम या रहस्यवाद का वर्णन किया है। उनका यह वर्णन नाम कमाने या फैशन के रूप में ही है।

छायावादी काव्य में देश प्रेम की भावना विद्यमान है। इन कवियों ने राष्ट्रीय जागरणक युग में स्वतंत्रता का आह्वान किया। छायावादी कवियों ने कला, संस्कृति, धर्म और दर्शन सभी क्षेत्रों में स्वच्छन्दतावादी प्रवृत्ति को अपनाया है। अपनी कविता के सम्बन्ध में उन्हें किसी प्रकार का बंधन या रूढ़ि मान्य नहीं है। छायावादी काव्य में युग के अनुरूप वेदना और निराशा को वाणी मिली है। लेकिन यह निराशा राष्ट्रीय आन्दोलनों की असफलता का परिणाम नहीं है। इन कवियों की निराशा प्राणियों के प्रति सहज करुणा और सहानुभूति से प्रेरित है।

छायावादी कविता में मानवतावादी भावना है। नारी के सम्बन्ध में इन कवियों का दृष्टिकोण रीतिकालीन कवियों के समान विलासात्मक नहीं है। छायावादी कविता में प्रतीकों का प्रचुर प्रयोग मिलता है। इस काल की कविता में प्रकृति जीवन का प्रतीक बन गयी है।

छायावादी कविता में संगीतात्मकता है। इस कविता में गीति काव्य के सभी गुण- संक्षिप्तता, भावाभिव्यक्ति, वैयक्तिकता और कोमलता मिलते हैं। छायावादी कवियों ने उपमा, रूपक, उल्लेख, सन्देह, विरोधाभाष, रूपकातिशयोक्ति अलंकारों के अतिरिक्त दो नवीन अलंकारों का प्रयोग किया है, वे हैं– मानवीकरण और विशेषण विपर्यय। छायावादी कविता में भाषा की चित्रात्मकता भी देखने योग्य हैं। छायावादी काव्य में प्राचीन अंधविश्वासों, रूढ़ियों थोथी, नैतिकता तथा सामन्ती मानदण्डों के प्रति घोर विद्रोह की भावना मिलती है।

छायावादी कविता वैज्ञानिक अनुसंधानों की प्रयोगशाला है। पर प्रसाद जी ने शक्ति के समन्वय से मानवता की विजय तथा वैज्ञानिक विकास से सृष्टि का विनाश दोनों के चित्र अंकित किए हैं।

निष्कर्षत: छायावादी काव्य भाव पक्ष और कला पक्ष की दृष्टि से उत्कृष्ट है। जय शंकर प्रसाद, सूर्यकान्त त्रिपाठी 'निराला', सुमित्रा नन्दन 'पन्त', महादेवी वर्मा, डॉ. राम कुमार वर्मा, हरिवंश राय बच्चन आदि इस काव्य धारा के सशक्त कवि हैं।

आधुनिक कविता के इतिहास में छायावाद एक ऐसा नाम है जो अनेक आरोपों-प्रत्यारोपों की प्रवाहक भाषा की चोट सहकर भी अपनी निजता को सुरक्षित रख सका है। इसे दो महायुद्धों के मध्य प्रवाहित कविता की सर्वाधिक चेतन और कलात्मक धारा कहा जाता है। छायावाद के अंतस में राग-सौन्दर्य था, मस्तिष्क में प्रश्न थे और वाणी में अभिव्यंजना की क्षमता थी। विश्व मानवता की अलख जगाने वाली यह कविता शिल्प में भी नवीन और मौलिक रही है।

सीमांकन और नामकरण

छायावाद का प्रारम्भ और सीमांकन वर्षों के हिसाब से सन् 1918 से सन् 1938 तक किया जा सकता है। आचार्य रामचन्द्र शुक्ल ने भी इस काव्य धारा का प्रारम्भ सन् 1918 ही स्वीकार किया है। छायावाद के रंग-ढंग की कविताओं का सृजन वर्ष भी यही है। निराला, पन्त, और प्रसाद ने लगभग इन्हीं वर्षों में लिखना प्रारम्भ किया था। सन् 1916 में निराला की 'जूही की कली' और पन्त के 'पल्लव' कविताएं प्रकाश में आ चुकी थीं। यही कारण है कि छायावाद का आविर्भाव अपनी अनेक नवीनताएं लेकर आया। वर्ष 1918 से सन् 1938 आधुनिक भारतीय इतिहास में एक नये और उल्लेख मोड़ के कारण युगान्तर के गवाह हैं। 1918 में "झरना'' का प्रकाशन हो चुका था। उसमें छायावादी चेतना के रंगों को देखकर ही आचार्य नन्द दुलारे वाजपेयी ने उसे छायावाद की प्रयोगशाला का प्रथम आविष्कार कहा था। सन् 1938-36 तक छायावाद का वैभव काल माना जा सकता है।

'झरना' से 'कामायनी' तक के वर्षों की छायावादी कविता की सीमा स्वीकारा जा सकता है। कामायनी सन् 1935 में प्रकाशित हुई थी और 1936 में प्रान्तों में कांग्रेसी मंत्रिमण्डल स्थापित हुए। ब्रिटिश शासकों ने भारतीय प्रतिनिधियों का बिना विश्वास प्राप्त किए, भारत के विश्वयुद्ध में शामिल होने की घोषणा कर दी। 1936 से सन् 1939 तक के वर्षों में आधुनिक भारतीय इतिहास एक नये मोड़ पर आ गया था। छायावादी कवि भी यह अनुभव कर रहे थे कि भावुकता, रंगीनी, और छायावादी चेतना से काम नहीं चल पायेगा। छायावाद की सीमा सन् 1938 तक मानना ही श्रेयस्कर है। छायावादी काव्य में ही अपने युग जीवन की समग्रता को अभिव्यक्ति मिली है। हमारे इस मत का प्रभावीकरण अकेली 'कामायनी' से हो सकता है।

अर्थ और परिभाषा

द्विवेदी युग की इतिवृत्त प्रधान गद्य भाषा देने वाली और बहिर्मुखी स्थूल कविताओं की प्रतिक्रिया स्वरूप छायावाद का आविर्भाव हुआ। सांस्कृतिक चेतना और नवीन मानवीय चेतना का भी विशेष हाथ रहा है। साहित्य समीक्षकों ने छायावाद को जितना समझा नहीं या उससे कहीं अधिक उनके मनोजगत में छायावाद नाम छा गया था। ऐसी स्थिति में छायावाद को कतिपय समीक्षकों ने निर्मल ब्रह्म की विशद छाया माना तो कुछ के द्वारा उसे अन्योक्ति पद्धति, अस्पष्टता और संगीत का अपूर्ण एकीकरण की संज्ञा से भी अभिहित किया गया। अनेक विद्वानों ने इसे अपने अपने ढंग से समझाया है, कतिपय प्रमुख मत एवं परिभाषायें यहाँ दी जा रही हैं-

1. आचार्य रामचन्द्र शुक्ल

आचार्य शुक्ल ने छायावाद को अभिव्यंजना की एक शैली विशेष स्वीकार किया है साथ ही वे छायावाद और रहस्यवाद को अभिन्न भी मानते थे।

2. आचार्य विश्वनाथ प्रसाद मिश्रा

अभिव्यंजना का नूतन विधान छायावाद का प्रमुख लक्षण रहा है। काव्य शैली के प्रति किए गए विरोध को छायावाद स्वीकार किया है। मेरी धारणा है कि अभिव्यंजना और विषय वस्तु पृथक होकर भी अविभाज्य एवं अन्योन्याश्रित है। अत: छायावाद को मात्र एक अभिव्यंजना शैली मानना अनौचित्य पूर्ण है।

3. डॉ. राम कुमार वर्मा

परमात्मा की छाया आत्मा में, आत्मा की छाया परमात्मा में पड़ने लगती है, तभी छायावाद की सृष्टि होती है।

4. शान्तिप्रिय द्विवेदी

छायावाद एक दार्शनिक अनुभूति है। डॉ. वर्मा की परिभाषाओं में छायावाद को रहस्यवाद का ही पार्श्ववर्ती स्वीकार किया गया है।

5. डॉ. केसरी नारायण शुक्ला

डॉ. शुक्ला जी ने आचार्य रामचन्द्र शुक्ला जी के मत का ही अनुमोदन किया है। ब्रह्म समाज की उपासना का ढंग रहस्यात्मक है, उपासक के लिए प्रतीकों का प्रयोग आवश्यक हो जाता है, क्योंकि इस माध्यम द्वारा वह दिव्य ज्योति को धूमिल बनाकर आत्मा के साक्षात्कार के उपयुक्त बनाता है। इन प्रतीकों (छाया सदृश) से युक्त कविता का नाम छायावादी कविता पड़ा।

6. आचार्य हजारी प्रसाद द्विवेदी

आचार्य हजारी प्रसाद द्विवेदी का मत है कि छायावाद के मूल में पाश्चात्य रहस्यवादी भावना अवश्य थी।

7. आचार्य नन्द दुलारे बाजपेयी

बाजपेयी जी के मतानुसार मानव तथा प्रकृति के सूक्ष्म किन्तु व्यक्त सौंदर्य में आध्यात्मिक छाया का भाव छायावाद की सर्वमान्य व्याख्या हो सकती है।

8. डॉ. नगेन्द्र

छायावाद स्थूल के प्रति सूक्ष्म का विद्रोह है। यह एक विशेष प्रकार की भाव-पद्धति है, और जीवन के प्रति एक विशेष प्रकार भावात्मक दृष्टिकोण है।

9. डॉ. राम विलास शर्मा

छायावाद स्थूल के प्रति सूक्ष्म का विद्रोह नहीं रहा है, वरन थोथी नैतिकता, रूढ़िवाद और सामन्ती साम्राज्यवादी बंधनों के प्रति विद्रोह रहा है। यह विद्रोह मध्यम वर्ग के तत्वावधान में हुआ।

10. गंगा प्रसाद पाण्डेय

छायावाद वस्तुवाद और रहस्यवाद के बीच की कड़ी है।

11. महादेवी वर्मा

छायावाद स्थूल की प्रतिक्रिया में उत्पन्न हुआ है। उसने जीवन के इतिवृत्तात्मक यथार्थ चित्र ही नहीं दिये, बल्कि अप्रत्यक्ष सूक्ष्म के प्रति उपेक्षित यथार्थ की छाया भी है। छायावाद तत्वतः प्रकृति के बीच जीवन का उद्घोष है।

12. जयशंकर प्रसाद

जब वेदना के आधार पर सहानुभूतिमयी अभिव्यक्ति होने लगी तब हिन्दी में उसे छायावाद के नाम से अभिहित किया गया। सौन्दर्यमय प्रतीक, विधान तथा उपचार के साथ स्वानुभूति की विवृत्ति छायावाद की विशेषताएं हैं।

13. सुमित्रानन्दन 'पन्त'

छायावाद भाव बोध की दृष्टि से जहाँ विगत वस्तुबोध की भूमिका को छोड़कर एक ओर नवीन चैतन्य के शिखरों की ओर बढ़ा। वहाँ फलाबोध की दृष्टि से वह काव्यशास्त्रीय जड़ अलंकार युग की सौन्दर्य धारणा से अपने को मुक्त कर सीधा-प्रकृति के मुक्त पंख प्रसारों में विचरण कर नये सौन्दर्य उपादानों की खोज में निकल गया।

छायावाद : प्रवर्तक का प्रश्न

छायावाद के प्रवर्तक के सम्बन्ध में पर्याप्त विवाद आचार्य रामचन्द्र शुक्ल ने प्रवर्तन का श्रेय मुकुटधर पाण्डेय और मैथिलीशरण गुप्त को प्रदान किया है, तो इसके प्रमुख समर्थक आचार्य नन्द दुलारे बाजपेयी रहे हैं। सन् 1913-14 में ही इन्दू नामक पत्रिका के माध्यम से प्रसाद की जो कवितायें सामने आयीं वे छायावाद की प्रारम्भिक कविताएं मानी जानी चाहिए। इसके पश्चात सन् 1919 में झरना, का प्रकाशन हुआ।

आचार्य विनय मोहन शर्मा ने भी छायावाद का प्रारम्भ तो सन् 1913 से स्वीकार किया है। प्रसाद ने अपनी प्रारम्भिक कविताओं में ही छायावादी पद्धति की रचनाएं प्रस्तुत कर दी थीं। पंत का काव्य विकास विविध सोपानों से गुजरा है। जबकि प्रसाद की काव्य चेतना का पथ पूर्णत: छायावादी रहा है। अम्बार और वाणी में सूक्ष्म अभिव्यंजना की क्षमता लिए प्रसाद अपने प्रभावी व्यक्तित्व के साथ छायावादी कविता के दिशा निर्देशक भी बने उसके मुख को राग से रंजित किया, अधरों में मंदिर कंपन भरा, कपोलों को स्निग्ध किया और केश राशि को न केवल सज्जित किया अपितु उसमें आक्रामक सौन्दर्य भी भरा। उनकी शब्द व्यवस्था परिष्कृत होकर, सूक्ष्म अर्थों की वाहिका बनकर, लाक्षणिक व्यंजक ओर वक्रतापूर्ण भंगिमाओं में बदलकर जीवन, समाज और दर्शन की गुत्थियों को सुलझाने का उपयोगी माध्यम बनी।

'प्रसाद' छायावाद के प्रवर्तक भी बने।

प्रवृत्ति विश्लेषण

मनुष्य का जीवन चक्रवत घूमता है, छायावाद के जन्म के मूल में अन्य कारणों के साथ-साथ यह भी महत्वपूर्ण कारण रहा है। महादेवी वर्मा ने तो स्पष्ट कहा है कि सृष्टि के बाह्याकार पर इतना अधिक लिखा जा चुका था कि मनुष्य का हृदय अपनी अभिव्यक्ति के

लिए रो उठा। द्विवेदी युगीन इतिवृत्तात्मक शैली और पवित्रतावाद व रीतिकालीन स्थूल श्रृंगार के चरण इतनी तेजी से बढ़े कि छायावादियों को न केवल उनके प्रति विद्रोह करना पड़ा, अपितु वैयक्तिक प्रसार अस्मिता की खोज का आन्दोलन भी छेड़ना पड़ा। भाव की दृष्टि से व्यक्ति स्वातंत्र्य की भावना प्रबल होती गयी। फलतः छायावादी कवि विश्व को अपनी आंखों से देखने का आदी हो गया और सांसारिक सुख-दुःख और विरह-मिलन वैयक्तिक संदर्भों से जुड़ता गया। छायावादी काव्य जीवन में वैसा कोई ठोस कार्य न कर सका जैसा कि छायावादोत्तर काव्य में दिखाई देता है। जीवन की ठोस मिट्टी से दूर कल्पना का रंग महल सजाने वाली यह कविता जीवन को गतिशील नहीं बना सकी। इस काव्य धारा की भाव क्षेत्रीय विशेषताओं में वैयक्तिकता, प्रकृति सौन्दर्य, नारी भावना, प्रेम भावना, कल्पना की व्यापकता और निराशा, अवसाद और वेदना आदि को लिया जा सकता है। छायावाद की प्रमुख प्रवृत्तियों का प्रस्तुतीकरण निम्नांकित रूप में किया जा सकता है।

(1) छायावाद के सौन्दर्य में जो तत्व आकर मिल गये हैं, उनमें व्यक्तिवादिता का स्थान पहला है। द्विवेदी युगीन कविता में बाह्य जगत की तथ्यात्मक अभिव्यक्ति इतनी अधिक थी कि मानव मन की गहन पर्तों में दबा पड़ा भावलोक भीतर ही भीतर कसमसाता रहा था। छायावाद में उसे पहली बार बाहर आकर खुलकर रोने का अवसर प्राप्त हुआ। छायावादियों ने सभी माध्यमों को हटाकर सीधे सामने आकर अपनी व्यक्तिगत स्थिति परिस्थिति को प्रकाशित किया है।

(2) छायावादी काव्य की दूसरी विशेषता है प्रकृति का चैतन्यीकरण, छायावादी कवियों ने प्रकृति के प्रति विशेष अनुराग प्रदर्शित किया है।

(3) छायावादी कविता की तीसरी विशेषता नारी के प्रति पवित्र और पूज्य भावना का संचार है। किन्तु छायावाद में कवि और पाठकीय चेतना के मध्य में केवल अनुभूति रही है। अन्य कोई भी उपादान वहां नहीं है कविता में नारी पूजा और श्रद्धा की प्रतिमा बनकर आयी है।

(4) छायावादी कविता की एक विशेषता प्रणय भावना है। छायावाद सौन्दर्य सरोवर की तरंगों से युक्त प्रणयानुभूति का काव्य है।

(5) छायावाद की एक अन्य विशेषता सौन्दर्यानुभूति है।

(6) कल्पना की विवृत्ति और भावातिरेक भी छायावाद की एक प्रमुख प्रवृत्ति रही है। कल्पना ही कविता का पर्याय बन गयी है। छायावादी कवियों ने बीसवीं शताब्दी के आन्दोलन से प्रभावित होकर स्वच्छंद परिवेश की कल्पना की थी।

(7) छायावादी कविता में अवसाद, नैराश्य और वेदना भी देखने को मिलती है। प्रसाद का 'आंसू' वेदना पूर्ण काव्य है तथा पन्त की 'ग्रन्थि' और 'पल्लव' में निराशा व अवसाद प्रतिबिम्बित है।

(8) छायावादी कविता में अतीत, प्रेम और सरल जीवन का भाव मिलता है। कुछ समीक्षकों ने छायावाद को पलायनवादी भी कहा है।

(9) छायावादी कविता में कतिपय वैचारिक प्रवृत्तियाँ भी विकसित हुई हैं। निराला, प्रसाद और महादेवी वर्मा की कविताएं इसका प्रमाण हैं।

सबके सुख की कामना करते हुए प्रसाद ने लिखा है-

औरों को हंसते देखो मनु,
हंसो और सुख पाओ।
अपने सुख को विस्तृत कर लो,
सबको सुखी बनाओ।।

(10) शिल्प की दृष्टि से इस कविता में गीतात्मकता, चित्रभाषा का प्रयोग, लाक्षणिकता, प्रतीकात्मकता, अलंकारिकता और छन्दों की नवीनता आदि को विशेष महत्व प्राप्त है।

यह युग उपन्यास में प्रेम चन्द का, नाटक में प्रसाद का, कहानी क्षेत्र में प्रेमचन्द का तथा आलोचना और निबंध में 'शुक्ल जी' का युग माना जा सकता है। भाषा, भाव और शिल्प-विधान की दृष्टि से यह काल साहित्य का प्रौढ़तम काल है। इस युग में रंगभूमि, प्रेमाश्रय, गोदान, कामना, स्कन्द गुप्त, आंसू, कामायनी, पल्लव युगवाणी, ग्राम्य परिमल, अनामिका, गीतिका, कुकुरमुत्ता, रश्मि, नीरजा, दीपशिखा, 'साध्य-गीत' तथा आचार्य रामचन्द्र शुक्ल जी के प्रसिद्ध आलोचनात्मक ग्रन्थ और अनेक कलाकारों की महत्वपूर्ण रचनाएं प्रकाश में आयीं। छायावाद में बौद्धिक तत्व की प्रधानता है।

जय शंकर प्रसाद छायावादी काव्य-युग के ब्रह्मा हैं, पन्त, विष्णु और सूर्यकान्त त्रिपाठी 'निराला' उनके शिव शंकर हैं। यही तीनों कवि छायावाद की आत्मा हैं तथा श्री मैथिलीशरण गुप्त, मुकुटधर पाण्डेय आदि रचनाकार हैं, जिन्होंने खड़ी बोली काव्य को अधिक कल्पनामय, चित्रमय और आकर्षक बनाया।

श्री शिवदान सिंह चौहान ने छायावाद की कविता को राष्ट्रीग जागृति में ही पनपी हुई काव्य धारा के रूप में स्वीकार किया है- "जब छायावादी कविता को मान्यता प्राप्त हो गयी तो हिन्दी के आलोचकों ने यह स्वीकार किया कि छायावादी कविता हमारे देश की राष्ट्रीय जागृति की हलचल में पनपी और फूली फली है। इसकी मुख्य प्रेरणा राष्ट्रीय और सांस्कृतिक है।" छायावादी काव्य में राष्ट्रीय चेतना का प्रवाह निरन्तर व्यापक, विशाल रूप

ग्रहण करता जा रहा था। कांग्रेस और उसके मुक्ति संघर्ष का नेतृत्व महात्मा गांधी के हाथों में आ जाने तथा उनके सद्प्रयत्नों से भारतीय जनमानस राष्ट्रीय जन भावनाओं से उद्वेलित हो उठा था। छायावादी कवियों को सामयिक परिस्थितियों ने पूर्ण रूप में प्रभावित किया तथा उनके मानस पटल में प्रेरणा के सूत्र पिरो दिये। छायावादी कवियों के हृदय में मुक्ति की लालसा तीव्रता से उभरने लगी जो काव्य के रूप में गम्भीरता से अभिव्यक्त हुई। इन कवियों में सर्वाधिक सशक्त स्वर "निराला" का है। जिनमें युग का समस्त विद्रोह पुंजीभूत होकर मुखरित हो उठा था। प्रसाद जी की राष्ट्रीय चेतना राष्ट्रवाद के इतिहास में गौरव पद की अधिकारिणी है। राष्ट्रीय विकास के लिए कुछ कर डालने का भाव छायावादी कवियों की राष्ट्रीय चेतना का मूल आधार रहा है। जयशंकर प्रसाद भारतवासियों को जगाते हुए कहते हैं कि-

"कुछ करोगे कि बस सदा रोकर,
दीन हो दैव को पुकारोगे।
सो रहे तुम न भाग्य सोता है,
आप बिगड़ी तुम्हीं संवारोगे ।।[4]

भारतीय प्राकृतिक सम्पदा के प्रति छायावादी कवियों की दृष्टि अनुराग परक थी, जिससे उनके मानस में राष्ट्र की भौगोलिक सीमाओं, उसके पर्वतों, सरिताओं, वनश्री आदि के प्रति आकर्षण का भाव गंभीरता से उद्भाषित हो उठा। प्रसाद जी के नाट्यगीत इस दृष्टि से विशेष स्तुत्य हैं। प्रसाद जी की राष्ट्रीय भावना के युग के प्रभाव से अन्तर्राष्ट्रीयता का भी स्पर्श इस नाटक में करती है। अपने मधुमय देश के लिए अनुराग व्यक्त करते हुए कवि कहता है-

"अरुण यह मधुमय देश हमारा,
जहाँ पहुँच अनजान क्षितिज को
मिलता एक सहारा।। [5]

कवि के देश की अरुणिमा (अनुराग) क्षितिज को सहारा देती है और युगीन राष्ट्रीय भावना को विश्व-बन्धुत्व के धरातल पर प्रतिष्ठित करती है। स्पष्ट है प्रसाद की राष्ट्रीयता अन्तर्राष्ट्रीयता को भी आश्रय देती है।

निराला जी ने भारत के प्राकृतिक वैभव को अपनी वंदना में साकार करते हुए कहा है-

"भारति जय, विजय करे,
कनक-शस्य–कमल धरे।
लंका पद तल-शतदल,
गर्जि तोमि सागर जल।
धोता शुचि चरण-युगल।
स्तव कर बहु-अर्थ भरे।।[6]

पन्त जी ने भारत भूमि को स्वर्गतुल्य और यहाँ निवासियों को देवतुल्य बतलाया है। उनकी दृष्टि में भारत भूमि ही प्रेम का सच्चा सन्देश प्रसारित करने वाली एक मात्र पुण्य धरा है-

"जननी जन्म भूमि प्रिय, अपनी
जो स्वर्ग मपि गरीयसी।
जिसका गौरव भाल हिमालय,
स्वर्ण धरा हंसती, चिर श्यामल
ज्योति ग्रन्थित, गंगा-जमुना जल
वह जन-जन के हृदय में बसी।" [7]

सरस्वती के जनवरी 1920 के अंक में नरेन्द्र शर्मा "अंचल" की जन्मभूमि नामक कविता प्रकाशित हुई। उसमें उन्होंने जन्मभूमि में कर्म का संयोग भी कर दिया है। इस काल तक गांधी की कर्म चेतना सम्पूर्ण देश को अभिभूत कर चुकी थी। उसकी सफल अभिव्यक्ति राष्ट्रीय भावना के कवियों में हुई-

"जन्म भूमि जननी
कर्म भूमि जननी
धरम भूमि जननी
जय विश्व तारिणी।"

छायावाद में जन्मभूमि के प्रति वर्णित अनुराग द्विवेदी युग से भिन्न देखने में आता है। इस काल में भारत भूमि की प्रतिमा कवियों ने गढ़ी उसमें जड़ता बनी रही। छायावादी कवियों ने उस मातृभूमि की प्रतिमा की प्राण प्रतिष्ठा की, उसे शतकंठ की हुंकार से सम्पूर्ण किया। इस प्रकार छायावादी कवियों में भारत जननी को देवी के रूप में प्रतिष्ठित किया।

प्रारम्भ से ही छायावादी कवि महत्वाकांक्षी प्रवृत्ति के थे। उनकी इच्छा भारत को स्वतंत्र और गौरवशाली रूप में देखने की रहती थी। प्रसाद जी के नाट्य गीतों में भारत का प्राचीन भौतिक एवं आध्यात्मिक उत्कर्ष तथा उत्कृष्ट ज्ञान धर्म अपने गरिमामय स्वरूप में पुन: साकार हो उठा। सर्वप्रथम तो उन्होंने साम्राज्यवादी शासकों के षड्यंत्र का भण्डाफोड़ करते हुए साधिकार भारत भूमि को अपनी मातृभूमि बतलाया है।

हमारी जन्म भूमि थी यहीं,
कहीं से हम आए थे नहीं।। [८]

और कहा कि यह वही भारत भूमि है जहाँ सर्वप्रथम ज्ञान का आलोक फैला था। इन्हीं भारतीयों के पुण्य प्रयत्नों से अविरल संसृति के तम पुंज का विनाश सम्भव हुआ था।

"हिमालय के आंगन में उसे
प्रथम किरणों का दे उपहार।
ऊषा ने हंस अभिनन्दन किया
और पहनाया हीर का हार।।
जगे हम, लगे जगाने विश्व
लोक में फिर फैला आलोक,
व्योम तम पुंज हुआ तब नष्ट
अखिल संसृति हो उठी अशोक ।"[9]

वीरता के धनी होते हुए भी भारतीयों ने अपनी सहजता, विनम्रता और उदारता का त्याग कभी नहीं किया तथा विश्व कल्याण की भावना उनके हृदय में सदैव बनी रही। राष्ट्रीयता तो उनके जीवन में सर्वोपरि थी। मातृभूमि के प्रति निश्छल प्रेम तथा समर्पण भाव से उनका मन-मानस उत्साहित था।

जिये तो सदा उसी के लिए
यही अभिमान रहे, यह हर्ष
निछावर कर दे हम सर्वस्व
हमारा प्यारा भारत वर्ष ।।[10]

वीरता प्राचीनकाल से भारत का आभूषण रही है। अत: इन कवियों ने उन सभी वीरों के प्रति अपने हृदय की सम्पूर्ण श्रद्धा को काव्यांजलि के रूप में अभिव्यक्त किया है। जिन्होंने प्राण रहते राष्ट्र और धर्म की रक्षा की थी।

"छोड़ा कब क्षत्रियों ने अपना भाग,
रहते प्राण, कटि में कृपाण के?
सुना नहीं तुमने क्या वीरों का इतिहास?
पास ही तो देखो
कहता है चित्तौर गढ़" ।।[11]

छायावादी परम्परा में जहाँ प्राचीन भारतीय वीरों की साहस और वीरता से भरी शौर्य गाथाओं का वर्णन किया गया है। वहाँ उन अमर सपूतों को उनकी महान शौर्य परम्परा को सदा अजर और अमर बनाये रखने का इन रचनाकारों द्वारा प्रयास भी किया गया है।

अन्त में हम छायावाद के सम्बन्ध में कह सकते हैं कि दो महायुद्धों के बीच की स्वच्छन्दतावादी कविता को छायावादी कविता के नाम से भी जाना जाता है। छायावादी कविता के प्रारम्भकर्ता के सम्बन्ध में अनेक विद्वानों के अलग-अलग मत हैं। आचार्य रामचन्द्र शुक्ल इस काव्य धारा का प्रवर्तक "मुकुटधर" पाण्डेय को मानते हैं, जबकि नन्द दुलारे बाजपेयी ने छायावादी काव्य शैली के प्रारम्भ का श्रेय सुमित्रानंदन पन्त की

'उच्छवास' (1920) काव्य पुस्तिका को दिया है। इसके अतिरिक्त कुछ विद्वानों ने प्रभाकर माचवे और माखन लाल चतुर्वेदी को प्रारम्भकर्ता माना है। वास्तव में जय शंकर प्रसाद ने 1913-14 में 'इन्दू' नाम की पत्रिका प्रकाशित करना प्रारम्भ की। प्रसाद, पन्त, निराला और महादेवी जैसे समर्थ कवियों ने इस काल में काव्य का सृजन किया वह सांस्कृतिक और भावात्मक सम्पन्नता के कारण ही नहीं वरन अपनी अभिव्यक्ति, काव्यभाषा प्रतीक और बिम्ब विधान के कारण यह काल आधुनिक हिन्दी कविता का स्वर्णकाल माना गया। राष्ट्रीय काव्यधारा के कवियों रामधारी सिंह 'दिनकर' आदि ने क्रान्तिपरक रचनाओं के साथ-साथ लौकिक प्रेम, सौन्दर्य तथा प्रकृति प्रेम सम्बन्धी रचनाओं से इस काव्यधारा को समृद्ध किया।

(घ) चतुर्थ उत्थान काल (प्रगतिवाद)

विश्व के राजनैतिक पटल पर 1917 में रूस की लाल क्रान्ति के कारण लेनिनवाद और साम्यवाद ने अपना प्रभुत्व जमाया। साम्राज्यवादी षड्यंत्रों और पूँजीवादी इरादों को लोग समझ चुके थे, उसके प्रति लोगों में घृणा उत्पन्न हो चुकी थी। मार्क्स के क्रान्तिकारी विचारों से प्रभावित होकर सामाजिक परिवर्तन होने लगा था। अत: साहित्य में जन संघर्ष एवं सामाजिक परिवर्तन के साथ प्रगतिवाद का प्रारम्भ हुआ।

द्वितीय विश्वयुद्ध तक ओत प्रोत छायावाद की अतिशय भावुकता कल्पनातिरेकता, निराशा और पलायन प्रवृत्ति आदि का विरोध होने लगा। दूसरी ओर काल मार्क्स के प्रभाव से अंग्रेजों द्वारा किया जाने वाला दिन प्रतिदिन का आर्थिक शोषण, भारत की बढ़ती हुई निर्धनता और मंहगाई के कारण एक विरोधाभासी स्थिति उत्पन्न हो गई। फलस्वरूप हिन्दी कविता परिवर्तन की ओर उन्मुख होने लगी। उसने एक नया रूप धारण किया जो प्रगतिवादी काव्य के नाम से जाना गया।

प्रगतिवादी काव्यधारा के अन्तर्गत दो प्रकार का सृजन हुआ-

1. साम्यवादी प्रचार प्रसार पर आधारित।
2. राजनैतिक प्रभाव से अलग पूर्णतया यथार्थवादी।

पहले को गद्य लेखकों ने अपनाया तथा दूसरी काव्य धारा को कवियों ने।

प्रगतिवादी कविता की प्रवृत्तियाँ निम्न हैं -

1. शोषकों का विरोध।
2. शोषितों (किसानों श्रमिकों) के प्रति सह्रानुभूति
3. क्रान्तिकारी चिन्तन की पक्षधरता।
4. यथार्थपरक चित्रण प्रधानता।

उपरोक्त प्रवृत्तियों को ध्यान में रखते हुए जिन प्रगतिशील कवियों ने रचनाएं की। उनमें विशेष उल्लेखनीय रहे हैं- (1) निराला (2) पन्त, (3) नागार्जुन (4) केदार नाथ अग्रवाल (5) शिव मंगल सिंह 'सुमन' (6) अंचल (7) वीरेन्द्र मिश्र और (8) दिनकर।

मानववाद प्रगतिवादी कविता के प्राण हैं। मानवता ही प्रगतिवादी कवियों की आत्मा है। इस युग के कवियों ने सरल भाषा का प्रयोग किया। अधिकांश बोलचाल की भाषा में ही काव्य लिखा। देशज शब्दों के साथ किसानों, मजदूरों और निम्न वर्ग के जीवन के प्रतीकों का प्रयोग किया। करबी और हंसिया ही नहीं लाल झण्डा, लाल सलाम, चिमनी का धुआँ जैसे अनेक शब्दों को कविता में जगह मिली, जीवन दृष्टि बदलने से सौन्दर्य दृष्टि बदली और श्रम के सौन्दर्य की प्रतिष्ठा के साथ प्रगतिवादी कविता के उपादान जीवन संघर्ष की भूमि से ग्रहण किए गये।

वास्तव में प्रगतिवाद, अन्तर्राष्ट्रीय घटना थी। विश्व के बुद्धिजीवी रचनाकारों ने सन् 1935 में पेरिस में पहला सम्मेलन किया। भारत में सन् 1936 में "प्रगतिशील संघ" की स्थापना हुई। इस संघ की स्थापना से ही प्रगतिशील लेखन का शुभारम्भ माना जा सकता है।

हिन्दी कविता में प्रगतिवाद का प्रारम्भ किस वर्ष से माना जाय इस सम्बन्ध में काफी मतभेद हैं। डॉ. नामवर सिंह और श्री ललित मोहन अवस्थी उसका आरम्भ सन् 1930 मानते हैं। श्री ललित मोहन अवस्थी के अनुसार प्रगतिशील आन्दोलन के प्रारम्भकर्ता, साम्यवादी नहीं, ऐसे साम्यवादी जिनमें से कई आगे चलकर साम्यवाद विरोधी तक हो गये थे इनमें गया प्रसाद शुक्ला सनेही, त्रिशूल, बालकृष्ण शर्मा, नवीन, सुमित्रानन्दन पंत, सूर्यकान्त त्रिपाठी 'निराला' और भगवती चरण वर्मा प्रमुख हैं। इन लोगों ने 1930 के आसपास ही सामाजिक यथार्थ, रूस में समाजवादी क्रान्ति का अभिनन्दन, साम्यवाद का स्वागत, अध्यात्मवाद के विरुद्ध मानवतावाद की महत्ता आदि विषयों पर काव्य रचना आरम्भ कर दी थी। अवस्थी जी के साक्ष्य के अनुसार 'त्रिशूल' जी ने तो 1921 में ही लिखा था-

कुछ को मोहन भोग बैठकर दो खाने को,
कुछ सोएं अध पेट तरस दाने-दाने को,
कुछ तो लें अवतार स्वर्ग का सुख पाने को,
कुछ आये बस नरक भोग कर मर जाने को,
श्रम किसका है, मगर कौन है मौज उड़ाते, हैं
खाने को कौन, कौन उपजा कर लाते।

प्रगतिशील काव्य सृजन के प्रारम्भिक इतिवृत्त के संदर्भ में अन्य ध्यान देने योग्य तथ्य इस प्रकार हैं-

निराला की 'बादल राग' कविता 1923 में, 'भिक्षुक' 1924 से 1927 के बीच तथा 'तोड़ती पत्थर', 1937 में लिखी गयी थी।[12]

श्री सुमित्रानन्दन 'पन्त' की युगान्त में संकलित 'द्रुत झरो', मानव, 'बासों का झुरमुट', आदि कवितायें 1934 से 1936 के मध्य की रचनाएं हैं।

श्री रामधारी सिंह 'दिनकर' की 'रेणुका' में संकलित कविता 'कस्मै देवाय' 1931 में और 'ताण्डव' तथा 'कविता की पुकार' 1933 में लिखी गयी।[13]

नवीन जी की 'विप्लव गायन' डॉ. लक्ष्मी नारायण दुबे के अनुसार सन् 1925 में लिखी गयी। किन्तु प्रताप मण्डल के पुराने सदस्य और नवीन जी के सहयोगी श्री देवीदत्त मिश्र इसे 1930 की रचना मानते हैं। नवीन जी के अनलगान मार्च 1936 में और 'जूठे पत्ते', जुलाई 1937 में लिखी गयीं। 'जूठे पत्ते' में नवीन जी ने लिखा है-

जब लौ श्रम और उपज को, होत न साम्य विभाग,
बुझे बुझाए किमि कहो, यह अशान्ति की आग।
सुनियत कूकर आपके, दूध जलेबी खाहिं।
हम सब कृषक मजूर हा, कूकर हू सम नांहि ।
वे न भयो, वेहै नहीं, साम्यवाद सम आन,
जग की व्याधि अगाध को, सांचो सही निदान।[14]

श्री आरसी प्रसाद सिंह 'रक्त पर्व' जिसमें स्पष्ट शब्दों में साम्यवाद का जयघोष किया गया है, जो सन् 1937 में लिखी गयी।

श्री रामेश्वर 'करुण' के ब्रज भाषा में लिखे हुए सात सौ दोहों का संकलन 'करुण सतसई' 1934 में लाहौर में प्रकाशित हुआ था। इन दोहों में स्पष्ट शब्दों में सम्पत्ति पर वैयक्तिक अधिकार समाप्त कर साम्यवाद लाने का प्रयास किया गया था। लेकिन खड़ी बोली की कविताएं काफी बाद की हैं। डॉ. नगेन्द्र श्री सुमित्रानन्दन पंत को ही हिन्दी में प्रगतिवाद के प्रथम कवि मानते हैं।

इन सब तथ्यों से दो बातें स्पष्ट होती हैं। एक तो यह कि प्रगतिशील कविता के प्रथम सृष्टा तो यद्यपि त्रिशूल जी ही थे तथापि हिन्दी के पहले प्रगतिशील कवि होने का गौरव पन्त जी को ही दिया जाना चाहिए। क्योंकि पन्त जी ही एक ऐसे कवि थे, जिन्होंने हिन्दी में प्रगतिशील काव्य-सृजन की एक वास्तविक परम्परा का प्रवर्तन किया।

दूसरा तथ्य यह है कि छुट-पुट प्रगतिशील कविताओं की रचना 1930 से भी काफी पहले से होने लगी थी। तथापि एक सशक्तधारा के रूप में प्रगतिशील कविता की सत्ता 1936 से ही अनुभव की जाने लगी। हिन्दी में ही नहीं अधिकांश भारतीय भाषाओं के

साहित्य में भी प्रगतिशील आन्दोलन का वास्तविक और विधिवत प्रारम्भ 1936 से ही होता है।

हिन्दी में 1936 ही यह वर्ष है जिसमें स्वयं छायावाद के एक प्रमुख स्तम्भ ने युगान्त लिखकर छायावाद युग के अन्त और नये युग के प्रारम्भ की विधिवत घोषणा की। ये दौर ही वास्तव में हिन्दी की प्रगतिशील कविता के विकास की चार अवस्थाएं हैं -

1. प्रथम चरण (सन् 1936 से 1947 तक)
2. द्वितीय चरण (सन् 1947 से 1951 तक)
3. तृतीय चरण (सन् 1951 से 1962 तक)
4. चतुर्थ चरण (सन् 1962 से अब तक)

प्रथम चरण

प्रगतिशील कविता का पहला दौर प्रगतिशील आन्दोलन से शुरू होकर स्वराज्य प्राप्ति तक चलता है। इस युग में भारतीय जनता 'स्वाधीनता' के लिए संघर्ष कर रही थी। इस युग में मूल स्वर राष्ट्रीय और साम्राज्य विरोधी है।

राष्ट्रीय रुझान के प्रगतिशील कवि दिनकर, नवीन मूलत: इसी युग के कवि हैं। इस दौर में प्रकाशित प्रगतिशील कविता के प्रमुख संकलनों में निराला के कुकुरमुत्ता, अणिमा, बेला और नये पत्ते, पन्त के युगान्त युगवाणी और ग्राम्या, दिनकर के रेणुका, हुंकार, सामधेनी और कुरुक्षेत्र, सुमन के हिलोल, जीवन के गान और प्रलय सृजन, अंचल के 'किरण बेला' और करील तथा नरेन्द्र शर्मा के लाल निशान, प्रभातफेरी और हंस माला का उल्लेख किया जा सकता है।

द्वितीय चरण

हिन्दी की प्रगतिशील कविता का दूसरा दौर मोटे तौर पर औपनिवेशिक स्वराज्य से भारतीय गणराज्य की घोषणा तक का दौर है। साम्यवादी दल की दृष्टि से जिसकी नीतियों को प्रगतिशील आन्दोलन पर पर्याप्त प्रभाव पड़ा। यह वह दौर है जो उसके द्वारा 51 में नये कार्यक्रम की स्वीकृति के साथ समाप्त होता है।

स्वयं सरकार द्वारा प्रकाशित आंकड़ों के अनुसार उसके शासन के पहले तीन वर्षों में पुलिस और फौज द्वारा जनता पर 1982 बार गोली चलायी गयी थी। 3784 लोगों को जान से मारा, 10,000 को जख्मी किया। 50,000 को जेलों में बंद किया और जेलों के अंदर 82 राज बन्दियों को गोली से उड़ा दिया। [15]

प्रगतिशील आन्दोलन इन परिस्थितियों से अप्रभावित नहीं रह सकता था। राष्ट्रीय स्वाधीनता की प्राप्ति का जनता के अन्य वर्गों की तरह प्रगतिशील लेखकों ने भी स्वागत

किया।[16] और आशा की स्वाधीनता और सांस्कृतिक निर्माण का एक नया युग प्रारम्भ होगा पर जब नई सरकार ने जनता पर अंधाधुन्ध दमन करना और स्पष्ट पूँजीवादी नीतियों पर चलना शुरू किया तो प्रगतिशील लेखकों में उसके प्रति कटुता की भावनायें बढ़ने लगी। शीघ्र ही सरकार ने जन आन्दोलन के साथ-साथ जनवादी सांस्कृतिक आन्दोलनों पर भी हमला बोल दिया। जन नाट्य संघ और प्रगतिशील लेखक संघ भी इस दमन की लपेट में आ गये ।

इन सब परिस्थितियों के परिणामस्वरूप इस युग की प्रगतिशील कविता में जहाँ एक सधा हुआ क्रान्तिकारी स्वर एक दृढ़ता और सुस्पष्टता मिलती है, वहाँ कविता को राजनीति और राजनैतिक संघर्षो तक सीमित करने की प्रवृत्ति तथा एक प्रकार की सैद्धान्तिक कट्टरता और कला हीन सिद्धान्त कथन की प्रवृत्ति भी उसमें मुखर हैं।

प्रगतिशील समीक्षा की इस चिन्ताजनक परिस्थिति पर प्रकाश डालते हुए भी शिवदान सिंह चौहान ने लिखा था-

किसी गहरी अनुभूति की कलात्मक अभिव्यंजना के बिना भी कविता में यदि सही मानवतावादी दृष्टिकोण या सही वाम पक्षीय विचार पद्यबद्ध है, तो उन हल्की तुकबंदियों को भी नये युग की कविता घोषित करने में हमारे कतिपय आलोचक संकोच नहीं करते और समझते हैं कि कोरे साधरणीकृत विचारों, सिद्धान्तों और वक्तव्यों में आगे बढ़ते जाने' या 'लड़ते जाने' के गर्वोक्ति पूर्ण उद्‌गारों और 'अंधेरा-सवेरा' की टकसाली चित्र कल्पनाओं को यांत्रिक ढंग से जोड़कर तुकों की बंदिश बांध देने या मुक्त छन्द के रूप में लिख देने भर से ही कविता में 'प्रगति तत्व' पैदा हो जाता है। वास्तव में इस युग की प्रगतिशील कविता का एक बड़ा हिस्सा प्रगतिशील चेतना का उन्मेश न रहकर साम्यवादी दल की तत्कालीन नीतियों की उद्घोषणाएं मात्र रह गया था।

इस युग की कविता में केदार की युग गंगा, शैलेन्द्र की न्योता और चुनौती, शील की एक पग और उदयपथ की अधिकांश कविताएं और नागार्जुन तथा राम विलास की अधिकांश सामयिक व्यंग कवितायें आ जाती हैं।

कुल मिलाकर द्वितीय चरण की प्रगतिशील कविता में सामाजिक यथार्थ के कुछ प्रभावशाली चित्र खींचे गये, और कुछ तिलमिला देने वाले सामाजिक और राजनैतिक व्यंग लिखे गये। इस युग की कविता में एक सीधी चोट है, जो कई बार कला विहीन वक्तव्यों में बदल जाती है, पर कई बार प्रभावित भी करती हैं।

तृतीय चरण

हिन्दी प्रगतिशील कविता का तृतीय चरण उस समय से शुरू होता है जब राष्ट्रीय सरकार की घरेलू और विदेश नीति में थोड़ा परिवर्तन आता है और वह अपेक्षाकृत उदार घरेलू नीति

और मोटे तौर पर साम्राज्यवाद विरोधी विदेश नीति अपनाती हैं। सन् 1950-51 में अधिकांश साम्यवादी राजबंदियों को छोड़ दिया जाता है तथा बंगाल और मद्रास राज्यों में जनवादी संगठनों पर से प्रतिबंध हटा लिए जाते हैं। सन् 1952 में बालिग मताधिकार के आधार पर पहला आम चुनाव हुआ। धीरे-धीरे नेहरू सरकार ने सोवियत संघ और चीन के साथ मैत्रीपूर्ण सम्बन्ध बनाये और अन्तर्राष्ट्रीय शान्ति के लिए वह अधिकाधिक भूमिका अदा करने लगी। परिणामस्वरूप अखिल भारतीय प्रगतिशील लेखक संघ ने अपने पांचवें अधिवेशन में जो सन् 1953 में दिल्ली में हुआ, प्रगतिशील आन्दोलन को अधिक व्यापक और उदार स्वरूप देने का प्रयत्न किया। इन्हीं सब परिस्थितियों में हिन्दी की प्रगतिशील कविता ने एक नई और उदार मानवतावादी अवस्था में प्रवेश किया। क्रान्ति की भावनाओं के साथ-साथ अफ्रेशियायी एकता की भावना, विश्व शान्ति उत्कट आकांक्षा और एक संवेदनशील, उदार मानववाद के स्वर उसमें मुखर होने लगे। साथ ही उसकी शिल्प चेतना भी विकसित हुई। 1951 में प्रकाशित 'दूसरा सप्तक' में संकलित शमशेर और नरेश मेहता की कविताएं इसी नई प्रगतिशील कविता का पहला सशक्त प्रतिनिधित्व करती हैं। इस तीसरे दौर की कविता के अन्तर्गत नागार्जुन की "सतरंगे पंखों वाली' और 'प्यासी पथराई आंखें', केदार की 'लोक और आलोक', सुमन के 'विश्वास बढ़ता ही गया' और 'पर आंखें नहीं भरी', नीरज के 'प्राण गीत' और 'दर्द दिया है', वीरेन्द्र मिश्र का 'लेखनी बेला', गजानन माधव 'मुक्तिबोध' का 'चांद का मुंह टेढ़ा है', नरेश मेहता की दूसरी सप्तक की कविताएं तथा 'बन पाखी सुनो', गिरिजा कुमार माथुर के 'धूप के धान', और 'शिला पंख चमकीले', भवानी प्रसाद मिश्र का 'गीत फरोश', शमशेर की 'दूसरा सप्तक की कविताएं', कुछ कविताएं और तथा कुछ और कविताएँ, तथा दुष्यन्त कुमार के 'सूर्य के स्वागत' और 'आवाजों के घेरे' आदि कविता संकलन आ जाते हैं।

चतुर्थ चरण

सामाजिक इतिहास की दृष्टि से भारत चीन संघर्ष की घटना से और साहित्येतिहास की दृष्टि से नई कविता के दौर की समाप्ति से शुरू माना जा सकता है।

सन् 1962 के चीन के साथ संघर्ष में भारतीय सेनाओं की पराजय और बाद में चीन द्वारा एक तरफा पीछे हटने की कार्यवाही ने भारत के राष्ट्रीय स्वाभिमान को गहरी चोट पहुँचाई।

भारत चीन संघर्ष ने न केवल भारत चीन मैत्री और सद्भाव के एक लम्बे दौर को समाप्त कर दिया, वरन् भारत के साम्यवादी आन्दोलन पर भी एक गहरा आघात किया। भारत के साम्यवादी एक ऐसे गंभीर वैचारिक संकट में आ पड़े, जैसे में वे अभी तक कभी नहीं पड़े थे।

सन् 1967 के चुनाव में पहली बार कांग्रेस के एकाधिकार का टूटना और अनेक प्रान्तों में गैर कांग्रेसी सरकारों का निर्माण, सन् 1969 में पहली बार राष्ट्रपति के चुनाव में कांग्रेस

अधिकारिक उम्मीदवार की हार और वामपंथी विरोधी दल समर्थित श्री वी.वी. गिरि की विजय, कांग्रेस का विभाजन, और अगले चुनाव 1971 में श्रीमती इन्दिरा गाँधी का भारी बहुमत से जीतना, चेकोस्लोवाकिया में सैनिक हस्तक्षेप तथा भारतीय महाद्वीप में 'बांग्लादेश' का जन्म प्रमुख है।

इस सभी घटनाओं ने प्रगतिशील कविता को प्रभावित किया। इस दौर के युवा प्रगतिशील कवियों ने अपने-अपने समूहों को कुछ नई संज्ञायें दी और अपने-अपने ढंग से नई कविता की निष्क्रियता, अनुभूतियों की प्रामाणिकता और सम्प्रक्ति के विरुद्ध सीधी सम्प्रक्ति के साथ अपने सामने की जिन्दगी का साक्षात्कार किया और उसे बिम्बधर्मी मुहावरे से हटकर, एक सपाट बयानी के साथ भी प्रस्तुत किया।

इस दौर की प्रगतिशील कविता में विद्रोह के तीन स्तर देखे जा सकते हैं। जनवादी विरोध, कुछ-कुछ जिम्मेदार विद्रोह और एक दुस्साहसिकतापूर्ण समग्र विद्रोह/क्रान्तिकारी। हिंसा को इससे पहले कभी कविता के केन्द्र में स्थापित करने की ऐसी कोशिश नहीं की गयी जैसी इस युग के एक विद्रोही ग्रुप ने की।

इस दौर की कविता में राजीव सक्सेना का 'आत्म निर्वासन', रणजीत का 'इतिहास का दर्द', जगमंदिर तायल का 'सूरज सब देखता है', मृत्युंजय उपाध्याय का 'किन्तु', श्रीराम शलभ का 'कल सुबह होने से पहले', हरीश भदानी का 'सुलगते पिण्ड', केदारनाथ अग्रवाल का 'आग का आइना', और भारत भूषण अग्रवाल का 'एक उठा हुआ हाथ', और धूमिल के 'संसद से सड़क तक', आदि संकलनों के अतिरिक्त कुमारेन्दु पारसनाथ सिंह, विजेन्द्र, अजित पुष्कल आदि अनेक तरुण कवियों की छुट-पुट कवितायें आ जाती हैं।

सन् 1972-1073 तक आते-आते प्रगतिशील कविता अपने साठोत्तरी दौर से अलग हटकर सतरोत्तरी दौर में प्रवेश करने लगी। उसमें अकविता के रुग्णतावादी सांकेतिक और व्यापक मानवीय सरोकारों से भरी प्रतिश्रुति कविता में रूपान्तरित हुई। फरवरी 1973 में बांदा में सम्पन्न हुआ बांदा सम्मेलन के सभी रंग तो प्रगतिशील साहित्यकारों को एक मंच पर लाने के थे। थोड़े ही दिन बाद भारतीय साम्यवादी दलों ने आपातकाल को समर्थन देने की पृष्ठ भूमि तैयार करते हुए 'गया' में अपना अलग संगठन "राष्ट्रीय प्रगतिशील लेखक महासंघ बनाया और कुछ वर्ष बाद मार्क्सवादी कम्युनिस्ट पार्टी ने भी अपना अलग जनवादी लेखक संघ के गठन के बाद विभिन्न गोष्ठियों और पत्र-पत्रिकाओं में प्रगतिशील कविता और प्रतिबद्ध कविता के प्रचलित विशेषणों की जगह एक नया विशेषण, नये संगठन की अलग पहचान दिखाने की मजबूरी में से ही उत्पन्न था, कविता में आए हुए किसी चारित्रिक परिवर्तन को स्पष्ट करने के लिए नहीं लगाया गया था। यह निश्चित है इसका सबसे बड़ा प्रमाण यह है कि जनवादी आलोचक उन्हीं कवियों और लेखकों को जिन्हें अब तक प्रगतिशील या प्रतिबद्ध कवि कहा जा रहा था 'जनवादी' कवि के नाम से पुकारने लगे।

कहने का अभिप्राय यह है कि विचार कविता और जनवादी कविता समकालीन कविता के दो अलग-अलग आन्दोलन नहीं है। वास्तव में यह एक ही धारा है, उसका मुख्य स्वर सामाजिक यथार्थवादी है, और उसे मोटे तौर पर वाम कविता कहा जा सकता है।

और यह वाम कविता सातवें दशक की एक प्रमुख धारा प्रतिश्रुत या प्रतिबद्ध कविता का ही विकास है। चंचल चौहान ने इसे एक लम्बा नाम दिया है- 'सत्तरोत्तरी वाम जनवादी प्रतिबद्ध कविता' ।

समकालीन प्रगतिशील कविता की एक शाखा वह भी है जिसने नवगीत की परम्परा को आगे बढ़ाते हुए उसे आज के आम आदमी के संघर्षों सरोकारों से जोड़ा है और जिसे श्री चंचल चौहान ने "प्रतिबद्ध जनवादी गीत' की संज्ञा दी है। इन गीतकारों में रमेश रंजक (मिट्टी बोलती है, हरापन नहीं टूटेगा, इतिहास दुबारा लिखो), शलभ श्री राम सिंह, नचिकेता, अश्वघोष (तूफान में जलयान, आस्था और उपस्थिति) महेश उपाध्याय, माहेश्वर तिवारी और अनूप शेष के नाम उल्लेखनीय हैं।

समकालीन प्रगतिशील कविता के अन्तर्गत दुष्यन्त कुमार का 'साये में धूप', रणजीत के 'ये सपने ये प्रेत' (1964), झुलसा हुआ रक्त कमल (1986), पृथ्वी के लिए (1991), खतरे के कगार तक (1999), जुग मंदिर, तायल के सूरज सब देखता है, जंगल से गुजरते हुए, धूमिल के संसद से सड़क तक (1973), कल सुनना मुझे (1978), सुदामा पाण्डेय का जनतंत्र, शलभ श्रीराम सिंह के कल सुबह होने से पहले (1966), अतिरिक्त पुरुष (1976), नागरिक शास्त्र (1983), और उन हाथों से परिचित हूँ मैं (1993), गदन डांगा के आँसू का अनुवाद (1973), शाकाहारी कवितायें, यह कैसा मजाक है, ऋतुराज का नहीं, प्रबोध चन्द्रोदय, रमेश गौड़ का पतन गाथा, जय सिंह नीरज का दुखान्त समारोह, ढाणी का आदमी, हरीश भादानी का सुलगते पिण्ड और नष्टोमोह, विश्वनाथ प्रसाद तिवारी के चीजों को देख कर साथ चलते हुए, बेहतर दुनिया के लिए, विश्वम्भर नाथ उपाध्याय के बन्ध, शीत लहर, अलगाव के विरुद्ध विजेन्द्र के ये आकृतियां, तुम्हारी, कठफुला बांस, चैत की टहनी, श्याम सुन्दर घोष का नये शिशु का जन्म अरुण कमल का अपनी केवल धार, उदय प्रकाश के अबूतर कबूतर, सुनो कारीगर, राजेश जोशी का एक दिन बोलेंगे पेड़, विष्णु चन्द्र शर्मा का जानवर तंत्र, गोरख पाण्डेय का जागते रहो सोने वालो, विजय बहादुर सिंह का मौसम की चिट्ठी, रमाकान्त शर्मा के कुहरे में धूप खिली, मौसम का इंतजार, रात की कोख में उजाला है और स्मृतियों की झील में, कुमार विकल का एक छोटी सी लड़ाई, रंग खतरे में है, कुमारेन्द्र पारसनाथ सिंह का इतिहास का संवाद, तारा प्रकाश जोशी का शंखों के टुकड़े, जलते अक्षर, विनोद दास का खिलाफ हवा से गुजरते हुए, कृष्ण मुरारी पहारिया का 'यह कैसी दुधर्ष चेतना, मृत्युंजय उपाध्याय के 'किन्तु', और अत्मोपनिषद, नरेन्द्र पुण्डरीक का 'नंगे पांव का रास्ता', बोधिसत्व का सिर्फ कवि नहीं, सुदीप बनर्जी के जख्मों के कई नाम और कुछ कम ही दिये होते शब्द, मीठेश निर्मोही का 'चेहरों की

तख्तियों पर', महेश उपाध्याय का 'आंधी आएगी', तथा सोमदत्त का 'किस्से अरबों हैं' आदि संकलन मुख्य रूप से आते हैं।"[17]

आचार्य नन्द दुलारे बाजपेयी के अनुसार साहित्य तथा काव्य को देश की आर्थिक तथा सामाजिक एवं राजनैतिक परिस्थितियों ने नई दिशा देना शुरू किया। साहित्य जगत में जिस नवीन विचारधारा का उदय हुआ उसे 'प्रगतिवाद' के नाम से पुकारा जाता है। इस युग के कवियों ने व्यक्तिगत सुख-दुख भूलकर समाज के सुख-दुःख को अपनी कविताओं में चित्रित किया है। [18]

जैसा कि पन्त जी ने स्वयं कहा है सन् 1942 के आसपास द्वितीय महायुद्ध की पैशाचिकता और भारत में असहयोग आन्दोलन के सिलसिले में हुई पाशविक नृशंसता ने हिंसात्मक क्रान्ति के प्रति उनका सारा उत्साह और मोह समाप्त कर दिया।[19] किन्तु बीच-बीच में ऐसी भी कविताएं मिलती हैं जिनका मूल स्वर केवल आध्यात्मवादी न होकर भौतिक और सामाजिक समन्वय का है। ये ही कवितायें प्रगतिशील दृष्टि से महत्वपूर्ण हैं।

उदयशंकर भट्ट जी की कृतियों में 'युद्धकालीन प्रगतिशील कविताओं का संकलन' है।

इस प्रकार कुमार दिनेश प्रियमन युवा गीतकार हैं, इनकी कवितायें अनेकों पत्र-पत्रिकाओं में प्रकाशित हो चुकी हैं।

'माँ मुझे लौटा चलो फिर गुनगुनाती लोरियों में, पिता का पुरुषार्थ जो अंसुआ गया था, कोख तेरी गर्भ में पलते हुए, उस काल की यात्रा अंधेरी, आदि कुछ उनकी प्रगतिशील कविताएं हैं।

निरंजन महावीर तथा सक्सेना ने भी अनेकों प्रगतिशील काव्य की रचनाएं की हैं।

इस प्रकार हम कह सकते हैं कि प्रगतिशील काव्य के इतिहास के सर्वाधिक राजनैतिक दौर सन् 1945 से सन् 1950 तक भी नहीं मिलता, जो सन् 1970 के दशक में खून के बदले खून, हिंसा के बदले हिंसा का इन कविताओं में खुला आवाहन है। सामाजिक क्रान्ति के उद्देश्य के लिए की गयी वैयक्तिक हिंसा को भी इन कवियों ने गौरवान्वित किया है। हरिहर द्विवेदी अपनी कविता "हां मैंने हत्या की है' में स्थिति को इस प्रकार तार्किकृत किया है-

"तुम्हें दो चार की खुशी के लिए
प्यारा है हजारों की मौत कानून
और हमें लाखों करोड़ों की खुशी के लिए
प्यारा है दो-चार का खून

मैं हत्यारा हूँ-
कबूल है हमको यह इल्जाम
हिम्मत हो तो मिलाओ विशाल जनता से,
अपनी पवित्तर गंगा-जमुनी आंखें
तुम्हारे अस्पष्ट हस्ताक्षर के बदले,
कर रहा हूँ साफ-साफ दस्तखत
'हरिहर द्विवेदी' बकलम खुद
पहली फरवरी उन्नीस सौ सत्ता।"[20]

इसी प्रकार उग्रसेन सिंह, तड़ित कुमार, डॉ. महेश्वर, कुमार विकल आदि भी अपनी-अपनी कविताओं में समकालीन प्रगतिशील कविता के निर्माण में कुछ न कुछ योगदान दे रहे हैं और योगदान दिया भी है।

(ङ) पंचम उत्थान काल (प्रयोगवाद)

आधुनिक हिन्दी साहित्य में प्रयोगवाद को प्रतीकवाद, प्रपद्यवाद, रूपवाद और नई कविता आदि विविध नामों से जाना जाता है। प्रयोगवाद को आरम्भिक अवस्था में 'नकेनवाद' के नाम से जाना गया। बाद में इसे प्रयोगवाद के नाम से स्वीकार किया गया। प्रयोगवाद के प्रवर्तक 'अज्ञेय' ने इसकी व्याख्या करते हुए लिखा है कि "जो व्यक्ति का अनुभूत है, उसे समष्टि तक कैसे सम्पूर्णता में पहुँचाया जाय कदाचित 'प्रयोगवाद' इसी कार्य की पूर्ति का माध्यम है। वस्तुत: व्यक्ति-सत्य को व्यापक सत्य बनाना ही इस काव्यधारा का आधार है।'

प्रयोगवाद और नई कविता एक ही कविता धारा के विकास की दो अवस्थाएं हैं। सन् 1943 से सन् 1953 ई. तक कविता में जो नवीन प्रयोग हुए, नई कविता उन्हीं का परिणाम है। प्रयोगवाद के जो उन्नायक कवि हैं, वे ही नई कविता के कर्णधार हैं और साथ-साथ इन दोनों की काव्य प्रवृत्तियां भी समान हैं।

यह युग दूसरे विश्वयुद्ध की पृष्ठभूमि और नैतिक दृष्टि से पतन तथा आर्थिक दृष्टि से मंदी और तंगी का युग था। प्रथम विश्वयुद्ध के परिणामस्वरूप सम्पूर्ण भारतीय परिवेश में घुटन और दयनीय स्थिति व्याप्त हो गयी थी। देश में चारों ओर निराशा का वातावरण था। गांधी जी द्वारा अंग्रेजी शासन के विरुद्ध चलाए गये सत्याग्रह आन्दोलन शिथिल पड़ने लगे थे।

इस काव्यधारा का प्रारम्भ प्रथम 'तारसप्तक' के प्रकाशन काल (1943) से ही माना जाता है। इस संग्रह की भूमिका में इसके सम्पादक 'अज्ञेय जी' ने लिखा है कि 'प्रयोगवादी कवि किसी एक स्कूल के नहीं हैं। अभी राही हैं, राही नहीं, राहों के अन्वेषी हैं। इसमें सात कविगों की कविताएं प्रकाशित हुई गजानन, माधव, मुक्ति बोध, नेमीचन्द्र, भारत भूषण, प्रभाकर माचवे, गिरिजा कुमार माथुर, राम विलास शर्मा और अज्ञेय। इसके पश्चात् सन्

1947 में अज्ञेय जी ने प्रतीक पत्रिका के माध्यम से प्रयोगवादी साहित्य को बढ़ावा दिया। सन् 1951 में 'दूसरा सप्तक' प्रकाशित हुआ। जिसमें भवानी प्रसाद मिश्र, शकुन्तला माथुर, हरिनारायण व्यास, शमशेर बहादुर सिंह, नरेश मेहता, रघुवीर सहाय, धर्मवीर भारती की कवितायें हैं। सन् 1959 में तीसरे सप्तक का प्रकाशन हुआ। जिसमें प्रयाग नारायण, कीर्ति चौधरी, मदन वात्सायन, केदारनाथ सिंह, कुंवर नारायण, विजय देव नारायण साही एवं सर्वेश्वर दयाल सक्सेना, इन सात कवियों की कविताएं संकलित हुई। भाषा और शिल्प की दृष्टि से नये प्रयोग होने के कारण इस काव्यधारा को प्रयोगवादी नाम दिया गया।

वस्तुत: प्रयोगवादी कविता में नई अभिरुचि, रचनात्मक सजीवता और नये सौन्दर्य बोध ने इसे व्यापक प्रतिष्ठा दिलाई जिसका आगे नई कविता में भी विकास हुआ। व्यापक सामाजिकता की ओर कवियों का ध्यान न होने से प्रयोगवादी काव्य का प्रसार क्षेत्र भी सीमित है। वस्तुत: प्रयोगवादी कविता मध्यम वर्ग के हताश नवयुवक कवियों के मानसिक ह्रास का रूप ही अधिक सामने रखती है।

द्विवेदी युग के बाद छायावादी कवियों ने जिस वैयक्तिक अनुभूति की कलात्मक रचनाएं प्रस्तुत की थी। उनके सम्बन्ध में कालान्तर में छायावादी कवियों के मन में स्वयं शंकाएं उठ खड़ी हुई थीं। व्यक्ति चेतना से सामाजिक चेतना पर उनकी दृष्टि गयी थी। प्रगतिवाद के तुरन्त बाद या उसके साथ ही नवीन प्रयोगों का दौर प्रारम्भ हुआ, जिसे समीक्षकों ने 'प्रयोगवाद' नाम देकर एक विशिष्ट शैली की कविता ठहराया।

'तार–सप्तक' का प्रथम संस्करण 1942 था। यहाँ तक तारसप्तक नाम भी प्रभाकर माचवे का सुझाया हुआ है। सम्पादन कार्य अज्ञेय पर था। और इन कविताओं से यह संकेत भी मिलता है कि प्रयोगवाद में मार्क्सवाद की झलक दिखाई पड़ती है।

प्रयोगवादी काव्य की विशेषताएँ

प्रयोगवादी काव्य की निम्नलिखित विशेषताएं हैं

1. प्रयोगवादी कवि की अन्तरात्मा अहंवादी है जैसे-

   "तब मैं एकाग्र मन,
   जुट गया ग्रन्थों में
   मुझे परीक्षाओं में विलक्षण श्रेय मिला।"

2. प्रयोगवादी काव्य में अति यथार्थवाद की प्रवृत्ति के विशेष दर्शन होते हैं, कहीं-कहीं दूषित मनोवृत्तियां अपनी चरम सीमा को पार कर जाती हैं। उसका दृष्टिकोण वर्तमान जगत के प्रति निराशावादी है। प्रयोगवादी कवि भावुकता के स्थान पर बौद्धिकता को प्रधानता देता है।

3. प्रयोगवादी कवियों ने प्राचीन रूप उपमानों के स्थान पर नवीन उपमानों, नवीन रूप तथा नवीन अलंकारों को खोज निकाला है। कुछ नवीन उपमानों के उदाहरण देखिये-
क- प्यार का बल्ब फ्यूज हो गया।
ख- मेरे सपने इस तरह टूट गये जैसे भुजा हुआ पापड़।

4. प्रयोगवादी कवियों ने साधारण से साधारण विषयों को अपने काव्य का उपादान बनाया है जैसे- चाय की प्याली, सायरन, चूड़ी का टुकड़ा, बाथरूम, गरम पकौड़ी, आदि।

5. प्रयोगवादी कवियों ने छन्द के बंधन को स्वीकार नहीं किया है फिर भी मुक्तक परम्परा में वे विश्वास रखते हैं। गद्य की सी नीरसता इनकी कविताओं में विद्यमान है क्योंकि ये यति, गति और तुक से विहीन है।

6. प्रयोगवादी कवियों ने भाषा के नवीन और सुन्दर प्रयोग किये हैं

इनकी कविताओं में व्याकरण की अवहेलना खूब मिलती है।

उपर्युक्त प्रमुख विशेषताओं के अतिरिक्त भदेस का चित्रण व्यंग्य और कटुक्तियों का प्रयोग, नये बिम्बों की योजना आदि भी इस काव्यधारा की कुछ अन्य विशेषताएं हैं।

नई कविता

नई कविता काल-देश की आजादी का काल था। 15 अगस्त 1947 को स्वतंत्रता प्राप्ति के पश्चात शुरू का समय समाजवादी प्रजातंत्र और वैज्ञानिक आधुनिक संदर्भो से देश निर्माण के इस काल में तंत्र युग की प्रधानता होने लगी थी। धार्मिक, सामाजिक तथा राजनैतिक आडम्बरों के बीच मनुष्य की सत्ता और गरिमा के आकलन का यह उपयुक्त समय था। अस्तु प्रयोगवादी कवियों ने जिस प्रकार अपने प्रयोगकाल में भाषा और अभिव्यक्ति के धरातल पर नये-नये प्रयोग किए थे। नई कविता में वे समाजोन्मुखी होकर व्यापक हो गये। इस प्रकार कविता रोमांटिक, वैचारिक और सैद्धान्तिक हठधर्मिता के घेरों से निकलकर यथार्थ से जुड़े जीवनानुभव और सौन्दर्य बोध के कारण "नई कविता" जीवन के बहुत निकट आ गयी। जीवन का बहुत कुछ जो कविता के बाहर था वह कविता के दायरों में सिमटकर आ गया। वस्तुतः इस काल में जिस सहज कविता धारा का विकास हुआ उसे 'अज्ञेय' ने "आज का भारतीय साहित्य' में प्रकाशित अपने लेख में 'नई कविता' कहा।

सन् 1954 में डॉ. जगदीश गुप्त और राम स्वरूप चतुर्वेदी के सम्पादन में 'नई कविता' नाम से पत्रिका का प्रकाशन हुआ, वास्तव में इसी समय में प्रयोगवादी कविता को 'नई कविता' के नाम से जाना गया। नई कविता में जिन नवीन प्रतीकों का प्रयोग किया गया है,

उनका बोधगम्यता से कोई सीधा सरोकार नहीं था, किन्तु वे जीवनोन्मुख एवं समाजोन्मुख अवश्य थे।

वर्तमान अर्थ में 'नई कविता' का नामकरण 'अज्ञेय' का किया हुआ है। अज्ञेय और परिमल सन् 1944 के निकट सम्बन्धों में मानो प्रयोगवाद से नई कविता का संक्रमण सम्भव बनाया। सर्वेश्वर, रघुवर सहाय, कुंवर नारायण, भारती, गिरिजा कुमार माथुर, लक्ष्मीकान्त वर्मा, जगदीश गुप्त, विजय देव, नारायण शाही ने नई कविता को भीतर बाहर से जीवन स्पंदन प्रदान किया। अज्ञेय और मुक्तिबोध दोनों एक दूसरे के पूरक हैं। धर्मवीर भारती का 'अंधा युग' (1955) और कुंवर नारायण की आत्मजयी (1965), 'नई कविता' की स्थायी उपलब्धियाँ कही जा सकती हैं।

'नई कविता' के नाम को लेकर शुरुआत में काफी विवाद हुआ, परन्तु बाद में यही नाम स्वीकृत हो गया। नई कविता के स्वरूप को लेकर भी हिन्दी समीक्षा जगत में मतभेद की बहुत सी भूमिकाएं आयीं, कुछ लोगों ने उसे प्रयोगवाद का ही उत्तरवर्ती विकास कहा कुछ ने, उसे एक स्वतंत्र कालधारा की संज्ञा दी। नई कविता में पिछली काव्यधाराओं की अनेक प्रवृत्तियां दिखाई पड़ती हैं। उसमें छायावाद की रोमानी दृष्टि भी है, प्रगतिवाद की सामाजिक चेतना भी और प्रयोगवाद की वैयक्तिक भावबोध। नई कविता इन सभी प्रवृत्तियों का अपने भीतर समाहित किये हुए समय के अनुरूप नये भावबोध तथा नये शिल्प को भी प्रश्रय देती हुई आगे बढ़ी। यह एक शुभ लक्षण है, और हम कोशिश कर सकते हैं कि 'नई कविता' उत्तरोत्तर राष्ट्रीय सांस्कृतिक भूमि से घनिष्ठतापूर्वक संप्रक्त होती है।

सन् 1962 में भारत चीन युद्ध के परिणाम स्वरूप देश का स्वाभिमान बुरी तरह आहत हुआ। प्रयोगवादी वैयक्तिकता के नये गुल खिलने शुरू हुए। प्रत्येक कवि कोई न कोई पत्रिका निकालकर नया काव्यान्दोलन आरम्भ कर देता है। इस दौर के अधिकांश कवि अमरीकी कवि ग्रीन्सबर्ग के आन्दोलन से प्रभावित हैं।

नई कविता जिन काव्य प्रवृत्तियों के साथ विकसित हुई उनमें कुछ प्रमुख इस प्रकार हैं -

1. घोर अहंनिष्ठ व्यक्तिवाद।
2. अति नग्न यथार्थवाद।
3. निराशावाद।
4. अति बौद्धिकता।
5. वैज्ञानिक युग बोध।
6. रीतिकाव्य की आवृत्ति।

साठोत्तरी कविता

नई कविता के दस वर्षों के बाद साठोत्तरी कविता का विकास देखने को मिलता है। साठ के दशक और उसके बाद के काल में चाहे कविता में कोई आन्दोलन हो या बाद हो कवि देश के बारे में अधिक चिन्तित रहा है। स्वतंत्रता प्राप्ति के बाद भारत का जो कायाकल्प होना चाहिए था, जिन मूल्य और आदर्शों की स्थापना होनी चाहिए थी, देश को जिन खुशहाली और शान्ति की अपेक्षा थी और वस्तुत: जो उपलब्धि हो पायी उन सभी पर कवियों ने कलम चलाई और स्वाधीन भारत के प्रति संलग्नता का अहसास कराया है।

विविध काव्यान्दोलन

साठोत्तरी कविता का यह युग अनेक काव्यान्दोलनों का युग है। मूल रूप से इन आन्दोलनों की पृष्ठभूमि में परिस्थितियों के प्रति आक्रोश और नये रास्तों की खोज की चाह रही है। इस काल की परिस्थितियां बहुत तेजी से नये-नये रूप ग्रहण करती रही है, जिन्होंने काव्य में नये-नये परिवर्तनों को प्रोत्साहन दिया। यद्यपि कई बार नामधारी काव्यान्दोलन सामान्य विरोधी भावना और क्षणिक आक्रोश पर ही आधारित रहे हैं, किन्तु यह मानने में कोई आपत्ति नहीं होनी चाहिए कि इनके प्रस्तुतकर्ताओं के मन में अपने अपने जनसंघर्ष की प्रबल भावना रही है।

साठ के प्रथम दो दशकों में ये काव्यान्दोलन 'काव्य-सत्य' और 'काव्य-सौन्दर्य' पर अपना-अपना दृष्टिकोण रखते हैं। ठोस कविता (ब्राजीली कवियों की क्रिकीट पोयटी के अनुकरण पर), कीट कविता (राजकमल चौधरी), 'अकविता (1963), जगदीश चतुर्वेदी सूर्योदयी कविता (1962), वीरेन्द्र कुमार जैन, साठोत्तरी कविता (सलिल गुप्ता), ताजी कविता (1965) लक्ष्मीकान्त वर्मा, 'श्मशानी कविता'. सकलदीप सिंह, 'युयुत्सावादी कविता' (1965), अस्वीकृत कविता, अगली कविता (1965), सहज कविता (1967) आदि लगभग 60 काव्यान्दोलन इन दो दशकों में चले।

इन दशकों की काव्य यात्रा का एक महत्वपूर्ण पक्ष यह है कि लोक जीवन और लोक संस्कृति तथा प्रकृति के साथ कविता का सम्बन्ध विषमताओं से जूझते हुए भी कवि नहीं तोड़ पाया, उसकी कविता में यह सभी धारायें बहती तो रही किन्तु कोई अपना गहरा प्रभाव समाज पर नहीं डाल सकी।

सातवें दशक और उसके उपरान्त के दशकों में कविता और राजनीति में रिश्ता तो कायम हुआ ही साथ ही वर्ग दृष्टि के संतुलित विवेक से समाज के शत्रुओं के विरुद्ध भी विद्रोह का स्वर कविता से प्रकट हुआ। इन कविताओं में व्यवस्था, सत्ता, प्रजातंत्र, समझौता परस्ती और आत्मकेन्द्रीकरण का उपहास प्रमुख स्वर के रूप में दिखाई पड़ता है।

नवम दशक की कविता अर्थात् समकालीन कविता अपनी विशिष्ट पहचान रखती है। इन दशकों की कविता पर न तो वैसी राजनीति हावी है और न सहज प्रसंगों का दबाव है, जिसे कविता से अलग किया जा सके न पहले जैसा आक्रोश और विद्रोह का स्वर ही है। सन् 1960-62 के बीच आरम्भ होकर आज तक चलने वाला यह समकालीन कविता का आन्दोलन नई कविता के बाद के काव्यान्दोलन सबसे महत्वपूर्ण है।

इतना निश्चित है कि चीनी आक्रमण और पाकिस्तानी आक्रमण तथा उनके कारण उत्पन्न परिस्थितियां कविता के लिए बड़ी प्रेरणा स्रोत रही हैं।

आजादी के बाद सच्चे शहीदों, क्रान्तिकारियों की उपेक्षा, सत्ताधारियों की आपाधापी, विज्ञान की भयावह स्थिति, अहिंसा और पंचशील के सिद्धान्त, कच्छ न्यायाधिकरण के पक्षपातपूर्ण निर्णय, ताशकंद की घोषणा, आधुनिकता के अभिशाप महंगा और देर से न्याय दिलाने वाला संविधान, चीनी आक्रमण के बाद बाढ़ और सूखा के प्रकोप, भ्रष्टाचार व मंहगाई, न पूरे होने वाले आश्वासन, राजनैतिक पार्टियों का सत्ता सम्बन्धी लोभ, आपातकाल, पूँजीवादी अवस्था के दुष्परिणाम नई कविता में विकसित 'मैनरिज्म' आदि संदर्भ इस कविता की पृष्ठभूमि है। स्वतंत्रता के इस युग में व्यक्ति को स्वतंत्र रूप से अपने विचार व्यक्त करने की छूट है। उसी का परिणाम है उनकी यह कविता।

कवियों ने भी मुख्य रूप से नई कविता और साठोत्तर कविता के बीच कुकुरमुत्तों की तरह उठ खड़े हुए काव्यान्दोलनों को ही श्रेय दिया है।

वास्तविकता मजबूरी आदमी को कुछ से कुछ बना देती है, वह ईमानदार को भी भ्रष्ट बना सकती है। आज का आदमी सामाजिक दिखावे के लिए धन जुटाने के लिए बेताब है। वह पेट भरने के लिए आदर्शों को ठुकरा सकता है। 'आजम फतेहपुरी' की इन पंक्तियों में यही तथ्य उकेरा गया है-

जिनके पुरखे यह कहते थे

हम झूठ न बोलेंगे बाबा
ईमान न छोड़ेंगे अपना
हम लड़के बच्चे वाले हैं।
नह भारतवासी अब 'आजम'
एक सांरा गें यह कह जाते हैं
ईमान को लेकर चाटे क्या
हम लड़के बच्चे वाले हैं।

कालान्तर में परिस्थितियों के बदलने के साथ-साथ कवियों ने भी अपनी वाणी बदली। भ्रष्टाचार, बेरोजगारी तथा धनलिप्सा के विरुद्ध विभिन्न आन्दोलन हुए, जिनमें महात्मा गांधी, जय प्रकाश नारायण, बाबा रामदेव, का भ्रष्टाचार के विरुद्ध आन्दोलन तथा श्री अन्ना हजारे

का 12 दिवसीय अनशन तथा भ्रष्टाचार के विरुद्ध जन आन्दोलन द्वारा संसद की दोनों सदनों द्वारा ध्वनिमत से 28 अगस्त 2011 को लोकपाल बिल पारित होकर स्थाई समिति को भेजना एक ऐतिहासिक वैचारिक क्रान्ति का प्रतीक है। कवियों ने भी अपनी लेखनी द्वारा एक काव्यान्दोलन, जय प्रकाश, अन्ना हजारे, बाबा रामदेव आदि के गुणगान करके, इस आन्दोलन को सफल बनाया। इसी कड़ी में पूरे देश में खुशियां मनायी गयी। 28 अगस्त 2011 को सायंकाल उन्नाव में भी डॉ. नरेन्द्र सिंह सेंगर, प्रान्तीय अध्यक्ष संस्कार भारती के आवास पर एक विचार गोष्ठी का आयोजन किया गया जिसमें डॉ. मनिता सेंगर तथा डॉ. संजीव सिंह ने भी अपना एक सप्ताह का अनशन तोड़कर प्रसन्नता प्रकट की। इस गोष्ठी में श्री रजनीन्द्र दीक्षित, संगठन मंत्री संस्कार भारती, धीरज जी, एडवोकेट तथा अमरेन्द्र सिंह सेंगर मीडिया प्रभारी उपस्थित थे।

इस प्रकार समय-समय पर समय के परिवर्तन के साथ-साथ परिस्थितियों एवं मजबूरियों के कारण सामाजिक परिवर्तन होते रहते हैं और कवियों के विचारों और उनके काव्यों में भी परिवर्तन होना स्वाभाविक है, इन्हीं को काव्यान्दोलन कह सकते हैं।

नदी के प्रवाह की तरह संस्कृति और जीवन का प्रवाह, सतत प्रवाहमान रहता है। इसी तरह कविता की निरन्तरता भी अपने तमाम दबावों और अमानवीय होती स्थितियों के बीच बनी रहती है। संवेदनशून्य विकट स्थितियों में कविता ही साथ देती रही है और देती रहेगी। समकालीन कविता का परिदृश्य अत्यन्त समृद्ध और फलक व्यापक है, जो अपने समय के प्रश्नों और चुनौतियों से जूझने में समर्थ हैं।

(3) आधुनिक हिन्दी काव्य : स्वरूप एवं प्रवृत्तियाँ

(क) विचारगत प्रवृत्तियाँ

1. भारतेन्दु की विचारगत प्रवृत्तियाँ

आधुनिक काल का प्रारम्भ भारतेन्दु युग में माना जाता है। एक ओर विदेशी इस देश में अपनी स्थिति को मजबूत करने के लिए रेल, तार, डाक आदि व्यवस्थाओं को मजबूत कर रहे थे, उधर भारतवासी उनके विरुद्ध असंतोष से भरे थे। ब्रह्म समाज आदि द्वारा जनजागरण के प्रयत्न किये जा रहे थे। समाज में चली आ रही अव्यवस्थाओं तथा बुराइयों को दूर करने के प्रयत्न किये जा रहे थे। साहित्य भी समाज से प्रभावित रहता है। अत: साहित्य ने भी बदलती हुई परिस्थितियों में योगदान किया।

यह आधुनिक काल के उद्भव का समय था। अत: इस काल के रचनाकारों को अपना रास्ता स्वयं ही निर्मित करना पड़ा, तथा विभिन्न पत्र-पत्रिकाओं के माध्यम से भी नवीन चेतना जागृत करने का सफल प्रयास किया।

2. द्विवेदी युग की विचारगत प्रवृत्तियाँ

भारतेन्दु युग यदि आधुनिक भावों के उद्भव का समय है तो द्विवेदी युग परिष्कार का। द्विवेदी युग ने भी समाज में नवीन चेतना जाग्रत करने का सफल प्रयास किया। गोखले आदि नेताओं के प्रयासों में साहित्यकारों ने योगदान दिया। भारतेन्दु युग की अपेक्षा द्विवेदी युग के कवियों ने विषयों के वैविध्य पर ध्यान रखा तथा खड़ी बोली को माध्यम बनाकर भाषा के परिमार्जन पर विशेष ध्यान दिया। प्रबन्ध व मुक्तक दोनों प्रकार की काव्य रचनाएं हुईं।

3. छायावादी युगीन विचारगत प्रवृत्तियाँ

छायावादी काव्य में अद्वैतवाद को महत्व दिया गया है। 'उन्नीसवीं शताब्दी के सांस्कृतिक एवं धार्मिक आन्दोलनों ने युग प्रवृत्ति को वेदों और उपनिषदों' की ओर मोड़ने का प्रयास किया। तिलक, गांधी, रवीन्द्र, अरविन्द, भी वेदों, उपनिषदों, के सत्य को महत्व देते थे। आचार्य हजारी प्रसाद द्विवेदी के मत में हिन्दुओं के बहुदेववाद के मूल में एक अखण्ड व्यापक भगवान की ही सत्ता है! एकेश्वरवाद भी देववाद है।[21]

4. प्रगतिवाद युगीन विचारगत प्रवृत्तियाँ

प्रगतिवादी चेतना छायावादी वैचारिक प्रवृत्तियों से भिन्न रही। इसकी स्थापना प्रगतिशील लेखक संघ 1936 से हुई तब भारतीय समाज में व्याप्त जन संकट ने विषम परिस्थितियां उत्पन्न कर दी थी, जन विद्रोह हो रहा था। लेकिन उसे अभिव्यक्त करने का अवसर नहीं मिला पा रहा था। रूस और यूरोप से प्रेरित होकर सज्जाद जहीर और डॉ. मुल्कराज आनन्द ने भारत में प्रगतिशील संघ की स्थापना की थी। सामाजिक यथार्थ एवं युग बोध का अभिव्यक्तिकरण इसके मूल में रहा। मुख्य आधार के रूपक में मार्क्सवादी विचारधारा रही। द्वन्द्वात्मक भौतिकवाद को भी इसने अपनाया। पूँजीपतियों के प्रति आक्रोश व्यंग्य प्रधान रचनाओं के माध्यम से प्रकट हुआ। दीन दशा वाले समाज की पीड़ा की अभिव्यक्ति इस प्रकार प्रगतिवाद के केन्द्र में रही। काव्यशास्त्रीय नियमों के बंधन से भी मुक्त होने का प्रयास किया गया।

5. प्रयोगवाद युगीन विचारगत प्रवृत्तियाँ

प्रयोगवाद उत्तरछायावाद की कोटि में परिगणित होता है। 1943 में अज्ञेय से इसका प्रवर्तन हुआ। ये राहों के अन्वेषी हुए। प्रयोगवाद के सम्बन्ध में शम्भूनाथ सिंह का मत है कि तार सप्तक कवियों के वक्तव्य में प्रयोगवाद, शब्द के वाद प्रयुक्त होने पर आलोचकों ने इन नयी कविताओं को प्रयोगवादी कविता कहना प्रारम्भ किया और छायावादोत्तर नवीन काव्यधारा का नाम प्रयोगवाद पड़ गया।

प्रयोग अज्ञेय आदि कवियों का लक्ष्य नहीं है। इस वाद के अवतरण के संबंध में यह तथ्य महत्वपूर्ण है कि द्वितीय विश्वयुद्ध के बाद की स्थिति बहुत विषम हो गई थी। युद्ध के कारण हमारे देश की आर्थिक दशा खराब हो गयी थी। युवकों में हताशा व निराशा व्याप्त थी। धनिक वर्ग समृद्ध था। साहित्य और कला भी किंचित निष्प्राण सी थी। विज्ञान के बढ़ते प्रभाव से मनुष्य व्यक्तिवादी होता गया।

बुद्धिवादिता के आग्रह से रस तत्व न्यून होता चला गया। रचनाकार अहंवादी हुआ और उसने अपनी नयी प्रवृत्तियों को जन्म दिया।

(ख) भावगत प्रवृत्तियाँ

(1) भारतेन्दु युग की भावगत प्रवृत्तियाँ

भारतेन्दु युग के कवियों ने पहली बार देश प्रेम, देश भक्ति का भाव अपनी रचनाओं में व्यक्त किया। इसका कारण यह था कि यह कवि देशवासियों में एकता का भाव पैदा कर उनमें स्वतंत्रता प्राप्ति हेतु प्रेरणा भर देना चाहते थे। भारतेन्दु ने देश के अतीत के गौरव का वर्णन कर जनता को उससे अवगत कराकर झकझोरना चाहा था। मैथिलीशरण गुप्त की भारत-भारती में देशभक्ति का जो वर्णन हुआ उसकी भूमिका भारतेन्दु युग के कवियों के काव्य में तैयार हुई थी। भारतेन्दु की विजयिनी, विजय वैजयंती, प्रताप नारायण मिश्र जी की महापर्व, नया सम्वत्, प्रेमधन की आनन्द अरुणोदय, राधाकृष्ण की भारत बारहमासा जैसी रचनाएं देश भक्ति की भावना से ओत-प्रोत हैं। भारतेन्दु काल में भक्ति भावना को व्यक्त करने वाली बहुत सी रचनाएं भी रची गयीं। इस युग के कवियों ने निर्गुण और सगुण भक्ति दोनों प्रकार की रचनाएं रची। इस युग में भक्ति काल के साथ-साथ श्रृंगारिकता का भी प्रभाव रहा है। इन कवियों की दृष्टि में 'रस' ही काव्य की आत्मा है। इसी कारण इन कवियों ने अपने काव्य में विविध रसों का निरूपण किया है जिसमें 'श्रृंगार रस' को काफी महत्व प्राप्त है।

भारतेन्दु काल के कवियों ने देश प्रेम, की समस्या के साथ हास्य व्यंग्य की प्रवृत्ति भी दर्शायी गयी है तथा सामाजिक–विसंगतियों पर भी व्यंग किये हैं और इन कवियों ने विदेशी शासन विदेशी सभ्यता, अंधविश्वासों, पुलिस के अत्याचारों, मद्यमान आदि पर हास्य व्यंग के माध्यम से प्रकाश डाला है। हास्य व्यंग की प्रवृत्ति भारतेन्दु जी में सबसे अधिक पायी जाती है।

भारतेन्दु युग में समाज की आर्थिक धार्मिक स्थितियों का चित्रण हुआ है। मेहनतकश वर्ग की दयनीय दशा पर सहानुभूति, दुःख का भाव व्यक्त करते हुए बाल मुकुन्द गुप्ता ने लिखा है-

जिनके कारण सब सुख पावें,
जिनका बोया सब जन खाये।
हाय हाय उनके बालक नित
भूख के मारे चिल्लाये।
यहां बिचारे दुःख के मारे
निस दिन पच-पच मरें किसान।
जब अनाज उत्पन्न होय तब,
सब उठवा ले जाय लगान।

ऊपर लिखी कविता में उन्होंने धनवानों की निष्ठुरता पर आक्रोश व्यक्त किया है। उन्हें धिक्कारा है। तत्कालीन समाज की विषमता का चित्रण कर उन्होंने अपने प्रगतिशील दृष्टिकोण का परिचय दिया है।

अंग्रेजों के शासनकाल में लोगों की आर्थिक दशा दयनीय थी। उस स्थिति के प्रति इस युग के कवियों ने चिन्ता व्यक्त की है। प्रताप नारायण मिश्र ने लिखा है-

"सर्वसु लिए जात अंग्रेज,
हम केवल ल्यक्चर के तेज।।"

भारतेन्दु युगीन कवियों ने बाह्याडम्बरों, बाल-विवाह, आदि का वर्णन किया है। विधवाओं की दुर्दशा, अस्पृश्यता, आपसी फूट, धार्मिक मत मतान्तर आदि का उन्होंने विरोध किया है। प्रताप नारायण मिश्र ने बाल विधवाओं की स्थिति देखकर कह उठते हैं-

कौन करेजो नहिं कसकत है
सुनि विपति बाल विधवन की।

इस प्रकार इन कवियों ने तत्कालीन यथार्थ स्थिति का चित्रण कर समाज में सुधार लाने का प्रयत्न किया है।

इस युग के कवियों ने आलम्बन और आलंकारिक रूप में प्रकृति का भी चित्रण किया है तथा इस युग के कवियों ने संस्कृत कवियों को आदर्श मानकर प्रकृति का चित्रण किया है।

2. द्विवेदी युगीन भावगत प्रवृत्तियाँ

द्विवेदी युग में भारतेन्दु युग में बोये हुए देश भक्ति के बीज का पल्लवन हुआ है। भारतेन्दु युगीन कवि भारत की दुर्दशा पर आंसू बहाने की बात कहकर अपने देश प्रेम के भाव का परिचय तो देते हैं परन्तु वे देशवासियों को कर्मठता से आगे बढ़ने की दिशा का संकेत नहीं दे पाते। किन्तु द्विवेदी युगीन कवि देश की भलाई के लिए उन्हें कर्मठ बनाने की प्रेरणा देते हैं।

द्विवेदी युग में कवियों ने मानवता दर्शायी है और मानव के सुख-दु:ख के बारे में चिन्ता व्यक्त की है। इस युग में हजारों वर्षों बाद मनुष्य की सच्ची प्रतिष्ठा पहली बार देश में आंकी गयी है। मानव ने मानव को समझा। कृषकों, मजदूरों, अछूतों, नारियों, विधवाओं तथा दु:खी जनों के प्रति इन कवियों ने मानवीय दृष्टिकोण अपनाया।

महावीर प्रसाद द्विवेदी सौन्दर्य चेतना के बजाय नैतिकता को अधिक महत्व देते हैं। पाश्चात्य रामांसवाद के बजाय उन्हें भारतीय आदर्शवाद में आस्था थी। इसी कारण उन्होंने अंग्रेजी काव्य की तुलना में संस्कृत काव्य को अधिक महत्व दिया। द्विवेदी युग के कवियों ने स्पष्ट रूप से समझाया है कि रामचरित मानस जैसे ग्रन्थों का महत्व, उनका सम्मान इसलिए है कि उनमें आदर्श का निरूपण हुआ है-

क्यों आज राम चरित मानस,
सब कहीं सामान्य है।
सत्काव्य युत उसमें परम,
आदर्श का प्राधान्य है।

द्विवेदी युग में कवियों को यह चिन्ता थी कि समाज का उत्थान कैसे करें। इसी कारण उनमें भावुकता नहीं, बौद्धिकता ही झलकती है। इन कवियों ने पौराणिक प्रसंगों के युग के अनुरूप बौद्धिक व्याख्या की।

द्विवेदी युगीन कवि जाति या पद आधार पर किसी को बड़ा न मानकर उसे कर्म के आधार पर ही बड़ा मानने के पक्ष में रहे हैं। अत: इस युग के कवियों में मौलिक चिन्तन की प्रवृत्ति की प्रधानता है।

'प्रकृति चित्रण' अत्यधिक स्वतंत्र रूप में द्विवेदी युग में ही देखने को मिलता है।

द्विवेदी युगीन काव्य में उपयोगितावादी दृष्टिकोण परिलक्षित होता है। जिससे वर्णन में इतिवृत्तात्मकता का आना स्वाभाविक है। इस युग के काव्य पर मराठी भाषा का वर्णन प्रधान इतिवृत्तात्मक शैली का भी प्रभाव प्रतीत होता है। द्विवेदी जी के आदर्शवादी दृष्टिकोण के कारण द्विवेदी युगीन कवि श्रृंगारपरक वर्णन करने से झिझकते हैं। द्विवेदी युगीन कवियों ने काव्य के माध्यम से नीति एवं आदर्श की शिक्षा देनी चाही है। उनकी यह प्रवृत्ति काव्य में इतिवृत्तात्मकता लाने वाली हो गयी है। रामचरित मानस ने कुसंगति से होने वाली हानियों का स्पष्ट ढंग से विवेचन किया है। कवियों के इस प्रकार के प्रयास से कवियों में इतिवृत्तात्मकता आ गई है। द्विवेदी युगीन काव्य में भारतेन्दु युग के काव्य की भांति ही हास्य व्यंग की प्रवृत्ति मिलती है। इतना अवश्य है कि अंगारिक वर्णन की तरह हास्य वर्णन भी मर्यादित है। बाबू बाल मुकुन्द गुप्त तथा नाथू राम शर्मा ने हास्य व्यंग का अधिक प्रयोग किया है।

कवियों ने धार्मिक आडम्बरों, सामाजिक कुरीतियों एवं अनुकरण करने वालों आदि के बारे में व्यंग किये हैं। उन्होंने 'गर्भरंडा रहस्य' प्रबन्ध कृति में विधवाओं की दुर्दशा पर तथा देव मंदिरों में होने वाले दुराचार पर व्यंग्यात्मक ढंग से प्रकाश डाला है। कवियों ने कृष्ण के माध्यम से अंग्रेजी फैशन अपनाने वालों पर भी व्यंग्य किए हैं और उपहास भी किया है।

द्विवेदी युग से पहले की कविताओं में कविता का विषय क्षेत्र सीमित रहा। द्विवेदी युग के कवियों ने अनेकों विषयों पर काव्य रचना की है। इस युग के कवियों ने अछूतों, विधवाओं, किसानों, गरीब लोगों, देश प्रेम, समाज सुधार, विश्व प्रेम, प्रकृति नीति, राजनीति, अंधविश्वासों आदि अनेक विषयों पर कुछ न कुछ लिखा है। कामता प्रसाद गुरु ने 'मैना' के माध्यम से अंग्रेजों की गुलामी पर गौरव करने वाले लोगों के बारे में व्यंग्य किया है। बाल मुकुन्द गुप्त, नाथूराम शर्मा 'शंकर' ने भी व्यंग्य को काव्य का विषय बनाया है। कामता प्रसाद 'गुरु' द्वारा किया गया व्यंग देखिये।

पराधीनता में रहकर,
यह अपना सब कुछ भूल गई।
भाषा, भोजन, भेष, भाव,
भावी सब बातें हुई नहीं।।

श्रीधर पाठक ने काव्य के क्षेत्र में लीक से हटकर नये प्रयोग ही किए हैं। आचार्य रामचन्द्र शुक्ल जी ने पाठक जी के बारे में लिखा है-

'पाठक जी कविता के लिए अनेक विषय ले लेते थे। समाज सुधार के वे बड़े आकांक्षी थे, इससे विधवाओं की वेदना शिक्षा प्रसार ऐसे-ऐसे विषय भी उनकी कलम के नीचे आया करते थे।

3. छायावादी युगीन भावगत प्रवृत्तियाँ

छायावादी कवियों ने निजी सुख-दुःख आदि से सम्बन्धित अनुभूतियों को अपनी रचनाओं में अभिव्यक्ति करने का प्रयास किया है। कवियों ने अपनी अनुभूतियों को उत्तम पुरुष में अभिव्यक्त किया है।

पराये दुःख से गहराई से प्रभावित होना कवि की भावुकता, सहृदयता, उदारता का द्योतक है। भक्ति काल एवं रीतिकाल में जो व्यक्तिवादित है वह छायावादी व्यक्तिवादिता से भिन्न प्रकार की है। रीतिकालीन कवियों के प्रणय सम्बन्धी वर्णन छायावादी कवियों के प्रेम सम्बन्धी वर्णन से भिन्न है। 'महादेवी जी' का कथन भी छायावादी कवियों की इस विशेषता का संकेत देने वाला है। छायावादी कवि अन्तर्मुखी थे जो कल्पना के क्षेत्र में विचरण किया करते थे। सुन्दरम् के. छायावादी कवि हैं। इन्होंने नारी-पुरुष के सौन्दर्य और प्रकृति चित्रण

के सौन्दर्य को प्रस्तुत किया है। श्रद्धा के सौन्दर्य सम्बन्धी इस कथन से यह तथ्य स्पष्ट हो सकता है। प्रसाद जी ने कामायनी में लिखा है-

नील परिधान बीच सुकुमार, खुल रहा
मृदुल अधखुला अंग।
खिला हो ज्यों बिजली का फूल, मेघ
बन बीच गुलाबी रंग।[22]

नारी के सौन्दर्य रूप को प्रस्तुत करते हुए उसके सूक्ष्म प्रभाव का अंकन करने का अधिक ध्यान रखा गया है। कवि शरीर का बाहरी आकार-प्रकार के बजाय उसके आन्तरिक सौन्दर्य पर विशेष ध्यान देते दिखाई पड़ते हैं। प्रसाद जी का आन्तरिक सौन्दर्य सम्बन्धी यह उदाहरण देखा जा सकता है-

कुसुम कानन अंचल में, मंद
पवन प्रेरित सौरभ साकार,
रचित परमाणु पराग शरीर,
खड़ा हो ले मधु का आधार। [23]

छायावादी कवियों ने रीतिकालीन कवियों की तरह परम्परा का पालन नहीं किया बल्कि एहसास कराने का प्रयास किया।

निराला को 'जूही की कली', 'संध्या सुन्दरी' में नारी के सौन्दर्य का सूक्ष्म रूप का चित्रण हुआ है। उसमें उदात्तता तथा सूक्ष्म भावदशाओं का उद्घाटन है।

प्रसाद जैसे कवियों ने नारी को सम्मान दिलाने की सिफारिश की है।

छायावादी काव्य में पन्त जी ने प्रकृति से ही काव्य रचने की प्रेरणा ग्रहण की थी। उन्होंने प्रकृति के कोमल सुन्दर रूप का ही चित्रण किया है।

प्रसाद और निराला के काव्य में राष्ट्रीय भावनाओं का सुन्दर ढंग से चित्रण किया गया है। यह राष्ट्रीय व विश्वप्रेम का रूप धारण करता गया है। छायावादी कवि, मानव-मानव की समानता में विश्वास करते हैं और मानव मात्र की मुक्ति की कामना करते हैं।

छायावादी काव्य की एक महत्वपूर्ण प्रवृत्ति है- प्रेम का निरूपण। प्रेम का एक रूप मानव प्रेम है जो विश्व-प्रेम की परिधि को छूता दिखाई पड़ता है।

छायावादी कवियों के सम्बन्ध में दो प्रकार की मान्यतायें प्रचलित हैं। कुछ लोग उन्हें पलायनवादी मानते हैं और कुछ ऐसा नहीं मानते हैं। वास्तविकता यह है कि किसी हद तक पलायन का भाव तो कर्मठ से कर्मठ व्यक्ति में भी आ सकता है।

प्रसाद जी ने कहा था -

ले चल मुझे भुलावा देकर
मेरे नाविक धीरे-धीरे ।।[24]

इसी कथन के आधार पर कुछ लोगों ने प्रसाद जी को पलायनवादी करार दे दिया है। किन्तु यह सोचना होगा कि प्रसाद जी ने इससे कई गुना कर्मठता का बखान किया है।

4. प्रगतिवादी युग-भावगत प्रवृत्तियाँ

प्रगतिवादी काव्य में शोषित वर्ग में नई चेतना लाने उद्देश्य से उन सब मान्यताओं का विरोध किया जो दलित वर्ग को विद्रोही होने में बाधक बनाती है। ये कवि शोषित वर्ग की परेशानियों को सुधारना चाहते थे। इस कारण वे काव्य में ईश्वर, धर्म, परलोक, पाप-पुण्य, स्वर्ग नरक की मान्यताओं का विरोध करते हैं। इनके लिए धर्म अफीम का नशा है। जिस प्रकार नशा करने वालों की चेतना सो जाती है। उसी प्रकार धर्म को मानने वाले भी क्रान्ति, हिंसा, अत्याचार का विरोध करना उचित नहीं मानते। आज भी मनुष्य जिसे करबद्ध होकर याद करते हैं। उसी ईश्वर के बारे में कवि 'अँचल' कहते हैं-

"किन्तु मैं उसका घृणा की धूल से सत्कार करता।"

प्रगतिवादी कवि ने समाज की दयनीय स्थिति के लिए इन परम्परागत मान्यताओं को जिम्मेदार ठहराया और इसीलिए निष्ठुरतापूर्वक इनका विरोध किया और इन कवियों ने ईश्वर की पूजा के बजाय मानव की खुशहाली को महत्व दिया। प्रगतिवादियों ने सांस्कृतिक मूल्यों का भी विरोध किया जबकि छायावादियों ने सांस्कृतिक मूल्यों को पुनर्प्रतिष्ठापित करने का प्रयास किया। जैसे-

भ्रान्ति यह अति रंजित इतिहास,
व्यर्थ के गौरव गान।
दर्प से एक महान
अपर मुख म्लान।

प्रगतिवादी कवियों की मान्यता अथवा उनकी यह भावना है कि "याव ज्जीवेत सुखं जीवेत्' ऋण लेकर घी पीने के बजाय छीनकर खाना ही अच्छा है। ये लोग सत्य और तथ्य पर गहराई से विचार ही नहीं करने देना चाहते।

केदार नाथ अग्रवाल कहते हैं -

काटो, काटो, काटो कर लो
साइत और क़ुसाइत क्या है।
मारो-मारो-मारो हँसिया,
हिंसा और अहिंसा क्या है।।

प्रगतिवादी काव्य में क्रान्ति का स्वर इस ढंग से है जैसा कि पहले और बाद के किसी काव्य में नहीं। ये कवि सामाजिक, आर्थिक, आध्यात्मिक सभी क्षेत्रों में साम्यमूलक बौद्धिक क्रान्ति का समर्थन करते हैं। वे रक्त क्रान्ति लाने का आवाहन करते हैं।

प्रगतिवादी कवियों में दलित वर्ग के प्रति सहानुभूति का भाव विद्यमान रहा है। इन कवियों ने खून पसीना देकर अन्न उत्पन्न करने वाले कृषकों की स्थिति का चित्रण किया है। पंत जी ने 'ग्राम्या' में ग्रामीण लोगों की दुर्दशा का चित्रण विस्तार से किया है।

दलित वर्ग की चिन्ता के अलावा राष्ट्रीय प्रेम, व्यापक हित की बातें भी इन कवियों के काव्य में व्यक्त हुई है। रामविलास शर्मा, रांगेय राघव, सुमन आदि सभी ने विदेशी शासन के विरोध में आवाज उठाई है। नागार्जुन और केदारनाथ के काव्य में देश की धरती के प्रति अटूट प्रेम का भाव व्यक्त हुआ है। इन कवियों का काव्य जनजीवन का काव्य है। इन कवियों ने लोक उत्सव त्यौहारों का रहन-सहन मनोयोग से वर्णन किया है। इस युग के कवियों ने अपने समय की समस्याओं पर भी विचार किया है। प्रगतिवादी कवियों ने भ्रष्टाचार मठाधीशों की वासना लोलुपता रईसों की विलासी प्रवृत्ति, धार्मिक आडम्बर वर्ग, वैषम्य, शोषण, झूठे आश्वासनों आदि पर करारे व्यंग्य किए हैं? प्रगतिवादी कवियों ने नारी को अत्याचारों से मुक्ति दिलाने की पुरजोर सिफारिश की है और इस युग के कवियों ने नारी को पुरुष के शयन कक्ष और घर की चारदीवारी के बाहर निकालकर उसे स्वतंत्र रूप से भ्रमण करने का अवसर प्रदान किया है।

5. प्रयोगवादी युग की भावगत प्रवृत्तियाँ

प्रयोगवादी कवि परम्परागत मान्यताओं के विरोधी कवि है। उन्होंने सांस्कृतिक मान्यताओं और साहित्यिक मूल्यवान परम्पराओं को भी नकार दिया। डॉ. शम्भूनाथ सिंह का विचार है कि प्रयोगवादी कवि रुढ़िग्रस्त हिन्दी कविता को अभिनवीकरण द्वारा जीवन्त और सार्थक बनाना चाहता था किन्तु उसका सबसे बड़ा दोष यह था कि उसके पास अनुभूत सत्य का अभाव था जिसके बिना सभी काव्य प्रयोग बेईमानी होते हैं। प्रयोगवादी काव्य के कवि ने उन विषयों पर भी कवितायें रच डाली जिन्हें काव्य में तो क्या आम बोलचाल में भी जिह्वा पर लाना उचित नहीं माना जाता है।

प्रयोगवादी कवि आज के बौद्धिकता प्रधान युग के लिए वे विचरात्मकता, बौद्धिकता को अपनाना आवश्यक मानते हैं। प्रयोगवादी कवि को आशा है कि बौद्धिकता को अपनाये रहने पर उसे कुछ लाभ होकर रहेगा। अज्ञेय जी के शब्द हैं- "जैसे-जैसे हमारी बौद्धिक सहानुभूति गहरी होगी, अभिव्यक्ति में व्यंजना आती जाएगी। यह सीधा संवेदन कम होता आ जायेगा जो किशोर कविता में होता है।"

प्रयोगवादी कवियों की तैयक्तिकता जैसी नहीं थी। इनकी वैयक्तिकता तो अपने आपको सर्वश्रेष्ठ घोषित करने के स्तर तक पहुँच गयी है। तुलसी जैसे कवि तो "कवि न होऊँ नहिं

चतुर कहाऊँ' कहकर अपनी विनम्रता व्यक्त करते थे और प्रयोगवादी आत्मविज्ञापन करने में गौरव का अनुभव करते प्रतीत होते हैं। प्रयोगवादी कवि अनास्था, कुण्ठा, संत्रास आदि के स्वर स्पष्ट रूप से उभरकर आये हैं। प्रयोगवादी कवि ईश्वर, धर्म, आदि में आस्था नहीं रखते हैं। भारत भूषण का अनास्था का भाव इन पंक्तियों में देखा जा सकता है-

अवरुद्ध आज जीवन प्रवाह,
जड़ता की जंजीरों में जकड़ा, भीतर हृदय
हिम शीत, मृत्यु के क्षुण्य स्पर्श से
आज बना निर्जीव।

प्रयोगवादी कवियों ने अत्यंत साधारण और तुच्छ बातों का वर्णन कर दिया है। कुत्ता, आलपिन, चाय की प्यालियां, रिबन, चूड़ी का टुकड़ा, नमक, तेल, लकड़ी, नाखून आदि पर भी कविताएं रच दी है या कविता में उनका चित्रण किया है। प्रयोगवादी कवियों ने उन बातों का उल्लेख किया है जिन्हें अश्लील और असामाजिक मानकर काव्य क्षेत्र से बाहर रखा गया।

अनन्त कुमार पाषाण ने अपनी रचनाओं में कुण्ठाओं दमित वासनाओं का चित्रण किया है जैसे "मेरे मन की अँधियारी कोठारी में। अतृप्त आकांक्षा की वैश्या कवियों को बुरी तरह खा रही है। क्षणवादी विचारधारा के अनुसार एक क्षण की सुख तृप्ति सारे जीवन से अधिक महत्व की है।

प्रयोगवादी कवि जीवन में दुःख का महत्व मानता है। कवि मानते हैं कि दुःख, पीड़ा, सर्वत्र व्याप्त वह तत्व है। अज्ञेय ने दुःख का वर्णन 'हरी घास पर क्षण भर' में तो किया ही है, 'त्रिशंकु के निबंधों में तथा 'शेखर : एक जीवनी' उपन्यास में भी उसे आत्म परिष्कार का एक साधन बताया है। प्रयोगवादी कविताओं में निराशा और पलायन की प्रवृत्ति भी झलकती है। धर्मवीर भारती को निराशा की स्थिति में अपना जीवन ही व्यर्थ प्रतीत हुआ है।

(ग) शिल्पगत प्रवृत्तियाँ

1. भारतेन्दु युग की शिल्पगत प्रवृत्तियाँ

पुनर्जागरण काल के कवियों के काव्य में अभिव्यक्ति पक्ष की भी अपनी विशेषताएं हैं। इन कवियों पर भारतीयता का जो रंग चढ़ा हुआ था वह उनके काव्य के कला पक्ष से भी झलकता है। इन पर रीतिकालीन परम्पराओं का प्रभाव था। दूसरी ओर उन्हें बदली हुई परिस्थितियों के लिए उपयुक्त भाषा, छन्द एवं काव्य रूपों का आरम्भ करने की चिन्ता भी थी। तभी तो प्रताप नारायण मिश्रा ने 'रस कुसुमाकर', लक्षिराम ने 'महेश्वर विलास', 'रावणे स्वर कल्पतरु', मुरारिदान ने 'जसवन्त जसोभूषन', बाल गोविन्द मिश्रा ने 'भाषा

छन्द प्रकाश' और प्रताप नारायण सिंह 'रसकुसुमाकर' जैसे रीति निरूपक ग्रन्थों की रचना की। ये कवि समस्या पूर्ति भी किया करते थे।

भाषा के प्रयोग की दृष्टि से भारतेन्दु युगीन काव्य रीतिकाल से भिन्न प्रकार का है। रीतिकाल में जहाँ ब्रज भाषा काव्य का माध्यम थी, वहां इस युग में ब्रज भाषा के साथ-साथ खड़ी बोली को भी काव्य का माध्यम बनाया गया है। यह परिवर्तन युग की मांग के अनुरूप था।

आचार्य विश्वनाथ प्रसाद मिश्र ने भारतेन्दु की कला के बारे में ठीक ही कहा है- "सच तो यह है कि जनहित और जनरुचि के साथ अपनी कला को एक-एक कर देने की प्रतिभा हिन्दी साहित्य में तुलसीदास जी के बाद किसी में भी आर्विभूत हुई थी तो भारतेन्दु में।" यही बात इस युग के काव्य में सहज स्वाभाविक रूप से अलंकारों का प्रयोग हुआ है। श्रृंगार रस के वर्णन में माधुर्य गुण तथा वीर रस की रचनाओं में ओजगुण, विद्यमान है। इस युग के काव्य में मुक्तक एवं गीति शैली का प्रयोग हुआ है। कला के क्षेत्र में भारतेन्दु ने समन्वयवादी दृष्टि अपनाई है। उनके काव्य में प्राचीन एवं नवीन का सुन्दर सामंजस्य देखने को मिलता है। छन्दों की दृष्टि से यहाँ कवित्त, सवैया, दोहा, रोला, कुण्डलियां, पद, चौपाई, हरिगीतिका, मंदाक्रान्ता, बंसत तिलका और शिखरिणी जैसे छन्द प्रयुक्त हुए हैं। लोक गीतों में भारतेन्दु ने लावनी और कजली का प्रयोग किया है तथा कुछ उर्दू के छन्दों को भी अपनाया है।

इस प्रकार स्पष्ट है कि भारतेन्दु युगीन काव्य आधुनिक युग के प्रारम्भिक युग का काव्य है। अपनी इसी स्थिति के कारण उसमें प्राचीन तत्वों का समावेश है तो नवीन तत्वों का शुभारम्भ भी। भारतेन्दु युग में जिन तत्वों का बीजारोपण हुआ था वे आगे के युगों में विकसित होने लगे। आधुनिक काल की बदलती हुई परिस्थितियों के अनुरूप इस युग के काव्य में विषय क्षेत्र और अनुभूति क्षेत्र में स्वाभाविक रूप से ही परिवर्तन आया। इस युग के काव्य में राष्ट्रीयता का स्वर निनादित हुआ, समाज में चली आ रही रूढ़ियों, अंधविश्वासों को दूर करने के प्रयास किये गये।

इस युग के कवियों ने अधिक ध्यान काव्य विषय की ओर दिया है और शिल्प पक्ष की ओर अपेक्षाकृत कम ध्यान दिया है। वैसे भी फुर्सत के समय में ही नक्काशी और तराशने का काम अच्छी तरह हो जाता है।

भारतेन्दु युग के अधिकतर कवि किसी न किसी पत्रिका के सम्पादक भी थे। उन्होंने पत्रिकाओं के माध्यम से भी एक नई चेतना जगाने का प्रयत्न किया था। पूरे काव्य में युगानुरूप नवीनता लाने की अकुलाहट किसी न किसी रूप में अवश्य परिलक्षित होती है।

2. द्विवेदीयुगीन काव्य में शिल्पगत प्रवृत्तियाँ

भारतेन्दु युग के कवियों की भाषा ब्रज थी और इस युग की कविता ने खड़ी बोली को अपनाया। डॉ. नगेन्द्र द्वारा सम्पादित हिन्दी साहित्य के इतिहास में डॉ. उमाकान्त ने लिखा है कि "यद्यपि आरम्भ में खड़ी बोली का काव्य नीरस तुकबंदी के अतिरिक्त कुछ नहीं था किन्तु उसमें उत्तरोत्तर निखार आया।"

द्विवेदी युगीन काव्य में मुक्तक, प्रबन्ध एवं प्रगीत तीनों काव्य रूपों का प्रयोग हुआ है। हरिऔध जी और गुप्त जी ने अनेक प्रबन्ध काव्य लिखे। हरिऔध जी के 'प्रिय प्रवास', 'पारिजात' और 'वैदेही वनवास' जैसे ग्रन्थ प्रबन्ध काव्य हैं। सियाराम शरण ने 'अनाथ', 'नकुल', और 'मौर्य विजय' प्रबन्ध काव्य लिखे हैं। रामचरित उपाध्याय की 'रामचरित चिन्तामणि' राम नरेश त्रिपाठी की 'मिलन', 'पथिक', 'स्वप्न', मैथिलीशरण गुप्त को 'भारत-भारती', 'जयद्रथ वध', 'साकेत', 'यशोधरा', 'विष्णुप्रिया', 'द्वापर' आदि अनेक प्रबन्ध कृतियाँ हैं। गुप्त जी ने 'यशोधरा', 'साकेत', 'कुणाल' आदि में गीत शैली अपनाई है। तो 'पत्रावली' में पत्र शैली भी। हरिऔध जी ने 'प्रेम-प्रपंच', 'रसकलश' आदि में 'मुक्तक शैली' अपनायी है। शंकर एवं हरिऔध जी ने समस्या पूर्तियां भी की हैं।

विषय वस्तु के वैविध्य की भांति ही द्विवेदी युगीन काव्य में छंदों का वैविध्य भी दिखाई देता है। डॉ. श्रीकृष्ण लाल ने कहा है कि "पच्चीस वर्षों में एक अद्भुत परिवर्तन हो गया।" सुभद्रा कुमारी चौहान ने राष्ट्रीय विचारधारा को 'झाँसी की रानी' कविता में तथा माखन लाल चतुर्वेदी ने 'पुष्प की अभिलाषा' कविता में वर्णित किया गया है। इस युग के कवियों के सम्बन्ध में डॉ. लक्ष्मीसागर वार्ष्णेय ने कहा है कि "इन कवियों ने प्रकृति प्रेम, स्वच्छंद प्रेम और व्यक्तिगत स्वतंत्रता का वातावरण तैयार करने में महत्वपूर्ण कार्य किया है।" कवियों ने लौकिक प्रेम को देश प्रेम आदि के रूप में उदात्त रूप प्रदान किया है। काव्य में प्रबंधात्मकता के कारण भी इतिवृत्तात्मकता आई है। द्विवेदी युगीन कवियों ने मुक्तक शैली के स्थान पर प्रबन्ध शैली अपनाने का प्रयत्न किया और ब्रज भाषा के स्थान पर खड़ी बोली का प्रयोग किया। द्विवेदी युगीन काव्य का हिन्दी साहित्य के इतिहास में गौरवपूर्ण स्थान है।

3. छायावादी युगीन शिल्पगत प्रवृत्तियाँ

छायावादी कवियों ने भाव और भाषा के सामंजस्य पर बल दिया। छायावादी कवियों ने भाषा को भावानुरूप बनाने का तो प्रयत्न किया ही, इनकी विविध शक्तियों का भी विकास करने का बहुत बड़ा काम किया। कवियों ने भाषा में भारतीय अलंकारों के साथ-साथ अंग्रेजी के मानवीकरण, विशेषण विपरीय और ध्वन्यर्थ व्यंजना जैसे अलंकारों का सफल प्रयोग कर भाषा को अलंकृत किया। हिन्दी काव्य को सक्षम बनाने के लिए छायावादी कवियों ने जैसा सहयोग दिया वैसा किसी अन्य धारा के कवियों ने नहीं दिया। इस काव्य की भाषा शैली के पुनर्गठन में बहुत कुछ प्रेरणा एवं सहायता पाश्चात्य रोमांटिक कवियों के

प्रभाव की रही है। छायावादी काव्य में शिल्प पक्ष में भी सूक्ष्मता की विशेषता दिखाई देती है।

छायावादी कवियों की वर्ण योजना बड़ी सूक्ष्म है, जो प्रभाव एक चित्रकार, रंग, छाया और प्रकाश के चित्रण से उत्पन्न कर सकता है, वही प्रभाव में कवि अपने शब्द-चयन द्वारा उत्पन्न करते हैं।

प्रसाद जी ने भी भाषा में रंगों का उचित सामंजस्य उपयुक्त शब्दों द्वारा बनाये रखा है-

नील परिधान बीच सुकुमार,
खुल रहा मृदुल अधखुला अंग,
खिला हो ज्यों बिजली का फूल,
मेघवन बीज गुलाबी रंग।[25]

कहने का तात्पर्य यह है कि छायावादी कवियों ने स्वरों, वर्णों, शब्दों, विशेषणों के उपयुक्त प्रयोग किए हैं। इस युग के कवियों ने कहीं संस्कृत के प्रत्यय जोड़े कहीं व्याकरण सम्बन्धी नियमों का उल्लंघन किया है और कहीं शब्दों को तोड़ा मरोड़ा है। छायावादी कवियों की भाषा में लाक्षणिकता और व्यंजकता बहुत अधिक है।

भारतेन्दु युग की कविता में अभिधा शब्द शक्ति का ही अधिक प्रयोग हुआ था। कामायनी में लज्जा, चिन्ता, वासना आदि मनोभावों को और 'आँसू' में वेदना को साकार करने के लिए प्रसाद ने लक्षणा शक्ति का अधिक उपयोग किया।

शीतल ज्वाला जलती है,
ईधन होता दृग-जल को।

छायावादी कवियों ने भाषा में प्रतीकों, बिम्बों, अलंकारों और छन्दों के क्षेत्र में भी नवीनता पैदा की है। महादेवी ने दीपक, बदली, तोता, पिंजरा जैसे प्रतीकों का और निराला ने बादल का अनेक अर्थों में प्रतीक रूप में प्रयोग किया है। कहीं वह वीर पुरुषों का, कहीं देशभक्त का और कहीं क्रान्तिकारी का प्रतीक है। छायावादी कवियों में बिम्बों की भरमार है। बिम्ब स्थिर एवं गत्यात्मक दोनों प्रकार के हैं। पंत जी ने 'छाया' कविता में उपमा अलंकार की झड़ी लगाकर अपनी उर्वर कल्पना का कमाल दिखला दिया है। छन्दों के क्षेत्र में छायावादी काव्य में विविधता के दर्शन होते हैं। उर्दू से प्रभावित होकर भी छन्दों की योजना की गयी है। इसमें मुक्तक काव्य के साथ-साथ तुलसीदास के 'राम की शक्तिपूजा' जैसे खण्ड काव्य और 'कामायनी' तथा 'लोकायतन' जैसे महाकाव्यों की भी रचना हुई है।

डॉ. देवराज के शब्दों में- 'छायावाद आधुनिक हिन्दी साहित्य में एक महान आन्दोलन के रूप में आया, इसमें भाव तथा शैली जगत में एक जबरदस्त क्रान्ति उपस्थिति की।"

छायावादी युग के प्रमुख कवि में जयशंकर प्रसाद, सूर्यकान्त त्रिपाठी "निराला', सुमित्रा नंदन 'पन्त', महादेवी वर्मा आदि अन्य कवि भी हैं।

छायावादी काव्य अपनी पूर्ववर्ती काव्यधारा का आगे का कदम है। छायावादी काव्य में मनोवृत्तियों का सूक्ष्म चित्रण हुआ है। यह काव्य भाषा शैली की समृद्ध विविधता से समन्वित है। छायावादी कवियों ने नयी दिशाओं का संकेत किया है। इसमें भौतिकता एवं आध्यात्मिकता का समन्वय स्थापित किया गया है। यह काव्य महान उपलब्धियों एवं सम्भावनाओं का काव्य है।

4. प्रगतिवादी युग की शिल्पगत प्रवृत्तियाँ

प्रगतिवादी काव्य जनसाधारण काव्य है। उसी के अनुरूप शिल्प अपनाने का प्रयत्न किया गया है। प्रगतिवादी कवियों को यह श्रेय तो है ही कि वे काव्य की भाषा को जनजीवन के स्तर पर ले आये हैं। जहाँ रीति काल में यह मान्यता प्रचलित थी कि "भूषन बिनु न विराजहीं कविता, बनिता मित्त' वहीं प्रगतिवादियों ने यह ऐलान किया कि काव्य में अलंकार, छंद आदि के बंधन जरूरी नहीं है।

शिल्प को आडम्बरहीन तथा सरल बनाने की धुन में प्रगतिवादी कवि भाषा में भदेस एवं फूहड़ शब्दावली तक का प्रयोग कर बैठे हैं। जैसे-

"लुच्चे, टुच्चे, उल्ले के बच्चे, पूंजीपति।"

प्रगतिवादी कवियों में परम्परा का विरोध करने की हठ दिखलाई देती है। काव्य शिल्प में भी यह प्रवृत्ति विद्यमान है। प्रगतिवादी कवियों ने हिटलर नीरो, जाट, यहूदी को भी प्रतीक बना डाला और उनके प्रति अपनी घृणा की अभिव्यक्ति की प्रयोगवादी कवि बोलचाल के उर्दू अंग्रेजी और देशज शब्दों का प्रयोग करने से बिल्कुल नहीं हिचके।

प्रगतिवादी काव्य की भाषा जनभाषा है इसलिए उसमें मुहावरों लोकोक्तियों का प्रयोग भी हुआ है। ऐसे प्रयोगों में- सत्तू का घोलना, बिगड़ी बात बनाना, फूले न समाना, मुंह की खाना, नंगा होकर नाचना, पौ बारह होना, बात-बात पर नाक रगड़ना, लोहा पीटना आदि को लिया जा सकता है।

प्रगतिवादी कवियों में प्रमूख रूप से 'निराला', सुमित्रानन्दन पंत, केदार नाथ अग्रवाल, नागार्जुन, डॉ. राम विलास शर्मा, शिव मंगल सिंह 'सुमन', डॉ. रांगेय राघव और त्रिलोचन शास्त्री आदि हैं।

हिन्दी में प्रगतिवादी काव्य का सृजन बड़ी तेजी से शुरू हुआ था परन्तु वह स्थिर न रह सका। प्रगतिवादी कवियों ने आध्यात्मिकता का पूर्णतया तिरस्कार कर स्थूल भौतिकता को अपनाया। उनके मार्क्सवादी विचार हृदय की अनुभूति न बन सके। इसलिए उनका काव्य नीरस भी हो गया।

सामान्यत: कवियों ने मार्क्स, लेनिन, एंजिल्स के विचारों का कविता के माध्यम से प्रचार करने का प्रयास किया। काव्य जब इस प्रकार का साधन बना लिया जाता है और अनुभूति की उपेक्षा कर दी जाती है तब उसमें हृदय का स्पर्श करने की क्षमता नहीं रह जाती। इतना अवश्य है कि प्रगतिवादी काव्य ने जनसाधारण की दयनीय दशा के बारे में सोचने, उस ओर ध्यान देने की प्रेरणा दी है। उसने रूढ़ियों का विरोध करने का साहस जगाया। स्वतंत्रता की भावना को जगाया, काव्य को भी काव्यशास्त्र के कड़े नियमों से मुक्ति दिलाई है। प्रगतिवाद ने सामान्य विषयों को भी काव्य में स्थान दिया है। जिससे प्रगतिवादी काव्य जीवन काव्य बन गया है।

यदि प्रगतिवादी कवियों ने आध्यात्मिकता की ऐसी उपेक्षा न की होती, प्रचारात्मक दृष्टिकोण के बजाय संतुलित दृष्टिकोण अपनाया होता और काव्य के अभिव्यक्ति पक्ष को काव्योचित बनाए रखने का ध्यान रखा होता तो उनका काव्य अधिक सशक्त, अधिक आकर्षक हो गया होता।

5. प्रयोगवादी युग की शिल्पगत प्रवृत्तियाँ (अभिव्यक्तिगत)

प्रयोगवादियों ने शिल्प के क्षेत्र में अनेक प्रयोग किये हैं। भाषा, विचारों और भावों को व्यक्त करने का सबसे पहला माध्यम है। युग के साथ जब परिस्थितियां बदली, काव्य के विषय बदले तो उनके अनुरूप शिल्प के माध्यमों में भी बदलाव आया। भाषा को प्रयोगवादी कवि भाव विचार को व्यक्त करने का माध्यम भर मानकर उसे सजाने का प्रयत्न तो करता ही नहीं है, वह उसमें आवश्यकतानुसार तोड़-मरोड़ और कर देता है। भावों विचारों की स्पष्टता और उनके सौन्दर्य पर ही अभिव्यक्ति के माध्यमों की सुव्यवस्था एवं सुन्दरता निर्भर करती है।

प्रयोगवादी रचनाओं में कथ्य बिखरा हुआ और अस्पष्ट है। इस कारण उनकी अभिव्यक्ति में अस्पष्टता, दुरुहता, विचित्रता आ गयी है।

प्रयोगवादी काव्य में रसानुभूति लक्ष्य नहीं है, उसका लक्ष्य बौद्धिकता है। इसमें तुकान्तता, भावुकता, गेयचता की उपेक्षा की गयी है। इसी कारण कविता गद्य जैसी हो गयी है। कविता में रागा तत्व की उपेक्षा की गयी है जो कि हमेशा काव्य का अंग रहा। यह कविता सामाजिकता विहीन है। इसमें कुंठा, अवसाद, निराशा की अभिव्यक्ति हुई है। इन कवियों ने अर्थ लय पर जोर दिया है, प्रपद्यवाद, और पदीय प्रणाली अपनाता है। वह शब्द और छन्द को स्वयं को निर्माता मानता है।

प्रगतिवादी मानते हैं कि प्रतीक काव्य की खाद है, और कविता केवल शब्दों से रची जाती है। उसके लिए भाव, विचार, दर्शन, पिंगल, अलंकार आदि व्यर्थ हैं। कवि जटिल संवेदना को कविता में जरूर मानते हैं। वे बुद्धि तत्व के पक्ष में है। प्रेषणीयता को गद्य का गुण मानते हैं और "फ्री एसोसिएशन" को कविता के लिए जरूरी है, मानते हैं।

वे मानते हैं कि सौन्दर्य बोध अश्लीलत्व की ओर उन्मुख हो गया है। इनके लिए कुछ भी अश्लील नहीं। प्रपद्यवाद में प्रयोगवादी कविताओं की सी काव्यात्मकता नहीं। इस युग के प्रमुख कवि हैं अज्ञेय जी, मुक्ति बोध, डॉ. राम विलास शर्मा, गिरिजा कुमार माथुर, प्रभाकर माचवे, भारत भूषण अग्रवाल, नैमिचन्द्र जैन, भवानी प्रसाद मिश्रा, शकुन्तला माथुर, हरि नारायण व्यास, शमशेर बहादुर सिंह, रघुवीर सहाय, धर्मवीर भारती, नरेश मेहता आदि।

उपर्युक्त विवेचनोपरान्त यह निष्कर्ष निकलता है कि प्रयोगवादी कविता छायावादी कविता की प्रतिक्रिया स्वरूप अस्तित्व में आई। यों 'तार सप्तक' के सम्पादन के समय से इसका प्रारम्भ माना जाता है पर कविता के क्षेत्र में प्रयोग पहले भी होते रहे। 'तार सप्तक' की रचनाओं में प्रयोग शब्द बार-बार आता है, इसे देखकर काव्यधारा को प्रयोगवाद का नाम दिया गया।

नयापन लाने के लोभ में कुछ कवियों ने तुच्छ से तुच्छ विषय पर भी रचनाएं रचनी शुरू कर दी और शिल्प के क्षेत्र में मनमाने प्रयोग किये। कविता में राग तत्व की उपेक्षा की गयी। फलत: बहुत सी कविताएँ खिलवाड़ बनकर रह गयीं। कुछ कवियों ने प्रयोग को ही अपना साध्य बना लिया। प्रयोगवादी कविता पर समीक्षकों ने अलग-अलग विचार व्यक्त किए हैं। इस कविता में रसानुभूति के स्थान पर बौद्धिकता को महत्वपूर्ण माना गया। यह कविता असामाजिक हो गयी है। इसमें परम्परागत मान्यताओं को नकार दिया गया। यह संवेदनशून्य बन गयी। प्रयोगवादी कवि ने अहंवाद, अनास्था, कुण्ठाओं, रूपवादिता, लघु मानव, क्षणवाद, व्यक्ति के अस्तित्व को कविता में स्थान दिया। कविता की भाषा में नये शब्द अपनाये गये। नई भाषा, नये मुहावरे अपनाये गये। कविता में आड़ी तिरछी लकीरों का प्रयोग किया गया। फ्री एसोसिएशन पद्धति अपनायी गयी। कविता अनेक स्थानों पर अस्पष्ट और दुरूह हो गयी अपनी अनेक कमियों के कारण यह कविता जल्दी ही समाप्त हो गयी। प्रयोगवाद ने काव्य रूढ़ियों को तोड़ने का साहस दिखाकर कविता के क्षेत्र में युगानुरूप नयापन लाने का मार्ग अवश्य खोला है।

4. विशिष्ट कवि एवं कृतियां

रामधारी सिंह ''दिनकर'

हिन्दी साहित्य के इतिहास में रामधारी सिंह 'दिनकर' का विशिष्ट स्थान है। इस जनकवि एवं राष्ट्रीय भावनाओं से ओत-प्रोत कवि का जन्म सम्वत् 1995 (सन् 1908) में बिहार के मुंगेर जिले के सिमरिया ग्राम में हुआ था। सन् 1933 में बी.ए. करने के बाद स्कूल अध्यापक हो गये। इसके बाद सीतामढ़ी में सब-रजिस्ट्रार बने। द्वितीय महायुद्ध के दिनों में अपने राजकीय युद्ध प्रचार विभाग में काम किया यहाँ भी आप राष्ट्र भावनाओं से ओतप्रोत कविताएं लिखते थे।

सन् 1950 में आपको स्नातकोत्तर महाविद्यालय, मुजफ्फरपुर में हिन्दी विभाग का अध्यक्ष बनाया गया। आपकी काव्य साधना निरन्तर चलती रही। सन् 1972 में प्रथम रचना उर्वशी पर एक लाख रुपये का ज्ञानपीठ पुरस्कार मिला। सरकार की हिन्दी समिति के परामर्शदाता के पद से अवकाश ग्रहण कर 'दिनकर' पटना में रहने लगे। यहीं पर जवान पुत्र की मृत्यु के शोक में 24 अप्रैल, सन् 1974 (संवत् 2031) को दिनकर का देहावसान हो गया।

रामधारी सिंह "दिनकर' की कृतियाँ

'दिनकर' जी की प्रमुख कृतियाँ निम्न हैं- हुंकार, रसवन्ती, द्वन्द्वगीत, रेणुका, सामधेनी, कुरुक्षेत्र, रश्मिरथी, उर्वशी, परशुराम की प्रतीक्षा, बापू इतिहास के आँसू, सीपी और शंख।

'कुरुक्षेत्र' दिनकर जी का प्रथम युद्ध प्रबन्ध काव्य है। इसमें युद्ध के कारण तथा उनसे उत्पन्न अनेकों प्रकार की समस्याओं का गम्भीर चिन्तन किया गया है।

जहाँ सत्ताधारी अनीति का पालन करते हों और समाज के सूत्रधार अन्यायी और अविचारी हों, वहाँ शान्ति कैसे रह सकती है। देखिए 'कुरुक्षेत्र' का उदाहरण

"शान्ति नहीं तब तक जब तक,
सुख–भाग न नर का सम हो।
नहीं किसी को बहुत अधिक हो,
नहीं किसी को कम हो?

-कुरुक्षेत्र

डॉ. द्वारिका प्रसाद सक्सेना ने हिन्दी के प्रतिनिधि आधुनिक कवि में लिखा है कि कवि दिनकर के काव्य में महर्षि दयानन्द की सी निर्भीकता, नवीन जी की सी तेजस्विता, भगत सिंह का सा बलिदान, महात्मा गाँधी की सी कर्मठता और कबीर की सी विचारों की स्वच्छन्दता के साथ सुधारवादिता भी भरी हुई है। यही कारण है कि अपने समय के सूर्य दिनकर हिन्दी जनजागरण सम्बन्धी साहित्य में शीर्ष स्थान के अधिकारी बने हुए हैं।

दिनकर की युद्ध प्रबन्ध काव्य संबंधी कुछ कृतियां निम्न हैं

(1) कुरुक्षेत्र

कुरुक्षेत्र महाकाव्य रामधारी सिंह 'दिनकर' की प्रसिद्ध रचना है। महाकाव्य का प्रकाशन काल सन् 1946 है। सप्त सर्गों में चिन्तन प्रधान काव्य है। मनुष्य जाति द्वारा समर और संघर्ष के आयोजन के औचित्य और अनौचित्य के प्रसंग में विवेकपूर्ण विचार कवि ने अभिव्यक्त किए हैं। महाविरू में युधिष्ठिर एक महायुद्ध में भागीदार होकर हिंसा की प्रतिक्रिया में अहिंसा के प्रतीक हैं। संघर्ष में विजयी होकर भी वे संघर्ष और समर में

विश्वास करते नहीं प्रतीत होते हैं। युधिष्ठिर युद्ध जनित हिंसा और घृणा से तीव्र ग्लानि से आक्रान्त होते हैं। महाकाव्य के एक अन्य पात्र भीष्म पितामह मानवीय न्याय के प्रतीक रूप में अंकित हैं। सामाजिक अन्याय की समाप्ति के लिए भीष्म पितामह युद्ध को आवश्यक मान लेते हैं। युधिष्ठिर अहिंसा की सामर्थ्य को स्वीकार करते हैं और भीष्म युद्ध की विवशता से सहमत होते हैं। अन्याय के प्रतिकार के लिए मानव समाज युद्धों का विस्फोट करता रहा। युद्ध को कवि ने नैतिक चेतना से परे अंकित किया है क्योंकि युद्ध अन्याय के प्रतिकार और प्रतिशोध पर खड़ा होता है। युद्ध का दायित्व समाज की उस व्यवस्था पर है जो मनुष्य जाति को असहाय बनाकर युद्ध की अग्नि में झोंकती रही है।

'द्वितीय विश्वयुद्ध के संदर्भ में 'कुरुक्षेत्र' महाकाव्य ने मानव की राजनीतिक और नैतिक चेतना को अभिव्यक्त करने का सफल प्रयत्न किया है। द्वितीय महायुद्ध ने मनुष्य जाति पर विश्वव्यापी प्रभाव डाला है। भारतीय इतिहास के महाभारत के महायुद्ध ने भी मनुष्य जाति तथा उसकी सभ्यता और संस्कृति पर गहरा प्रभाव डाला है। शान्ति के पक्षधर भारत देश की वैचारिक परम्परा और प्रवाह के संदर्भ में समर और शान्ति का गम्भीर विवेचन भारतीय साहित्य में महत्वपूर्ण है। कुरुक्षेत्र में न केवल भारत, बल्कि विश्व सामाजिक चेतना में होने वाली प्रतिक्रिया का प्रभावी प्रतिबिम्ब है।

बीसवीं शताब्दी के पूर्वार्द्ध में संसार में दो महायुद्ध हुए और किसी समस्या का समाधान नहीं हुआ। इसके विपरीत परिणाम दोनों का ही बहुत व्यापक और भयंकर हुआ। जीवन के श्रेष्ठ मूल्यों में से मनुष्य का विश्वास जाता रहा। नास्तिकता, अनास्था, संदेह और कुण्ठा का प्रचार हुआ। ये भावनायें साहित्य में भी प्रतिबिम्बित और पल्लवित हुई। जब सब कुछ क्षणिक है, सब कुछ नाशवान, सब कुछ अस्थिर तो फिर शाश्वत को भुलाकर क्षण को ही पकड़ना चाहिए। इस प्रकार कला में प्रचलित आधुनिक क्षणवाद दूसरे महायुद्ध की विशेष देन हुई।

कुरुक्षेत्र एक समस्या प्रधान प्रबन्ध काव्य हैं। समस्या है युद्ध की। युद्ध के वास्तविक रूप का चित्रण करने के लिए दिनकर ने महाभारत के दो पात्रों भीष्म पितामह और युधिष्ठिर को चुना है। अत: कथावस्तु जितनी भी है, व्यास के महाभारत पर आधारित है। आधुनिक काल में रामायण और महाभारत हमारे बहुत से कवियों की प्रेरणा का विषय रहे हैं। प्रेरणा 'दिनकर' ने भी स्पष्टतया महाभारत से ही ली है। 'कुरुक्षेत्र' के मूल में गीता की गूंज सुनाई देती है। अत: कुरुक्षेत्र की समता किसी से की जा सकती है तो गीता से।

कुरुक्षेत्र का वास्तविक महत्व इस बात में निहित है कि अपने कथानक में देशकाल से सीमित होने पर भी वह अपने विस्तार में देशकालातीत हैं। उसमें सभी देशों की, सभी कालों की एक बहुत बड़ी समस्या को उठाया गया है। युद्ध की समस्या मानव जगत के मस्तिष्क को निरन्तर क्षुब्ध करने वाली सचमुच बहुत बड़ी समस्या है। महाभारत के संदर्भ में इस

समस्या का समाधान इसलिए और भी महत्वपूर्ण लगता है कि यहां प्रश्न करने वाले और उत्तर देने वाले दोनों ही अप्रतिम हैं, युधिष्ठिर जैसे शान्ति कामी, जिज्ञासु और भीष्म पितामह जैसे वीर तत्ववेत्ता खोजने पर भी और कहाँ मिलेंगे।

गांधीवादी होते हुए भी युद्ध के सम्बन्ध में उन्होंने गाँधी जी के दृष्टिकोण को पूर्णत: नहीं अपनाया है। ऐसी दशा में न्याय के पक्ष में यदि हम युद्ध करने के लिए विवश हों, तो ऐसा युद्ध पाप कभी नहीं हो सकता। सांस्कृतिक दृष्टि से भी इस कृति का मंतव्य एक आशावादी जीवन दृष्टि का परिचायक रहेगा, क्योंकि इसके अन्त में जीवन की विरक्ति को जीवन के प्रेम में बदलकर एक महान मांगलिक स्वर का सूत्रपात किया गया है।

3. कुँवर नारायण

1927 में कुँवर नारायण का जन्म फैजाबाद में हुआ। कुँवर नारायण जी ने अपनी शिक्षा लखनऊ से प्राप्त की। अज्ञेय द्वारा सम्पादित तीसरा सप्तक के कवि थे। कुँवर नारायण सामाजिक सरोकारों से जुड़े हुए कवि हैं, अपने सामाजिक दायित्व के निर्वाह के प्रति पूरी तरह सचेत हैं।

उनकी कविताओं में समकालीन युग और समाज को उसके यथार्थ रूपक में देखा जा सकता है। यथा -

अपने ही हथियारों से घबराया मानव
पत्थर का देव और लोहे का दानव
यह युग,
अपनी ही ताकत से हारा मनुष्य,
अपने अतीत को दुहराता, अंधा
भविष्य,
शहरों का झुण्ड, झोपड़ियों में फैलाया,
अपनी जरूरतों के कोड़ों से पिटवाया
इंसान,
मगर बेजान
मकानों-सा ढहता
अपने से दूर पास बस्ती के
रहता,
सभ्यता
लगी नाखूनों पर पालिश जैसे। [27]

कुँवर नारायण की कविताओं का सामाजिक परिदृश्य विशाल है। कवि ने आधुनिक युग में तेजी से हो रहे नगरीकरण और व्यवसायीकरण तथा उससे उपजी समस्याओं का यथार्थ चित्रण किया है।

कुँवर नारायण 'जीवन की आलोचना' के कवि हैं। उन्होंने अपनी काव्य रचनाओं में जीवन और सामाजिक जीवन का एक वास्तविक लेखा-जोखा प्रस्तुत किया है। आलोचक रमेशचन्द्र शाह के शब्दों में - **"कुँवर नारायण की कविता में जीवन और जीवन में कविता है।"**[28]

निस्सन्देह, जीवन की कविता का सर्वोपरि मूल्य है।

आत्मजयी

हिन्दी साहित्य में एक महान उपलब्धि 'आत्मजयी' कुँवर नारायण के रूप में हुई है। इस रचना में नचिकेता के जीवन विस्तार को मूल्य मर्यादाओं में समेटने का प्रयत्न ही इस काव्य की विशेषता है। इस कृति में वेदों का वस्तुवाद और उपनिषदों का आत्मवाद प्रतीक के रूप में स्वीकार किया गया है। 'आत्मजयी' आधुनिक अथवा अत्याधुनिक बोध का ही नहीं वरन प्राचीन काल में स्थित चेतन बोध का भी काव्य है। हिन्दी काव्य क्षेत्र में एक महत्वपूर्ण काव्य 'आत्मजयी' है। इस काव्य में जीवन मूल्यों के संदर्भ में जो प्रकट किया गया है, उन समस्याओं की पहुँच मानव मूल्यों तक है। यहाँ नचिकेता के जीवन-मूल्यों की अभिव्यक्ति में एक मनुष्य का व्यक्ति दर्शन अथवा जीवन दर्शन न होते हुए मानव मूल्य अथवा मानव जीवन मूल्यों की समग्रता है। आत्मजयी में नचिकेता अपने पिता के विरुद्ध विद्रोह करता है। वह पिता के द्वारा किया जाने वाला हिंसा भरे वैदिक अनुष्ठानों को अच्छा नहीं समझता। वह सत्यता पर चलने वाला जिज्ञासु है। वह अंध परम्पराओं को नहीं मानता है। इसी कारण वह परम्परावादियों का डटकर मुकाबला करता है और उनका विरोध करता है। इस लोक की वास्तविक परिस्थितियों और देह धर्म की अपेक्षा आत्मधर्मपरक वैयक्तिकता के महत्व को जानना समझना चाहता है। अपनी इसी मनःस्थिति में नचिकेता कहता है-

> **"तुम्हारी दृष्टि में विद्रोही हूँ**
> **क्योंकि मेरे सवाल तुम्हारी मान्यताओं**
> **का उल्लंघन करते हैं।"**

हमारे देश भारत में और यूरोप में बहुत अन्तर है- यूरोप की समस्या आस्थाहीनता की है, तो हमारे देश की आस्था की जड़ता है। इसी आस्था की जड़ता ने समस्त सामाजिक आदर्शों को खोखला बना डाला। व्यक्ति को समाजव्यापी कुण्ठा, निराशा, अवसाद, अकर्मण्यता तथा घूसखोरी आदि असामाजिक तत्वों से बचाने में असमर्थ हो गया। 'आत्मजयी' में कवि इस सत्य को स्पष्ट करता है- "मेरे सम्बन्धियों, तुम्हारे द्वारा मान्य और व्यवहृत रीति रिवाजों से भरी इस दुनिया में केवल पाखण्ड भरा है, वैयक्तिक स्वतंत्रता के साथ जीवन पाने की शक्ति

नहीं। अपने आप में तुम खाली फूहड़ सांसारिक इच्छाओं की भीड़ में घिरे हो। वह भी इस प्रकार कि ये सब तुम्हारे नियंत्रण से बाहर हैं।

स्वजनों
तुम्हारी इस रचना में केवल प्रपंच मात्र,
शक्ति नहीं
क्योंकि तुम खाली हो
फूहड़ इच्छाओं की बेकाबू भीड़-भाड़,
अनियत कुस्वप्न कई आपस में टकराते।"[30]

आज का व्यक्ति रूढ़िवादी मूल्य को जो कि समाज व्यवस्था को खोखला कर रहे हैं, उसका विरोधी रहा है। वह त्रास, पीड़ा, अपमान, अनास्था, अविश्वास एवं कुण्ठा को अस्वीकारता है। नचिकेता न तो रूढ़ियों का अंधानुयायी है, न पुरानी पीढ़ी और उसकी मान्यताओं का। उसकी दृष्टि में जीवन के सभी संघर्ष, मनोगत हैं, सांसारिक नहीं।

प्रेम, अहिंसा, करुणा, सत्य, शील आदि शाश्वत जीवन मूल्यों का प्राय: लोप हो गया है। स्थिति यह है कि समस्त भौतिक उपलब्धियों के उपरान्त भी आज के मानव का अहम परितृप्त या तुष्ट नहीं है। इस घोर स्वार्थपरता ने चिन्तन और चेतना के स्तरों को सीमित, संकुचित और अहंवादी बना दिया है।

रश्मिरथी

यह 'रश्मिरथी' की कथावस्तु महाभारत के युद्ध की है। उस समय चातुर्वण्य पद्धति का महत्व था। शूद्रादि विद्यार्जन करने के अधिकारी नहीं थे। द्रोणाचार्य एकलव्य और कर्ण को शिष्य बनाने को तैयार नहीं। परशुराम कर्ण के बाहरी रंग रूप को देखकर शिष्य बनाते हैं। जब कर्ण की जंघा को एक भौरें ने छेद किया तो उन्हें कर्ण के उच्चवर्णीय होने की आशंका हुई और वे क्रुद्ध होकर उन्हें शाप दे दिया, दाँत पीसकर आँखें तरेर कर बोले-

कौन छली है तू?
ब्राह्मण है या और किसी अभिजीत का पुत्र बली है तू?[31]

x x x

पर तूने छल किया, दण्ड उसका अवश्य ही पायेगा
परशुराम का क्रोध भयानक, निष्फल कभी न जायेगा।।

x x x

सिखलाया ब्रह्मास्त्र तुझे जो काम नहीं वह आयेगा।
है यह मेरा शाप, समय पर उसे भूल तू जायेगा।।[32]

इससे पहले द्रोणाचार्य के कर्ण को विद्यमान करने से इंकार करने पर कर्ण बहुत व्यथित हुआ। वह कहता है-

"धंस जाये वह देश अतल में, गुण की जहाँ पहचान।
जाति-गोत्र के बल से ही आदर पाते हैं जहाँ सुजान ।।"[33]

दिनकर ने युद्ध और शान्ति की मूलगामी समस्याओं को प्रस्तुत किया है। युद्ध हर युग में रहे, हर देश में रहे। किन्तु भारतीय युद्ध की अपनी परम्परा रही है। जहाँ तक धर्म को युद्ध में भी नहीं भुलाया गया है।

ऐवरी थिंग इज फेयर, इन लव अँड वॉर की
नीति नहीं रही है, किसी निहत्थे पर हथियार
नहीं चलाया जाता है। शत्रु को ललकारा जाता है।

अपवाद स्वरूप युद्ध नीति का उल्लंघन होता था।

यथा- अश्वत्थामा के द्वारा सत्यवक्ता धर्मराज झूठ बोले और निहत्थे द्रोणाचार्य की हत्या की। बालक अभिमन्यु की हत्या की गयी।

इन्द्र ने विप्र वेश धारण करके महारथी कर्ण के कान के कुण्डलों का हरण किया। अब तो कलयुग में धोखा और छल-कपट श्रेष्ठ राजनीति का अंश माना जाता है। युद्ध धर्म के नाम पर भी हुए हैं। दिनकर कहते हैं-

"है वृथा धर्म का किसी समय
करना विग्रह के साथ ग्रथन ।"[34]

धर्म संग्राम का कारण किस तरह भला हो सकता है। कवि कहता है-

"संग्राम धर्म गुण का विशेष्य
किस तरह भला हो सकता है?
कैसे मनुष्य अंगारों से
अपना प्रदाह धो सकता है?
सर्पिणी उदर से जो निकला
पीयूष नहीं दे पायेगा,
निश्छल होकर संग्राम धर्म का
साथ न कभी निभायेगा।"[35]

युद्ध करने वाले पहले विभिन्न प्रकार के छल कपट से काम लेते हैं। महाभारत युद्ध के पहले दुर्योधन ने पाण्डवों को बहुत तरह से सताया था। धर्मराज से कपट करके उनका राज छीन लिया और वनवास दिया। द्रौपदी का भरी सभा में अपमान किया। पाण्डवों का लाक्षागृह में जलाकर भस्म करने का प्रयास किया। पाण्डवों को ढूंढ़ निकालने के हेतु विराट राज का गोधन चुराया। ऐसे छल कपट का दमन करने के लिए युद्ध अनिवार्य हो जाता है। युद्ध की विभीषिका से बचने का महान चिंतक अपनी ओर से प्रयास करते हैं, जैसा कि महाभारत में कृष्ण ने किया है। 'रश्मिरथी' के कृष्ण दुर्योधन से युद्ध की भीषणता पर कहते हैं-

"हित वचन नहीं तूने माना,
मैत्री का मूल्य न पहचाना,
तो ले, मैं भी अब जाता हूँ,
अन्तिम संकल्प सुनाता हूँ।

* * *

दुर्योधन! रण ऐसा होगा,
फिर कभी नहीं जैसा होगा।
भाई पर भाई टूटेंगे,
विष बाण, बूंद से छूटेंगे,
वायस, श्रृगाल सुख लूटेंगे,
सौभाग्य मनुज के फुटेंगे।
आखिर तू भूशायी होगा,
हिंसा का पर, दायी होगा।"[36]

कृष्ण कर्ण को समझाने का प्रयास करते हैं। कुन्ती भी स्वयं युद्ध टालने के हेतु कर्ण से मिलने जाती हैं, और कहती हैं-

"जिस तरह तीन पुत्र को मैंने पाया,
तू उसी तरह था प्रथम कुक्षि में आया।

* * *

आदेश नहीं प्रार्थना साथ में लाई हूँ।
कल कुरुक्षेत्र में जो संग्राम छिड़ेगा
क्षत्रिय समाज पर कल जो प्रलय घिरेगा,

* * *

मेरे ही सुत मेरे सुत को ही मारें।
हो क्रुद्ध परस्पर ही प्रतिशोध उतारें।
यह विकट दृश्य मुझसे सहा नहीं जायेगा।"[37]

कुन्ती का प्रयास असफल रहा। बाद में शर-शैय्या पर पड़े भीष्म पितामह ने भी कर्ण को समझाते हुए युद्ध रोकने को कहा है-

"मैं रहा रोकता क्षण-क्षण पर, हाय हठी यह
दुर्योधन
अब कहो आज क्या होता है? किस
समाज का यह रोता है?
यदि इसे रोक तुम पाओगे, उनके
त्राता कहलाओगे
किन्तु हठी कर्ण ने एक न मानी,
वह टस से मस न हुआ।"[38]

युद्ध को रोकने और शान्ति का प्रयास हर युग में किया गया है। स्वतंत्र भारत के पहले पण्डित जवाहर लाल नेहरू ने भी इसी हेतु बाहुंग परिषद में पंचशील का उद्घोष किया और दुनिया भर के युद्ध विरोधी राष्ट्रों का एक गुट बनाकर उसका नेतृत्व किया।

4. सूर्यकान्त त्रिपाठी "निराला'

सूर्यकान्त त्रिपाठी 'निराला' हिन्दी साहित्य के प्रकाण्ड विद्वान थे, जिनका जीवन अभावों एवं विपत्तियों से पीड़ित रहा। 'निराला' जी का जन्म 21 फरवरी 1899 में हुआ और मृत्यु 15 अक्टूबर 1961 में। वे कभी विपत्ति के आगे झुके नहीं, वे अभावों को झेलते हुए भी साधना में लीन रहते थे, परन्तु कब तक कोई कितना सहन करता, वह अंदर ही अंदर टूट चुके थे, घुल रहे थे। जीवन के अन्तिम वर्षों में भी उन्होंने बहुत संघर्ष झेला। उनके जीवन की विपत्तियों और व्यथाओं की दुर्निवार शक्ति को भी व्यंजित करते हैं।

1916 से 1958 तक 'निराला' जी काव्य साधना में तल्लीन रहे। उनकी छायावाद युग की रचनाएं निम्न हैं- 'अनामिका', 'परिमल', 'गीतिका', 'तुलसीदास', 'मतवाला' और 'समन्वय' का सम्पादन किया।

'निराला' जी को केवल व्यक्ति के रूप में ही परिस्थितियों का तीव्र विरोध नहीं सहना पड़ा बल्कि कवि के रूप में भी उनका प्रबल विरोध हुआ। इसका प्रधान कारण तो उनकी मौलिकता है, जो कवि के अहंकार की साहित्यिक अभिव्यक्ति है।

निराला की रचनाओं पर दर्शन का प्रभाव गम्भीर है- अधिवास, पंचवटी आदि निम्न हैं। उनकी एक रचना 'राम की शक्ति पूजा' है, जिसकी काव्य में एक उत्कृष्ट उपलब्धि है।

राम की शक्ति पूजा

राम की शक्ति पूजा की रचना सन् 1936 में हुई थी। राम की शक्ति पूजा छायावादी काव्य की सबसे उत्कृष्ट रचना है। इसमें कवि ने एक ऐतिहासिक प्रसंग के द्वारा धर्म और अधर्म के शाश्वत संघर्ष का चित्रण किया है। राम धर्म का प्रतीक हैं और रावण अधर्म का। इस कविता में अधर्म का चित्रण एक प्रचण्ड शक्ति के रूप में हुआ है।

इसमें एक स्थिति में कवि के भयानक संघर्ष से सम्बद्ध हो जाती है तो दूसरी ओर युगीन यथार्थ की विकरालता को भी व्यंजित करती है। अन्त में राम की आराधना करते हैं और अधर्म के विनाश के लिए सक्षम होते हैं।

इस कविता में विविध भावों और भाषा के विविध रूपों के दर्शन होते हैं। निराला जी की ज्यादातर रचनाएं संस्कृतगर्भित हैं और उसमें समास की अधिकता है। प्राय: कवि ने समस्त पदावली के प्रयोग द्वारा उपयुक्त लय और अर्थ गाम्भीर्य की अभिव्यक्ति की है। 'राम की शक्ति पूजा' में राम-रावण युद्ध का वर्णन करते हुए कवि कहते हैं-

"प्रतिपल-परिवर्तित व्यूह, भेद, कौशल समूह,
राक्षस-विरुद्ध-प्रत्यूह, कुद्धकपि-विष हूह,
विच्छुरित वह्नि-राजीव नयन-हत-लक्ष्य-बाण
लोहित लोचन-रावण-मन मोचन–महीयान।"[39]

सन्दर्भ सूची

1. डॉ. त्रिलोकी नाथ– काव्यांजलि, पृ. 7
2. डॉ. त्रिलोकी नाथ– काव्यांजलि, पृ. 35
3. मोनियर एण्ड मोनियर विलियम, पृ. 389
4. सूर्यकान्त त्रिपाठी 'निराला'– काव्यांजलि, पृ. 32
5. जयशंकर प्रसाद- कानन कुसुम, पृ. 110 'भरत'
6. जयशंकर प्रसाद- 'स्कन्द गुप्त', प्रसाद संगीत, पृ. 109
7. निराला- अपरा, पृ. 111
8. सुमित्रा नन्दन 'पन्त', ज्योत्सना, पृ. 60
9. जयशंकर प्रसाद- प्रसाद संगीत, पृ. 98
10. जयशंकर प्रसाद- प्रसाद संगीत, पृ. 98
11. वही, पृ. 84
12. वही, पृ. 84 (शिवाजी का पत्र)
13. मोहन अवस्थी- प्रगतिवादी हिन्दी काव्य (लेख) माध्यम फरवरी 65, पृ. 33
14. मोहन अवस्थी का संकलन, नक्तनात, पृ. 5, 20 और 21
15. बृज किशोर चतुर्वेदी का लेख 'करुण सतसई', पृ. 2

16. रजनी पाम दत्त-भारत वर्तमान और भावी दिल्ली, पृ. 288
17. हंस, अक्टूबर 1947
18. डॉ. रणजीत शर्मा- हिन्दी के प्रगतिशील और समकालीन कवि, पृ.-8
19. आचार्य नन्द दुलारे बाजपेयी- हिन्दी साहित्य का संक्षिप्त इतिहास, पृ. 41
20. सुमित्रा नन्दन 'पन्त'- 'मैं और मेरी कला' शिल्प दर्शन, पृ. 150
21. हरिहर द्विवेदी- 'हाँ मैंने हत्या की है', पृ. 61
22. आचार्य हजारी प्रसाद द्विवेदी- हिन्दी साहित्य की भूमिका
23. जयशंकर प्रसाद- कामायनी, श्रद्धासर्ग, पृ. 35
24. जयशंकर प्रसाद- कामायनी, पृ. 43
25. जयशंकर प्रसाद- लहर, पृ. 11
26. जयशंकर प्रसाद- कामायनी, पृ. 35
27. डॉ. विश्वम्भर मानव- आधुनिक महाकाव्य, पृ. 18
28. कुँवर नारायण : 'यह युग' (परिवेश : हम तुम) पृ. 40
29. कुँवर नारायण : आठवीं मंजिल पर (कोई दूसरा नहीं), पृ. 98
30. कुँवर नारायण : आत्मजयी, पृ. 9
31. कुँवर नारायण : आत्मजयी, पृ. 16
32. रामधारी सिंह दिनकर- रश्मिरथी, पृ. 10 19
33. वही, पृ. 23
34. वही, पृ. 17
35. वही, पृ. 125
36. वही, पृ. 127
37. वही, पृ. 32, 33
38. वही, पृ. 79-800
39. डॉ. नगेन्द्र 'राम की शक्ति पूजा', पृ. 48

द्वितीय अध्याय

प्रबन्ध काव्य : एक विश्लेषण

अध्याय-द्वितीय

प्रबन्ध काव्य - एक विश्लेषण

(1) काव्य का स्वरूप, परिभाषा एवं भेद-प्रभेद (भारतीय एवं पाश्चात्य मत)

काव्य शब्द का अर्थ है कवि की कृति- 'कवि द्वारा जो कार्य किया जाए उसे काव्य कहते हैं- कबेरिंद कार्य भावो व (ष्यज)- (मेदिनीकोष), 'कवनीयं काव्यम् (विद्याधर की एकावली), अब यह ज्ञातव्य है कि कवि शब्द का क्या अर्थ है- कावते सर्व जानाति सर्व वर्णयतीति कविः। युद्ध कुछ शब्दे न अय् – इह (शब्द कल्पद्रुम) 'तथैव' 'कवते, श्लोकान, ग्रथते वर्णयति व (अमरकोष) अर्थात् सर्वज्ञ और सब विषयों का वर्णन करने वाले को कवि कहते हैं। भारतीय साहित्य में प्राचीन काल से काव्य एवं काव्य शब्दों का प्रयोग हो रहा है। ऋग्वेद में इन दोनों शब्दों का प्रयोग ईश्वर एवं संसार के लिए हुआ है।

कविर्मनीषी परिभूः स्वयंभू :।

यदि ईश्वर कवि है तो विश्व उसका काव्य है। इसी संदर्भ में यह भी कहा गया है कि कवि का कर्म काव्य है

कविः कवयतीति तस्य कर्मम् काव्यम् ।।

अग्नि पुराण में कवि को प्रजापति कहा गया है- कवि ही इसका सृष्टा प्रजापति है। इस जैसा रुचिकर होता है, उसी प्रकार यह काव्य रूप संसार का परिवर्तन कर देता है।

काव्य परिभाषाओं में आचार्य विश्वनाथ की परिभाषा सर्वश्रेष्ठ ओर सर्वमान्य है- परिभाषा- **वाक्यं रसात्मक काव्यम्** (अर्थात् रसात्मक वाक्य ही काव्य होता है) वाक्य का तात्पर्य रचनाकार के कथ्य की समाप्ति से है। जिस वाक्य को काव्य कहा गया है, वह संस्कृत की वाल्मीकि रामायण तथा महाभारत को और हिन्दी के रामचरितमानस को भी अपने में समाविष्ट करने की क्षमता रखता है। सर्वप्रथम श्री परमेश्वर के लिए वेदों में कवि शब्द का प्रयोग दृष्टिगत होता है। कवि का प्रयोग वेदों के प्रकाशक के ब्रह्म इदाय आदि कवये: (श्रीमद्भागवत्) इसके बाद अन्य महर्षियों एवं विभिन्न शास्त्र प्रणेताओं के लिए भी कवि शब्द का प्रयोग देखा जाता है। काव्य प्रणेता के लिए विशेष रूप में संभवतः सबसे प्रथम महर्षि वाल्मीकि जी के लिए आदि कवि तथैव भगवान श्री वेदव्यास के लिए कवि शब्द का प्रयोग दृष्टिगत होता है। श्री बाल्मीकीय रामायण के एवं काव्य का प्रयोग महाभारत के लिए किया गया है। महाभारत के विषय में 'कृतं मयेदं भगवान काव्य परमपूजितम्' वाक्य स्वयं श्री वेदव्यास जी का है। महर्षि वाल्मीकि के समय से ही एक विशिष्ट प्रकार की

चित्ताकर्षक रमणीय शैली के रचनात्मक ग्रन्थ के रचयिता के लिए प्रचलित है। वेदव्यास भगवान के **यथास्मेराचते विश्वं तदअयम् परिवर्तते।**'[1]

'कवि' शब्द प्रतिभासम्पन्न एक विशेष प्रकार की असाधारण शैली की रचना करने वाले विद्वान के अर्थ में योगरूढ़ कर दिया गया है। सुप्रसिद्ध साहित्याचार्यों द्वारा कवि और काव्य शब्द इसी विशेष अर्थ में रूढ़ हो गया है जैसा कि भामह को

प्रज्ञा नवन वोन्मेषशालिनी प्रतिभामताः
तदनुप्राणानाज्जीवेद, वर्णानानि पुणाः कवि।।"
तस्य कर्म स्मृतं काव्यम। [2]

संस्कृत आचार्यों के मत

मम्मट के अनुसार- **'काव्यम लोकोत्तरवर्णाना निपुणाक विकर्म.....**

विद्वानों ने काव्य की विभिन्न परिभाषाएं प्रस्तुत की हैं।

काव्य और कवि शब्द का शब्दार्थ यह विवेचनीय है कि जिस कवि कृति को काव्य कहा गया है। उसका स्वरूप क्या है? इस विषय में प्राय: सभी सुप्रसिद्ध साहित्याचार्यों ने अपने-अपने मतानुसार काव्य लक्षणों का निर्माण किया है, सबसे प्रथम हमको काव्य के लक्षण के रूप में नाट्यशास्त्र को महामुनि भरत का पद्य मिलता है-

भरतमुनि

आचार्य भरत मुनि ने नाट्यशास्त्र में लिखा है

'मृदुललित–पदाढयं गूढ़ शब्दार्थहीनं
जनपद सुख बोध्यं युक्तिमन्नृत्य योज्यम्।
बहुकृत रसमाम सन्धि संधानयुक्तम्
सभवति शुभकाव्यं नाटकं प्रेक्षकाणाम्। [4]

इसमें काव्य के सात विशेषण हैं। प्रथम और दूसरे विशेषण में काव्य के उपयोगी शब्दार्थ का ग्रहण है। प्रथम, द्वितीय और तृतीय विशेषण में दोषों से रहित होना कहा गया है। चतुर्थ विश्योषणा में संभवत: अलंकारादि का ग्रहणा है एवं छठे विशेषण में काव्य का रसयुक्त होना कहा गया है और पंचम और सप्तम विशेषण में दृश्य काव्य उपयोगी विषयों का ग्रहण किया गया है।

अग्निपुराण

इस वाक्य द्वारा भगवान वेदव्यास जी ने शास्त्र इतिहास से कार्य की पृथकता दिखाकर 'काव्य का लक्षण' गढ किया है

"संक्षेपादं वाक्यं मिष्टार्थ व्यवच्छित्रा पदावली।
काव्यं स्फुरदलङ्कारं गुरुवदोषवर्जितम्।" [5]

जिसमें अभीष्ट अर्थ संक्षेप में व्यक्त हो पदावली अविच्छिन्न हो और दोष रहित गुण सहित हो, ऐसे अलंकारों से युक्त पदावली काव्य है।

दण्ड

'काव्यादर्श' में दण्डी ने लिखा है- **'इष्टार्थ व्यच्छिन्ना पदावली"**[6]

आनन्दवर्धन

आनन्दवर्धन के अनुसार- काव्य की आत्मा ध्वनि है और शब्दार्थ शरीर है। उनके द्वारा ध्वनि सिद्धान्त की प्रतिष्ठा हुई।

भोज

भोज लिखते हैं

निर्दोष गुणवत् काव्यमलकौररलकृतम् ।
रसावन्ति कवि कुर्वन कीर्ति प्रीतिञ्व विन्दति।'[7]

कुन्तक

कुन्तक जी के अनुसार आनन्दकारक, व्यवस्थित, शब्दार्थयुक्त, कवि व्यापार से युक्त सुन्दर रचना को काव्य कहते हैं

शब्दार्थो सहितौ वक्र कवि व्यापार शालिनी
बन्धे व्यवस्थतौ काव्यं तद्विदाह लायकारिणी।[8]

मम्मट – ये काव्य प्रकाश में लिखते हैं

तदोषौ शब्दार्थो सगुणावनलंकृति पुनः क्वापि।

(अर्थात् दोष रहित गुणों और अलंकारों से युक्त शब्दार्थ ही काव्य है।)

जयदेव

जयदेव ने 'चन्द्रालोक' में यह घोषणा की है कि दोष विहीन, गुण और अलंकारों से युक्त लक्षण, रस, रीति और वृत्ति से समुचित वाक्य ही काव्य है-

"निर्दोषा लक्षणावती सरीतिर्गुण भूषिता,
सालङ्कार रसेनेकवृत्ति काव्यनामभाक्।"[9]

जगन्नाथ

'रस गंगाधर' में पण्डितराज जगन्नाथ ने लिखा है

"रमणीयार्थ प्रतिपादन शब्दः काव्यम्।"[10]

(रमणीय अर्थ का प्रतिपादन करने वाला शब्द समूह ही काव्य है)

विश्वनाथ

साहित्य दर्पण में आचार्य विश्वनाथ ने काव्य को रसात्मक वाक्य माना है- **'वाक्यं रसात्मकं काव्यम्।"**

यह बात सत्य है कि विभिन्न परिभाषाओं में भिन्न रुचिर्हि लोक: की स्थिति चरितार्थ होती है फिर भी इनमें कतिपय तत्व समान रूप से समाहित दिखाई देते हैं।

गुलाबराय के अनुसार

"जहाँ 'दण्डी मम्मट' आदि ने पत्ते और शाखाओं को सींचने की कोशिश की है। वहीं विश्वनाथ ने जड़ को सींचा है। 'वाक्य' शब्द में शब्द के साथ अर्थ भी शामिल हो जाता है। सार्थक शब्द ही वाक्य बन जाते हैं। रसात्मक शब्द में काव्य का पक्ष या भाव पक्ष आ गया है और 'वाक्य' शब्द में अभिव्यक्ति पक्ष अथवा कलापक्ष आ गया है, मोटे तौर पर रस क्या चीज है। वैसे तो गुण-दोष भी व्याख्या की अपेक्षा रखते हैं।"

हिन्दी आचार्यों का मत (भारतीय)

रामचरितमानस

वर्णानाम् अर्थसंधानाम रसानाम, छन्द, सामपि
मंगलावांच कर्तारौ वन्दे वाणी, विनायकौ।।

वर्ण, अर्थ, संघ, रस, छन्द, साम (गेयता), मंगल तत्व से पूरित वन्दना-वाणी (सरस्वती की) और विनायक (प्रथम लेखक गणपति) की गयी है कि यह रामचरितमानस श्रद्धा विश्वास में खरा उतरे और काव्य सिद्धि प्राप्त करे।

केशवदास

जदपि सुजति सुलच्छिनी, सुबरन सरस सुवृत्त।
भूशन बिनु न बिराजई, कविता, बनिता, मित्र ।।
राजत रंच न दोषयुतः कविता बनिता मित्र ।
बुन्दक हाला परत ज्यो, गंगाघाट अपवित्र ।।

चिन्तामणि

चिन्तामणि ने कविकुल कल्पतरू में कहा है

सगुनालंकारन सहित दोषरहित जो होई।
शब्द अर्थ ताको कवित, कहत बिबुध सब कोई।।

देव

ये शब्द रसायन में काव्य-लक्षण इस प्रकार प्रस्तुत करते हैं-

शब्द सुमति मुखते कढै, ले पद वचनानि अर्थ।
छन्द-भाव भूषण, सरस, सो कीह काव्य समर्थ।।

कुलपति

कुलपति द्वारा लिखित रस-रहस्य के अनुसार

जग ते अद्भुत सुख सदन, शब्दरु अर्थ कवित्त ।
यह लच्छन मैंने कियो, समुझि ग्रन्थ बहु चित्त।।

श्रीपति

काव्य-सरोज के अनुसार

शब्द अर्थ विन दोष गुन, अलंकार रसवान ।
ताको काव्य बखानिए, श्रीपति परम सुजान।।

डॉ. श्याम सुन्दर दास

पद्य में संगीत-कला की छाया अधिक स्पष्ट और प्रभावशाली दिख पड़ती है, उसकी रसमयता भी अधिक बलवती समझ पड़ती है।

जयशंकर प्रसाद

काव्य आत्मा की संकल्पनात्मक अनुभूति है, जिसका सम्बन्ध विश्लेषण, विकल्प या विज्ञान से नहीं है।

वह सत्यं–शिवम् सुन्दरं सार्वजनीनता, चिरन्तनता, अनुभूति और आदर्श की समष्टि है।"

आचार्य रामचन्द्र शुक्ल

जिस प्रकार आत्मा की मुक्तावस्था ज्ञानदशा कहलाती है, उसी प्रकार हृदय की इस मुक्ति की साधना के लिए मनुष्य की वाणी जो शब्द-विधान करती आयी है, उसे कविता कहते हैं।"

कृष्ण बिहारी मिश्र

भारतीय काव्यशास्त्र की परम्परा के अनुसार 'गुणधिक्य, अलंकार बाहुल्य रस परिवाक एवं भाव चमत्कार कविता की उत्तमता की कसौटी रहनी चाहिए।"

डॉ. गुलाब राय

काव्य संसार के प्रति कवि की भाव प्रधान मानसिक प्रतिक्रियाएं कल्पना के ढांचे में ढली हुई हैं।

सुमित्रानन्दन पंत

"कविता हमारे परिपूर्ण क्षणों की वाणी है।"

पाश्चात्य आचार्यों द्वारा दी गयी काव्य की परिभाषायें

कार्लाइल

ये काव्य को संगीतमय विचार मानते हैं।

मैथ्यू आर्नोल्ड

ये काव्य को जीवन की आलोचना मानते हैं

विलियम वर्ड्सवर्थ

ये काव्य को नैसर्गिक भावोंद्रेक मानते हैं जिसकी उत्पत्ति अनुभूति से होती है। (Spontaneous overflow of powerful feelings)

हाइडन

ये काव्य को संगीत मानते हैं।

डॉ. सैमुअल जानसन

ये कविता को सत्य और आनन्द के मिश्रण की कला मानते हैं।

प्रो. कोर्ट होप

छन्दोबद्ध भाषा में भाव कल्पना की आनन्दमय अभिव्यक्ति ही काव्य है।

पाश्चात्य काव्यशास्त्र में काव्य के दो रूप

1. एपिक आफ ग्रोथ 2. एपिक आफ आर्ट

एपिक आफ ग्रोथ में महाकाव्य की विकासशीलता तथा उसके प्लाट का होना आवश्यक है। इस कोटि में उल्लेखनीय है।

एपिक आफ आर्ट को कला काव्य कहा जाता है, जिसमें कवि को अपनी कलात्मकता के विकास का पूर्ण अवसर मिलता है और कथावस्तु होती है। 'एपिक आफ ग्रोथ' या 'एपिक आफ आर्ट' के अतिरिक्त लिरिक्स या गीत काव्य का भी उल्लेख पाश्चात्य समीक्षा में आरम्भ से ही मिलता है। पाश्चात्य समीक्षा के आदि आचार्य प्लेटो एवं अरस्तु ने उपर्युक्त काव्य रूपों का उल्लेख किया है।

पाश्चात्य आचार्यों के मतों का सार

पाश्चात्य काव्यशास्त्र में छन्द और अलंकार हैं। **मैथ्यू आर्नोल्ड** के काव्य को जीवन की आलोचना मानना अत्याप्ति दोषयुक्त है। पूरा साहित्य जीवन की आलोचना है। यही बात **वुड्सवर्थ** के काव्य लक्षण कविता को नैसर्गिक भावोद्रेक मानने में है। **कार्लाइल** का काव्य लक्षण 'संगीतमय विचार' को काव्य कहना भी अधूरा है। **जॉनसन** ने बुद्धि की सहायता से कल्पना के प्रयोग की बात कही है। **प्रो. कोर्टहोय रस्किन तथा विलियम हैजलिट** काव्य लक्षण किसी प्रकार माने जा सकते हैं।

अस्तु हिन्दी संस्कृत और अंग्रेजी के कवियों और काव्यशास्त्रियों के काव्य लक्षण अथवा काव्य की परिभाषा पर विचार करने पर पूर्णतया और श्रेष्ठता का निर्णय संस्कृत के आचार्यों के पक्ष में जाता है। कविता के लिए छन्द, अलंकार या तुक की कोई अनिवार्यता नहीं है। **आचार्य विश्वनाथ** ने वाक्यं रसात्मक काव्यम! कहकर छन्द और अलंकार की आवश्यकता अमान्य कर दी है। प्रयोगवादियों और नयी कविता वालों के रसमय वाक्य, जिन्हें गद्य कहकर हँसी का पात्र बनाया जाता है, निश्चित रूप से काव्य है। काव्य के लिए रामचरितमानस, वाल्मीकि, रामायण और 'महाभारत' जैसी विशालता अपेक्षित नहीं है। रसात्मक वाक्य एक पंक्ति का हो सकता है। संस्कृत और अंग्रेजी कविता में तुक का अभाव क्या उसे कविता नहीं रहने देता? काव्य के लिए रसमयता आवश्यक है।

हिन्दी कविता का विकासात्मक स्वरूप काव्य कोटि की दृष्टि से प्राचीन एवं नवीन मान्यताओं के समन्वय का परिणाम है। छायावादी युग एवं प्रगतिवादी युग के समाप्त होने के साथ-साथ प्रयोगवाद और नयी कविता के विकास के साथ इस काल का आरम्भ होता है। स्वच्छन्द भावधारा के कवियों की सर्जना समानान्तर चलती रही। गुण एवं परिणाम की दृष्टि से समकालीन हिन्दी कविता विविधताओं से युक्त है अत: इसके रूपात्मक विकास पर विचार कर लेना आवश्यक हे। भारतीय साहित्य शास्त्र में काव्य रूपों का उल्लेख और आकार-प्रकार के अनुसार इनका वर्गीकरण करने का प्रयास आचार्यों ने किया है। रचना की पकृति, कथावस्तु के विस्तार तथा पात्रों के योग के अनुसार आचार्यों ने काव्य को दो उपवर्गों में विभक्त किया है -

1. प्रबन्ध काव्य
2. मुक्तक

उपर्लिखित वर्गों का क्रमानुसार विवरण इस प्रकार है-

(क) प्रबन्ध काव्य

प्रबन्ध काव्य ऐसी रचना को कहा गया जो किसी लोक विश्रुत नायक की जीवन सम्बन्धी कथावस्तु से युक्त हो तथा जिसमें जीवन-संघर्ष एवं घटनाओं का पूर्ण विकास मिलता हो। हिन्दी साहित्य के उद्भव काल से ही प्रबन्धात्मक कृतियों का प्रणयन होता रहा और इस परम्परा का अनुपालन आलोच्यच काल में भी हुआ है। प्रबन्धात्मक कृतियां, जयभारत, रश्मिरथी, एकलव्य, सेनापति कर्ण, तारकवध आदि विशेष उल्लेखनीय हैं।

गीतिकाव्य एवं कथा साहित्य की प्रथम विधा है, गीतिकाव्य में वैयक्तिक राग द्वेष की प्रधानता है, तो कथा में सामाजिक राग द्वेष की प्रधानता है, एक आत्मनिष्ठ है तो दूसरा वस्तुनिष्ठ। इन दोनों का अर्थात् गीतिकाव्य और कथा का योग होने से प्रबन्ध काव्य का उद्भव होता है। गीतिकाव्य एवं कथा साहित्य का आदिम रूप होने के कारण प्रबन्ध काव्य की परम्परा भी अति प्राचीन है। प्रबन्ध रचनाओं में द्रौपदी, उर्मिला, ऋतम्भरा आदि नारी जीवन से सम्बन्धित रचनाएं हैं, जिनमें करुण एवं श्रृंगार रस की निष्पत्ति हुई। 'सेनापति कर्ण', 'एकलव्य' और 'तारकवध' नामक कृतियों में वीर रस की प्रधानता है। 'जयभारत' आलोच्य काल की एक ऐसी वृहद रचना है जिसका मूल्यांकन रसात्मक दृष्टि से कम प्रभावात्मक दृष्टि से अधिक किया जाना चाहिए। इन प्रबन्धात्मक कृतियों की सामान्य विशेषताओं के आधार पर इनकी रूपगत समीक्षा एवं शिल्प-विधि का मूल्यांकन किया जा सकता है। स्वातंत्र्योत्तर हिन्दी समीक्षा के काव्य की रसात्मक अनुभूतियों के अतिरिक्त स्वच्छन्दतावादी, मार्क्सवादी, मनोवैज्ञानिक समीक्षा पद्धतियों के विकास के कारण इन काव्य कृतियों का रूप भी नवीन उद्भावनाओं से युक्त है।

मनुष्य एक सामाजिक प्राणी है। समाज के बिना उसके अस्तित्व की कल्पना कठिन है। मनुष्य की इस सामाजिकता का मूल है- सहानुभूतित्व आत्मीयता। इस तत्व के कारण वह एकतत्व की अनुभूति कर दूसरे के सुख-दुख के साथ बँध जाता है। इसी प्रकार मनुष्यता का विकास निर्भर है। ज्यों-ज्यों वह दूसरे के सम्पर्क एवं साहचर्य में आता है, उसकी संवेदनशीलता बढ़ती चली जाती है, मनुष्य व्यष्टि की सीमा को तोड़कर समष्टि की सामान्य चेतना में लीन होता जाता है। स्वार्थ को छोड़कर लोक कल्याण के पद पर अग्रसर होता है। प्रबन्ध काव्य मनुष्य की इसी सामाजिक सामान्य प्रकृति के उद्घाटन और विकास का सर्वाधिक सशक्त और सफल माध्यम है। जब से मानव समाज है, तब से प्रबंध काव्य की परम्परा है। भारतीय प्रबन्ध महाकाव्यों की परम्परा संस्कृत से चली और चरमोत्कर्ष को प्राप्त हुई। हिन्दी साहित्य के आदिकाल में उसने जोर पकड़ा। इस काल में वीर रस प्रधान रचनाओं की प्रचुरता मिलती है। प्रबन्ध काव्य के दो भेद माने जाते हैं।

(1) महाकाव्य

(2) खण्डकाव्य

(ख) मुक्तक

बंध के अनुसार भारतीय समीक्षकों ने श्रव्य काव्य के दो भेद माने हैं- प्रबन्ध और मुक्तक प्रबन्ध में कथा प्रारम्भ होने से पहले सम्बन्ध होता है। परन्तु मुक्तक में पूर्वापर सम्बन्ध का निर्वाह आवश्यक नहीं होता। इसका प्रत्येक छंद स्वतंत्र रहता है। प्रबन्ध की तरह इसमें कोई कथा नहीं होती है। कुछ मुक्तक अवश्य ऐसे होते हैं, जिनका प्रत्येक छंद स्वतंत्र अथवा अपने आप में पूर्ण होता है। सूर का भ्रमर गीत, तुलसी की विनय पत्रिका एवं गीतावली इसके उदाहरण हैं।

मुक्त रहने वाला स्वतंत्र या मोक्ष प्राप्त करने वाला मुक्तक का अर्थ है। समीक्षकों के अनुसार काव्य के दो भेद होते हैं, व्यक्तित्व प्रधान अर्थात् विषयगीत तथा विषय प्रधान। इन्हें क्रमश: भाव प्रधान और विषय प्रधान भी कहते हैं। मुक्तक भाव प्रधान काव्य की श्रेणी में आता है। हेमचन्द्र ने 'शब्दानुशासन' में 'अनिबद्ध मुक्तादि' कहकर यह भाव व्यक्त किया है कि मुक्तादि अनिबद्ध होते हैं। मुक्तक शब्द के अर्थ कई प्रकार से हैं। यथा 'जो काव्य अर्थ पर्थ व शान के लिए किसी का मुखापेक्षी न हो, वह मुक्तक कहलाता है।'

आचार्य दण्डी के अनुसार

मुक्तक वाक्यान्तर निरपेक्षों व श्लोक (अर्थ मुक्तक वह काव्य रचना है, जो पूर्वापर प्रसंग की अपेक्षा न रखती हो)।

अग्नि पुराण

'मुक्तक' श्लोक एकैकश्यमत्कारक्षम: सताम् ।

आचार्य दण्डी

'मुक्तकं वाक्यांतर निरपेक्षो य: श्लोक:।

अभिनवगुप्त

"पूर्वापर निरप्रेक्षणाणि हियेन रसयवर्णं क्रियते तदैव मुक्तकम् ।"

आनन्दवर्धन

तत्र मुक्तकेषु प्रबन्धेष्वव रसबन्धा भिनेवेशिन: कवयोऽश्यते।"

आचार्य रामचन्द्र शुक्ल

"मुक्तक में प्रबन्ध के समान रस की धारा नहीं रहती जिसमें कथा प्रसंग की परिस्थिति में अपने को भूला हुआ पाठक मग्न हो जाता है और हृदय में एक स्थायी प्रभाव ग्रहण करता है। इसमें तो रस के ऐसे छींटे पड़ते हैं, हृदय कलिका थोड़ी देर के लिए खिल उठती है।"

डॉ. रामदत्त भारद्वाज

"प्रबन्धहीन स्फुट पद्य (कभी-कभी गद्य) रचना को मुक्तक कहा जाता है।"

मुक्तक-काव्य को रूपात्मक दृष्टि से दो उपभेदों में विभक्त किया जाता है-

(क) पाठ्य (ख) प्रगीति

पाठ्य रचना में गेयता अनुभूति की एकता के साथ-साथ उसका पढ़ा जाना अनिवार्य गुण है। जबकि प्रगीत में संगीतात्मकता, अनुभूतियों की तीव्र अभिव्यक्ति, आकार की लघुता प्रभाव की प्रखरता आवश्यक है।

(2) काव्य के हेतु एवं प्रयोजन

काव्य के हेतु

काव्य रचना में कवि को सफलता प्राप्त होती है, अर्थात् जिसका होना कवि में परमावश्यक है, उसे काव्य कहते हैं। काव्य का सीधा अर्थ है साहित्य निर्माण का कारण। जिनके कारण साहित्य की रचना होती है। भारतीय काव्यशास्त्र में इस तत्व का विवेचन हुआ है। मनुष्य में ऐसी शक्ति विद्यमान है जिसके कारण वह साधारण मनुष्य होकर भी विलक्षण काव्य रचना करता है। काव्य के हेतु के विषय में विभिन्न मत हैं। अधिकांश आचार्यों का मत है कि कवि के लिए शक्ति, निपुणता और अभ्यास इन तीनों की ही परमावश्यकता है।

शक्ति का लक्षण रुद्रट ने लिखा है-

'मनसि सदा सुसमाधिति विस्फुरण मनेकधा विधेयस्य।
अक्लिष्टानि पदानि च विभन्ति यस्यामसौ शक्तिः।"[11]

काव्य रचना के समय तत्काल अनेक शब्द और अर्थ हृदयस्थ हो जाते हैं। उसे शक्ति कहते हैं कि शक्ति ही काव्य रचना का बीजभूत संस्कार है इसके बिना काव्य रचना हो ही नहीं सकती यदि हठात् की भी जाती है तो उपहास के योग्य होती है। प्रतिभा कवि को जन्म के साथ ही साथ प्राप्त होती है अथवा पूर्व पुण्य के प्रभाव से किसी देवता के प्रसाद द्वारा जन्म के बाद भी किसी की उपलब्ध हो जाती है।

निपुणता

श्रुति, स्मृति, पुराण, नाट्यशास्त्र, कामशास्त्र, योगशास्त्र, आयुर्वेद, छंद व्याकरण, अभिधान कोश, कला, चतुवर्ग साधनरत्न परीक्षा, गज अश्वशास्त्र आदि विधाओं के ग्रन्थों का काव्य एवं काव्यशिक्षा विषयक और इतिहास ग्रन्थों का अध्ययन तथा स्थावन संगम आदि के लोक व्यवहार का ज्ञान प्राप्त करना।

काव्य के लिये उपयोगी निपुणता के यही साधन हैं। कवि के लिए सभी विषयों के ज्ञान की परमावश्यकता है।

भामह ने कहा है-

> **"न स शब्दो न तदार्च्य न सन्यायो नसाकला**
> **जायते यन्नकाव्याङ्गमहो भारो महान कवेः।।"**[12]

निपुणता का पर्याय व्युत्पत्ति भी है।

अभ्यास

अभ्यास तो प्रसिद्ध ही है। काव्य के निर्माण और उसके सदसद्ध के विचार में योग्य विद्वानों द्वारा शिक्षा प्राप्त करना और काव्य के निर्माण एवं अध्ययन में निरन्तर प्रवृत्त रहने को अभ्यास कहते हैं। अभ्यास द्वारा सुसंस्कृत प्रतिभा ही काव्यामृत उत्पन्न करने के लिए कामधेनु है।

कहा है-

> **"अभ्यासो हि कर्मसु कौशलभाव हति।'**

अच्छा अब इस पर साहित्याचार्यो के मत देखिए, भामह का मत है-

> **काव्यतु जायते जातुकस्यायित्प्रतिभावतः"**[13]

भामह, शक्ति, निपणुता और अभ्यास तीनों को काव्य का हेतु बतलाते हैं। इस पद्य में तीनों को काव्य का कारण मानता है। अर्थात् दण्डी प्रतिभा के अभाव में भी केवल निपुणता और अभ्यास को ही काव्य रचना का कारण बताता है।

इसके अनन्तर रूद्रट ने दण्डी का यह मत स्वीकार न करके भामह का अनुसरण किया है। रूद्रट भी तीनों की आवश्यक बताते हैं। अर्थात् आचार्य मम्मट इन तीनों को पृथक-पृथक स्वतंत्र कारण नहीं मानते किन्तु तीनों को ही सम्मिलित रूप में एक ही कारण स्वीकार करते हैं।

आचार्य, शक्ति, निपुणता और अभ्यास तीनों को ही काव्य का हेतु मानते हैं।

कुछ आचार्य केवल प्रतिभा या शक्ति को ही काव्य का एकमात्र स्वतंत्र कारण मानते हैं। इस मत के प्रतिपादक उपलब्ध ग्रन्थों में सर्वप्रथम वामन है। राजशेखर ने इस मत की पुष्टि

में मेधावी रुद्र और कुमारदासादि का उदाहरण दिया है। जो जन्मांध कवि थे इन्होंने शास्त्रों के अध्ययन से व्युत्पत्ति ही प्राप्त की थी और न अभ्यास ही बल्कि केवल प्रतिभा द्वारा काव्य निर्माण किया था। राजशेखर ने कहा है-

"सा केवलं काव्ये हेतुः इति मायावरीयः"।[14]

विभिन्न आचार्यों ने काव्य हेतु का वर्णन किया है-

भामह

भामह ने काव्यालंकार में माना है कि गुरु के उपदेश से जड़ बुद्धि शास्त्रों का अध्ययन करने में समर्थ हो सकता है। काव्य किसी बुद्धिमान व्यक्ति में यदा-कदा ही स्फुटित होता है।

दण्डी

प्रतिभा, अध्ययन तथा अभ्यास तीनों के मिले हुए रूप को ही दण्डी काव्य हेतु स्वीकार करते हैं और साथ में यह भी कहा है कि प्रतिभा के प्रभाव से अभ्यास और अध्ययन के कारण सरस्वती की सेवकों पर कृपा रहती है।

वामन

काव्यालंकार सूत्रवृत्ति में आचार्य वामन ने काव्य हेतुओं का विस्तार से विवेचन किया है। प्रतिभा को ही काव्य का मुख्य कारण स्वीकार किया।

रूद्रट

रुद्रट ने अपने काव्यालंकार में प्रतिभा व्युत्पत्ति तथा अभ्यास तीनों को ही काव्य के हेतु स्वीकार किया है।

आनन्दवर्धन

आनन्दवर्धन जी ने ध्वन्यालोक में प्रतिभा को महत्व देते हुए कहते हैं- जिस व्यक्ति के पास प्रतिभा नहीं, सुन्दर काव्य रचना नहीं कर सकता। प्रतिभाशाली कवि के पास प्रतिपाद्य विषय का अभाव नहीं रहता।

राजशेखर

राजशेखर के अनुसार प्रतिभा तथा व्युत्पत्ति में आपूर्ण होने पर ही कवि कवित्त प्राप्त करता है। उन्होंने बुद्धि के तीन प्रकार बताए हैं- (क) स्मृति (ख) मति (ग) प्रज्ञा।

राजशेखर के अनुसार प्रतिभा दो प्रकार की होती है-

(अ) कारयित्री

यह जन्मजात होती है, तीन प्रकार की- सहजा, आहार्या और औपदेशिकी।

(ब) भावयित्री

इसका सम्बन्ध सहृदय और आलोचक से माना जाता है।

महिम भट्ट

ये शक्ति तथा व्युत्पत्ति को समवेत रूप से काव्य का हेतु मानते हैं, और अभ्यास को गौण।

मम्मट

इन्होंने काव्य प्रकाश में लिखा है-

'शक्तिनिर्पुणता लोकशास्त्र काव्याद्यवेक्षबात,
काव्यज्ञशिक्षयाभ्यास इति हेतु स्तुददुदभवे।।'

मम्मट शक्ति को काव्य का बीज संस्कार मानते हैं।[15]

वाग्भट

वाग्भट अलंकार-तिलक में प्रतिभा को महत्व देते हुए व्युत्पत्ति और अभ्यास को उसका सहायक मानते हैं।

"प्रतिभैव व कवीनां, काव्य-करण कारणम् ।"[16]

केशव मिश्र

अपने अलंकार शेखर में प्रतिभा को महत्व दिया है और यह माना है कि प्रतिभा के अभाव में व्युत्पत्ति और अभ्यास का महत्व कम हो जाता है।

हेमचन्द

हेमचन्द जी ने काव्यानुशासन में प्रतिभा को महत्व दिया और यह भी माना है प्रतिभा के अभाव में व्युत्पत्ति और अभ्यास महत्व भी कम हो जाता है।

पंडित राज जगन्नाथ

इन्होंने रस गंगाधर में काव्य निर्माण का हेतु प्रतिभा को ही स्वीकार किया- **'तज्य च वारणं कविगता केवलं प्रतिभा'**।

पंडितराज जगन्नाथ ने अपनी आलोचना से इस विषय को भी अस्पृश्य नहीं रखा, वे प्रतिभा को काव्य का एकमात्र स्वतंत्र कारण मानते हुए भी उसके दो भेदों में विभक्त करते हैं, एक प्रारब्धवश किसी देवता या महापुरुष अर्थात् जिस प्रकार अदृष्ट शक्ति को वे

काव्योत्पत्ति का स्वतंत्र कारण मानते हैं। उसी प्रकार व्युत्पत्ति और अभ्यासजन्य शक्ति को भी स्वतंत्रक कारण ही मानते हैं।

अधिकांश आचार्यों का मत यही है कि प्रतिभा, व्युत्पत्ति और अभ्यास ये तीनों सम्मिलित रूप में ही काव्य के कारण हैं। काव्य रचना करने की शक्ति ही न हो तो शास्त्र जन्य व्युत्पत्ति एवं अभ्यास निष्फल है। फिर भी सारासार के औचित्य का विचार व्युत्पत्ति पर ही अवलम्बित है। भगवान वेद व्यास ने आज्ञा की है-

"कवित्वं दुर्लभ तत्र शक्तिस्तत्र च दुर्लभ।
व्युत्पत्ति दुर्लभा तत्र विवेकस्तत्र दुर्लभः।।"[17]

अभ्यास तो सर्वत्र वांछनीय है। प्रथमास्था और अभ्यस्तावस्था के कार्य में प्रत्यक्ष ही अंतर दृष्टिगत होता है। आचार्य हेमचन्द ने कहा है 'व्युत्पत्यभ्यासाम्यां संस्कार्या। अर्थात् जिस प्रकार रत्न को चमत्कृत करने के लिए संस्कार शरणोत्तीर्ण कराना आवश्यक है, काव्य को चमत्कृत एवं मनोरंजक करने के लिए व्युत्पत्ति और अभ्यास परमावश्यक है, क्योंकि व्युत्पत्ति और अभ्यास प्रतिभा के उपकारक हैं।

मुख्य रूप से काव्य के चार हेतु स्वीकार किये गये हैं-

1. **प्रतिभा**- प्रतिभा का महत्व सर्वोपरि है। आचार्यों ने इसकी व्याख्या निम्न प्रकार की है-

प्रतिभा के प्रकार

अभिनवगुप्त ने प्रतिभा के दो प्रकार माने हैं-

(क) आख्या (ख) उपाख्या।

2. **व्युत्पत्ति या निपुणता**- मम्मट के अनुसार लोक और शास्त्र के अध्ययन और अनुशीलन से जो चतुरता प्राप्त होती है, वही निपुणता है। रुद्रट ने इसे व्युत्पत्ति कहा है

"छन्दो व्याकरणकल लोकास्थित पद पदार्थ विज्ञानतम
युक्तायुक्त विवेक व्युत्पत्तिरिचम समासेन ।।

लौकिक-यह लोक निरीक्षण से उत्पन्न होती है। लौकिक व्युत्पत्ति द्वारा कवि के कथन में सौन्दर्य एवं व्यवस्था का समावेश होता है।

3. **अभ्यास**- अभ्यास से तात्पर्य है- बार-बार उस कार्य को करना या निरन्तर प्रयास करना- 'अविच्छेदेन शीलनमभ्यास।'

4. **समाधि अथवा अवधान**- मन की एकाग्रता ही वह स्थिति है जिसे समाधि या अवधान कहा जाता है। राजशेखर ने इसके महत्व को स्वीकार किया है।

हिन्दी विचारक

1. **कुलपति**– ने 'रस-रहस्य' में लिखा है -

'शब्द अर्थ जिन ते बने, नीकी भांति कवित्त।
सुधि धावन समरभ्यं तिन, कारण कवि को चित्त।।

2. **भिखारीदास**- तीनों को काव्य हेतु मानते हैं- शक्ति, प्रतिभा, अभ्यास। सुकवियों द्वारा काव्य रीति का अध्ययन और लोकानुभव।
3. **श्रीपति**- श्रीपति काव्य हेतुओं की संख्या 6 मानते हैं।

शक्ति, निपुणता, लोकमत, व्युत्पत्ति, अभ्यास और प्रतिभा।
अरु प्रतिभा ने होत हैं, ताको ललित प्रकाश।।

4. **आचार्य महावीर प्रसाद द्विवेदी**- कवि के लिए जिस बात की सबसे अधिक जरूरत रहती है वह प्रतिभा है। वे व्युत्पत्ति और अभ्यास को भी महत्व देते हैं।

5. **आचार्य रामचन्द्र शुक्ल**- शुक्ल जी प्रतिभा (रस मीमांसा) को ही काव्य का प्रमुख हेतु मानते हुए व्युत्पत्ति और अभ्यास का भी महत्व स्वीकार करते हैं।
6. **सुमित्रानंदन पंत**- सुमित्रानंदन पंत प्रतिभा के साथ व्युत्पत्ति का महत्व भी स्वीकार करते हैं।

'जोता, हे कवि, निज प्रतिभा के फल से, निष्ठुर मानव अंतर।[18]

7. **महादेवी वर्मा**- महादेवी वर्मा जी काव्य सृजन हेतु प्रतिभा और व्युत्पत्ति की महत्ता स्वीकार करते हुए अभ्यास मात्र को महत्व नहीं देती।
8. **रामधारी सिंह 'दिनकर'**- ये प्रतिभा, व्युत्पत्ति और अभ्यास को सामूहिक रूप से काव्य सृजन का हेतु स्वीकार करते हैं।
9. **डॉ. नगेन्द्र**- ये प्रतिभा को सर्वाधिक महत्व देते हैं और प्रतिभा को चेतना मानते हैं, जो अनुभूति, चिन्तन, विचार, संकल्प तथा कल्पना आदि क्रियाएं संपादित करती हैं।

पाश्चात्य विचारक

1. **प्लेटो**- ये प्रेरणा को महत्व देते हैं क्योंकि इनके अनुसार प्रेरणा के साथ अभाव में कोई स्फुरण सम्भव नहीं है।

2. **अरस्तू**- ये सूझ-बूझ को भी महत्व देते हैं। इनके अनुसार कवि प्रतिभा जन्मजात होती है।
3. **होरेस**- ये प्रतिभा के साथ अभ्यास को महत्व देते हैं।
4. **बेन जॉनसन**- ये तीन विशेषताएं स्वीकार करते हैं (क) प्रतिभा (ख) व्युत्पत्ति (ग) अभ्यास।
5. **बर्नदत्ते क्रोचे**- ये स्वयं प्रकाश ज्ञान और बाह्यभिव्यंजना का महत्व बताते हुए प्रतिभा तथा अभ्यास की महत्ता ही स्वीकार करते हैं।
6. **टी.एस. इलियट**- महान रचना या महान आलोचना उसी समय जन्म लेती है। जब तीन तत्व विद्यमान हो- प्रौढ़ सभ्यता, प्रौढ़ भाषा एवं संस्कृति तथा प्रौढ़ कलाकार।

काव्य प्रयोजन

जीवन के सभी क्रियाकलाप उद्देश्यपूर्ण होते हैं अर्थात् बिना प्रयोजन के मंद बुद्धि भी किसी कार्य में प्रवृत्त नहीं होते हैं। किसी भी कार्य में निष्प्रयोजन किसी की प्रवृत्ति नहीं हो सकती है, इसलिए साहित्य ग्रन्थों में काव्य का लक्षण और उसके भेद दिखाने के पूर्व प्राय: काव्य का प्रयोजन अर्थात् काव्य किसलिए है या काव्य द्वारा क्या फल प्राप्त हो सकता है, यह बताया गया है। साहित्यकार का कार्य प्रयोजन हीन नहीं हो सकता है। क्योंकि इसकी सृजन क्षमता ब्रह्मा के समान माना गया है। साहित्य सृजन में साहित्यकार के जो भी उद्देश्य रहते हैं, वे ही साहित्य अथवा काव्य के प्रयोजन कहलाते हैं। काव्य के द्वारा अन्य लाभ नहीं हो सकते, काव्य प्राय: श्रृंगार, रसात्मक होने के कारण केवल विषयीजनों के मनोरंजन का साधन मात्र है। काव्य के अध्ययन से केवल मनोरंजन की ही प्राप्ति नहीं अपितु धार्मिक, नैतिक और दार्शनिक ज्ञान की शिक्षा एवं कायरों का साहस, वीरजनों को उत्साह, शोकार्त जनों को सांत्वना, उद्विग्न चित्त वालों को विश्रांति, काव्य प्रणेता कवि को सम्मान, यश और द्रव्य की प्राप्ति होती है।

संस्कृत आचार्यों द्वारा बताये गये प्रयोजन

1. भरतमुनि

धर्मो धर्मप्रवृत्तानां कामः काम पोसेविनाम
निग्रहो दुर्विनीतानां विनीतानां दमक्रिया।।
क्लीबानां घाट्यजनन मुत्साहः शूरमानिनाम।
अबुधाना विबोधश्च वैदुष्यं विदुषामपि।
दुःखर्तानां श्रमार्तानां शोकांना तपस्विताम्
विश्रन्ति जननं काले नाट्यमेत भविष्यति।।

धर्म्यं यशस्यमायुष्य हितं बुद्धि विवर्द्धनम।
वेद विद्यातिहासानाम् आख्यान परिकल्पनम्।। [19]

काव्य के द्वारा सभी मनोभिलाषा पूर्ण हो सकते हैं। भरतमुनि काल में नाट्य रचना से सम्बन्धित है। (अर्थात् यह नाट्यशास्त्र भविष्य में संसार के दु:खों से, श्रम से तथा शोक से पीड़ित तपस्वियों या लोगों को सुख प्रदान करने वाला होगा।) भरतमुनि 'लोकहित' या 'लोकमंगल' को ही महत्व 'हर्षाधाधि गच्छन्ति' कहकर आनन्द को पूर्णरूप से स्वीकार करते हैं।

2. भामह

भामह ने अर्थ, धर्म और काम के अतिरिक्त काव्य को मोक्ष का साधन भी कहा है-

'धर्मार्थ काममोक्षाएं। वैचक्षत्यं कलासुच।'
प्रीति करोति कीर्ति च साधुकाव्यनिबन्ध म।"[20]

कलाओं में कुशलता, कीर्ति और प्रीति भी इसके प्रयोजन है, जिससे कवि रचना करके अपने यश को संसार में अमर रखना चाहता है।

3. वामन

वामन ने दो काव्य प्रयोजन बताये हैं। कीर्ति और प्रीति (आनन्द) उन्होंने कर्ता की दृष्टि से विचार किया है।

वे काव्य प्रयोजन के दो रूप मानते हैं-

(क) दृष्ट प्रयोजन (ख) अदृष्ट प्रयोजन।

4. दण्डी

आचार्य दण्डी ने प्रयोजन की चर्चा नहीं की है, उन्होंने शब्द के महत्व की चर्चा ज्ञान का प्रकाश देने वाले यश को स्थायित्व प्रदान करने वाला कहकर की है।

5. कुन्तक

कुन्तक के अनुसार

'धर्मादिसाधनोपायः सुकुगार कमोदितः।
काव्यवन्धोऽभिजातानां हृदयाहादकारकः।।

अर्थात् काव्य आह्लाद उत्पन्न करने वाला तथा धर्मादि की सिद्धि का मार्ग है। वे आगे यह भी कहते हैं कि काव्यामृत सहृदयों के अन्त:करण में चतुवर्ग रूप फल के आस्वाद से भी

बढ़कर चमत्कार उत्पन्न करने वाला होता है। काव्य के प्रयोजन तीन माने गये- (1) चतुवर्ग की प्राप्ति (2) व्यवहार और औचित्य का परिज्ञान (3) अद्वितीय अंतश्चमत्कार की प्राप्ति।

6. रुद्रट

रुद्रट ने कहा है

'अर्थमनर्थोपशमं शमसममध्वामतं यदेवास्य।
विरचित रुचि सुरस्तुतिरखलिं लभते तदैव कविः।

काव्यालंकार में रुद्रट ने काव्य प्रयोजन की चर्चा की है। स्तुत्यादि द्वारा धन प्राप्ति, विपत्तिनाश, आनन्द प्राप्ति, आप्त कामना और पुरुषार्थ चतुष्टपद की प्राप्ति ही काव्य का प्रयोजन है।

7. आनन्दवर्धन

ये ध्वनिवादी थे, अतः इन्होंने काव्य प्रयोजनों का पृथक रूप से कोई विचार नहीं किया है। इन्होंने मात्र यह संकेत दिया है

'तेन ब्रूमाः सहृदय मनः प्रीयते तत्स्वरूपम, 'मनः प्रीयते' कहकर ये मनोरंजन को ही महत्व देते हैं।

8. अभिनव गुप्त

इन्होंने भी ध्वनि सिद्धान्त की व्याख्या करते हुए कहा है कि कवि को दो फल प्राप्त होते हैं- कीर्ति और प्रीति।

9. राजशेखर

ये भी काव्य के प्रयोजनों की चर्चा कवि और सामाजिक दोनों दृष्टियों के आधार पर करते हैं- सामाजिक (सहृदय) की दृष्टि से काव्य का प्रयोजन आनन्द की प्राप्ति है और कवि की दृष्टि से अक्षय कीर्ति।

10. पंडितराज जगन्नाथ

इन्होंने आनन्द तथा गुरु राजा एवं देवता की प्रसन्नता को काव्य का प्रयोजन स्वीकार किया है।

11. मम्मट

भारतीय काव्यशास्त्र में इस दृष्टि से मम्मट की सर्वाधिक मान्यता है 'काव्य प्रकाश' में उन्होंने काव्य प्रयोजन का उल्लेख किया है।

इसके अतिरिक्त मम्मट ने 6 प्रयोजनों की चर्चा की है। संक्षेप में जिन प्रयोजनों की व्याख्या करने का प्रयास किया जा रहा है वे हैं- यश प्राप्ति, धन प्राप्ति, व्यवहार कुशलता, अनिष्ट निवारण, आनन्द और कान्ता–सम्मत उपदेश के लिए। कुछ काल अतिवाहित होने पर इन वस्तुओं के साथ ही वह नष्ट हो जाता है। रुद्रट ने कहा है-

"तत्कारित सुरसेचन प्रभृतिनी नष्टे तथाहित कालेन न।
भवेन्नामपितो यदि न स्युः सकवयोराज्ञाम।।"[21]

काव्य का अध्ययन केवल मनोरंजन मात्र नहीं किन्तु अत्यन्त प्रयोजनीय भी है।

हिन्दी आचार्यों द्वारा बताये गये प्रयोजन-

1. **कुलपति**- इसके प्रयोजन सम्बन्धी लक्षण मम्मट की तरह हैं-

   'जस सम्पत्ति, आनन्द अति, मुक्खानि डारै खोई।
   होत अवित्त तै चतुराई, जगत काम बस होई।।

2. **भिखारीदास**- ये अर्थ, यश और आनन्द को महत्त्व देते हैं।

3. **देव**- ये यश को महत्व प्रदान करते हैं-

   'ऊँच-नीच अरु कर्म बास, चली जात संसार।
   रहत भव्य भगवत जस, नत्य काव्य सुख सार।'

4. **तुलसीदास**- तुलसीदास काव्यशास्त्र परम्परा में नहीं माने जाते हैं। लेकिन उन्होंने रामचरित मानस में अपने ग्रन्थ का प्रयोजन स्पष्ट किया। स्वान्तः सुखाय की चर्चा की है और उसे लोकहित के लिए समर्पित माना है।
5. **सुमित्रानंदन पंत**- पन्त जी स्वान्तः सुखाय व्यक्ति हैं उनके अनुसार एक कलाकार के व्यक्तित्व में स्वान्तः सुखाय राशि का जो एक-दूसरे के बिना अधूरा है।
6. **आचार्य रामचन्द्र शुक्ल**- रामचन्द्र शुक्ल जी ने बताया कविता का अन्तिम लक्ष्य जगत के मार्मिक पक्षों का प्रत्यक्षीकरण, उनके साथ मनुष्य हृदय का सामंजस्य स्थापन है।
7. **डॉ. हजारी प्रसाद द्विवेदी**- डॉ. हजारी प्रसाद द्विवेदी जी ने कहा है कि मैं साहित्य को मनुष्य दृष्टि से देखता हूँ जो साहित्य मनुष्य को दुर्गति हीनता और परमुखापेक्षिता से बचा न सके, जो आत्मा को तेजोदीप्त न कर सके, जो उसके हृदय को संवेदनशील न बना सके उसे साहित्य कहने में मुझे संकोच होता है।
8. **डॉ. गुलाबराय**- सब प्रयोजनों में वही सबसे उत्तम है जो आत्मा को व्यापक से व्यापक और अधिक से अधिक अनुभूति में सहायक होता है।

9. **डॉ. नगेन्द्र** – कवि या लेखक में जो भाव उत्पन्न होते हैं। उन्हें वह प्रकाशित करना चाहता है। साहित्य का प्रयोजन आत्माभिव्यक्ति है।

10. **रामधारी सिंह 'दिनकर'**- दिनकर जी के अनुसार- काव्य का प्रयोजन आत्माभिव्यक्ति है- मैं यह मानता हूँ कि बसन्त का गुलाब और कवि का स्वप्न अपने मन में पूर्ण होता है, वह कुछ सिखाने के लिए होता है।

11. **आचार्य नन्द दुलारे बाजपेयी**- "काव्यानुभूति स्वत: एक अखण्ड आत्मिक व्यापार है। काव्य का प्रयोजन मनोरंजन सामाजिक वैषम्य से दूर भागना अथवा पलायन भी नहीं हो सकता, क्योंकि वैसी अवस्था में आत्मानुभूति के प्रकाशन का पूरा अवसर रचियता को नहीं मिल सकेगा।"

पाश्चात्य आचार्यों द्वारा बताये गये प्रयोजन -

1. **अरस्तु**- ये काव्य का प्रयोजन 'आनन्द' को स्वीकार करते हुए समाजोन्मुखी बनाने के पक्षधर हैं।
2. **प्लेटो**- ये सौन्दर्य और नैतिकता के आधार मानकर भारतीय सौन्दर्य एवं शिवम् के निकट दिखाई देते हैं।
3. **होरेस**- ये आनन्द और लोक कल्याण को ही साहित्य का प्रयोजन स्वीकार करते हैं।
4. **मैथ्यू आर्नोल्ड**- ये जीवन की व्याख्या करना ही साहित्य का प्रयोजन स्वीकार करते हैं।
5. **ड्राइडन**- ये स्वान्त: सुखाय ओर परजन हिताय के पक्षधर हैं।
6. **जे.ई. स्विनगार्न**- ये कला के पक्षधर थे।

लोकमंगल और साहित्य का प्रयोजन

लोकमंगल से अर्थ है। लोक कल्याण साहित्यकार रचना क्यों करता है। इसके बारे में दो बातें पता चलती हैं, पहली स्वान्त: सुखाय या आनन्द की प्राप्ति तथा दूसरी, जनहित की भावना। कुछ विद्वान 'उद्बोधन' को भी साहित्य का प्रयोजन स्वीकार करते हैं, यह प्रयोजन व्यवहार, ज्ञान और कान्ता सम्मित उपदेश के अन्तर्गत समविष्ट हो जाता है। कलाकार सेवा का उद्देश्य लेकर नहीं लिखता। वह इस उद्देश्य को सामने रखकर लिखेगा तो कृति उत्कृष्ट कलाकृति नहीं बन सकेगी। वह युगानुरूप स्थिति से प्रभावित हो जो भी लिखेगा तो कवि उत्कृष्ट कलाकृति नहीं बन सकेगी।

टालस्टॉय ने कला का उद्देश्य मानव कल्याण ही स्वीकार किया है।

तुलसीदास ने स्पष्ट कहा है-

'कीरति भनिति भूति भलि सोई।
सुरसरि सम सब कहँ हित होई।।'

स्वान्त सुखाय-

काव्य का प्रयोजन स्वान्तः सुखाय है या पर जनहिताय, कलाकार पर कोई विचार आरोपित नहीं किया जा सकता है। वह अपने आनन्द में डूबकर लिखता है। कलाकार एक मुख्य होता है, वह जगत के प्रति हमेशा सचेत रहता है। विश्व का कोई चिन्तक सर्वथा आत्मकेन्द्रित, स्वार्थकेन्द्रित एवं निजी सुखभोग को मान्यता नहीं देता। अतः तुलसी जहाँ यह कहते हैं- 'स्वान्त सुखाय तुलसी रघुनाथ गाया।' अतः काव्य रचना में स्वान्तः सुखाय प्रयोजन के साथ परजनहिताय का भाव आपेक्षित है।

3. महाकाव्य की अवधारणा

'महाकाव्य' शब्द 'महत्' और 'काव्य' दो शब्दों से मिलकर बना है। इनमें पहला शब्द विशेषण और दूसरा विशेष्य है। महाकाव्य शब्द में विशेष्य है। महाकाव्य शब्द में विशेष्य का अधिक महत्व होता है। अतः इस शब्द में भी काव्य ही प्रमुख है। दोनों शब्दों का अर्थ होता है 'बड़ा काव्य' क्योंकि 'महत से विशाल', 'उत्कृष्ट' का भी भाव प्रकट होता है। विद्वानों ने काव्य की अनेक परिभाषायें दी हैं। जिनका निष्कर्ष इस रूप में प्रस्तुत किया जाता है- (1) नैसर्गिक भावोद्रेक के साथ भावों की मार्मिक व्यंजना। (2) रसयुक्त प्रवाहयुक्त पद्य (3) चमत्कार और ध्वनियुक्त पद्य रचना। (4) अलंकार काव्य गुण उक्ति, वैचित्य, वाग्वैदग्ध औचित्य के अधिकाधिक निर्वाह से युक्त (5) आंतरिक और बाह्य स्थितियों का बिम्बात्मक वर्णन (6) शब्द और अर्थ का रमणीय सम्बन्ध। (7) कलात्मकता से युक्त आदि-आदि।

काव्य के लिए 'महत्' शब्द का प्रयोग सर्वप्रथम वाल्मीकि रामायण में हुआ है।

महाकाव्य का स्वरूप इस प्रकार शब्दबद्ध किया है-

**सर्गबन्धो महाकाव्यमुच्यते तस्य लखणम्
आशीन मस्क्रियावस्तु निर्देशों वापि तन्मुखम्
इतिहासकथोद्भूत मितरद्वा सदाश्रयम।
चतुवर्ग फलोपेतं चतुरादोन्तनायकम।
नगरार्णव शैलतु चन्द्रार्कोदयवर्णनैः।
उद्यान सलिल-क्रीड़ा मधुपान रतोत्सवैः
विप्रलम्भैविवाहैश्च कुमारोदर्थ वर्णनः
मन्त्र-दूत प्रणयाजि नायकाम्युद चैरपि।
अलङ्कृतमसंक्षिप्त रसभावनिरन्तम।**

सर्गेरंनति विस्तीर्णः श्रव्य वृतैः सुसन्धिभि
सर्वत्रभिन्न वृतान्तै रूपयेत लोकरञ्जकम्।
काव्य कल्पान्तरस्थापि जायते सदलङ्कृतिः।।

सर्गबद्ध महाकाव्य कहलाता है। उसका लक्षण कहा जाता है। इसका कथ्य ऐतिहासिक तथ्य अथवा अन्य किसी उत्कृष्ट कथ्य (सदाश्रय) पर आधारित होना चाहिए। यह कवि कर्म (काव्य) धर्म, अर्थ, काम फलयुक्त हो तथा काव्य का नायक चतुर और उदात्त हो।

महाकाव्य नगर, समुद्र, पर्वत, ऋतु तथा चन्द और सूर्य के उदय और अस्त से समन्वित उपवन, जल क्रीड़ा, मधुपान और ख्योत्सव आदि से समलंकृत होना चाहिए।

नाना विध वृतान्तों से सुसज्जित तथा सविस्तार वर्णनों से रंजित रस और भावों से निरन्तर सम्पृक्त, सर्ग न बहुत लम्बे न बहुत छोटे, श्रवणीय छन्द और सुलिष्ट सन्धियों से मण्डित सर्गयुक्त होना चाहिए।

आचार्य हेमचन्द सूरी ने अपने ग्रन्थ 'काव्यानुशासन' में महाकाव्य को अग्राम्य भाषाओं के काव्यों तक भी पहुँचाया पर मौलिकता अथवा नूतन उद्भावना के नाम पर कुछ भी नहीं दिखाई पड़ता है। बहुसंख्यक समीक्षक साहित्य दर्पणकार विश्वनाथ के महाकाव्य विषयक विचारों को ही तरजीह देते हैं। महाकाव्य के स्वरूप का सांगोपांग और विशद् विवेचन जैसा साहित्य दर्पण में है वैसा विश्वनाथ पूर्ववर्ती आचार्यों के लक्षण में नहीं।

महाकाव्य में सर्गों का निबंध होता है देव या धीरोदात्त गुणों के समन्वित कोई सदवंशी क्षत्रिय महाकाव्य का नायक होता है। एक वंश में उत्पन्न सत्कुलीन अनेक राजा भी नायकत्व के लिए स्वीकार्य है। श्रृंगार, वीर और शान्त में से कोई रस अंगी रस होता है अन्य रस अंग बनकर समाहित होता है।

नाटक की सब सन्धियों का भी समावेश होना चाहिए। महाकाव्य का कथ्य ऐतिहासिक अथवा विश्व-विश्रुत (लोक-विख्यात) सज्जन व्यक्ति से सम्बद्ध होता है।

धर्म, अर्थ, काम और मोक्ष, पुरुषार्थ या वर्ण्यवस्तु का निर्देश होता है। कहीं निन्दा और सज्जनों की प्रशंसा होती है।

प्रत्येक सर्ग के अन्तिम पद्य में छन्द बदल जाता है। यत्र-तत्र सर्ग में अनेक छन्दों का प्रदर्शन भी मिलता है। सर्गों की संख्या आठ से अधिक आपेक्षित है। आकार में सर्ग न अधिक बड़ा न अधिक छोटा होना चाहिए। सर्ग के अन्त में आगामी कथ्य की सूचना भी होना चाहिए। महाकाव्य में संध्या, सूर्य चन्द्र, रात्रि, प्रदोष, ध्वान्त, बासर, प्रातः मध्याह्न, मृगया शैल, ऋतु, वन, सागर, सम्भोग, विप्रलम्भ मुनि, स्वर्ग नगर, अहवर रण, प्रयाग, उपनयन, विवाह, मंत्र, पुत्र और अभ्युदय आदि का यथा सम्भव सांगोपांग वर्णन होना चाहिए।

संस्कृत काव्यशास्त्र के मुख्यत: दो भेद किए गए हैं- दृश्य और श्रव्य। दृश्य काव्य के अन्तर्गत नाटक, एकांकी आदि अभिनय साहित्य आता है। श्रव्य काव्य के प्रथम तो पद्य गद्य और गद्य-पद्य मय। चम्पू के तीन भेद किये गये हैं फिर श्रव्य काव्य के पद्यमय काव्य को प्रबन्ध और निर्बन्ध (मुक्तक) दो धाराओं में विभक्त किया गया है। पूर्वापर सम्पृक्त (जुड़ा रहने वाला) तारतम्य युक्त प्रबंध तथा पूर्वापर से सर्वथा असम्पृक्त तारतम्य से रहित निर्बन्ध (मुक्तक) कहलाया। प्रबन्ध काव्य जहाँ सामूहिक रूप में अपनी छाप या प्रभाव छोड़ता है। वहाँ मुक्तक का प्रत्येक पद स्वरूप से अपने भाव और प्रभाव का दायित्व स्वयं पर ओढ़ता है।

प्रबन्ध काव्य के तीन भेद- 'काव्यशास्त्रीय सिद्धान्तों के अनुसार प्रबन्ध काव्य के भेद इस प्रकार हैं- महाकाव्य, एकार्यकाव्य और खण्डकाव्य। जीवन का वैविध्यपूर्ण सर्वांगीण चित्रण करने वाला महाकाव्य दीर्घकाय काव्य से समन्वित होता है। महाकाव्य पद्धति और गतिविधियों को अपनाते हुए भी स्वयं में संजोये रखता है। महाकाव्य के लक्षणों से कुछ हटता हुआ सा स्वतंत्र पगडण्डी पर चल पड़ने वाला काव्य एकार्थ काव्य नाम से समबोध्य होता है। जीवन के वैविध्य से बचकर किसी एक पक्ष विशेष को मुख्यता दे देने के कारण एकदेशानुसार एक देशीयता युक्त काव्य खण्ड काव्य नाम से जाना जाता है।

जैसे भाषा की संरचना हो जाने पर व्याकरण का निर्धारण होता है, वैसे ही साहित्य की विविध-विधाओं की रचना हो जाने पर ही उनके अनुरूप लक्षण निर्धारित होते हैं। आगे आने वाली पीढ़ियां भाषा विषयक व्याकरण का ज्ञान प्राप्त कर भाषा का ज्ञानार्जन तब कहीं जाकर साहित्यिक रचनाओं का प्रणयन सम्भव हो पाता है। बहुत कुछ यही मार्ग संकेत साहित्य और साहित्यशास्त्र पर लागू होता है। परवर्ती रचनाकार प्रथम लक्षण ग्रन्थों का अध्ययन मनन पर विविध विधाओं में से साहित्य के खजाने की अभिवृद्धि करते हैं। परन्तु कुछ समर्थ रचनाकार अपने अपूर्व अद्भुत कौशल से लीक छोड़कर भी ऐसी सफल रचना का प्रणयन कर ऐसा परिवर्तन, परिवर्धन या संशोधन पैदा कर देते हैं, जिससे लेखन में एक नया मोड़ आये बिना नहीं रह पाता।

ब्राह्मण ग्रन्थों में भी सुपर्णा ख्यान और शुन:शेष के आख्यान साहित्य सम्पन्न गाथाएँ हैं, जिनका यही स्वरूप धीरे-धीरे बढ़ते-बढ़ते महाकाव्यत्व की परिधि में आने लगा। संस्कृत की यही काव्य की परम्परा ऋग्वेद से अपने कृश-काय में अद्भुत होकर अद्यावधि सतत् विकासमान पथ पर कदम-कदम बढ़ाते हुए अपने प्राप्य पथ पर अग्रसर हैं। इतना सब कुछ होते हुए भी यही मानने में थोड़ा सा संकोच नहीं है कि काव्य की वह धारा जिसे सही अर्थों में महाकाव्य जाना जा सके।

संस्कृत के–

"स वः पुनातु बाल्मीकेः सूक्तानामृतमहोदधिः।
ओंकार इववर्णानां कबीनां प्रथमो मुनिः।।"

कवि वाल्मीकि से पूर्व पद्यबद्ध रचनाएं की। परन्तु उन सबका प्रमुख प्रयोजन देवराधन, धर्माचरण, धर्मभावना या उपासना आदि ही था। सच तो यह है कि रामायण, महाभारत तथा श्रीमद्भागवत तीन उपजीवन काव्य, इतिहास तथा पुराण ग्रन्थ हैं। जिन्होंने संस्कृत साहित्य के रचनाकारों की स्फूर्ति और प्रेरणा ही नहीं दी, अपितु नूतन कथ्यों को सुलझाने में अग्रणी का काम भी किया है।

कवि की वाणी पुण्य सलिला भागीरथी है। जिसमें आवाहन कर पाठक तथा कवि अपने आपको पवित्र ही नहीं मानते। प्रत्युत रसमयी काव्य शैली के हृदयावर्जक स्वरूप के समझने में कृतकार्य होती है। कहा है कि जो कुछ इस महाभारत में है, वह दूसरे स्थलों पर है, परन्तु जो इसके भीतर नहीं है, वह अन्यत्र कहीं भी नहीं है।

"यतिहास्ति तदन्यत्र यन्नेहस्ति न तत क्वाचित्।"

रामायण तथा महाभारत ये दोनों काव्य-रत्न तो हमारे कवि जनों के लिए उपजीव्य माने ही जाते हैं। परन्तु एक तीसरा भी ऐसा ही उपादेय विस्तृत प्रभावशाली ग्रन्थ है जिसकी ओर काव्य के आलोचकों की दृष्टि नहीं गयी है। वह ग्रन्थ है पुराणों का मुकुटमणि श्रीमद्भागवत महापुराण भारतीय धर्म विकास में भागवत का व्यापक प्रभुत्व किसी भी विज्ञ आलोचक से छिपा नहीं है। यह तो निर्विवाद है कि भारतीय साहित्य में जो मधुरिमा, सरसता तथा हृदयावर्जकता है, वह वैष्णव धर्म की देन है। संस्कृत के कृष्ण कवियों की मधुर सूक्तियों में भागवत की मधुरिमा झलकती है। मध्ययुगीन वैष्णव पदकारों के पद में लालित्य का तथा रस निर्भरता का विधान है। जयदेव वल्लभ सम्प्रदाय के अनुयायी हिन्दी तथा गुजराती कवियों में भागवत का उतना ही रस निःस्पन्द है जितना गोडीय वैष्णवों की बंगला कविता में है।

बाल्मीकीय रामायण रामचन्द्र के कार्यों का ही मुख्यतया प्रतिपादक होने से कर्म प्रधान है। महाभारत आचार नीति तथा लोक व्यवहार का विशाल भण्डार होने के कारण तथा श्रीमद्भागवत गीता जैसे आध्यात्मिक प्रधान ग्रन्थ के समावेश के हेतु स्फुट तथा ज्ञान प्रधान है।

"इस प्रकार रामायण, महाभारत तथा भागवत, कर्म कालिन्दी ज्ञान सरस्वती तथा भक्तिगंगा की मुख्य त्रिवेणी है, जिसका काव्य के साधकों को कर्म, ज्ञान तथा भक्ति की भावना को दृढ़ तथा शुद्ध बनाने के लिए नितान्त आपेक्षित हैं। वाल्मीकि रामायण, व्यास कृत महाभारत और भक्ति प्रधान भागवत उपजीव्य बनकर उस अजस्र स्रोतस्विनी काव्यधारा के अक्षुण्ण स्रोत सिद्ध हुए हैं, जिसे अपनी उद्‌गम स्थली बनाकर एक और कालिदास, अश्वघोष, भारवि, भट्ट कुमार दास, माघ रत्नाकर, हरिश्चन्द्र, कविराज और श्रीहर्ष दस

प्रमुख कवियों में अपने काव्य रत्नों से संस्कृत साहित्य के अनेक विध भण्डार भरे हैं। काव्य प्रणयन का यह स्रोत कभी सूखा नहीं है, क्षीण भले ही हो गया है। उमापति शर्मा, अखिलानन्द शर्मा, मेघावत, डॉ. रेखा, गया प्रसाद द्विवेदी, काशीनाथ शर्मा द्विवेदी, पण्डित क्षमाराव, स्वामी श्रीमद्भागवदाचार्य, लक्ष्मीनारायण द्विवेदी, डॉ. श्रीधर भास्कर वर्णेकर, त्रयम्बक शर्मा, शिव गोविन्द त्रिपाठी, बालभद्र प्रसाद गोस्वामी, ब्रह्मानन्द शुक्ल, द्विजेन्द्र नाथ, डॉ. सत्यव्रत शास्त्री एवं डॉ. परमानन्द शास्त्री, प्रभृति मनीषी अद्यावधि उसी काव्यधारा को आकार प्रकार में विस्तृत रूप देते हुए माँ सरस्वती की आराधना में व्यावृत रहे हैं और है।

रामायण, महाभारत और श्रीमद्भागवत उपजीव्य ग्रन्थ रत्नों की त्रयी और कालिदास के बीच की काव्यधारा बीच-बीच में भले ही क्षीण रूप में प्रभावित रही हो, परन्तु वह धारा निरन्तर प्रवाहमान रही। अन्यथा इतनी उत्तम रचना और कविता, कामिनी का ऐसा चतुर चितेरा एकदम आना सम्भव नहीं लगता। पाणिनी की कृति जाम्बवती जय अथवा पाताल विजय अठारह सर्गात्मक काव्य में श्री कृष्ण का पाताल जाकर जाम्बवती के विजय और परिणय का रोचक कथ्य वर्णित है।

डॉ. सत्यकाम वर्मा और युधिष्ठिर मीमांसक ने जाम्बवती जय को पाणिनी की कृति स्वीकार किया है। युधिष्ठिर मीमांसक को जाम्बवती निश्चित मत है कि 'ज्यों-ज्यों पुरानी सामग्री प्रकाश में आती जायेगी, त्यों-त्यों पाणिनी और वैयाकरण पाणिनी का एकत्व भी सुदृढ़ होता जायेगा। राजशेखर वैयाकरण पाणिनी तथा जाम्बवती जय अथवा पाताल विजय के काव्यकार पाणिनी को यह कहते हुए अभिन्न माना है कि

नमः पणिनयेतस्मै यस्मादा विरभूदिह।
आदौ व्याकरण काव्यमनुजाम्बवती जयम।।

महाकाव्यकार पतञ्जलि के महानन्द की चर्चा इन तीनों से मिलती है-

विद्ययोदिक्तगुणतया भूभावसरतां गतः
पतञ्जलि मुनिवरो नमस्यो विदुषां सदा
कृत येन व्याकरण भाष्यं वचन शोधनम्
धर्मा वियुक्ताश्चर के योगभुवः कृतः
महानन्दमयं काव्ययोग दर्शन समुद्रभवम् ।
योग व्याख्यानभूतं तद् रचितं चित्तदोषहम्।

पद्य के साथ-साथ गद्य काव्य की भी प्राचीनता का पता पतञ्जलि के लुव आख्यायिकाश्योबहुलम के कार्मिक के व्याख्या प्रसंग में वासवदत्ता सुमनोत्तरा तथा मैमरथी नामक अनुपलब्ध आख्यायिकारगों का निर्देश किया है जिससे गद्य काव्य की प्रचुर लोकप्रियता का परिचय अनायास ही मिल जाता है।

भारतीय आचार्यों के मत

(क) आचार्य भामह के अनुसार

सर्वप्रथम भारतीय आचार्य है, जिन्होंने महाकाव्य के लक्षणों पर विचार किया है। उनके अनुसार 'महाकाव्य'

(1) सर्गबद्ध होना चाहिए और महान चरित्रों से संबद्ध होना चाहिए।

(2) उसका आकार भी बड़ा होना।

(3) वह ग्राम्य-शब्दों से रहित तथा अर्थ–सौष्ठव सम्पन्न अलंकार युक्त हो।

(4) वह सत्पुरुष आश्रित हो।

(5) वह मंत्रणा, दूत-प्रेषण, अभियान, युद्ध नायक का अभ्युदय पंच सन्धि समन्वित हो।

(6) उसमें चतुवर्ग (धर्म, अर्थ, काम एवं मोक्ष) का वर्णन होने पर भी अर्थ निरूपण का प्राधान्य हो।

(7) वह लौकिक आचार एवं सभी रसों से युक्त हो।

(8) महाकाव्य के नायक का प्रथम वर्णन किया जाय उसके बल, वेग, ज्ञान आदि का भी वर्णन रहे।

(9) प्रति नायक का वर्णन बाद में हो।

(10) नायक का वध न हो।

(ख) आचार्य दण्डी

'काव्यादर्श' में दण्डी ने कुछ नवीन तथ्यों को और जोड़ दिया है -

(1) महाकाव्य के प्रारम्भ में आशीर्वाद, नमस्कार एवं वस्तु निर्देश की योजना होनी चाहिए।

(2) विरहजन्य, प्रेम विवाह, कुमारोत्पत्ति, विचार-विमर्श, राजदूत्व अभियान, युद्ध तथा नायक की विजय आदि का वर्णन आपेक्षित है।

(3) प्राकृतिक-चित्रण एवं सामाजिक विधि-विद्याओं का संयोजन अपेक्षित है।

(4) नायक के उत्कर्ष के लिए प्रतिनायक के वंश तथा पराक्रम का भी वर्णन आवश्यक है।

(5) नायक चतुर और उद्घात होना आवश्यक है।

(6) चतुवर्ग का विधान उनके संयोजन के साथ आवश्यक है।

(ग) आचार्य रुद्रट

आचार्य रुद्रट ने काव्यालंकार में पहले के आचार्यों के मत को स्वीकार करते हुए कुछ नये तथ्य प्रस्तुत किए हैं-

(1) रुद्रट ने नायक के गुणों का अधिक विस्तार किया है उनके अनुसार उसे त्रिवर्ग-प्राप्ति (धर्म, अर्थ, काम) में संलग्न शक्ति त्रय से सम्पन्न (प्रभु शक्ति या प्रभाव शक्ति, मंत्र-शक्ति तथा उत्साह शक्ति) सम्पूर्ण राज का विधिवत पालन कर्ता, सर्वगुण सम्पन्न विजिगीषु, परहित-विरत धर्म परायण होना चाहिए।

(2) वे कथावस्तु में कल्पना के समावेश को स्वीकार करते हैं।

(3) वे प्रतिपक्षी के भी गुणवान होने की बात स्वीकार करते हैं।

(घ) आचार्य विश्वनाथ

इन्होंने साहित्य-दर्पण में महाकाव्य के लक्षणों पर इस प्रकार विचार किया है -

(1) महाकाव्य एक सर्गबद्ध हो।

(2) इसका नायक देवता या कुलीन क्षत्रिय, धीरोदत्त गुण युक्त हो।

(3) इसके शांत, वीर, श्रृंगार में से कोई एक अंगी रस तथा शेष रस गौण रूप में आते हैं।

(4) इसमें सभी नाट्य सन्धियों की योजना होती है।

(5) कथानक लोक प्रसिद्ध ऐतिहासिक होना चाहिए।

(6) प्रारम्भ में नमस्कार, वस्तु निर्देश का आशीर्वाद होता है।

(7) खल-निन्दा तथा सज्जन प्रशंसा होती है।

(8) इसका उद्देश्य या फल पुरुषार्थ चतुष्टय में से एक होना चाहिए।

(9) विविध प्रकार के वर्णन, प्राकृतिक पदार्थों, ऋतु, शिकार, विवाह, प्रेम विरह आदि का होना जरूरी है।

(10) आठ सर्ग का होना चाहिए। प्रत्येक सर्ग में एक ही छन्द का प्रयोग होना चाहिए।

(11) इसका नामकरण कवि वस्तु, नायक नायिका के आधार पर होना चाहिए।

(ङ) आचार्य कुन्तक

कुन्तक ने 'प्रकरण वक्रता' का उल्लेख करते हुए प्रबन्ध काव्य का महाकाव्य के लक्षणों का उल्लेख किया है।

(1) प्रबन्ध का प्रत्येक प्रकरण प्रधान कार्य से सम्बद्ध एवं अंगों का उत्कर्ष हो।

(2) किसी उद्देश्य सिद्धि का विधान हो।

(3) बहुत सारे रस हों।

(4) जल क्रीड़ा, उत्सव आदि प्रसंगों का वर्णन हो।

(5) नायक का चरित्र उत्कृष्ट हो।

आधुनिक काल के विचारक

हिन्दी के कुछ आधुनिक विद्वानों ने महाकाव्य के लक्षणों पर विचार किया है -

1. **डॉ. नगेन्द्र**
2. **गुलाब राय**
3. **डॉ. शम्भूनाथ सिंह**
4. **सुमित्रानन्दन पंत**
5. **आचार्य रामचन्द्र शुक्ल**

पाश्चात्य आचार्य महाकाव्य की अवधारणा

1. **कार्लाइल**- ये काव्य को संगीतमय विचार मानते हैं।
2. **मैथ्यू आर्नोल्ड**- ये काव्य को जीवन की आलोचना मानते हैं।
3. **वड्र्सवर्थ**- ये काव्य को नैसर्गिक भावोद्रेक मानते हैं, जिसकी उत्पत्ति अनुभूति से होती है।
4. **हाइडन**- ये काव्य को संगीत मानते हैं।
5. **डॉ. जानसन**- ये कविता को सत्य और आनन्द के मिश्रण की कला मानते हैं।
6. **प्रो. कोर्ट होप**- छन्दोबद्ध भाषा में भाव, कल्पना की आनन्दमय अभिव्यक्ति ही काव्य है।

पाश्चात्य आचार्यों के मतों का सार

पाश्चात्य काव्यशास्त्र में छन्द और अलंकार है। मैथ्यू आर्नोल्ड का काव्य को जीवन की आलोचना मानना अत्याप्ति दोषयुक्त है। पूरा साहित्य जीवन की आलोचना है। यही बात वड्र्सवर्थ के काव्य लक्षण कविता को नैसर्गिक भावोद्रेक मानने में है। कार्लाइल का काव्य लक्षण, संगीतमय विचार को काव्य कहना भी अधूरा है। हडसन ने बुद्धि की सहायता से कल्पना के प्रयोग की बात कही है। प्रो. कोर्ट होप रस्किन तथा विलियम हैजलिट के काव्य लक्षण किसी प्रकार माने जा सकते हैं।

अस्तु! हिन्दी, संस्कृत और अंग्रेजी के कवियों और काव्यशास्त्रियों के काव्य लक्षण अथवा काव्य की परिभाषा पर विचार करने पर पूर्णतया और श्रेष्ठता का निर्णय संस्कृत के आचार्यों के ही पक्ष में जाता है। कविता के लिए छन्द, अलंकार या तुक की कोई अनिवार्यता नहीं है। आचार्य विश्वनाथ ने वाक्य रसात्मक काव्यम् कहकर छन्द और अलंकार की आवश्यकता अमान्य कर दी है। प्रयोगवादियों और नयी कविता वालों के

रसमय वाक्य जिन्हें गद्य कहकर हँसी का पात्र बनाया जाता है, निश्चित रूप से काव्य है, काव्य के लिए रामचरितमानस, वाल्मीकि रामायण, और महाभारत जैसी विशालता अपेक्षित नहीं है। रसात्मक वाक्य एक पंक्ति का भी हो सकता है। संस्कृत और अंग्रेजी कविता में तुक का अभाव क्या उसे कविता नहीं रहने देता काव्य के लिए रसमयता आवश्यक है।

4. हिन्दी काव्य परम्परा के प्रबन्ध काव्य : वस्तु एवं शिल्प की दृष्टि संक्षिप्त अध्ययन

क- संस्कृत साहित्य के महाकाव्य

वाल्मीकि रामायण

"विहितधनालंकार विचित्रवएविलिमय स्फूर एक।
शक्रायुधामिव वक्रं बाल्मीक भुंव मुनि नौमि।।"

पौराणिक काल के प्रारम्भ के प्रथम काव्यात्मक अभूतपूर्व वर्णन का ग्रन्थ केवल वाल्मीकि रामायण उपलब्ध है। वाल्मीकिय रामायण में उसका नाम भी आदि काव्य है। इसमें केवल काव्यात्मक वर्णन ही नहीं होता है। उसके प्रति सर्ग के आखिरी में आदि काव्यों का प्रयोग है। इसकी रचना सर्गबद्ध है। महाकाव्यों का आदर्श प्रचलित ग्रन्थों में पाया जाता है। वाल्मीकि कवि रामायण की दृष्टि से करुण रस प्रधान है। रामायण में प्रसंगानुसार वीर, रौद्र, भयानक और अद्भुत आदि अन्य रसों का भी समावेश है। पर उनमें प्रधान करुण प्लुत वर्णनों का पाठ ऐसा कौन सहृदय होगा जो अपनी स्वाभाविक श्रृंखलाबद्ध वाणी से कर सकता हो। वाल्मीकि जी के मुख से क्रौंच पक्षी युग के कारुणिक दृश्य को देखकर -

'मा निषादं प्रतिष्ठांत्व मगमः शाश्वती समाः
यत्क्रौञ्चयमिथुनादेकभवधीः काममोहितम्

यह शोक उद्‌गार सहसा निकल पड़ा था। न ही शोक करुण रस का स्थायी रूप रामायण में सर्वत्र व्याप्त है और यही सारी रामायण की रचना का आधार है, अतः करुण रस रामायण में सर्वत्र ध्वनित हो रहा है, जो काव्य के सर्वोत्तम भेद ध्वनि में मुख्य है। श्री रामायण की यह रस की स्थिति ही सत्काव्यत्व सिद्ध करने के लिए पर्याप्त है। ध्वनि की अन्य भेद-गर्भित भी रचनाएं हैं-

"रवि सक्रान्त सौभाग्यरतुषारा वृत मगऽलः।
मिश्रा सान्ध इवा दर्शश्रन्द्रमा न प्रकाशतेः।"

रामायण में अनुप्रास और उपमादि शब्दार्थ अलंकारों (अरण्य 16/13) का प्रमुख स्थान है। आनन्दवर्धन ने अत्यन्त तिरस्कृत वाच्यध्वनि में उद्धृत किया है। रामायण की वर्णन शैली

को उच्च श्रेणी का बताना विडम्बना है उसमें जो भी कल्पनायें हैं वह बहुत सारगर्भित है। इस बाद को पाश्चात्य विद्वान भी स्वीकार करते हैं।

ऐसा कोई भी कवि नहीं होगा जिसने इसके वर्णन का अनुकरण न किया हो। इस कार्य में सफलता सबको प्राप्त नहीं है। एक उदाहरण में रामायण में श्रीमती जनक नंदिनी के अन्वेषण में विलंब करते हुए देखकर वानरराज सुग्रीव के प्रति लक्ष्मी जी ने कहा है-

न स सङ्क चितः पन्था येन बाली हतोगृः
समये तिष्ठ सुग्रीव का वालिपथ मन्वगः।।।[22]

जो चमत्कार महर्षिवर्थ के पद्य की साधारण उक्ति में है वह क्लिष्ट कल्पना और लंबी रचना द्वारा जानकारी हरण का प्रणेता अपने पद्य में न ला सका। कवि कुल शेखर कालिदास ही सफल हो सके उनमें काव्य प्रायः बाल्मीकीय रामायण पर ही अवलंबित हैं। बाल्मीकीय रामायण में मेघदूत की कल्पना वर्णित है। हनुमान जी का दूत रूप में श्री जनक नंदिनी के समीप जाने के प्रसंग पर ही निर्भर है। रामायण महाकवियों का पथ प्रदर्शक होने के कारण यथार्थ में आदिकाव्य है। नाटक की रचना के प्रथम श्री रामायण के अध्ययन करने के लिए परामर्श दिया है।

"इत्यायशेषमिह वस्तुविभेद जातं
रामायणादि च विभात्य बृहत्कथांय
आसूत्रचेत्तदनु नेतृर सानुगुरुणया
च्चित्री कथामुचित चारूवयः प्रपचैः।।"[23]

महाभारत

व्यासगिरां निर्मास सारं विश्वस्य भारत वन्दे।
भूषएतयैव संज्ञः यदंकिता भारती वहति।।

पौराणिक काल में सबसे प्रथम प्रायः सभी महाकाव्य और नाटक उद्‌गम स्थान परमोत्कृष्ट महाकाव्य महाभारत उपलब्ध होता है।

महाभारत में कहा है-

धर्मे यार्थे च कामे च मोक्षे च भारत वर्षभ।
यदहस्ति तदन्यत्र यन्नेहस्तिन त्वचित।।

भारतीय साहित्य में वेदों के पश्चात् प्राचीन सर्वमान्य ग्रन्थों में महाभारत का स्थान सबसे ऊँचा है। भारतवर्षीय संपूर्ण साहित्य, धार्मिक, राजनैतिक, व्यवहारिक, भौगोलिक, ऐतिहासिक और काव्य प्रायः महाभारत पर अवलंबित है। इस ग्रन्थ पर बहुत से विद्वान मुग्ध

हैं। जैसे ओनरेबिल, माउंट स्टुअर्ट, एलफिन्सन सिलवां लेवी, प्रोफेसर हिरीन ओर मोनियर विलियम्स, मि. हापकिंस विंटरनिट्र्स मैकडोन ।

महाभारत ऐतिहासिक ग्रन्थ है। इतिहास के साथ-साथ धार्मिक, नैतिक और व्यवहारिक आदि विषयों का समावेश है। उसी प्रकार काव्य की दृष्टि से अनेक महाकाव्यों और नाटकों का उद्गम स्थान है। काव्य को संज्ञा से नहीं जाना जाता है। महाभारत को स्वयं भगवान श्री वेदव्यास और परमेष्ठि ब्रह्मा जी द्वारा काव्य संज्ञा दी गयी है। जैसे कि

उवाच स महातेज ब्रह्मए परमेष्ठिनम्।
कृतं मयेदं भगवान काव्यं परमपूजितम्।

महाभारत की काव्य शैली की रचना से भी परिपूर्ण है। सुप्रसिद्ध साहित्याचार्यों ने इसके अनेक पद्य रीति ग्रन्थों में उदाहरण रूप में उद्धृत किए हैं। **श्री आनंदवर्धनाचार्य ने शांतिपूर्व का**

'अतिक्रात सखाः कालाः प्रप्युपस्थित दारुएः।
श्रः श्रः पापीय दिवसा पृथिवी गत यौवना।।

महाभारत में अलंकार गर्भित रचना तो स्थल स्थल पर है। उसके अवतरण दिखाया जाना व्यर्थ विस्तार है। इसके अतिरिक्त किरातार्जुनीय शिशुपाल वध और नैषधीय चरित्र आदि अनेक महाकाव्य एवं शंकुतला वेणी संहार आदि अनेक नाटकों का मूल स्रोत महाभारत ही है। महाभारत स्वयं महाकाव्य नहीं है। वह महाकाव्यों और नाटकों का आधारभूत और महान साहित्यचार्यों एवं महाकवियों के लिए भी आदर्श है। इस विषय में महाभारत में प्रथम उल्लेख किया गया है-

इतिहासोत्तमाद स्माज्जायते कवि बुद्धयः।
इद कविवरैः सर्वेराख्यानमुपजीत्यते।।

महाभारत पर भारतीय एवं पाश्चात्य विद्वानों ने बहुत कुछ लिखा है। उन्होंने निर्माता और रचनाकाल के विषय में भी आलोचनात्मक विवेचन किया है। भगवान वेदव्यास जी प्रणीत 'भरत' इतना बड़ा ग्रन्थ नहीं था। बाद में अन्य विद्वानों द्वारा यह परिवर्द्धित किया गया है।

पाश्चात्य शिक्षा से प्रभावित होकर कुछ एतद्देशीय विद्वानों ने उन्हीं का अनुसरण किया है। महाभारत के आलोचकों में प्रधान स्थान राय बहादुर श्री चिंतामणि विनायक वैद्य एम.ए., एल-एल.बी. जी का है।

श्री वैद्य जी कहते हैं कि महाभारत ग्रन्थ में करीब एक लाख श्लोक हैं, यह असंभव है जान पड़ता है कि इतने बड़े ग्रन्थ की रचना एक ही मनुष्य ने की है। श्री वैद्य महाभारत के अध्ययनशील इतिहास विद्वान की इस कल्पना पर बड़ा आश्चर्य होता है जबकि वे यह भी

कहते हैं कि- "वैशपायन द्वारा रचे गये ग्रंथ में 2400 श्लोक थे। सौति ने एक लाख श्लोक का महाभारत बना डाला।"

व्यास जी जैसे त्रिकालयज्ञ महानुभावों की तो बात ही क्या जब विक्रम की 18वीं शताब्दी के सुप्रसिद्ध आचार्य पद गोस्वामी श्री पुरुषोत्तम लाल जी प्रणीत व लक्ष श्लोक संख्या के संस्कृत ग्रन्थ अद्यापि उक्त सम्प्रदाय के वर्तमान आचार्यों के समीप सुरक्षित हैं। इस अवतरण के अन्तिम पदार्थ में प्रयुक्त एक शत सहस्र का संबंध वैशपायन ऋषि और भगवान वेदव्यास जी के साथ भी उसी प्रकार है जिस प्रकार मयोक्त के प्रयोग द्वारा सौति के साथ है। वेदव्यास जी ने 60 लाख श्लोकों के महाभारत की रचना की। अनेक कल्पनाओं के जाल में फंसकर विभिन्न लेखकों ने महाभारत में वर्णित बहुत से कथा प्रसंगों को कालक्रम से अन्य विद्वानों द्वारा बढ़ाया जाना बतलाया है। मि. वेबर ने कहा है कि पाण्डवों का चरित्र काल्पनिक है और महाभारत में पीछे से जोड़ा गया है। श्री रमेश चन्द्र दत्त ने पाण्डवों का भारतीय युद्ध भी काल्पनिक बताया है। सर मोनियर विलियम्स ने कहा है कि श्रीमद्भागवत गीता भी प्रक्षिप्त पीछे से जोड़ी गयी है। मि. विसेंट स्मिथ ने केवल गीता ही नहीं महाभारत के सभी कथा भाग को काल्पनिक बतलाने का दुस्साहस किया है। ई. ब्रास बोर्न हापकिंस ने भी अनाधार बतलाया है। मि. जे. डालेमन, मि. ओल्म्बर्ग और मि. सिल्वां लेबी जो कि महाभारत के अत्यंत अध्ययनशील प्रसिद्ध विद्वान हैं, महाभारत को एक ही लेखक द्वारा निर्मित दृढ़ता के साथ स्वीकार करते हैं।

आदि पर्व के प्रथम अध्याय में धृतराष्ट्रोक्त (यदा श्रौष, पदयुक्त जो 67 श्लोक) प्राचीन वैदिक शैली के त्रिष्टुप छंदों में है और जिनमें बहुत से प्रसंग वर्णित हैं, जिनके द्वारा यह कल्पना स्पष्ट निर्मल सिद्ध हो जाती है। महाभारत के बहुत से कथा प्रसंगों के साथ-साथ आपने भगवान श्रीकृष्ण का हस्तिनापुर में विराट रूप दिखाना भी सौति ने कल्पित अनुमान किया है। आप श्री व्यास जी द्वारा उल्लिखित स्वीकार करते हैं।

कालिदास (कुमारसंभव)

हजारी प्रसाद द्विवेदी के शब्दों में "भारतीय धर्म, दर्शन, शिल्प और साधना में जो कुछ उदात्त है, जो कुछ दृप्त है, जो कुछ महनीय है और जो कुछ ललित और मोहन है, उसका प्रयत्न पूर्व सजाया रूप कालिदास जी का काव्य है।" कविता विलास कवि कुल गुरु कालिदास का ऐसा कमनीय कवि कर्म और काव्य सम्पदा जितनी स्फुट, अस्पष्ट, अपुष्ट और अनिर्णीत है। महाकवि कालिदास के जन्म समय की सम्भावनाओं का पता लगाने के लिए अन्त: साक्ष्यों और बहि: साक्ष्यों के आधार पर पूर्व सीमा और अपर सीमाओं का सामान्य निर्धारण आवश्यक है। अन्त: साक्ष्यों के आधार के रूप में प्रथम कालिदास के दो नाटक मालविकाग्निमित्र और विक्रमोर्वशीयम को लिया जा सकता है।

कालिदास का जन्म समय सातवीं शताब्दी से पूर्व ही ठहरता है बाद में नहीं। कालिदास को विक्रमादित्य का राज कवि नवरत्नों से एक या आश्रित कवि मानने में वैमत्य नहीं रखते।

कविता विलास, कवि कुल, गुरु कालिदास के नाम से अनेक रचनायें विख्यात हैं, पर उनके सात ग्रन्थ ही प्रमाणिक माने गये हैं। जिनमें चार काव्य हैं- ऋतु संहार, मेघदूत, कुमारसंभव और रघुवंश। तीन नाटक हैं उनके नाम मालविकाग्निमित्रम्, विक्रमौर्वशीनयम्, अभिज्ञानशाकुन्तलम्। नलोद्य राक्षस काव्य श्रृंगार, तिलक काव्यों को छन्दशास्त्र की रचना, श्रतुबोध को ज्योति शास्त्र सम्बन्धी कृति, ज्योतिर्वदा भरण को और प्राकृत महाकाव्य सेतुबंध को पण्डितों की एक मण्डली कालिदास की रचना घोषित करने का विफल प्रयास करती है, जिसे विवेचकों ने सर्वथा अस्वीकार कर दिया है।

सन्देश काव्य की अभिनव एवं मौलिक कल्पना का श्रेय कालिदास को ही जाता है।

कुमारसंभव

कुमारसंभव कालिदास के यौवन का प्रस्फुटन है। इसके सत्रह सर्ग मिलते हैं। मल्लिनाथ ने सात सर्गों पर ही टीका लिखा है। आठवें सहित शेष आगे के नौ सर्गों पर अपनी कलम नहीं चलायी। दूसरे पहले आठ सर्गों में जैसे कलात्मक चमत्कार है, वैसा परवर्ती नौ सर्गों में नहीं है। एक मान्यता है कि शिव पार्वती का सम्भोग वर्णन के कारण कालिदास को कष्ट हो गया था। जिसके कारण कवि को काव्य बीच में ही छोड़ना पड़ा। भारतीय संस्कृति में माता-पिता का श्रृंगार वर्णन सर्वथा त्याज्य है। अत: लोगों की अरुचि भी आगे की रचना में बाधक हुई होगी। तीसरे कालिदास ने अपने काव्य कथ्य को यही समाप्त करना यों भी उचित समझा होगा क्योंकि कुमारसम्भव के कारण रूप शिव पार्वती सम्भोग से कार्तिकेय के भावी जन्म की सूचना मिल रही है।

काव्य के प्रारम्भ में हिमालय को देवतात्मा बताते हुए समस्त रत्नों और प्रसाधन सामग्रियों की उद्‌गम स्थली कहा है पार्वती इस महनीय रूप हिमालय की पुत्री है। तारकासुर से देवनागरी भयाक्रान्त है। आसुरी समक्ष दैवी शक्ति के घुटने टिक गये हैं। दैवों द्वारा ब्रह्मा की स्तुति से यह जानकारी मिलती है कि तम: फरे व्यवस्थित शिव और तम: पारे त्यवस्थित पार्वती के समागम में जो पुत्र पैदा होगा, वही महान असुर तारक का वध करने में राक्षम होगा। समाश्विस्थ शिव के चित्त में लालसा जगाने का कार्य स्वयं में बड़ा कठिन कार्य है। इस गहान कार्य में गोगदान के लिए कामदेव को चुना गया। कितना महान उद्देश्य, कितने बड़े तप: पुंज का सामना और साधना पुण्यधन्ता। अगने सुहृद बसन्त के संयोग से असमय में बसन्त का आयोजन करा दिया जिससे डालियाँ भी फूल उठी, अनन्त अभिलाषाओं के सपने जगने लगे, जिससे शिव भी अछूते न रह सके। दृष्टि जो ऊपर उठाई तो पूजन के लिए बसन्त पुष्पाभरण धारिणी पार्वती के बिम्ब फल के समान लाल अधर युक्त

मुख मण्डल पर दृष्टि पड़ी और वही कुछ क्षण के लिए ठिठक कर रह गयी। मन में उत्पन्न विक्षोभ शर संधान करने वाले शारीरिक आकर्षण, जन्म प्रेम को संचारित करने वाले देव कामदेव को देख भगवान शिव ने अपना तृतीय नेत्र खोल दिया, जिससे काम भस्म होकर क्षार मात्र रह गया। काम की पत्नी रति का हृदय द्रावक मर्मान्तिक विलाप चतुर्थ सर्ग का सार है। पति को ही एकमात्र अपनी गति मानगति सती होने को जैसे ही उद्यत हुई वैसे ही आकाश वाणी हुई कि तुम्हारा पति तुम्हें अवश्य मिलेगा। अत: चिता पर स्वयं दाह का विचार रति ने छोड़ दिया। अपने ही सामने कामदेव को भस्म होता देख पार्वती ने मन ही मन अपने बाह्यकृति रूप की निन्दा की और अपने रूप को 'प्रियेषु सौभाग्य फला ही यारूता' प्रियतम के योग्य बनाने के लिए तपश्चर्या में लीन हो गई। नसीब भी कैसा हो सकता है? जब पार्वती अपर्णा ही रहकर कठोर तप साधन में जुट गयी तो भगवान शिव ब्रह्मचारी वेश में पार्वती की परीक्षा लेने स्वयं पार्वती के पास चलकर आए। ब्रह्मचारी बने शिव ने जब पार्वती के मुख से यह सुना कि वह शिव को पति रूप में पाने के लिए यह सब कठोर तप का उपक्रम कर रही हैं, तो ब्रह्मचारी बने शिव ने शिव की निन्दा की जिसे सुनकर पार्वती ने रुष्ट हो अपनी सखी से कहा यह ब्रह्मचारी कुछ और कहने को उद्यत सा प्रतीत हो रहा है। इसे रोको नहीं तो यह फिर कुछ गलत कह उठेगा। महापुरुषों की निन्दा करना ही पाप नहीं है, अपितु सुनना भी पाप है। जब ब्रह्मचारी न हटा तो स्वयं वहाँ से पार्वती ही चली गयी। ठीक इसी समय शिव ने दर्शन दिये और पार्वती का मार्ग रोककर अड़कर खड़े हो गये जिससे शैलाधिराजतनया ययौन तस्थौ स्थिति में आ गयी। वे न आगे बढ़ सकी, न पीछे हट सकी। आज से देवी मैं तपस्याओं द्वारा खरीदा हुआ तुम्हारा गुलाम हूँ, जिसे सुनकर पार्वती अपने तपश्चरण काल के कष्टों को भूल गयी। छठे सर्ग में विवाह की तैयारी है और सप्तम सर्ग में विवाह प्रसंग है। बेटी की विदाई के समय नयना की डबडबाई आँखों में माता के हृदय का उल्लास और अवसाद निखार के साथ उजागर हुए हैं। आठवें सर्ग में शिव और पार्वती की विलासलीला भक्त हृदयों को ग्राह्य नहीं हुआ करती। अत: कई प्रतियों में अष्टम सर्ग है ही नहीं शायद मल्लिनाथ ने भी इसी बात को दृष्टि में रखकर उस पर टीका नहीं लिखी है।

परन्तु हजारी प्रसाद द्विवेदी ने अष्टम सर्ग को कालिदास की रचना बताते हुए कहा है कि 'यदि चह (अष्टम) सर्ग न लिखा जाता तो कालिदास का मूल उद्देश्य जिसकी ओर शुरू में ही इंगित किया गया है, सिद्ध नहीं होता और व्यथित मानव के चित उत्पन्न होने वाली प्रेम तरंगों को विश्वव्यापी प्रेम लीला का ही विस्फूर्जन बताने का उनका संकल्प अधूरा रह जाता।'

हजारी प्रसाद द्विवेदी के शब्दों में- "यद्यपि इसके बाद भी इस ग्रन्थ में नौ सर्ग और मिलते हैं। परन्तु वे नि:सन्देह प्रक्षिप्त है। कुमारसम्भव का सृजन महाकाव्य के प्राचीन प्रतिमानों के अनुरूप है। आठो सर्ग की कथावस्तु सुगठित है। नायक-नायिका रूप में उभरते शिव और

पार्वती वास्तविक नायक नायिका नहीं वास्तविक नायक स्वयं कुमार स्कन्द हैं। सर्गबद्धता, छन्द प्रयोग एवं अन्य विविध वर्णनों के महाकाव्य समस्त मानदण्ड उभारकर उजागर हुए हैं। कुमारसम्भव है, प्रणयन में कालिदास का और चाहे जो कुछ मंतव्य रहा हो परन्तु उनका एक यह मंतव्य खुलासा स्पष्ट है कि वासना जनित क्षण भंगुर प्रेम का फल दुःख और क्लेश के अतिरिक्त और कुछ नहीं। काम वासनाओं को बिना जलाये सच्चे स्नेह की उपलब्धि नहीं हो सकती, बिना तपस्या के स्नेह कभी परिनिष्ठित नहीं हो सकता, यही कुमार सम्भव का अमर संदेश है।"

कुमारसम्भव की समीक्षा में चन्द्रशेखर पाण्डेय ने लिखा है कि "कुमार सम्भव कालिदास की कला सुन्दर सृष्टि है। अपने सुन्दर भाव व्यंजना उदात्त एवं कोमल कल्पना तथा प्रांजल पद विन्यास के कारण वह आधुनिक रुचि के विशेष अनुकूल हैं।'

अश्वघोष (बुद्धचरित)

अश्वघोष का स्थिति काल ईसा की लगभग प्रथम शताब्दी है। भारतीय तथा चीनी दन्त कथाओं से अश्वघोष के जीवन-वृत्त के सम्बन्ध में बहुत कुछ ज्ञातव्य जानकारी उपलब्ध हो जाती हैं चीनी मान्यता के अनुसार यह मेधावी महाकवि (78 ई.) के सभा पण्डित गुरु और आत्मीय थे। अनेक विद्वान कनिष्क द्वारा बुलायी गयी चौथी बौद्ध संगति (शायद जालंधर में 1000 ई. के आसपास) की अध्यक्षता का पुण्यमय गौरव अश्वघोष को ही प्रदान करते हैं। विद्वानों की एक संस्था उस संगीत का अध्यक्ष पार्श्व को स्वीकार करती है। पार्श्व अपने काल के एक बड़े विद्वान भिक्षु थे।

आचार्य बालदेव उपाध्याय के अनुसार सम्भवतः कुषाण वंशी महाराज कनिष्क ने पाटलिपुत्र पर आक्रमण किया। कनिष्क अश्वघोष को अपनी राजधानी पेशावर में लाया और उनसे बौद्ध धर्म की दीक्षा लेकर स्वयं उनका शिष्य बन गया।

अनेक ग्रन्थों को अश्वघोष की रचना कहा जाता है। परन्तु अश्वघोष की तीन साहित्यिक रचनायें मान्य हैं। बुद्धचरित सौन्दरानंद, महाकाव्य है तथा शारिपुत्र प्रकरण नाटक है। वज्र सूत्र उपनिषद और महायान श्रद्धोत्पासद को अश्वघोष की कृति स्वीकार नहीं करते और महायान के प्रौढ़ विकास का प्रतिपादक महायान श्रद्धोत्पाद शास्त्र को हीनयान के समर्थक अश्वघोष की रचना नहीं मानते।

बुद्धचरित

बुद्धचरित महाकाव्य खण्डित रूप में ही प्राप्त हैं। चीनी तथा तिब्बती अनुवाद में बुद्धचरित के 28 सर्ग मिलते हैं। परन्तु संस्कृत में दूसरे सर्ग में तेरहवें सर्ग तक ही प्राप्य है। चौदहवाँ भी खण्डित है। इसी प्रकार प्रथम सर्ग में भी खण्डित है। प्रथम सर्ग का कुछ हिस्सा और चौदहवें सर्ग का बहुत थोड़ा सा हिस्सा मिलकर ग्रन्थ की पूर्णता की सीमा है। बुद्ध चरितम

महाकाव्य का अर्थ बुद्ध का गर्भाधान में आगमन है और इति अस्थि विभाजन से उत्पन्न कलह। बुद्ध का जन्म, अन्त:पुर बिहार उपवन बिहार क्रमशः वृद्ध रोगी और मृतक का दर्शन और वृद्ध के मन में संवेग की उत्पत्ति, कमनीय कामनियों द्वारा मनोरंजन और बुद्ध द्वारा तिरस्कार, महामिनिष्क्रमण, बुद्ध को छोड़कर घुड़सवार छन्दक का नगर प्रतयागमन, तपोवन प्रवेश, अन्त:पुर की रमणियों का विलापमय करुण क्रन्दन, कुमार, अन्वेषण, बिम्बसार का आगमन, काम की निन्दा, अराड मुनि के अशुभ में गमन तथा अराड द्वारा धर्मोपदेश काम का बुद्धदेव की तपस्या में विघ्न, काम और बुद्ध का युद्ध एवं काम पर विजय आदि विषयों का काव्यमयी शैली में सुन्दर वर्णन हुआ है।

बुद्धचरित की यशोधरा पति के लिए पूर्णतया समर्पित है, तभी तो-

शुचोशयित्वा शयने हिरन्यमये प्रबोध्यातो निशि तूर्यनिस्वनः
कथवत स्त्रप्स्यति सोऽधमे व्रती पटैक देशान्तरिते महीतले।

काव्य की दृष्टि से बुद्ध चरित के कुछ अंश तो बहुत सरस और उत्कृष्ट हैं परन्तु रचना का धार्मिक उद्देश्य काव्य की सरस धारा में व्याघात उत्पन्न करता है। कवित्व की दृष्टि से तृतीय सर्ग उत्तम बन पड़ा है। प्रथम पांच सर्गों के कथ्य के विकास और काव्य कला के सफल प्रयोग दृष्टव्य है। शेष काव्य का धार्मिक दृष्टि से मूल्य अधिक है, काव्य कला की दृष्टि से नगण्य। महाकवि भारवि (किरातार्जुनीय) कालिदास की काव्य सरणि से हटकर काव्य की विषय वस्तु की अपेक्षा वर्णन शैली के सौन्दर्य भाव पक्ष की ओर ध्यान दे। कहने के ढंग पर महत्व देने की प्रणाली का सर्वप्रथम प्रौढ़ रूप जिस काव्य में मिलता है, वह है महाकवि भारवि का किरातार्जुनीय:।

भारवि

नारिकेल फल सम्मितं वयोभाररवेः तपदि तद्विभज्यते।
स्वादयन्तु रसगर्भ निर्भर सारमस्यरसिका यथोटिसतम्।।

किवदन्तियाँ और भारवि

भारवि के पिता अपने पुत्र की विद्वता से परिचित थे। पुनरपि शस्त्रभ्यास में और भी दत्त चित्त हुए, यत्र-तत्र पण्डित समाज में भारवि में कुछ खोट निकाल दिया करते थे जिसे सुनकर मानव के सामान्य स्वभाव के अनुरूप सामान्य जन की भांति भारवि मन ही मन जल भुन गये। विकृत दशा में सोच अपनी निन्दा के प्रतिशोध स्वरूप मन ही मन पिता को मार डालने का निर्णय ले लिया। कोई भी पिता भला अपने बालक का क्यों बुरा चाहने लगा? पिता की तो इच्छा थी कि मेरे पुत्र में वैदुष्य के साथ निरभामनता भी बनी रहे। एक रात में पिता को मारने के लिए तलवार लेकर वह गए थे, परन्तु माता के सामने पिता के मुख से प्रताड़ना और खोट निकालने के कारण को छिपकर सुना तो भारवि दंग रह गये

और बड़े मर्माहत हुए। पिता के सामने सरल सहृदय की सही-सही बात कह सुनाई। पितृघात रूप मानस पातक के लिए पिता से क्षमा याचना तो की ही उसका प्रायश्चित भी पूछा। पिता ने ससुराल जाकर सेवाकृति स्वीकार करने को कहा। बेचारे विवश ससुराल गये और ससुर की गाय चराने लगे। धर्मपत्नी भी वहीं थी किसी कार्यवश पत्नी को पैसों की आवश्यकता पड़ी। अतः अपने पति भारवि से उसने पैसे मांगे। भारवि ग्वालों की जेब खाली थी। पत्नी को पैसे के स्थान पर एक श्लोक लिखकर दे दिया –

सहसा विधी तन क्रियामविवेकः परमा आपदाम् ।
वृणुते हिविगृश्य कारिणं गुणलुब्धाः स्वयमेव सम्पदः ।

साहित्य मर्मज्ञ किसी महाजन ने बहुत सा धन देकर इस श्लोक को ले लिया और अपने शयन कक्ष में लिखकर लटका दिया। कार्यवश वह विदेश चला गया और अनेक वर्षों तक उसे विदेश में रहना पड़ा, जब लौटकर घर आया तो उसने अपनी पत्नी के पास एक नवयुवक को सोते पाया। नवयुवक को पत्नी के पास सोते देख महाजन के मस्तिष्क का संतुलन भी जाता रहा। यह ध्यान भी न रहा कि तेरा पुत्र भी वयस्क हो चला होगा। मर्माहत सा हो, महाजन ने दोनों को सोते हुए नवयुवक और अपनी पत्नी को मार डालने की ठानी, जैसे ही दोनों मारने के लिए तलवार उठाई तो तलवार उस तख्ती से जा टकराई जिस पर खरीदा हुआ श्लोक अंकित था। निगाह श्लोक पर भी पड़ी, उसे पढ़ा पत्नी को जगाया। तब तो उसके आश्चर्य की सीमा ही नहीं रही जब नवयुवक को अपने चरणों में प्रणाम करते इकलौता पुत्र पाया। कल्पित अनिष्ट की आशंका से उसका अंग अंग सिहर उठा। भारवि को बुलाया उसका सम्मान किया पत्नी और पुत्र की रक्षा करने वाले श्लोक के रचयिता के प्रति कृतज्ञता दिखाई।

किरातार्जुनीयम

अट्ठारह सर्गीय किरातार्जुनीयम महाकाव्य का कथ्य बहुत थोड़ा है, अनेक सर्गों में कवि ने ऋतु, पर्वत, सूर्यास्त जल क्रीड़ा सभी का सविस्तार वर्णन किया है। चतुर्थ में शरद, पंचम में हिमालय, षष्ठ में इन्द्र कील पर आरोहण, अष्टम गणिकागण का सविलास गमन। सुरांगना बिहार नवम में सूरत वर्णन। सुर-सुन्दरी सम्भोग तथा दशम में अर्जुन के प्रलोभतार्थ वार विलासिनी चेष्टा का वर्णन मात्र जो महाकाव्य की सर्गबद्धता आदि शर्तों को पूरा करने के हितार्थ ही है। काव्य का प्रारम्भ श्री शब्द और प्रत्येक सर्ग का अन्त लक्ष्मी शब्द से हुआ है। प्रारम्भ के तीन सर्ग 'पाषाण त्रय' से प्रसिद्ध हैं। चार से दस तक कवि की कमनीय कल्पना के कौशल है, कथ्य के नाम पर वहाँ कुछ भी नहीं है। परन्तु कवित्व के दर्शन अपने यौवन पर है।

किरातार्जुनीयम के महाकाव्यत्व को प्रशस्ति में मल्लिनाथ ने कहा है कि –

नेता मध्यम पाण्डवो भगवतो नारायणस्यांश जस तस्योत्कर्ष कृते त्ववर्णयत तरां दिवः किरातः पुनः।

श्रृंगरादि रसोऽङ्गमत्र विजयीवीरः प्रधानोरसः, शैलाधानि चवर्णितानि बहुशो दिव्य स्त्रलाभ फलम् ।

कवि का सन्देश है कि -

यशोऽधिगन्त सुखलिप्सयां व मनुष्य संख्यामति वयर्तितुवो।
निरुत्सुकानामेभियोगभाजां समुत्सुकेणांगमुपैति सिद्धि।"

साथ ही नीति ग्रन्थ का दायित्व भी किरातार्जुनीय में खूब निभाया है, समझदार को चाहिए कि वह दुर्विनीत शत्रु के अभ्युदय की उपेक्षा कर दे। अभ्युदय युक्त दुर्विनीत शत्रु अपने दोषों के कारण स्वयं ही नष्ट हो जायेगा- क्योंकि दुर्विनीत की सम्पत्ति का अवसर विपत्ति में होता है।

मतिमानु विनय प्रमाथिनः समुपेक्षेत समुन्नति द्विषः
सुजयः खलु तदयन्तरे विपन्यता हवनीत सम्पदः।।

तार्किक चेतना पर आश्रित विवेक मिश्रित राजनीति के दावपेचों का, व्यावहारिक सिद्धान्तों का प्रतिपादन, वाक स्फुटता का प्रस्फुटन और गागर में सागर समा देने वाला अर्थ गौरव काव्य के प्रमुख वैशिष्ट्य हैं। इनके अतिरिक्त प्रकृति चित्रण, अलंकार संयोजन और नारी के सौन्दर्य का मनोरम वर्णन कभी-कभी तो कवि को कथ्य के पथ से दूर हटाने में भी नहीं हिचके हैं।

कवि की भाव, सम्पदा, भाषा सौष्ठव, शैली और कवि कर्म की समीक्षा से कवि के विचारों से अवगत होना परम आपेक्षित है।

अपवर्जित विप्लवे शुचौ हृदयगृहिणि मंगलास्पदे।
विमला तव विस्तरे गिरा मतिरादर्श इवाभिदृश्यते।

जिस तरह ऊपरी मलिनता से मुक्त (निर्मल) लौह काष्ठादि सामग्रियों से सुनिर्मित चित्ताकर्षक और दर्पण में रूप का प्रतिबिम्ब स्वच्छ दृष्टिगोचर होता है उसी तरह प्रमाणयुक्त सुन्दर शब्द-योजना युक्त प्रिय और हितकर वाक प्रपंच में तुम्हारी बुद्धि स्पष्ट रूप से प्रतिबिम्बित होती है। ऐसा लगता है कि कवि को बुद्धि, वैभव और बौद्धिकता की उताल तरंग तरंगायित होते देखना तो अभीष्ट है, साथ ही सतकाव्य के लिए कवि भारवि की दृष्टि में "पदों की स्फुटता, अर्थ गौरव का एकीकरण, शब्दों की पृथकता (भिन्न अर्थों का बतलाना) तथा सामर्थ्य सम्पत्ति (पदों के द्वारा अभीष्ट अर्थ की द्योतना) ये शोभन गुण परम वांछनीय हैं।'

नारिकेल फल सम्मित वयो भारवेः सपदित्तद विभज्यते
स्वादयन्तु रस गर्भ निर्भरं सारमस्य रसिका यथेत्सिकतम्।।"[24]

नारियल के समान बाह्य रूप कठोर और प्रयत्न साध्य है परन्तु अन्तर मधुर ससिक्त और मृदुल तथा तरलता युक्त त्थेप्सित सरल है। कालिदास की कविता में द्राक्षापाक है। अंगूर के दाने की तरह मुँह में रखते ही रस की पिचकारी छूट पड़ती है जबकि भारवि के काव्यक में नारिकेल पाक है जहाँ नारियल तो तोड़ने की सख्त मेहनत के बाद उसका रस हाथ में आता है और कभी-कभी तो उसे तोड़ते समय इधर-उधर जमीन पर भी बह जाता है और उसमें थोड़ा बहुत बचा सुहृदय की रचना का आस्वाद बनता है। मल्लिनाथ ने इसलिए भारवि की उक्तियों को "नारियल फल सम्मित" कहा है। भारवि में बुद्धि व्यायाम अवश्य है। परन्तु व्यायाम स्वास्थ्यवर्धक है बाधक नहीं।

डॉ.हरिदत्त शास्त्री का कथन है कि महान अर्थ को काव्य द्वारा अभिव्यक्ति करना कठिन नहीं है, ना ही काव्य में रस योजना करना ही उतना दु:साध्य है, किन्तु अर्थ गुरुता की रक्षा करते हुए काव्य में रस व्यंजना करना सरल कार्य नहीं है। कृष्ण कवि ने इन दोनों विशेष गुणों से अलंकृत भारवि की काव्य कृति को अन्य कवियों के लिए काव्य शैली का उचित मार्गदर्शन प्रदर्शित करने वाली बताया है।

उपजीव्या सत्पथ दीपिका और रम्या कृति कहकर कृष्ण कवि ने किरातार्जुनीय कृति को बहुतों के लिए दिग्दर्शिका बनने की सफल भविष्यवाणी की है-

सोमेश्वर ने भी कीर्ति कौमुदी में किरातार्जुनीयम् कृति की प्रशंसा में कहा है कि-

जानितार्जुन तेजस्कं तमीश्वर मुपाश्रिता।
राकेव भारवे ति कृतिः कुवल प्रिया।।

डॉ. भोला शंकर व्यास का कथन है कि- "भारवि का समाज मंत्रण गृह में मंत्रणा करते नीति विशारदों, युद्ध स्थल के काल्पनिक वर्णनों में वायु युद्ध और शास्त्र युद्ध करते योद्धाओं चित्र काव्य तथा अर्थ-गाम्भीर्य से गदगदायमान पंडित श्रोताओं तथा सामन्तों के विलास गृहों तक ही सीमित है। उनका प्रकृति वर्णन (चतुर्थ सर्ग को छोड़कर) ठीक वैसा ही है जैसा कुर्सी पर बैठकर किसी व्यवहारिक विषय पर की गयी गवेषणा का अन्त: ज्ञान शून्य फल।

भारवि अलंकृत काव्य शैली के उरा राजमार्ग के निभाता है जन्मदाता है, जिसकी रचना पगडण्डियों के रूप में कालिदास के श्रृंगार में सद्गृहस्थ की पावन उपासना है, वही उपासना भाव भारवि में कोरी कायिक गंधमय वासना है। कालिदास और अश्वघोष की रस परम्परा के स्थान पर कला वादिता को प्रश्रय मिला तथा सुकुमार मार्ग के स्थान पर विचित्र मार्ग जन्मदाता है, मित्र के समान नाता है और आगे वाली पीढ़ियों के लिए रार्वतो भावेन अलंकृत राजमार्ग के दाता हैं।

भारवि में भाषा-शैली की दृष्टि से उदात्तता है, हृदय को तुरन्त प्रभावी करने की क्षमता है। शब्द-सौष्ठव के साथ शब्द सामर्थ्य है, अर्थ सम्पदा है। भाषा शैली के विषय में भारवि का अपना विचार -

विचित्तवर्णाभरणा सुख श्रुतिः प्रसादयन्ती हृदयान्यपिद्विषाम
प्रवर्तते माकृत पुण्यकर्मणा प्रसन्न गम्भीरपदा सरस्वती। [25]

आचार्य बलदेव उपाध्याय के शब्दों में –

"पुण्यशाली व्यक्तियों की सरस्वती प्रसन्न तथा गम्भीर पदों से युक्त होती है। उसके अंदर अक्षर पृथक रूप रखते हैं तथा कानों को प्रसन्न करते हैं। वह शत्रुओं के हृदय को प्रसन्न करते हैं। प्रसन्न का लक्ष्यशाब्दी, सुष्ठुता से है तथा गम्भीर का तात्पर्य अर्थ की गम्भीरता से है। भारवि की शैली का यही मार्ग है वह प्रसन्न होते हुए गम्भीर है।

माघ का परिचय

सर्वधिकारी सुकृता धिकारः श्रीवर्मलाख्यस्य बभूव राज्ञः।
असक्त दृष्टि विरजाः सदेव देवोऽपर सुप्रभदेव नामा।।
कालेज मितं तथ्य मुदर्कपथ्य तथागत स्येव जनः सचेताः
बिनानुरोधातृ स्वहितेच्छयैव महीपतिर्यस्य बचश्कार ।।
तस्याभह्त्तक इत्युदातः क्षमी मृदर्धर्मपरस्त न ज।
यं वीक्ष्य वैदासमजात शतोर्वयोगुण ग्रहि जनै प्रतीये ।।
सर्वेणासर्वाश्रय इत्यनिन्ध मानन्दीजोजनितं जनेन।
पश्च द्वितीय स्वयमद्वितायो मुख्यसतां गोणभवापनाम ।।
श्री शब्दरम्य सर्ग समाप्ति लक्ष्य लक्ष्मीपतेश्चरित कीर्तिन मात्र चारूः।
तस्यात्मजः सुकवि कीर्ति दुराशयदः काव्य व्यधत्त शिशुपाल
बधामभिधानम।।[26]

सर्वाधिकार प्राप्त धर्म में अवसक्त अनासक्त दृष्टि द्वितीय राजा से अथवा सर्वधिकार सम्पन्न पुण्यासक्त, निर्मिमेषं धूलि स्पर्श से दूर दूसरे देव से सुप्रभदेव नामक महामंत्री हुए। सुप्रभदेव के मिताक्षर, तथ्ययुक्त, परिणाम सुन्दर फलप्रद हितकारक बात को अनुरोध के बिना अपने हित की अभिलाषा से राजाश्र वर्मल वैसे ही स्वीकार कर लेते जैसे समय पर भगवान बुद्ध के उपदेश परक वचनों को अनुरोध के बिना हित की इच्छा से ही ज्ञानवान श्रद्धालु भक्त अनुसरण करता है।

उस सुप्रभवदेव विशाल हृदय, क्षमाशील, मृदुस्वभाव, धर्मनिष्ठ 'दत्तक' नामक पुत्र हुआ, जिसके कार्य, व्यवहार को देखकर लोग व्यास जी द्वारा कहे गये युधिष्ठिर सम्बन्धी गुण वर्णन प्रधान काव्य पर विश्वास करने लगे। मनुष्य में इतने गुण भी हो सकते हैं, जितने गुणों

का युधिष्ठिर में एक साथ वर्णन व्यास जी ने किया है, यह किसी के गले नहीं उतरती थी, परन्तु गुणों की खान दत्तक के कार्य व्यवहार को देखकर लोगों को विश्वास हो चला कि व्यास जी ने युधिष्ठिर के सम्बन्ध में ठीक ही कहा है उनके अवश्य ये गुण होंगे। उस दत्तक के पुत्र मैने (माघ ने) प्रत्येक सर्ग में मंगलवाचक होने से रमणीय श्री शब्द से उपलक्षित सर्ग समापन के चिन्ह से चिन्हित आनन्दकन्द श्रीकृष्णचन्द के रमणीय चरित के वर्णन मात्र से रमणीय 'शिशुपाल वध' नामक काव्य की श्रेष्ठ कवियों की ख्याति की दुरभिलाषा से महाकवि की कीर्ति कोलिप्सा से रचना की।

पितामह और पिता की दानशीलता का प्रभाव माघ पर भी पड़ा। माघ भी दान के प्रति बड़े उदार थे। भोज से इनकी मैत्री थी, परन्तु ये कौन से भोज थे? यह सही सही नहीं कहा जा सकता। शायद सप्तमी शताब्दी में हुए हों परन्तु धारा नरेश 1050 ई. वाले नहीं थे। धन समाप्त हो जाने पर माघ प्रक्षय के विचार से भोज के पास आए, माघ की पत्नी राजा के पास गई और निम्न श्लोक पढ़ा-

"कुमुदवनमपश्रिमदम्भोज षणऽम
त्यजति मुदमुलूका प्रीतमा चक्रवाकः
उदय महिम रश्मियोति शीतां शुरस्तम्,
हतविधि लसितानां ही विचित्रों विपाकः ।"[27]

माघ की वदान्यता उदारता उभर-उभर कर पाठक के हृदय में एक अजीब टीस, छाप करूणाई भाव जाग्रत किए बिना नहीं रह पा रही है। घटनाक्रम का रख-रखाव अपने को सारवान है। समय–माघ के पितामह सुप्रभदेव वर्ममाल के महामात्य थे। वर्ममाल का एक शिलालेख डॉ. कीलहर्न को राजपुताने के बसन्तगढ़ नामक स्थान से मिला है। शिलालेख का समय सम्वत् 682 अर्थात् 625 ई. है। शिलालेख की स्थिति वर्धाक्य के आगमन के समय ही आ पाती है। अतः यदि एक पीढ़ी के लिए 25 वर्ष का समय माना जाय तो दत्तक का समय 640 ई. और माघ का समय 675 ई. में इर्द-गिर्द होना चाहिए।

माघ का जन्म भीनमाल में हुआ। माघ के पिता नाम दत्तक था। कपिलदेव द्विवेदी का कथन है कि "यह स्थान सम्प्रेति भीनभाल कहा जाता है, जो मूलतः गुजरात प्रान्त में था। अब वह राजस्थान की सीमा में आ गया है। श्री भिन्न भाल का दूसरा नाम श्रीमाल ज्ञात होता हे ओर माघ श्रीमाली ब्राह्मण थे। माघ सुप्रतिष्ठित, सम्पन्न और विद्वत् परिवार के व्यक्ति थे।

शिशुपाल वध

शिशुपाल माघ की कीर्ति लता और महाकाव्यत्व का एक मात्र निदर्शन शिशुपाल वध महाकाव्य है। काव्य का लक्ष्य केवल कृष्ण द्वारा युधिष्ठिर के राजसूय यज्ञ में प्रण–पूर्ण होने के उपरान्त शिशुपाल वध का सांगोपाङ्ग है। इस संक्षिप्ततम वर्ण्य-विषय का प्रेरणास्रोत मुख्यतया श्रीमद्भागवत और सहस्ररूपेण महाभारत है।

उवाच भगवानुच्चैवक्यिं वाक्य विशारदः
श्रणवन्तु मे मही पाला येने तक्ष्मक्षितभाय।
अपराधशत क्षाम्य मातरस्यैव याचने।।
त मया याचितं चतेद् वै पूर्ण ही पार्थिवाः
अधुनांवधिष्यामि पश्यतं वो महीक्षिजताम।।"
एवं मुक्तवा यदुश्रेष्ठश्चेदिराजस्य तक्षणात्
व्यपादच्छिरः क्रुदश्चक्रेणऽमित्रकर्षणः।

इसी वर्ण-विषय का पल्लवन शिशुपाल वध का मुख्य कथ्य है। बीस सर्गीय इस महाकाव्य में 1650 पद्य हैं। वसुदेश सद् में द्वारकापुरी में नारद मुनि का आगमन और श्रीकृष्ण के द्वारा स्वागत सत्कार ग्रहण करने के उपरान्त इन्द्र का संदेश कथन और दुष्टों के दमनार्थ बार-बार हर युग में दुष्ट विशेष का जन्म और उसका वध बताकर दुष्ट शिशुपाल के वध के लिए प्रेरित और तैयार करने की भूमिका का निर्वाह। श्रीकृष्ण बलराम और उद्धव की राजनैतिक गुप्त मंत्रणा बलराम की। शिशुपाल के बधार्थ अविलम्ब चढ़ाई की गरमा-गरम सलाह पर उद्धव का इस कार्य में जल्दबाजी से काम न लेने का सत्परामर्थ और राजसूर्य के लिए मिले निमंत्रण पर महाराजा युधिष्ठिर के राजसूर्य में सम्मिलित होने का आग्रह द्वारका से श्रीकृष्ण का प्रस्थान वर्णन। द्वारका और समुद्र का यथा प्रसंग वर्णन, रैवतक का विशद वर्णन और उस पर सैन्य शिविर का संस्थापन अर्थात् स्कन्धावरन का सन्वेिशन, षड्ऋतु वर्णन, पुण्यावचय और वन बिहार, जलक्रीड़ा, सूर्यास्त और चन्द्रोदय का वर्णन, श्रृंगार और तत्सम्बन्धी प्रसाधन। पान गोष्ठी और रात्रि क्रीड़ा सुरत का खुला वर्णन। प्रभात वर्णन, प्रातःकालीन अभियान में ही प्रयाग तथा यमुना वर्णन पाण्डवों से तथा सभा प्रवेश युधिष्ठिर तथा राजसूर्य का प्रस्थान और श्रीकृष्ण के लिए प्रत्यर्थ दान वर्णन तथा भीष्मकृत कृष्ण स्तुति शिशुपाल का क्षोभ तथा उसके पक्षधरों को युद्ध के लिए सन्नद्ध होना शिशुपाल से दूत का उत्तर और शिशुपाल के पराक्रम का वर्णन, श्रीकृष्ण के सभासदों में क्षोभ और युर्था कवच धारणा तथा सैन्य प्रस्थान, दोनों सेनाओं का युद्ध स्थल पर आगमन और तुमुल युद्ध का वर्णन अन्त में शिशुपाल के साथ श्रीकृष्ण के दो हाथ हो जाना, अर्थात द्वन्द्व युद्ध और शिशुपाल का सुदर्शन चक्र से शिरश्छेदन कथ्य का समापन है। प्राप्त ग्रन्थों में यद्यपि शिशुपाल वध ही एक मात्र प्राप्य है परन्तु यत्र तत्र कुछ पद्य माघ के नाम से संग्रहित हैं।

श्रीहर्ष

श्रीहर्षः कवि राज राजि मुकुटालंकार हीरः सुतम श्री हीरः
सुषुवे जितेन्द्रियचयं मामल्ल देवी चयन
ताच्चिन्ताा णि गत्र चिन्तन पत्ले श्रृंगार भगदामहा

काव्ये चारूणि नैषधीय चरिते सगोऽयमादिर्गतः। 28

अनुरूप ही हर्ष के पिता का नाम हरि और माता का मामल्ल देवी था। हरि काशीवासी गहड़वालवंशी विजयचन्द्र सभा पण्डित थे। जनश्रुति के अनुरूप मिथला देश के विख्यात नैयायिक से उदयनाचार्य से शास्त्रार्थ में हरि हार गए। जिसकी कसक टीस और मानस वेदना भावज्जीवन तो उन्हें बनी ही रही, मरते समय श्री हर्ष से कह गए, मेरे इस वैदुध्य अपमान का बदला चुकाना। यह अन्तिम इच्छा है। योग्य पिता के योग्य पुत्र ने पिता के अपमान का बदला लेने के लिए देवी त्रिपुरा को प्रसन्न किया जिसने अप्रतिम पाण्डित्य का वरदान दिया। वरदान पाकर उचित अवसर पर विजय चन्द्र की सभा में गये जहाँ राजा के सम्मान और यश प्रशास्ति में-

गोविन्दनन्दनतया च वपुः श्रिया च मास्मिन्
नृपे कुरुत कामधियं तरुण्यः अस्त्री करोति
जगतां विजये स्मर: स्त्रीरस्त्री
जनः पुनरेन् विधीयते स्त्री। हे तरुणियो।

इस राजा को गोविन्द का पुत्र होने के कारण और वपु के कारण कामदेव मत समझ बैठिये। कामदेव तो संसार पर विजय हासिल करने के लिए स्त्रियों को अस्त्र बनाता है किन्तु यह युद्ध में पुरुषों को भी स्त्री बना देता है। साथ ही सभा में उपस्थित अपने प्रतिद्वंद्वी को देखकर यह पद्य पढ़ा-

साहित्ये सुकुमार वस्तुनि दृढन्यायगृह ग्रहिले
तर्के वार्माय संविधातारि समं लीलायते भारती।
शय्या कस्तु मृदुत्तरच्छदवती दर्शाक रैरास्तृता
भूमिर्वा हृदयंगमोयदि पति पतिस्तुल्या रति योशिताम।

आचार्य बलदेव अध्याय में लिखा है कि ये कान्यकुब्ज नरेश जयचन्द की सभा में विद्यमान थे। जयचन्द के वंश वाले राजपूत गहड़वाल कहलाते थे। ग्याहरवीं तथा बारहवीं सदी में इस वंश का उत्तरी भारत में बड़ा नाम था। ये लोक कन्नौज के राजा कहलाते थे। परन्तु पीछे चलकर इन्होंने काशी को अपनी राजधानी बनाया। जयचन्द काशी से हैं। अपने विस्तृत राज्य पर शासन करते थे इसके लिए पिता जयचन्द के सभा पण्डित होने के कारण द्वादश शताब्दी का उत्तरार्ध ठहराता है।

पद्य के अनुरूप उच्च कोटि के योगी, समाधि में ब्रह्मानन्द का रसास्वादन, तर्कशास्त्र में प्रतिवादियों को परास्त करने में दक्ष अत्यन्त सरस, नैषधीय चरितम महाकाव्य सुधियों के आश्रय भूत राजा जयचन्द अपना हर्ष स्वयं आसन और दो पान देकर व्यक्त किया करते थे। द्वितीय उन्हें उक्त पद्य जगचन्दकालीन घोषित कर रहा है, जो श्री हर्ष का समय निर्धारित करने में स्वयं सहायक है।

नैषधीय चरितम्

नैषधीय चरितम् 22 सर्गात्मक महाकाव्य है। सर्ग 13(56) और सर्ग को शतक बनाने की धुन सवार है और उन्हें सफलता भी मिली है। 13वें और 14वें को छोड़कर शतक बनाने से पूर्व आउट नहीं हुए है। 17वें सर्ग में दो शतक बनाकर ही आउट हुए हैं। नैषधीय चरितम् में प्रणय और परिणाम का सांगोपांग वर्णन है।

अनल धुति नल का रूप और वैदर्भी दमयन्ती का एक दूसरे के गुण श्रवण कर परस्पर आकृष्ट होना, स्वान्त विनोदय विरहीमल का वन विहार तथा "हैम हंस मसौ तिग्रह तरसादूनं दयालुर्ज हो।' स्वर्णिम हंस का पकड़ाव और हंस का करुण क्रन्दन तथा आक्षेप सुनकर दयालु नल का उसे छोड़ना, हंस का कृतज्ञता ज्ञापन और दमयन्ती के गृह-वाटिका में पहुँचकर दमयन्ती के समक्ष हंस द्वारा नल का रूप वर्णनक और गुणानुवाद जिससे दमयन्ती की नल के प्रति आसक्ति का होना और हंस का पुनः नल के पास लौट आना क्षमांगी दमयन्ती का विकलता का भावपूर्ण चित्रण और पिता भी द्वारा स्वयंवर का निर्माण इन्द्र, अग्नि, यम और वरुण का नल को दूत का दुस्तर कार्य सौंपकर दमयन्ती के पास भेजना, अदृश्य नल का दमयन्ती के यहाँ पहुँचाना और सौन्दर्य का दर्शन कर दूतत्व के लिए चित्त में खिन्न होना, दमयन्ती के नखशिख का परम्परायुक्त वर्णन।

दूतं विद्धिवराङ्गि। मा द्विविषदां धन्यासि यत्वामहो
सोऽप्याशा पतिभिः सह स्वयंमिदं ब्रूते वृषा मगिरा
अस्म स्वन्यतम वृसीष कमपि त्वं नन्दनें। नन्द भी।
मा कुत्रापि (पृथ्वी पालक पालके) नरे (नले)
स्खलेति बहुधा भैमो नलौडोभयात।।[29]

बल का विवाहार्थ राजी हो जाना परन्तु दूत के दुस्तर कार्य के प्रति मनः क्षोभ और “जनानने कः कारमर्पयष्यिति' कथन से अपनी मनःस्थिति की अभिव्यक्ति स्वयंवर विवरण और वर्णन, सरस्वती द्वारा राजाओं का परिचय दिया जाना तथा श्लेषमय पञ्च नली का वर्णन, देवो का आशीर्वाद देना, विवाह की तैयारी और विवाह-संस्कार और प्रीतात्मा बिल संस्तया स निषधोद्देशात प्रतस्थे नल' कराल कलिका मिलन, चार्वक सिद्धान्त का प्रतिपादन देवों द्वारा चार्वाक का खण्डन, युद्ध कलिकां नल को राज्यच्युत तथा दमयन्ती से वियुक्त करने का दुर्वचन, नल दमयन्ती का प्रथम मधुर मिलन और सुरत प्रसंग के नए-नए ढंग का विशद वर्णन तथा कवि वृत का वर्णन, महाकाव्य का कथ्य है। वस्तुतः यह नैषध श्री हर्ष के काव्यों का अलंकार तथा कण्ठहार है। जिससे अनाड़ी, प्राज्ञाम्म, न्यमना हठात् इस काव्य के साथ खिलवाड़ न कर सकें। वे ही सुधीजन और श्रद्धावान जन गुरु कनपा से गांठों को ढीली करवाकर काव्य रस की उर्मियों में मज्जन का आनन्द लुटे। यह काव्य सामान्य बुद्धि और अरसिकों के आनन्द का विषय नहीं। इससे नैषध का स्वरूप स्पष्ट हो जाता है। यह

विद्वज्जन बोध काव्य है, इसीलिए आलोचकों की दृष्टि में पर्याप्त अन्तर है। प्राचीन कवि पण्डितों की दृष्टि में तो यह माघ तथा भारवि दोनों को परास्त करने वाली साहित्यिक रचना है। परन्तु आधुनिकों की दृष्टि में कृत्रिमता का भण्डार होने के कारण यह एक साधारण कोटि की कृति है। सत्य इन दोनों मतों के बीच में है। सूक्तियों के चमत्कार के कारण यह महाकाव्य बढ़कर अवश्य प्रतीत होता है। परन्तु काव्य में सूक्ति का चमत्कार ही सर्वोपरि नहीं रहता।

नैषध महाकाव्य के कुछ सर्गों के अन्त में कवि ने अपनी लेखनी की यत्र-तत्र चर्चा की है। चतुर्थ सर्ग के अन्त में स्थैर्य विचारण प्रकरण (5.123), पंचम सर्ग के अन्त में श्री विजय प्रशस्ति (5.128) छठे सर्ग के अन्त में खण्डन खण्ड खाद्य (6.113) सप्तम सर्ग के अन्त में गौडोर्वीश कुल प्रशास्ति (17.222) अष्टादश सर्ग में सर्ग के अन्त में शिव-भक्ति सिद्ध (18.15) तथा बाइसवें सर्ग के अन्त में नवसाहसांक चरित चम्पू (22.14) नैषधीय चरितम् से भिन्न उक्त आठ रचनाओं का प्रणयन स्वयं कवि में स्वीकार किया है।

नैषधकार की स्वयं कृत समीक्षा

नैषधकार ने अपनी कविता के लिए महाकाव्य प्रबन्ध, निसर्गोज्जव, चारू, नव्य, क्षोदक्षम, रसाम्भौनिधि शरदिजज्योत्स्नाच्छसूक्ति क्रशेतरस्वाद विहाय अन्याक्षुण्णरसप्रेयभणिति, अतिनव्य, भगिनी सौभ्राथनृभव्य तथा एक नवार्थ घटनाम अर्थात् एक भी नवीन अर्थ या घटना को न छोड़ने वाला और अभूतपूर्व रसमयी उक्तियों में संयुक्त कहा है, तोड़ वहाँ आकर हो गया है जहाँ (22.151) स्वयं को अमृत आदि चतुर्दश रत्नों के कृतार्थ करने वाला और अन्य कवियों को पर्वत प्रस्तर तुल्य बताया है, जहाँ से दो चार, छः नदियाँ मात्र उद्भूत होती हैं। (पृ.84)

नैषध की समीक्षा

22 सर्गीय महाकाव्य के लिए कथ्य का पौधा स्वयं में बहुत स्वल्प है फिर भी काव्य के रासायनिक खादों के सहारे कथ्य को आलवाल के अनुरूप विस्तृत करने का सुष्ठु प्रयोग। मौलिक कल्पनाओं की नूतन उद्भावनाओं के सहारे कृशकाय कथ्य के कलेवर की 22 सर्गों में 2804 पदों का विशालकाय वृक्ष ही बना दिया है।

"कारक राजा बड़ पर चढ़ ग्यो खाण लग्यो बर बट्टा।
बड़ पैरे तो पैर रपट गये गर उल्ल के पट्ठा।।'

कहने को तो यह लोक कथन मात्र है परन्तु नैषध रूप वट वृक्ष पर यह सर्वथा घटित है, कारक राजा रूप जो विवेकता से दूर है। इस वट वृक्ष पर फल पाने और खाने की इच्छा से चलेगा। इस काव्य की अवगाहन कराने की धृष्टता करेगा उसका पैर तो फिसलेगा ही और

उसकी अहमन्यता को आघात पहुँचेगा ही यह तो कोई जानकर ही चढ़कर इसके फल पा और खा सकेगा।

नैषध के दमयन्ती स्वयंवर पर इन्दुमती स्वयंवर की छाप है। रघुवंश की सुनन्दा नैषध में सरस्वती है, दमयन्ती का स्वयंवर वर्णन कुमारसंभव के सप्तम सर्गीय पार्वती श्रृंगार-वर्णन प्रभावित है। अन्तर है तो इतना कि कुमारसंभवकार को माता-पिता, शिव-पार्वती का अश्लील वर्णन उन्हें उनके दायित्व के प्रति ललकार रहा है। परन्तु नैषध का श्रृंगार एक युवक और युवती की दमित भावनाओं काड़नार है। नल दमयन्ती संवाद भी शिव पार्वती संवाद की याद दिलाता हैं परन्तु एक अन्तर के साथ कि कुमार संभव का संवाद जहाँ हृदय को हिलाने के लिए है, वहाँ नैषध का संवाद पाण्डित पूर्ण प्रदर्शन का बढ़ावा है।

डॉ. भोलाशंकर व्यास का तो यह अनुमान है कि श्री हर्ष ने राजाओं की स्तुति में समय-समय पर पद्य लिखे होंगे और अनेक समय उन्हें सभा में सुनाया होगा। ऐसे कई पद्य 12वें सर्ग में जोड़ दिये गये हैं। 12वें सर्ग के शार्दूल विक्रीऽति छन्दों में मेरी यह धारणा है।

एक युग था जब व्याख्यान काव्य ही समझदार पाता था पर आज तो व्याख्या अनपेक्ष्य काव्य जितना सुन्दर माना जाता है, उतना व्याख्येय काव्य नहीं। दो दृष्टियों के अन्तर आकर परस्पर टकरा रहे थे। प्राचीन अपने विगत का व्यामोह छोड़ने को तैयार नहीं और नवीन भविष्य को आज में उतारना चाह रहे हैं। केवल समझ का फेर है अन्यथा टकराव जैसे स्थिति से सर्वथा बचा जा सकता है। दूसरी ओर स्वयं को बुद्धिमान मान अन्य को अनजान कार्य होगा तो कीचड़ के नाम पर भौ चढ़ेगी। समदृष्टि से विचार कर देखा जाय तो कवि कुलादृष्टा ध्वयान्ये माकाव्ये चारूणि नैषधीय चरिते 8.10 में दमयन्ती के उरोजों के विषय में की हुई कल्पना कवि की मौलिक सूझबूझ का परिचायक है। बात यह है कि वे दोनों स्वयं को डूबने से कैसे बचाए? ये दो घड़े और कुछ नहीं। दमयन्ती के विकसित उरोज हैं जिन प्लव-कुम्भों के सहारे मदन और यौवन शरीर के सरोवर में बखूबी स्वच्छन्दतापूर्वक सन्तरण और फिर संचरण कर सकते हैं-

अपितदवपुषि प्रसर्पतोर्गभिमते कान्ति सरैरगाधताम्।
स्मर यौवनयौः खलुद्वयोः प्लवकुम्भौ भवतः कुचाववुभौ ।।

श्री हर्ष वैदर्भी करीति के कवि हैं। आपके नैषध काव्य में सर्वत्र वैदभीका प्राधान्य है। श्री हर्ष ने नैषधीय चरित महाकाव्य को श्रृंगार रूपी अमृत का चन्द्रमा (श्रृंगारामृत शीतगु:ह कहा है) और नैषध का स्वभाव के सुन्दर श्रृंगार रस प्रधान काव्य है। नारी सौन्दर्य के चित्र उतारने में कवि सिद्धहस्त है। "नैशधे पद लालित्यम्' कथन भी सत्यांश लिए हुए हैं। नैषधीय चरितम् काव्य सम्पदा और शोभाविधायिका कला वैभव का मणिकांचन संयोग है। शब्द प्रयोग के उत्कृष्ट कलाकार है। ऐसे पद कम ही है जहाँ चमक दमक न हो तथा नूतनता और सार्थकता की झलक और झलकाव नहीं।

न व सयोग्यावसुधेयभीदृशस्तवभङ्गः।
सरू पतिरूज्झित स्थिति
इति प्रहाय क्षति मध्रिता नभः खागस्तमा चुक्रु

शुराखैः खल में पक्षियों की कुलबुलाहट हो वही स्वाधीरता वृत्ति भाव भी उभर रहे हैं।

फलेन भुलेन च वारिभू रूहां मुनेरिवेत्थंममयस्य वृत्तयः।
त्वयाध तस्मिनन्नापि दण्डधारिणा कथं न पत्या धरमी हणीतते।

में हंस जीविका वृत्ति स्वयं कवि की अपनी मन:स्थिति के रूप में खुलकर उजागर हो रही है। हंस का अपनी प्रियतमा और सन्तति के प्रति लगाव का भाव कितना सांसारिक और व्यवहारिक है। पद-लालित्य कितना शोभन है। स्वर मात्र का पद लालित्य का एक नमूना भी दृष्टव्य है-

इत मसुं विलपन्तममुञचददीनदयाल तयावनिपालः
रूप दर्शि धृतोऽसि यदर्थगच्छयथेष्ट मथेत्यभिधाय ।।

विलपन्तममुञचय दीनदयाल तथावनिपालः तथा गच्छदथेच्छ के अर्थ समझने में एक क्षण लग भी जाए परन्तु श्रुति सुखद शब्द अपना लालित्य कर्ण-कुहरों में उड़ेलने में देर नहीं करते।

(ख) हिन्दी काव्य परम्परा के प्रबन्ध काव्य

1. पृथ्वीराज रासो

चन्दबरदाई (1126-1196) कृत पृथ्वीराज रासो इस काल का जितना अधिक महत्वपूर्ण काव्य है। उतना ही अधिक विवादास्पद भी है। चन्दबरदाई दिल्ली नरेश पृथ्वीराज चौहान के परामर्शदाता, बाल सखा और राजकवि था। चन्द्रबरदाई व्यक्ति और चरित चन्द हिन्दी साहित्य का एक ऐसा प्रतिभासम्पन्न कवि है। पृथ्वीराज रासो उसका निजी अस्तित्व आज तक प्रश्नवाची चिन्ह (?) से संयुक्त है। हिन्दी के कुछ विद्वानों ने रासो को अप्रमाणिक और कुछ ने प्रमाणिक तथा कुछ लोगों ने अर्द्धप्रमाणिक माना है। इस कारण से रासोकार का व्यक्तित्व धूमिल हो गया है।

इस काल की कुछ रचनाएँ ऐसी भी हैं जिनको मूल ग्रन्थ के परिवर्तित रूप में देखते हैं। इनमें सबसे महत्वपूर्ण ग्रन्थ पृथ्वीराज रासो है। पृथ्वीराज रासो में ढाई हजार पृष्ठ हैं। काशी नागरी प्रचारिणी सभा द्वारा प्रकाशित 9 सर्गों में विभाजित है। सबसे बड़ा समय कनवण्या युद्ध है, जो रासो का मूल कथानक है।

रासो के अनुसार पृथ्वीराज को बंदी बनाकर गोरी अपने देश ले गया। चन्दबरदाई ने ऐसी युक्ति निकाली कि गोरी पृथ्वीराज के शब्दवेधी बाण से मारा गया। रासो काव्य को उनके पुत्र

लटहन ने पूरा किया क्योंकि चन्द्र और पृथ्वीराज एक दूसरे को ही मार डाले। चन्द्रबरदाई पृथ्वीराज का मित्र कवि सलाहकार था। इस ग्रन्थ के अनुसार दोनों के जन्म और मरण की तिथि भी एक है।

परम्परा के अनुसार तासीचन्द को पृथ्वीराज के समकालीन मानते हैं। ये पृथ्वीराज के साथ वि.सं. 1206 में पैदा हुए थे। ये जाति गोत्र के भट्ट ब्राह्मण थे ये लाहौर में जन्मे थे। इनकी ईष्ट देवी जालन्धरी थी। जिनकी कृपा से चन्द अदृश्य काव्य का निर्माण कर सकते थे। चन्द पृथ्वीराज के राज कवि के साथ उनके सखा और सामन्त थे। भाषा, व्याकरण, काव्य, साहित्य, छन्दशास्त्र, ज्योतिष, पुराण, नाटक, आदि में ये पूर्ण दक्ष थे। ये सदा पृथ्वीराज के साथ रहा करते थे। जब शहाबुद्दीन गोरी पृथ्वीराज चौहान को बंदी बनाकर गजनी ले गया था। तब चंद भी वहाँ पहुँचे और रासो का लेखन कार्य अपने पुत्र जल्हण को सौंप गये-

"पुस्तक जल्हण हत्थ दै चलि गज्जन नृपकाज।"

पृथ्वीराज रासो हिन्दी का प्रथम महाकाव्य है। चंद दिल्ली के अन्तिम हिन्दू सम्राट महाराज पृथ्वीराज के सामंत और राजकवि प्रसिद्ध हैं। रासो के अनुसार ये भट्ट जाति के जगात नामक गोत्र के थे। इनका जन्म लाहौर में हुआ था। इनके पूर्वज पंजाब के रहने वाले थे। इनका और पृथ्वीराज का जन्म एक ही दिन हुआ था। मृत्यु भी एक ही दिन। यह महाराज के सच्चे मित्र थे। वह युद्ध, आखेट, सभा आदि सभी स्थानों पर सदा महाराज के साथ रहते थे। वह सभी बातों में सम्मिलित रहते थे। पृथ्वीराज में 69 सर्ग या अध्याय हैं। पृथ्वीराज रासो ढाई हजार पृष्ठों का बहुत बड़ा ग्रन्थ है। सभी छंदों का इसमें व्यवहार हुआ है। मुख्य छंद है- कवित्त (छप्पय) दूहा, तोमर, त्राटक गाहा और आर्या रासो के पिछले भाग का भी चंद के पुत्र जल्हण द्वारा पूर्ण किया जाना कहा जाता है। रासो के अनुसार जब शहाबुद्दीन गोरी पृथ्वीराज को कैद करके गजनी ले गया तब कुछ दिनों पीछे चंद ने पुस्तक देकर उसे पूर्ण करने का संकेत किया। रासो में पुस्तक को पूरा किये जाने का संकेत मिलता है।

पुस्तक जल्हण हत्थ है चलि गज्जन नृप काज
रघुनाथ चरित हनुमंत कृप भूप भोज उद्धरिय जिमि,
पृथिराज सुजस कवि चंद कृत चंद नंद उद्धरिय तिमि।

इस ग्रन्थ के अनुसार पृथ्वीराज अजमेर के चौहान राजा सोमेश्वर के पुत्र और अर्णोराज के पौत्र थे। सोमेश्वर का विवाह राजा अनंग पाल की कन्या से हुआ। राजा की दो कन्यायें थी। एक सुन्दरी और दूसरी कमला। सुन्दरी का विवाह कन्नौज के राजा विजयपाल के साथ हुआ और उससे जयचंद की उत्पत्ति हुई। कमला का विवाह अजमेर के चौहान सोमेश्वर से हुआ था जिनके पुत्र पृथ्वीराज हुए। अनंगपाल ने अपने नाती पृथ्वीराज को गोद लिया जिससे अजमेर और दिल्ली का राज्य एक हो गया। जयचन्द को यह बात अच्छी न लगी। जयचन्द

ने राजसूय यज्ञ करके सब राजाओं को निमंत्रित किया और इस यज्ञ के साथ ही अपनी कन्या संयोगिता का स्वयंवर भी रचा। राजसूय यज्ञ में सब राजा आये पर पृथ्वी राज नहीं आये। इस पर जयचन्द ने चिढ़कर पृथ्वीराज की एक स्वर्णमूर्ति द्वारपाल के रूप में द्वार पर रखवा दी। संयोगिता जयमाल लेकर रंगभूमि में आई तब उसने पृथ्वीराज की मूर्ति को माला पहना दी। इससे नाराज होकर जयचन्द ने उसे एक गंगा के किनारे महल में भेज दिया। इधर पृथ्वीराज ने यज्ञ विध्वंस किया। फिर पृथ्वीराज ने संयोगिता से गंधर्व विवाह किया उसे हर के ले गये। रास्ते में जयचन्द की सेना से बहुत युद्ध हुआ पर संयोगिता को वह दिल्ली ले गये। भोग विलास में ही उनका समय बीतने लगा और राज्य की रक्षा का ध्यान न रह गया। जयचंद के और राजाओं से लड़ते हुए उनके बहुत सामंत मारे जा चुके थे। अवसर देखकर शहाबुद्दीन चढ़ गया और हार गया, पकड़ा गया लेकिन पृथ्वीराज ने उसे छोड़ दिया। लेकिन वह बार-बार चढ़ाई करता रहा और अन्त में पृथ्वीराज को पकड़ा और उसे गजनी भेज दिया गया था। कुछ काल के पीछे कवि चंद भी गजनी पहुँचे। एक दिन चंद के इशारे पर शहाबुद्दीन को मारा फिर दोनों एक दूसरे को मार कर मर गये। यह पृथ्वी का मुख्य चरित्र हुआ। इसके अतिरिक्त बहुत से राजा के साथ पृथ्वीराज का युद्ध हुआ और अनेक राजकन्याओं के साथ विवाह की कथाएं भी रासो में भरी पड़ी हैं। अनेक विद्वानों ने पृथ्वीराज रासो के, पृथ्वीराज के समसामयिक किसी कवि की रचना होने में पूरा संदेह किया है। पृथ्वीराज की राजसभा के कश्मीरी कवि जयानक ने संस्कृत में पृथ्वीराज नामक एक काव्य लिखा था जो पूरा नहीं मिलता है। उसमें पृथ्वीराज की माता का नाम कर्पूर देवी लिखा है जिसका समर्थन हाँसी के शिलालेखों से भी होता है। चन्द ने पृथ्वीराज का जन्मकाल संवत् 1115 में, दिल्ली गोद जाना 1122 में, कन्नौज जाना 1151 में और शहाबुद्दीन के साथ युद्ध 1158 में लिखा है, उनके अनुसार रासो में दिये हुए संवत् ठीक नहीं है।

फारसी इतिहासों के अनुसार शहाबुद्दीन के साथ पृथ्वीराज का प्रथम युद्ध 587 हिजरी (वि.सं. 1248 ई. सन् 1191) में हुआ। रासो इतिहास नहीं है, काव्यग्रंथ ही है। फिर उसमें क्यों घटनाएं और नाम ठीक-ठाक है और कुछ कहने की जगह नहीं है कि यह पूरा ग्रन्थ वास्तव में जाली है। इसमें इधर उधर कुछ पद्य चंद के भी बिखरे हों, पर उनका पता लगाना असंभव है। यह प्रश्न है कि पृथ्वीराज की सभा में चंद नाम का कोई कवि था या नहीं। रायबादर श्रीयुत पं. गौरी शंकर हीराचंद ओझा के अनुसार 'चन्द्रक कवि हैं, जिनका उल्लेख कश्मीरी कवि क्षेमेन्द्र ने भी किया है। यही कहा जा सकता है कि चंदबरदाई नाम का कोई कवि था तो संभव यह जान पड़ता है कि पृथ्वीराज के पुत्र गोविन्दराज या उनके भाई हरिराज या इन दोनों में से किसी के वंशज के यहाँ चन्द नाम का कोई भट्ट कवि रहा हो जिसने उनके पूर्वज पृथ्वीराज की वीरता आदि के वर्णन में कुछ रचना की हो।

उसी के नाम पर 'रासो' नाम की वह बड़ी इमारत खड़ी की गयी हो। भाषा की कसौटी पर यह ग्रन्थ अधिक निराशाप्रद है। उसमें व्याकरण की कोई व्यवस्था नहीं है। भाषा

आधुनिक साँचे में ढली सी दिखाई पड़ती है। यह ग्रन्थ न तो भाषा के इतिहास और न साहित्य के इतिहास के जिज्ञासुओं के काम का है।

पं. हर प्रसाद शास्त्री ने 1909 से 1913 तक राजपूताने में प्राचीन ऐतिहासिक काव्यों की खोज में तीन यात्राएं की थीं।

रासो की प्रमाणिकता में विद्वानों में मतभेद हैं इसके साहित्यिक गरिमा को सबने खुले कण्ठ से स्वीकार किया है। रासो को चाहे महाकाव्य, चाहे विशालकाव्य कहा जाये, इन दोनों रूपों में इसका साहित्यिक सौष्ठव अक्षुण्ण है। इसमें वीर रस और श्रृंगार रस दोनों का परिपाक है। पृथ्वीराज रणबांकुरा भी हैं और लुभावना जवान भी है। चन्द ने शोभा एवं सौन्दर्य के चित्रण में अपूर्व कल्पना शक्ति से काम लिया है। डॉ. हजारी प्रसाद इस सम्बन्ध में लिखते हैं- "शोभा चाहे प्रकृति की हो या मनुष्य की हो परम्परा प्रचलित रूढ़ उपमानों के सहारे ही निखरी है।"

पृथ्वीराज और जयचन्द के विरोध का कारण चाहे संयोगिता अपहरण हो या न हो। युद्धों का मूल कारण नारी को कल्पित करके जहाँ एक ओर प्रेम चित्रण के प्रसंगों को खड़ा किया है वहाँ विशुद्ध द्वेष की अभिव्यक्ति को भी नहीं होने दिया है।

रासो को लेकर अनेक विद्वानों में काफी मतभेद हैं। प्रमाणिकता के पक्ष-विपक्ष में बहुत अरसे से लिखा जाता है। भला हो पुरातन प्रबंध संग्रह के सम्पादक का जिसने चन्दबलिद्ध के चार छप्पयों का उल्लेख कर दिया। अत: चंद का होना प्रमाणिक हो गया। प्रमाणिकता-अप्रमाणिकता के संबंध में तीन प्रकार के मत हैं।

(1) रासो पूर्णत: प्रमाणिक रचना है। (2) रासो पूर्णत: अप्रमाणिक है। (3) न पूर्णत: प्रमाणिक है और न पूर्णत: अप्रमाणिक । वह अद्ध प्रमाणिक है। प्रथम मत मानने वालों में मोहन लाल, विष्णु लाल पंड्या, मिश्र बंधु और श्याम सुन्दरदास प्रमुख हैं। पंड्याजी ने उसे प्रमाणिक सिद्ध करने के लिए एक आनन्द संवत की कल्पना भी कर ली है। फिर भी उसकी ऐतिहासिकता सिद्ध नहीं हो पाती है।

बूलर, गौरीशंकर हीराचन्द ओझा, देवी प्रसाद कविराज, श्यामल दास, रामचन्द्र शुक्ल इसे प्रमाणिक नहीं मानते। ओझा देवी प्रसाद, कविराज, श्यामलदास, रामचन्द्र शुक्ल इसे जाली ग्रन्थ मानते हैं। कश्मीरी कवि जयानक के पृथ्वीराज विजय काव्य तथा तत्कालीन शिला लेखों के साक्ष्य पर रासो किसी प्रकार भी प्रमाणिक नहीं ठहरता।

तीसरा मत मुनि जिन विजय और हजारी प्रसाद द्विवेदी का है। मुनि जिन विजय ने पुरातन प्रबंध संग्रह से चन्द भाणित चार छप्पयों को उदाहरित करते हुए बताया है। रासो की भाषा अपभ्रंश थी। हजारी प्रसाद द्विवेदी ने मुनि जी के मत की संपुष्टि की है। चन्द पृथ्वीराज चौहान के राजकवि थे। उन्होंने पृथ्वीराज रासो नामक काव्य की रचना की। रासो के चार रूपान्तरों वृहद, मध्य, लघु, लघुतम में से किसी को भी यथावत प्रमाणिक नहीं माना जा

सकता-लघुतम को भी नहीं क्षेपक लघुतम रूप में भी है। अतः मूल रासो में खोजने का प्रयास व्यर्थ है। क्षेपकों के बावजूद रासो के काव्य सौन्दर्य पर विचार किया जाना चाहिए।

डॉ. बूलर को पृथ्वीराज विजय नामक संस्कृत काव्य की एक खण्डित प्रति हाथ लगी। डॉ. बूलर इस निष्कर्ष पर पहुँचे कि पृथ्वीराज विजय इतिहास की दृष्टि से अधिक प्रमाणिक ग्रन्थ है और पृथ्वीराज रासो अप्रमाणिक क्योंकि पृथ्वीराज कालीन अभिलेखों से पृथ्वीराज विजय में वर्णित घटनाएँ तो मिल जाती हैं। सोसाइटी द्वारा पृथ्वीराज रासो का प्रकाशन बंद कर दिया गया।

रासो की ऐतिहासिकता का सम्बन्ध है। डॉ. कूटर मारिसन, गौरीशंकर, हीराचन्द ओझा, मुंशी देवी प्रसाद आदि प्रमाणिक ऐतिहासिक लेखकों ने उसे अविश्वसनीय सिद्ध कर दिया है किन्तु रासो का महत्व है। बहुत दिनों तक विद्वानों में यह विश्वास रहा है कि यद्यपि रासो का महत्व है रासो में प्रक्षिप्त अंश बहुत है तथापि इसमें चन्द्र के कुछ न कुछ वचन अवश्य हैं जो काफी पुराने हैं। पुरातन प्रबंध संग्रह में जयचंद प्रबन्ध नामक एक प्रबन्ध प्रकाशित किया जिसमें चन्द के नाम से चार छप्पय दिये हैं। इसकी भाषा परिनिष्ठित साहित्यिक अपभ्रंश के निकट है। रासक की भाषा के सादृश वह भी कुछ आगे बढ़ी हुई भाषा है।

वस्तु वर्णन में रसोकार ने एक सफल कवि हृदय का परिचय दिया है। नगर, उपवन, वन, सरोवर, दुर्ग, सेना और युद्ध आदि वर्णन अनुपम बन पड़े हैं।

युद्ध का वर्णन

न को हार नाहि जिन्त, रहे रहहि सूरवर।
धर उप्पर धरत परत करत आनि युद्ध महाभर।।

रासो में वीर और श्रृंगार रस की अभिव्यक्ति अत्यंत भव्य रूप में हुई है। वीर रस का दर्पण चित्र फड़कती हुई ओजस्विनी भाषा में देखिए -

बज्जिय घोर निसान रान चौहान चहूदिसि
सकल सूर सामन्त समरबल जंत्र मंत्र तिसि।
उट्ठि राज पृथ्वी राजबाग लग्ग वीर नट।
कढ़त तेग मनोवेग लगत बीज झट्ट घट्ट।

जिस प्रकार चंद बरदाई ने महाराज पृथ्वीराज का कीर्तिमान किया है। उसी प्रकार भट्ट केदार ने कन्नौज के सम्राट जयचंद का गुण गाया है।

भट्ट केदार ने जयचंद प्रकाश नाम का एक महाकाव्य लिखा था। जगनिक एक प्रसिद्ध कालिंजर के राजा परमार के यहाँ जगनिक नाम के एक भाट थे जिन्होंने महोबा के दो प्रसिद्ध वीरों आल्हा और ऊदल के वीर चरित का विस्तृत वर्णन एक वीर गीतात्मक काव्य में रूप में लिखा था। जगनिक के काव्य आज पता नहीं कहां है लेकिन उनके प्रचलित गीत

हिन्दी भाषा-भाषी प्रान्तों के गाँव में सुनाई पड़ते हैं। ये गीत आल्हा के नाम से प्रसिद्ध हैं। आल्हा का मुख्य केन्द्र बैसवाड़ा माना जाता है।

परमाल रासो

पृथ्वीराज रासो के समान ही जगनिक लिखित परमाल रासो नामक एक ग्रन्थ का नाम मिलता है। कलिंजर के राजा परमाल (परमर्दिदेव) के यहाँ जगनिक नाम के एक भाट थे। ये चन्देल राज्य के राजा परमर्दिदेव का दरबारी कवि था। परमर्दिदेव कन्नौज नरेश जयचन्द का सामन्त था या अधीनस्थ कोई राजा था। परमर्दिदेव राजा जयचन्द की हमेशा सहायता करता था। महोबे के दो प्रसिद्ध वीरों, आल्हा और ऊदल के चरित्र का एक वीर काव्य लिखा था। ये दोनों क्षत्रिय वीर गति को प्राप्त हुए। चार्ल्स इलियट ने लोक में प्रचलित इन गीतों का संग्रह आल्हा खण्ड के नाम छपवाया था। बहुत दिनों तक इस काव्य को पृथ्वीराज रासो का खण्ड 'महोबा खण्ड' के रूप में समझा गया। इस ग्रन्थ को भी अर्द्ध प्रमाणिक ही कह सकते हैं।

जगनिक का काव्य बहुत दिनों तक बुन्देलखण्ड के बाहर प्रसारित नहीं हुआ था। या यह रचा ही बहुत बाद में गया। पुराने साहित्य में इस लोकप्रिय काव्य का उल्लेख नहीं मिलता।

सं. 1976 में नागरी प्रचारिणी सभा काशी से यह रचना प्रकाशित हुई जिसके सम्पादक श्याम सुन्दर दास ने भूमिका में लिखा है।

जिन प्रतियों के आधार पर यह संस्करण सम्पादित हुआ है, उनमें यह नाम नहीं है। यह पृथ्वीराज रासो में दिए हुए एक वर्णन के आधार पर लिखा हुआ एक स्वतंत्र ग्रन्थ है। यद्यपि इस ग्रन्थ का नाम मूल प्रतियों में पृथ्वीराज रासो दिया हुआ है। अतएव इसे परमाल रासो नाम देने का साहस किया है।

परमाल रासो परमर्दिदेव के जीवन से सम्बन्धित काव्य रचना है। ऐतिहासिक साक्ष्यों के अनुसार परमाल कलिंजर के शासक थे। उसका शासनकाल सन् 1173 ई. बतलाया जाता है। राजस्थान में यह रचना भाटो द्वारा गा-गाकर सुनाई जाती रही है। कुछ विद्वान इसे पृथ्वीराज रासो का ही एक अंशक मानने की बात करते हैं। दूसरे पक्ष का समर्थन करने वालों का कहना है कि जगनिक इसके रचयिता हैं।

परमाल रासो के उपलब्ध रूप के अनुसार यह कृति क्षिप्रता, संवेग और सहज प्रवाह के गुणों से युक्त रचना के रूप में प्रसिद्ध है। इसका आकर्षण अभी तक बना हुआ है और अभी तक इसे गाने वाले एक खास ढंग से गाते हैं, सुनने वाले भाव-विभोर होकर वीर रस की मनोदशा को पहुँच जाते हैं।

इस संग्रह का वीरत्वपूर्ण स्वर तो सुरक्षित है लेकिन भाषा और कथानकों में बहुत अधिक परिवर्तन हो गया है। यह पता चला है कि जगनिक का काव्य बहुत दिनों तक बुन्देलखण्ड

के बाहर प्रसारित नहीं हुआ था, रचा ही बहुत बाद में गया। पुराने साहित्य में इस काव्य का उल्लेख भी नहीं है। तुलसीदास जी ने कभी इस काव्य को सुना नहीं अगर वह सुने हो तो इस काव्य को अवश्य राममय बनाते।

कवि के लिए यह कम महत्व की बात नहीं है। यह आल्हा खण्ड आज भी वर्षा ऋतु में गाया जाता है। इन गीतों को आल्हा रासो भी कहा जाता है। क्योंकि उस समय गेय साहित्य को रासो की संज्ञा से अभिहित किया जाता था।

इस स्थल पर एक और तथ्य इस सम्बन्ध में उल्लेखनीय है। किसी भी कालखण्ड में किसी भी रचना का उल्लेख न होने से ही उसकी प्रमाणिकता एवं उत्कृष्टता में अंतर नहीं आता है। इसके कई कारण हैं। प्रथम तो यह कि उल्लेखकर्ता का अध्ययन मात्र प्रचलित रचनाओं तक ही सीमित होता है। आज भी यही स्थिति है। दूसरा कारण है कि लेखक की रुचि। अगर उसके अपने द्वारा निर्मित मानदण्डों में वह रचना नहीं आती है तो उसे अनदेखा कर दिया जाता है। तीसरा प्रमुख कारण है लेखकों की गुटबंदी। इस गुटबंदी ने साहित्य की अपूरणीय क्षति की है। उदाहरण के लिए तथाकथित प्रगतिवादी आलोचक इस कला में विशेष निष्णात रहे हैं और आज भी हैं। उनकी दृष्टि में केवल मार्क्सवादी विचारधारा वाले रचनाकार ही वरेण्य है। चौथा अन्तिम कारण है अद्यतन अध्ययन में कमी। नित नए शोध हो रहे हैं और अनेक शोधकर्ता नित नूतन आयामों का उद्घाटन कर रहे हैं।

पद्मावत

पद्मावत हिन्दी का महाकाव्य है। पृथ्वीराज रासो को विशाल काव्य कहते हैं। महाकाव्य नहीं क्योंकि उसमें व्यापक जातीय चेतना का अभाव है। महाकाव्य के सभी लक्षण इस ग्रन्थ में है। कथा की शुरुआत काल्पनिक है तथा उत्तरार्द्ध ऐतिहासिक। इसका नायक राजकुल से सम्बन्धित है। पूरी कथा 52 सर्गों में है जिन्हें खण्डकाव्य कहा गया है। इसमें नाटक की सभी संधियां मिलती हैं। इसमें प्रधान रस श्रृंगार है किन्तु अन्य रसों का भी समावेश है। इसमें एकान्तिक प्रेम कहानी ही नहीं बल्कि लोक पक्ष का भी सुन्दर समन्वय हुआ है। कथा में स्वाभाविक प्रवाह है। इसमें एक आन्तरिकता तथा बाह्य अनुभूतियों और विचारों का अत्यंत कलात्मक प्रकाशन हुआ। मंगलाचरण, सज्जन प्रशंसा तथा दुर्जन निन्दा आदि सभी बातें मिलती हैं।

मलिक मोहम्मद जायसी हिन्दी के सुप्रसिद्ध महाकवि हैं। इन्होंने पद्मावत नामक महाकाव्य की रचना की है। जायसी ने पद्मावत ग्रन्थ में रचनाकाल का संकेत दिया है। संवत् 1597 (सन् 1540 ई.) में ग्रन्थ की रचना की गयी थी। मलिक मोहम्मद जायसी का प्रसिद्ध ग्रन्थ पद्मावत की रचना सूफी परम्परा में हुई है। आचार्य शुक्ल ने पद्मावत की प्रेमाश्रयी निर्गुण धारा का प्रतिनिधि काव्य माना है। तत्कालीन कटुता को दूर करने के लिए प्रेम के सामान्य मर्मस्पर्शी तत्वों का उद्घाटन कर स्तुत्य कार्य किया है।

जायसी के काव्य में प्रधानता रसराज श्रृंगार की है। पद्मावत में श्रृंगार के संयोग और वियोग दोनों का अच्छा परिपाक हुआ किन्तु उसमें प्रधानता वियोग पक्ष की है। नागमती के माध्यम से वर्णित विप्रलम्भ श्रृंगार इनके अक्षय यश का एक आलोक स्तम्भ जायसी ने अपने प्रेम विधुर हृदय की कोमल वेदना के अविरल आँसुओं से भिगोकर उसमें मणि-कांचन योग कर दिया है। जायसी के विरह वर्णन में इतनी व्यापकता, तीव्रता, मार्मिकता और तन्मयता है कि समस्त जगत, जड़ एवं चेतन हो जाता है। विरह की व्यापकता का एक चित्र देखिये-

नैनन चली रकत कै धारा, कंधा भीजि भइए रतननारा है।
सूरज बुडिं उठा हुइ राता, औ मजीठ टेसू बन राता है।
ओ बसन्त राती, वन संपती, औ राते सब जोगी जती।।

प्रकृति के द्वारा सहानुभूति प्रदर्शित की गयी है। सूर ने भी कृष्ण विरह प्रकृति को व्यथित दिखाया है। सूर ने मर्यादा से काम लिया उन्होंने प्रकृति के वे ही अंग लिए हैं जो कृष्ण से सम्बद्ध थे। साहित्य में विरह वर्णन के प्रकरण में पशु-पक्षी, पुष्प ओर पादपों से प्रियतम का पता पूछने के उदाहरण तो मिल जाते हैं।

पद्मावत हिन्दी साहित्य का एक महत्वपूर्ण काव्य है। मसनवी शैली के पद्मावत हिन्दी साहित्य का एक महत्वपूर्ण महाकाव्य है। मसनवी शैली के अनुसार प्रबन्ध काव्य कथानक भी स्तुति खण्ड सिंहल द्वीप वर्णन खण्ड, नख-शिख खण्ड, जोगी खण्ड आदि 58 खण्डों में विभक्त है। दोहा, चौपाई का प्रयोग हुआ है। किन्तु यह भारतीय लक्षणों की कसौटी पर भी खरा उतरा है। श्रृंगार रस की प्रधानता है। पंच संधियाँ हैं। महाकाव्यों के समान इसमें प्रकृति के विभिन्न रूपों का चित्रण हुआ है। जायसी रहस्यवादी कवि थे। इसमें भी इन्होंने सूफी रहस्यवाद के अनुसार कथानक की रचना की है। सूफियों के अनुसार ईश्वर की प्राप्ति विरह मूलक प्रेम से ही हो सकती है। पद्मावत में इसी प्रकार के विरह को स्थान दिया गया है और जहाँ कहीं अवसर मिला है जायसी ने रहस्यवाद की ओर संकेत किया है। लेकिन जायसी के विरह वर्णन भारतीय आदर्शों का भी कम प्रभाव नहीं हुआ है क्योंकि यदि पद्मिनी परमाम्ता है तो रतनसेन के वियोग में सती क्यों होती है? वस्तुतः पद्मिनी महान क्षत्राणी के रूप में आदर्श, प्रेम, चतुर गृहिणी, बुद्धिमती, वीरांगना और सतीत्व का रूप प्रस्तुत करती है। गोरा बादल भी भारतीय स्वामिभक्त वीर के रूप में आते हैं। इसी प्रकार विरह वर्णन में पशु-पक्षी एवं पेड़ पौधों को भी सहानुभूति सूत्र में बांध लिया गया है।

इन्हीं कारणों से शुद्ध इस्लामी सूफीवाद न होकर भारतीय ब्रह्मवाद तथा भारतीय परम्परा के अनुसार ही इसका चित्रण हुआ है।

पद्मावत में राजा रतनसेन और पद्मिनी के प्रेम प्रसंग का वर्णन किया गया है। मलिक मोहम्मद जायसी की अक्षय कीर्ति का आधार पद्मावत है।

जायसी ने हिन्दुओं की लोक प्रचलित कहानियों को बड़ी सरलता के साथ प्रस्तुत करके अपने उदार हृदय होने का परिचय दिया है। पद्मावत की कहानी में जनश्रुति, इतिहास और कल्पना का योग है। चित्तौड़ की महारानी पद्मिनी या पद्मावती का इतिहास हिन्दू जाति के हृदय को स्पर्श करने वाला है। सिंघल द्वीप के राजा गन्धर्वसेन की कन्या रूप और गुण में अद्वितीय थी उसके पास एक तोता था जो जानता था कि पद्मावती के पिता अपनी कन्या के लिए सुयोग्य वर की तलाश में है किन्तु वह उन्हें मिल नहीं रहा है। तोता राजमहल से उड़ा और जंगल में पहुँच गया। वह एक बहेलिया के हाथ पकड़ा गया और उसने उसे चित्तौड़ के ब्राह्मण के हाथ बेच दिया। उससे चित्तौड़ के राजा रतनसेन ने तोता खरीद लिया। राजा रतनसेन की रानी नागमती ने उस तोते से एक दिन पूछा कि क्या उसके समान और दूसरी भी कोई नारी है, जो सुन्दर हो? इस बात पर वह हंसा और सिंघलदीप की पद्मिनी का वर्णन करके कहा कि "जेहि सरवर में हँस न आवा। बगुला तेहि सर हंस कहावा।" वह तुमसे बहुत सुन्दर है और तुममें और पद्मिनी में दिन और रात का अन्तर है। यह सुनते ही क्रोधित हो गयी और उसे मारने की आज्ञा दी। राजा रतनसेन बहुत दु:खी हुए और उन्होंने तोते की खोज की। तोते ने रानी पद्मिनी का रूप वर्णन राजा के सामने कह सुनाया। इसे सुनकर राजा मूर्छित हो गया और अन्त में वियोग व्यथा से पीड़ित होकर जोगी बनकर पद्मिनी की तलाश में घर से निकल पड़ा। इसी हीरामन तोते ने राजा रतनसेन को सिंघलद्वीप का मार्ग दिखाया और राजा सोलह हजार योगियों के वेश पर जहाजों में सवार होकर सिंघलद्वीप की ओर चल पड़ा। पहुँचने पर हीरामन तोते ने पद्मावती को रतनसेन के आने की सूचना दी। पद्मावती शिव पूजन के लिए मंदिर में गयी। राजा उसे देखकर ही मूर्च्छित हो गया ओर उसके भली-भांति दर्शन भी नहीं कर सका और मिलने का कोई उपाय न सूझने पर पद्मावती ने कहला भेजा कि तुम सिंघलगढ़ पर आक्रमण करो ओर उसे विजय करके मुझे प्राप्त करने का प्रयास करो। राजा गंधर्वसेन को जब यह पता चला तब उन्होंने रतनसेन को सूली पर चढ़ाकर मार डालने का आदेश दे दिया किन्तु रतनसेन के साथ आये सोलह हजार योगियों ने गढ़ को घेर लिया। योगियों के साथ शिवजी भी थे। शिव को पहचान कर गंधर्वसेन उनके पैरों पर गिर पड़ा और कहने लगा पद्मावती आपकी है। इस प्रकार रतनसेन के साथ पद्मावती का विवाह हुआ और समय बाद दोनों चित्तौड़ आ गये। रतनसेन की सभा में राघवसेन नामक एक पण्डित था जिसे दक्षिणी सिद्धि प्राप्त थीं राघवसेन से रतनसेन की अनबन हो गयी ओर उसे रत्नसेन ने देश से निकाल दिया। राघवसेन दिल्ली के बादशाह अलाउद्दीन के दरबार में पहुँचा और उसने पद्मावती के रूप का वर्णन किया। अलाउद्दीन ने रतनसेन को पत्र लिखा कि वह पद्मावती को उसके हवाले कर दे नहीं तो मैं चित्तौड़ पर चढ़ाई कर उसे नष्ट कर दूंगा। कई वर्ष तक अलाउद्दीन चित्तौड़ पर घेरा डाले रहा किन्तु उसे विजय प्राप्त न हो सकीं अन्त में उसने छलपूर्वक सन्धि का प्रस्ताव भेजा। राजा रतनसेन ने उसे स्वीकार कर लिया और बादशाह को आपने घर में दावत दी जहाँ उसने शीशे में पद्मावती का रूप अलाउद्दीन को दिखाया। प्रस्थान के समय रतनसेन अलाउद्दीन के छिपे

सैनिकों द्वारा पकड़ लिया गया और बंदी बनाकर दिल्ली ले जाया गया। जब यह समाचार पद्मिनी को मिला तब उसने तुरन्त पति के उद्धार का उपाय सोचना शुरू कर दिया और गोरा-बादल नामक दो वीर क्षत्रिय सरदारों के साथ सात सौ पालकियों में सशस्त्र सैनिकों को छिपाकर दिल्ली ले गयी। रतनसेन पहले से तैयार घोड़े पर सवार होकर निकल आया। रतनसेन का घोड़ा तेजी से भाग गया और गोरा बादशाह के सैनिकों को रोकता रहा और बादल रतनसेन को लेकर तेजी से चित्तौड़ पहुँच गया। पहुँचने पर पद्मिनी ने कुम्भलनेर के राजा देवपाल द्वारा दूती भेजने की बात कही, इसे सुनते ही राजा रतनसेन ने कुम्भलनेर पर चढ़ाई कर दी। लड़ाई में देवपाल और रतनसेन दोनों मारे गये। रतनसेन का शव चित्तौड़गढ़ लाया गया। उसकी दोनों रानियाँ नागमती और पद्मावती पति के साथ चिता में बैठकर सती हो गयी। पीछे जब सेना सहित बादशाह अलाउद्दीन चित्तौड़ पहुँचा तब उसे वहाँ राख के ढेर के सिवा कुछ और नहीं मिला।

इस प्रेम कहानी में मलिक मोहम्मद जायसी ने सूफी सिद्धान्तों का समावेश किया है।

पद्मावत के प्रेम में किसी प्रकार की न्यूनता नहीं है फिर भी नागमती के विरह वर्णन में एक विशेष तीव्रता और मार्मिकता है। नागमती को पति वियोग तो था ही साथ ही साथ पत्नी के प्रति ईर्ष्याभाव ने उसे और भी तीव्र बना दिया हैं वह विरह में जलकर कोमल हो गयी। नागमती एक आदर्श हिन्दू महिला है। उसमें पतिभक्ति पूर्ण रूप में विद्यमान है। उसमें एक महान त्याग है, जो उसे बहुत ऊँचा उठा देता है।

''मोहि भोग सो काम न बारी, सौंह दिरिटि भी चाहन हारी।'

जायसी में जितनी सफलता वियोग पक्ष में मिली है उतनी संयोग पक्ष में नहीं। यद्यपि उनका यह भी पक्ष सजीव है, पर उनमें इतना व्यापकता तीव्रता और गम्भीरता नहीं जितनी कि विप्रलम्भ श्रृंगार में है। रत्नसेन और पद्मावती के प्रथम समागम का बड़ा विशद वर्णन है और उसमें कुछ हास्य विनोद भी विद्यमान है।

पद्मावत एक प्रबन्ध काव्य है। अत: श्रृंगार रस के अतिरिक्त अन्य रसों का समावेश भी हुआ है। रतन सेन के सिंहल गमन, रानियों का विलाप तथा रतनसेन की मृत्यु के प्रकरणों में करुण रस का अच्छा परिपाक हुआ है। युद्ध वर्णन में वीभत्स का अच्छा उद्रेक है। क्षात्र तेज सम्पन्न भोग बादल आदि पात्रों में वीर रस की भी सुन्दर व्यंजना हुई है।

पद्मावत एक घटना काव्य है। जायसी ने इसे रसात्मक बनाने के लिए वर्णनात्मकता पर अत्यधिक बल दिया है। सिंहल द्वीप में फूलों और फलों का वर्णन, पकवानों की लम्बी सूची रसायन सम्बन्धी क्रियायें तथा हठयोग का विस्तृत वर्णन है। ये कुछ ऐसे प्रकरण हैं जिनसे कविता के प्रवाह में बाधा पहुँची है। प्रकृति चित्रण की दृष्टि से पद्मावत का कोई विशेष महत्व नहीं है। वह एक आदर्श प्रेमिका है।

इस प्रेमकथा में रतनसेन के मार्ग में जितनी विघ्न बाधाएँ कवि ने वर्णित की है, वे प्रकारान्तर से आध्यात्मिक मार्ग में जितनी चलने वाले साधक के मार्ग की बाधाएं हैं। इस कथा का पूर्वार्द्ध तो एकान्त प्रेम मार्ग का आभास देता है। नागमती का वियोग वर्णन भी उत्कृष्ट कोटि का है। ग्रन्थ की समाप्ति पर कवि ने चरित्रों का आध्यात्मिक स्वरूप भी लिख दिया है। पद्मावत में भारतीय काव्य की प्राय: सभी रूढ़ियों एवं प्रवृत्तियों का सफलतापूर्वक नियोजन हुआ है। श्रृंगार रस की दृष्टि से इसमें संयोग और वियोग दोनों पक्षों का सुन्दर वर्णनक मिलता है। रतन सेन और पद्मावती का प्रेम उभयनिष्ठ है। मोटे तौर पर रतनसेन का पद्मावती तक पहुँचने वाला प्रेम पन्थ स्थूल आभास है। पद्मावती ईश्वर से मिलने वाला ज्ञान या बुद्धि है अथवा चैतन्य स्वरूप परमात्मा है जिसकी प्राप्ति का मार्ग बताने वाला सुआ सद्गुरु है। नागमती संसार का जंजाल है। पद्मावत की भाषा लोक-प्रचलित अवधी है जो पूर्वी उत्तर प्रदेश के भू–भाग में बोली जाती है।

रामचरितमानस तुलसीदास

तुलसीदास जी का जन्म तिथि सं. 1554 की श्रावण शुक्ला सप्तमी है। इस गणना के अनुसार उनकी आयु 126 वर्ष की बैठती है, इसके अतिरिक्त इस हिसाब से उनकी अमर कृति रामचरितमानस 70 वर्ष की अवस्था में होना चाहिए जो कि ऐसी प्रौढ़ रचना के लिए उपयुक्त नहीं जान पड़ता। जनश्रुति के अनुसार पं. राम गुलाम द्विवेदी ने तुलसी का जन्म संवत 1489 माना। सर जार्ज गियर्सन ने भी इसे स्वीकार किया। इसी प्रकार इनके जन्म स्थान के बारे में भी विद्वानों में भारी मतभेद है। तुलसी चरित में इनका जन्म स्थान राजापुर बताया गया है। शिव सिंह सेंगर और राम गुलाम द्विवेदी भी राजापुर को गोस्वामी जी का जन्म स्थान मानते हैं। गोस्वामी जी के पिता का नाम आत्माराम दुबे, माता का नाम हुलसी था ओर वे पत्योजा के दुबे थे। मिश्र बिन्धुओं ने इन्हें कान्यकुब्ज माना है। आचार्य शुक्ल ने इन्हें सरयूपारीण ब्राह्मण माना है। गोस्वामी जी को बाल्यकाल में ही माता-पिता ने छोड़ दिया था, बाबा नरहरिदास ने इनका पालन पोषण किया और ज्ञान-भक्ति की शिक्षा-दीक्षा भी दी।

गोस्वामी जी का एक और जीवन चरित्र जिसकी सूचना मर्यादा पत्रिका की ज्येष्ठ 1961 की संख्या में श्रीयुत् इन्द्रदेव नारायण जी ने दी थी।

गोसाई चरित और तुलसी चरित में राजापुर को तुलसी का जन्म स्थान बतलाया गया है। तुलसीदास जी ने भक्ति और साहित्य दोनों क्षेत्र में सफलता प्राप्त की। तुलसीदास जी भक्ति काल के कवि हैं। परन्तु इन्होंने युद्ध का वर्णन भी रामचरित मानस में बहुत अच्छा किया है। गोस्वामी जी का विवाह दीनबन्धु पाठक की कन्या रत्नावली से हुआ था। अत्यधिक आसक्ति के कारण जब एक बार इन्हें अपनी पत्नी से मधुर भर्त्सना 'लाज न आई आपको दौरे आवहु साथ' मिली तब इनकी भावधारा सहसा लौकिक विषयों से विमुख होकर प्रभु प्रेम की ओर उन्मुख हो गयीं। इनके द्वारा विरचित अनेक ग्रन्थ विविध सूत्रों से उपलब्ध हुए हैं। आचार्य

शुक्ल ने अपने इतिहास में इनके छोटे-बड़े बारह ग्रन्थों का उल्लेख किया। दोहावली कवित्त रामायण (कवितावली), गीतावली, रामचरित मानस, रामाज्ञा प्रश्नावली और विनय पत्रिका बड़े ग्रन्थ हैं तथा रामलला नहछू, पार्वती मंगल, जानकी मंगल, बरवै, रामायण, वैराग्य, संदीपनी और कृष्ण गीतावली छोटे ग्रन्थ हैं। शिव सिंह सरोज में दस और ग्रन्थों के नाम भी गिनाये गये हैं। राम सतसई, संकट मोचन, हनुमदबाहुक, रामशलाका, छन्दावली, छप्पय रामायण, कुड़रवा रामायण, रोला रामायण, झूलना रामायण और कुण्डलियां रामायण। तुलसीदास सामन्ती युग में उत्पन्न हुए थे। सामन्ती युग की परम्पराओं का सांस्कृतिक परम्पराओं के साथ संघर्ष होना स्वाभाविक था।

रामचरितमानस

तुलसीदास जी की वाणी एक ओर तो व्यक्तिगत साधना के मार्ग में विरहपूर्ण शुद्ध भक्ति मार्ग का उपदेश देती है, तो दूसरी ओर लोक पक्ष में आकर पारिवारिक और सामाजिक कर्तव्यों का सौन्दर्य दिखाकर मुग्ध करती है। वे कोरे भक्त नहीं और न ही उनके रामचरितमानस में कोरी भक्ति का ग्रन्थ कहा जा सकता है। उनकी भक्ति में एकान्तिक साधना नहीं है। जबकि उसमें अन्त: संघर्ष छिपा हुआ है।

तुलसी ने रामचरित मानस के द्वारा पराजित जाति के जीवन में एक ऐसी चेतना का संचार करना चाहता था जो अपने भीतर छिपी दैवी शक्ति को नितान्त विस्तृत कर चुकी थीं तुलसी ने यही जागरण संदेश उस समय इस देश में रामचरित मानस द्वारा संचरित किया था। तुलसी ने रामायण के चिर-परिचित पात्रों के स्थान पर किन्हीं नये पात्रों की सृष्टि नहीं की किन्तु उन्हीं के मानस में अंकित हुआ वह न तो वाल्मीकि रामायण में है और न रघुवंश में। तिल-तिल कर अपने को यातनाओं में जलाने वाले भरत कहीं ग्लानि भार से विगलित नहीं है। अपनी माता कैकेयी के मूर्खतापूर्ण कृत्य के लिए भरत को पश्चाताप करने की आवश्यकता नहीं थी। भरत को समाज के साथ अनुकरणीय भी होता है। भरत ने अग्रज का आदेश मानकर अयोध्या में रहना स्वीकार किया। भोग-विलास का उनके पास जाने का साहस ही नहीं हुआ।

तुलसीदास के युवाकाल की रचना है। इसमें साहित्य और समाज और जीवन को तत्कालीन देशकाल के परिप्रेक्ष्य में नये सिरे से निर्मित किया गया है। तुलसी ने देखा हिन्दू समाज अनेक धार्मिक सम्प्रदायों, वर्णाश्रम, धर्म विरोधी विचारों, लोक वेद की मर्यादाओं को न मानने वाले संतों, भक्तों के कारण टूट रहा था, बिखर रहा था। उन्होंने मानस के माध्यम से लोक वेद की मर्यादा प्रतिष्ठित की। अग्रदास रामोपासक थे। वे तुलसीदास के पूर्ववर्ती थे इसके समक्ष एक ऐसे व्यक्ति की प्रतिष्ठा करनी थी जिसके माध्यम से वे अपना स्वप्न चरितार्थ कर सकते थे। सबसे पहले उन्होंने वर्णाश्रम व्यवस्था को पुनर्जीवित करने का संकल्प किया। वे संत मत पर प्रहार करते क्योंकि यह श्रुतिसम्मत नहीं था, श्रुति विरोधी शा-

"श्रुतिसम्मत हरिभक्ति पथ संयुतविरति विवेक ।
तेहि न चलहि नर मोहबस कल्परि पक्ष अनेक।।[30]

संत-मत यदि श्रुति विरोधी होता तो भी गनीमत थी, वह वेद निंदक था।

"साखी सबदी दोहरा, कहि किनी उपखान।
भग्रति निरूपहि भगत कलि, निछहि वेद पुरान।
बादहि सूद द्विजन सन हम तुमसे कछु घाटि।
जानहि विप्र विप्रवर आँखि दिखावहि डाँटि।[31]

उत्तरकाण्ड मानस का सातवाँ सोपान है, इसे सम्पूर्ण मानस की फलश्रुति कहा जा सकता है। जिस प्रकार शिव ने मानस लिखने के पूर्व उसका खाका अपने मानस में तैयार कर रखा था। पहला श्रुति सम्मत और वर्णाश्रम धर्म का समर्थक है। ओर दूसरा हृदयलोक है जो सामान्य भक्तिमार्ग का पक्षधर है।

"वर्णाश्रम धर्म की परिणति रामराज्य में होती है,
वरनाश्रम निज निज धरम विरत बद पक्ष लोग
चलहि सदा पावहि सुख नहिं भय सोक न रोग ।"[32]

भय वेद पथ पर चलते हैं। भय, शोक रोग के लिए कोई स्थान नहीं होता है। सभी लोगों में प्रेम है। अल्पायु में किसी की मृत्यु नहीं होती सभी गुणी है, पंडित है, ज्ञानी है, विप्रो के सेवक हैं। तरुओं में सदैव फूल-फल लगे रहते हैं। शीतल मंद सुगन्धित बयार बहती रहती है।

सारा दुख वर्णाश्रम के नष्ट होने के कारण है।

जिस कवि ने रामचरितमानस और विनय पत्रिका जैसे दो भिन्न संवेदनाओं के काव्य लिखे हैं। उसी ने कवितावली जैसे ओजस्वी काव्य की सृष्टि की है। विस्मय होता है कि तुलसी की एक कृति गीतावली बिल्कुल नये फलक को स्पष्ट करती है।

रामचरितमानस कवि के बहुविध कृतित्व का पुंजीभूत निदर्शन है। इस कृति में लोकमंगल और लोक संग्रह के साथ धर्म, दर्शन नीति और शाश्वत जीवन मूल्यों की स्थापना होती है। यह रामकथा के माध्यम से मानव की सफल जीवन-यात्रा का संदेशवाहक काव्य है।

रामचरितमानस के भीतर कहीं-कहीं घटनाओं के थोड़े ही हेरफेर तथा स्वकल्पित संवादों के थोड़े ही हेरफेर तथा स्वकल्पित संवादों के समावेश के अतिरिक्त अपनी ओर से छोटी-मोटी घटनाओं या प्रसंगों की नयी कल्पना तुलसीदास जी ने नहीं की। राम के प्रमाणिक चरित्र द्वारा वे जीवन भर बना रहने वाला प्रभाव उत्पन्न करना चाहते थे और काव्यों के

समान केवल अल्पस्थायी रसानुभूति मात्र नहीं। गीतावली प्रबन्ध काव्य न थी। रामचरित मानस में तुलसी केवल कवि रूप में ही नहीं उपदेशक के रूप में भी सामने आते हैं।

गोस्वामी जी के बारह ग्रन्थ प्रसिद्ध है। जिनमें 5 बड़े और सात छोटे हैं दोहावली, कवित्त, रामायण, गीतावली, रामचरित मानस, विनय पत्रिका के बड़े ग्रन्थ हैं। रामलला नहछू, पार्वती-मंगल, जानकी-मंगल, बरवै रामायण, वैराग्यसंदीपनी, श्रीकृष्ण-गीतावली और रामाज्ञाप्रश्न आदि गोस्वामी जी ने विभिन्न पद्यों का ढेर लगाया है।

रामचरित मानस में रावण और शूर्पणखा ने काम की मर्यादा का अतिक्रमण किया किन्तु तुलसी ने उचित दण्ड दिलवाया। नारद को अपने ब्रह्मचर्य पर घमण्ड हो गया और उन्होंने काम का परित्याग कर दिया किन्तु वही नारद काम के फेरे में पड़ते हैं कि जग-हँसाई होती है। इसके विपरीत राम में काम का मर्यादित रूप है। तुलसीदास जी ने रावण और परशुराम में मद की अतिशयता दिखाई है। उन्हें गर्व हो गया कि यथार्थ का ज्ञान तक न रहा। राम जी नम्रता किन्तु दृढ़ता के साथ परशुराम को चेतावनी देते हैं। परशुराम में क्रोध की अतिशयता को तुलसी ने हास्यास्पद बताया है किन्तु राम के समुद्र के प्रति प्रकट किये गये क्रोध को उचित ठहराया है। राम मर्यादापुरुषोत्तम है। सीता आदर्श पत्नी, राम-लक्ष्मण आदर्श भाई, कौशल्या आदर्श माँ, हनुमान आदर्श सेवक हैं। मर्यादा, आदर्श की प्रतिष्ठा इनके जीवन का एक मात्र उद्देश्य है। रामचरित मानस के पात्रों द्वारा तुलसीदास ने जिन नैतिक मूल्यों की स्थापना की वे जनता के मनोबल को दृढ़ करने वाले थे। रामचरित की इसी जीवन व्यापकता ने उनकी वाणी को राजा रंक, धनी-दरिद्र, मूर्ख-पण्डित सबके हृदय और कंठ में सब दिन के लिए बसा दिया है। रामजी की वाणी प्रेरणा से आज हिन्दू जनता मुग्ध है, महत्व पर श्रद्धा करती है। सन्मार्ग पर पैर रखती है, कठिन कर्म में उत्साहित होती है। बुराई पर ग्लानि करती है। मानव जीवन के महत्व पर अवलम्बन करती है। तुलसीदास जी ने जीवन की व्याख्या रामत्व की कल्पना में प्रस्तुत की। तुलसीदास जी ने धर्म की जो कल्पना की वह बड़ी विशाल थी। इस विशाल कल्पना के फलस्वरूप वे धार्मिक सम्प्रदायों का समन्वय कर सके। रामत्व की रावणत्व पर विजय की जो कल्पना इन्होंने की है, उनकी कल्पना केवल भारतीय समाज के लिए नहीं प्रत्युत विश्व समाज के लिए पथ प्रदर्शिका है। तुलसीदास जी का राष्ट्र और समाज के साथ पारिवारिक और व्यक्तिगत जीवन आदर्श भव्य है 'रामचरित मानस' पारिवारिक और व्यक्तिगत आदर्शों का खजाना है। उनकी धारणा थी, कि व्यक्ति से परिवार, परिवार से समाज तथा समाज से राष्ट्र का निर्माण सम्भव है।

एक ओर गोस्वामी जी वर्णाश्रम धर्म की प्रतिष्ठा कर रहे थे, दूसरी ओर भक्ति के दबाव से वह टूट रहे थे। हर लेखक अपनी प्रक्रिया में भावों और विचारों को एक सीमा तक लेकर चलता है। तुलसीदास रचना प्रक्रिया में जगह-जगह उसमें हस्तक्षेप करते हैं और कवि सामान्य मानवीय भूमि पर उतर आता है। फिर भी इन बड़े लोगों की अपेक्षा जन जातियों का अहेतुक प्रेम अधिक मानवीय लगता है।

सर्वप्रथम वाल्मीकि ने राम कथा को लेकर रामायण की रचना की थी। संपूर्ण संस्कृत साहित्य में वह सर्वोत्तम महाकाव्य है। अपभ्रंश में स्वयंभू ने भी रामकथा को लेकर पउम चरिउ (पद्म चरित-रामायण) की रचना की थी। अवधी भाषा में लिखा गया रामचरित मानस प्रत्येक दृष्टि से विश्व साहित्य में अप्रतिम है। साहित्यिक, धार्मिक, लौकिक और आध्यात्मिक सभी दृष्टियों से वह महान ग्रन्थ है। वस्तुत: उसका प्रणयन एक आलोकिक घटना ही है। रामचरित मानस से प्रेरणा लेकर ही कुछ परवर्ती विद्वानों ने महाकाव्य के लक्षण दिये हैं। फलत: उनकी कसौटी पर रामचरितमानस को छोड़कर दूसरा ग्रन्थ खरा नहीं उतरता उन्होंने लक्षण दिए हैं- "महाकाव्य में एक महच्चरित्र होना चाहिए और उस महच्चरित्र का एक महत्कार्य और महद्रनुष्ठान होने चाहिए। रामचरित मानस में उपर्युक्त गुणों के अतिरिक्त अन्यान्य अनन्त गुण विद्यमान है। जिसका अभी पूरा निरूपण न हो सका है।

भारतीय आचार्यों के अनुसार महाकाव्य का नायक राजवंशीय, उच्च क्षत्रिय या देवता हो सकता है। महाकाव्य का नायक विश्व इतिहास में अप्राप्य है। महाकाव्य में तीन ही रस अंगी हो सकते हैं-श्रृंगार, वीर और शान्त।

रामचन्द्रिका (केशवदास)

केशवदास का जन्म 1612 वि. (1555 ई.) और मृत्यु संवत् 1674 वि. (1617 ई.)। इनके प्रेम काव्य के अन्तर्गत उनकी रचनाओं का संक्षिप्त संकेत किया है। रामायण विषयक उनका एक ग्रन्थ मिलता है। जिसका नाम है 'रामचन्द्रिका'। रीतिकाल विषयक उनके दो मुख्य ग्रन्थ प्रसिद्ध हैं, रसिकप्रिया और कविप्रिया छोटे ग्रन्थ नख-शिख वर्णनक और छन्द माला भी रीति काव्य से ही सम्बद्ध लगते हैं। वीर सिंह, देव चरित, रतन बावनी, विज्ञान गीता और जहाँगीर जस चन्द्रिका है। केशव में हर प्रचलित शैली में ग्रन्थ निर्माण की क्षमता थी। इन्होंने आदिकालीन शैली में वीर चरितात्मक काव्य का सर्जन किया दूसरी ओर राम चन्द्रिका जैसे रामभक्ति परक महाकाव्य तीसरी ओर विज्ञान गीता के निर्माण द्वारा आध्यात्मिक रूपक शैली को काव्य के रूप में ढाला।

रामचन्द्रिका

रामचन्द्रिका ग्रन्थ महाकाव्यात्मक शैली में होने पर भी अलंकारों और छन्दों के उदाहरण प्रस्तुत करके कवि ने इसे भी काव्यशास्त्र के निकट रख दिया है। राम कथा गौण हो गयी है। सर्वप्रथम श्रेय केशवदास को ही प्राप्त है। कवि के एक ग्रन्थ छन्दमाला का उल्लेख रामचन्द्रिका के छन्दों के आधार पर भी किया गया है। छन्दों का उपयोग करने वाले छात्रों एवं कवियों के लिए लघु पुस्तिका का निर्माण करना है। इस ग्रन्थ में 77 वार्णिक वृत्तों का तथा द्वितीय भाग में बीस मात्रिक छन्दों का वर्णन है। रामचन्द्रिका इनका प्रबन्ध काव्य है जिसे महाकाव्य की संज्ञा दी जाती है। संवादों की दृष्टि से यह काव्य इतना अनूठा है कि हिन्दी साहित्य का दूसरा कोई कवि ऐसी काव्य रचना करने में समर्थ नहीं हुआ। रामचन्द्रिका

के अतिरिक्त विज्ञान गीता वीर सिंह, देवचरित जहाँगीर, जसचन्द्रिका और रतन बावनी को छोड़कर किसी अन्य को ग्रन्थ का स्थान नहीं दिया जा सकता है। प्रबन्धत्व के सारे बाह्य विद्यान रामचन्द्रिका में पाये जाते हैं। इस कथा का प्रारम्भ वह दशरथ का परिचय देकर और रामजी का नाम लेकर करते हैं, एक छन्द में राम के राज्याभिषेक का वर्णन है तो दूसरे छन्द में कैकेयी भरत को राजगद्दी और राम को चौदह वर्ष का वनवास दशरथ जी से मांगती है। किष्किंधा काण्ड में बालि-सुग्रीव युद्ध और बालि वध आधे छन्द में है। सुन्दरकाण्ड में भी थोड़ी सी कथा का वर्णन हैं, लंका काण्ड में कथा का विस्तार से वर्णन है। उत्तरकाण्ड में वर्णन की प्रधानता है। तुलसीदास जी ने संपूर्ण कथा को लोक चेतना से सम्पृक्त कर दिया था। केशव दास जी इस कथा को सामान्य जनता से निकाल कर राजन्य वर्ग के बीच खड़ी करते हैं। जिसमें ऐश्वर्य, वैभव, कल्पना का विलास है।

5. हिन्दी काव्य परम्परा में युद्ध विषयक प्रबन्ध काव्य

मानव सभ्यता में युद्ध एक ऐसा सनातन प्रश्न है जैसे युद्ध में मानवता का है। भारत में युद्ध को क्षत्र धर्म माना गया है। अन्याय के प्रतिकार का यह अन्तिम प्रतिकार है। जब विपक्ष के समझाने पर भी सत्य और न्याय को नहीं समझाता तो युद्ध अनिवार्य हो जाता है। रामायण, महाभारत युद्ध काव्य ही है तथा गीता में कृष्ण की अमृतवाणी युद्ध भूमि में प्रभावित हुई है। कर्मण्येवाधिकारस्ते के मूल में भी युद्ध कर्म है। शौर्य वीरता के कारण ही 'वसुन्धरा वीरभोग्या' कही गयी है।

पूर्व काल में शान्ति हेतु युद्ध करना अनिवार्य माना जाता है किन्तु युद्ध अब काल और देश के सापेक्ष्यक में अधिक विनाशकारी हो गया है क्योंकि युद्ध का कारण अब प्रतिकार नहीं रहा अपितु शोषण हो गया है। युद्ध के कारण चाहे जो भी हों दुष्परिणाम विपक्ष को ही भोगना पड़ता है। हिन्दी के अनेक कवियों ने युद्ध विषयक विचारों को वाणी दी है। आधुनिक हिन्दी काव्य में युद्ध विषयक कृतियां प्रकाश में आयीं जिनमें युद्ध को विश्व को एक प्रमुख समस्या के रूप में उठाया गया है।

हिन्दी काव्य परम्परा के युद्ध विषयक प्रबन्ध काव्यों में कुरुक्षेत्र उन्मुक्त और आर्यावर्त आदि है। लेकिन सबसे महत्वपूर्ण प्रबन्ध काव्य जो युद्ध की समस्या को लेकर लिखा गया है वह प्रबन्ध काव्य (कुरुक्षेत्र) है जो रामधारी सिंह दिनकर की कृति है। 'कुरुक्षेत्र' एक काव्यात्म गीता है। कवि ने युद्ध को निन्ध बताया है। आज के परिवेश में उसके जटिल रूप को, उसके संक्रान्त मूल्य को उभारा है। युद्ध के रूप में इतिहास की एक बहुत बड़ी चुनौती क्यों बार-बार शान्तिप्रिय लोगों को स्वीकार करनी पड़ती है। एक विशेष सामाजिक या मानवीय संदर्भ में युद्ध शान्ति की अपेक्षा अधिक मूल्यवान हो जाता है? कुरुक्षेत्र में भी इसका कोई उत्तर नहीं है, किन्तु 'कुरुक्षेत्र' की शक्ति उत्तर के काल्पनिक नियोजन में नहीं है बल्कि वह द्वन्द्व ग्रस्त प्रश्न अधिक महत्वपूर्ण है जो धर्मराज और भीष्म के भीतर से गुजरता

है। शान्ति काम्य है, युद्ध निषिद्ध है किन्तु युद्ध की अनिवार्यता को स्वीकार कर लेने मात्र से प्रश्नों का अन्त नहीं होता। युद्ध शुरू होने पर मूल्य ऐसे उलझ जाते हैं कि रावण और कौरवों के अधर्म प्रहारों के साथ राम और पाण्डवों को भी कुछ न कुछ अधर्म प्रहार करने ही पड़ते हैं। धर्मयुद्ध शुरू करने वाला इस अधार्मिकता के लिए कहीं न कहीं विवश हो जाता है और अपनी इस विवशता और उसके परिणाम स्वरूप उत्पन्न अधार्मिकता का बोध उसे निरन्तर पीड़ित करता है अर्थात् वह एक ही साथ एक युद्ध बाहर लड़ता है एक भीतर। युयुत्या और मानवीय करुणा का एक भयानक द्वन्द्व उसे कसता चला जाता है।

'कुरुक्षेत्र' के धर्मराज संवेदनशील योद्धा के मूर्त रूप हैं जो आत्मग्लानि के अतिरेक में अपने को ही युद्ध का उत्तरदायी मानकर भीष्म के सामने विलाप करते हैं और भीष्म सामाजिक चेतना के प्रतीक हैं। भीष्म भी युद्ध के पक्षपाती नहीं है, लेकिन वह कहते हैं जब तक समाज में दो वर्गों में अन्तर है जैसे सुख-दुख और असुविधा-सुविधा आदि, तब तक युद्ध की सम्भावना मिटायी नहीं जा सकती है। 'कुरुक्षेत्र केवल युद्ध काव्य नहीं है। युद्ध के प्रश्न के बहाने भीष्म ने आज के सामाजिक जीवन के अनेक प्रश्नों को अनेक सत्यों को छुआ है।[33]

सियारामशरण गुप्त कृत उन्मुक्त में अपने ढंग से युद्ध की अनिवार्यता, त्याग, बलिदान, यातना-विभीषिका और मानवीय करुणा का अद्भुत समन्वय हुआ है। मोहन लाल महतो 'वियोगी' का आर्यावर्त भी 1943 के युग का श्रेष्ठ ऐतिहासिक प्रबन्ध काव्य है। जिसकी रचना पृथ्वीराज और मुहम्मद गोरी, सम्बन्धी आख्यान के आधार पर हुई है। इसके तेरह सर्ग हैं, पृथ्वीराज और गोरी के युद्ध, संयोगिता के पराक्रम और पृथ्वीराज द्वारा शब्द-बेधी बाण से गोरी के कथा के अत्यन्त प्रभावपूर्ण ढंग से प्रस्तुत किया है। देशभक्ति की भावना इसमें सर्वोपरि है।

सन्दर्भ संकेत

1. अग्नि पुराण- 339/10
2. वामन के अलंकार सूत्र– 1/1/1
3. काव्य प्रकाश प्रथमोल्लास- पृ. 12
4. भरत मुनि नाट्यशास्त्र 16/118
5. अग्निपुराण 33/16-7
6. संस्कृत साहित्य का इतिहास-काव्यादर्श 1, 10
7. सरस्वती कंठाभरण- 1/2 पृ. 2
8. वक्रोक्ति जीवतम 1/7 पृ. 7
9. संस्कृत साहित्य का इतिहास- चन्द्रालोक 1/7
10. रसगंगाधर पृ. 53, संस्कृत साहित्य का इतिहास

11. रुट पृ. 79
12. काव्याल 5/4
13. काव्याल 1/5
14. काव्य भी पृ. 11, संस्कृत साहित्य का इतिहास
15. मम्मट, काव्य प्रकाश पृ. 116
16. वाग्भट्ट प्रतिभा का महत्व, पृ. 55
17. अग्निपुराण, 337/4, पृ. 1
18. काव्यशास्त्र- पृ. 58, सुमित्रानंदन पंत
19. भरतमुनि नाट्यशास्त्र 1/10/124
20. काव्यालं 1/2
21. काव्यालं 1/5
22. किष्किंधा- 54/18
23. दश रूपक 1/68
24. संस्कृत साहित्य का समीक्षात्मक इतिहास-डॉ. कपिलदेव द्विवेदी, पृ. 202
25. बलदेव उपाध्याय-संस्कृत साहित्य का इतिहास पृ. 55
26. माघ-शिशुपाल वध- 11-64
27. शिशुपाल वध- 11-64
28. श्री हर्ष नैषधीय चरित के सर्गान्त श्लोक
29. श्री हर्ष-नैषधीय चरित पृ. 73
30. उत्तरकाण्ड का सातवां सोपान-हिन्दी साहित्य का दूसरा इतिहास, पृ. 152
31. हिन्दी साहित्य का दूसरा इतिहास, पृ. 153
32. तुलसीदास रामचरित मानस उत्तरकाण्ड पृ. 169
33. डॉ. नगेन्द्र हिन्दी साहित्य का इतिहास, पृ. 662

तृतीय अध्याय

आधुनिक युद्ध प्रबन्ध काव्य में युग बोध (द्विवेदी एवं छायावादी युग)

अध्याय-तृतीय

आधुनिक युद्ध प्रबन्ध काव्य में युग बोध
(द्विवेदी युग एवं छायावाद)

(1) अयोध्या सिंह उपाध्याय 'हरिऔध'

यह वह समय है। जब हिन्दी खड़ी बोली अपना स्वरूप ग्रहण करने को आतुर थी और साहित्यकारों के मध्य काव्य भाषा को लेकर असमंजस्य जैसी स्थिति थी। कुछ लोग ब्रज भाषा के आग्रही थे तो कुछ उर्दू बहुल भाषा के तो कुछ संस्कृनिष्ठ हिन्दी के।

उक्त दो दशकों में जिन कवियों की पहचान बनी उनमें सर्वप्रथम नाम पण्डित अयोध्या सिंह उपाध्याय 'हरिऔध' का है। खड़ी बोली के प्रबन्ध काव्यों के विकास में उनका 'प्रिय प्रवास' महत्व रखता है। खड़ी बोली के लिए उन्होंने छंदों और ठेठ बोली को ही उपयुक्त समझा।

सन् 1957 में नागरी प्रचारिणी सभा में उन्होंने कविता पढ़ी थी-

उसके चरण चार डग हमने भरे तो क्या किया है?
है पड़ा मैदान कोसों का भी।।
मौलवी ऐसा न होगा एक भी
खूब उर्दू जो न होवे जानता।[1]

हरिऔध जी का जन्म वैशाख कृष्ण तृतीय संवत् 1922 को निजाबाद (आजमगढ़) में हुआ था उनके पिता का नाम श्री भोला सिंह उपाध्याय था। हरिऔध जी संस्कृत और फारसी के बहुत बड़े विद्वान थे। खड़ी बोली के लिये उन्होंने छंदों और ठेठ बोली को ही उपयुक्त समझा। 1957 के पहले वह बहुत सी फुटकर रचनायें इस उर्दू ढंग पर कर चुके थे।

सिक्ख समुदाय दो एक साधु सुमेर सिंह की प्रेरणा से आपने काव्य सृजन प्रारम्भ किया। हरिऔध जी के बाबा ने सिक्ख समुदाय प्रारम्भ किया। सन् 1941 में आप निजाबाद के स्कूल में अध्यापक हुए। 1946 में कानूनगो की परीक्षा उत्तीर्ण कर कानूनगो हुए और धीरे-धीरे सदर कानूनगो बन गये। 1971 में उन्होंने अपना प्रिय प्रवास नामक बहुत बड़ा काव्य प्रकाशित किया। सन् 1980 में सरकारी सेवा से अवकाश ग्रहण कर आप काशी विद्यालय में अध्यापक हो गये।

उपाध्याय जी ने लोक संग्रह का भाव अधिक ग्रहण किया है। काव्य में श्रीकृष्ण बृज के रक्षक नेता के रूप में अंकित किये गये हैं। उपाध्याय जी का संस्कृत पद विन्यास अनेक उपसर्गों से लदा तथा 'मंजु' 'मंजुल', 'पेंशल' आदि से बीच-बीच में जटिल अर्थात् चुना हुआ होता था। उपाध्याय जी संस्कृत शब्दों का प्रयोग अधिक किया है। ऐसी एक दो क्रियाओं के भीतर ही हिन्दी को सिमटकर रह जाना पड़ा है। उन्होंने मुहावरों पर भी अधिक जोर दिया। उन्होंने बोलचाल की भाषा में अनेक कवितायें रची जिसमें मुहावरा अवश्य पाया गया।

2004 के फाल्गुन मास में आपका निधन हो गया। 1995 में उन्हें प्रिय प्रवास पर मंगला प्रसाद पुरस्कार प्रदान किया गया। हरिऔध का नाम द्विवेदी युग के प्रमुख समीक्षकों के मध्य भी समादृत है।

रचनाएँ

इनकी रचनाओं में श्री कृष्ण शतक में भगवान श्रीकृष्ण सम्बन्धी सौ दोहे से संकलित है। 'प्रेमाम्बुबारिधि', प्रेमाम्बुप्रवाह, प्रेमाम्बुप्रसवण, आपकी आरम्भिक कृतियां हैं। ये सभी कृतियाँ ब्रजभाषा में है। इन पर सूरदास, रसखान और भारतेन्दु का प्रभाव प्रतीत होता है। आपकी अन्य लघु कृतियों उद्बोधन, कर्मवीर, काव्योपवन, पद्य प्रमोद, बाल विनोद, ऋतु मुकुट, पद्य प्रसून, चोखे चौपदे, चुभते-चौपदे, बालचाल, बाल कवितावली आदि है। 'प्रिय प्रवास' और वैदेही बनवास आपकी प्रबन्धात्मक रचनाएँ हैं।

प्रिय प्रवास

प्रिय प्रवास का प्रकाशन सन् 1914 में हुआ। खड़ी बोली के प्रथम महाकाव्य के रूप में समादृत है। मैथिलीशरण गुप्त के जयद्रथ-वध के प्रकाशन के अतिरिक्त कोई सफल प्रबन्ध कृति प्रकाशित नहीं हुई थी। प्रिय प्रवास में पहली बार आचार्य पण्डित विश्वनाथ द्वारा साहित्य दर्पण में उल्लिखित महाकाव्य के लक्षणों का समावेश परिलक्षित हुआ और इस तरह स्वयं हरिऔध के शब्दों में प्रिय प्रवास के बन जाने से खड़ी बोली में एक महाकाव्य की न्यूनता दूर हो गई। हरिऔध के शब्दों में- इस समय खड़ी बोली में कविता करने से अधिक उपकार की आशा है। इसलिए मैने भी प्रिय प्रवास को खड़ी बोली ही में लिखा है।

प्रिय प्रवास में सत्रह सर्ग हैं, 1569 वृत्त हैं। श्रीकृष्ण इसके धीरोदात्त नायक है। इसमें प्रधान रस श्रृंगार है अन्य रसों में वीर, रौद्र, भयानक, अद्भुत, करुण व शान्त आदि का समावेश है। पौराणिक आधार पर रचित इस प्रबन्ध में कृष्ण के जीवन की एक घटना ब्रज प्रवास को लेकर अपने युग की समस्याओं का समाधान प्रस्तुत किया गया है। वर्णन शैली अत्यन्त अनूठी है। नायक कृष्ण जननायक के रूप में प्रस्तुत किये गये हैं। यह कथानक

श्रीमद्भागवत महापुराण पर आधारित है तथापि उसे युगानुरूप आधुनिक स्वरूप प्रदान कर मानवता महाकाव्य का रूप प्रदान किया गया है।

इसकी रचना संस्कृत शैली में की गयी है। सम्पूर्ण काव्य की भाषा अलंकारों से परिपूर्ण है। इस काव्य की भाषा प्रसाद गुण सम्पन्न है इस कृति की प्रमुख विशेषताएँ भावपूर्ण भाषा, पद लालित्य आदि है।

'प्रिय प्रवास' में कवि ने मानव और प्रकृति का अटूट सम्बन्ध स्थापित किया है। प्रकृति के विविध रूपों का सजीव चित्रण 'हरिऔध' ही की अन्यान्य विशेषताओं में से एक है। प्रिय प्रवास में उद्दीपन रूप की झाँकियां भी अनेक स्थलों पर मिल जाती हैं। इसमें कवि ने प्रकृति को मानव व्यापारों के समान सचेतन व्यापारों से युक्त अंकित करते हुए उसकी मानवीकरण रूप में चित्रित किया है।

प्रिय प्रवास में कृष्ण के जीवन की सभी महत्वपूर्ण घटनाओं का समावेशक किसी न किसी रूप में हो गया है। उपाध्याय जी ने कृष्ण चरित्र सम्बन्धी घटनाओं की उपेक्षा कहीं नहीं की है। इन घटनाओं का तो स्पष्ट उल्लेख है ही, कृष्ण जन्म, बाल्यकाल, गोचारण, पूतना, तुणासुर, अघासुर, वकासुर, व्योमानुसर, शकटासुर आदि का वध, कालियनाग, दावानल, गोवर्धन धारण, रास, मथुरा यात्रा, कंस-वध, राज्य प्राप्ति उद्धव संदेश, जरासंध का आक्रमण और द्वारिका गमन। इसमें युद्ध प्रबन्ध सम्बन्धी झलक स्पष्ट झलकती है।

सच तो यह है कि प्रसाद निराला, पंत, महादेवी आदि छायावादी कवि जिस विश्व चेतना की बात करते हैं उसका सूत्रपात, उपाध्याय जी से ही होता है। प्रिय प्रवास का उद्देश्य, विश्व मैत्री, विश्व-प्रेम, विश्व कल्याण है।

इस महाकाव्य का वर्णन विशेष रूप से प्रकृति और प्रेम के बड़े ही विराट और भव्य बन पड़े हैं। इस प्रकार प्रबन्ध, चरित्र, वर्णन और संदेश सभी दृष्टियों से प्रिय प्रवास बीसवीं शताब्दी का एक अत्यन्त सफल महाकाव्य है। जो लोग ऐसा नहीं मानते, समझना चाहिए कि वे पूर्वाग्रह से ग्रसित हैं।

गुण वर्णन में जाति, समाज, देश और लोकहितकारी का उनका रूप वर्णन प्रमुख है-

सम्भवतः स्वतंत्रता से पूर्व युग की यह एक मांग है।

स्वजाति औ जन्म-धरा निमित्त मैं
न भीत हूंगा विष काल सर्प से।
प्रवाह होते तक शेष श्वास के,
स-रक्त होते एक भी शिरा,
स-शक्त होते तक एक लोम के
किया करूँगा हित सर्व भूत का।[2]

प्रिय प्रवास में प्रकृति वर्णन, बाल वर्णन, श्रृंगार वर्णन के साथ-साथ युद्ध सम्बन्धी वर्णन भी मिलता है। यह एक दुरूह एवं सरस ग्रन्थ है। भाषा और छन्द उन दो तटों के समान है जिनके अंदर रस की धारा निर्बाध गति प्रवाहित होती है। इस प्रकार काव्य में भाव ही प्रधान है, कला नहीं।

प्रिय प्रवास का प्रकाशन खड़ी बोली के इतिहास में एक बड़ी घटना है। सन् 1914 ई. में खड़ी बोली में, संस्कृत के छंदों में भिन्न तुकान्त में महत् विषय उदात्त चरित्र और महान उद्देश्य को लेकर एक महाकाव्य की सृष्टि अपने में एक क्रान्तिकारी चरण हैं, उपाध्याय जी के राधाकृष्ण उनकी प्रतिभा की मौलिक देन है। इस कृति पर भक्तिकालीन अथवा रीतिकालीन प्रवृत्ति का कोई चिन्ह शेष नहीं है। इन दोनों प्रभावों से किसी कवि का अपने को मुक्त करना बहुत कठिन काम था। श्री मैथिलीशरण गुप्त इस युग में भी भक्त बने रहे। संसार में विज्ञान के और धर्म में आर्ये समाज के बढ़ते प्रभाव ने उपाध्याय जी को विवेक और पवित्र आचरण के दो मूल्य दिये और उन दोनों का ही तदुप्रयोग उन्होंने इस महाकाव्य मे किया। प्रिय प्रवास भारतीय नवजागरण काल का ही महाकाव्य नहीं वह जीवन के श्रेष्ठतम मानव मूल्यों का कीर्तिस्तम्भ भी है। वैज्ञानिक युग की विभीषिका में वह मानवतावाद का विजय घोष है। कृष्ण को केन्द्र बनाकर इसमें जो कथा वर्णित है उससे मनुष्य की महत्ता, जीवन की सुन्दरता, प्रेम की शक्ति और सबसे अधिक मानवीय सम्बन्धों की अनुपम कोमलता पर प्रकाश पड़ता है।

2. मैथिलीशरण गुप्त

मैथिलीशरण गुप्त द्विवेदी युग कालखण्ड के कवियों में सर्वोपरि माने जाते हैं, काव्य के क्षेत्र में उन्हें आचार्य महावीर प्रसाद द्विवेदी के सर्वप्रमुख अनुयायी के रूप में माना जाता है।

गुप्त जी ने स्पष्ट शब्दों में द्विवेदी जी का आभार व्यक्त किया है-

तुलसी भी करते भला कैसे मानस नाद।
महावीर का यदि उन्हें मिलता नहीं प्रसाद।

द्विवेदी जी द्वारा सम्पादित 'सरस्वती पत्रिका' में उनकी पहली रचना का प्रकाशन सन् 1906 में हुआ। खड़ी बोली की कवितायें सरस्वती पत्रिका में द्विवेदी जी के सम्पादन काल तक बराबर निकलती रही। उन दिनों कविताओं के लिखने का बड़ा जोर था। 1910 में इनका छोटा सा प्रबन्ध काव्य 'रंग में भंग' छपा जिसमें चित्तौड़ और बूंदी के राज घरानों की आन और मान की कथा है। हिन्दी जगत और हिन्दुओं में धूम मचा देने वाली रचना 'भारत-भारती' है जो मुसद्दस हाली के ढंग पर लिखी गयी है।

उनके साहित्य की ऐतिहासिक प्रतिष्ठा प्रथम विश्वयुद्ध के बाद ही प्राप्त हुई। डॉ. राजेन्द्र प्रसाद जी ने उन्हें राज्य सभा सदस्य के रूप में नामित कर उनका और राष्ट्रभाषा हिन्दी का सम्मान बढ़ाया। 12 दिसम्बर 1964 को उनका निधन हृदयगति रुकने से हो गया।

गुप्त जी का जन्म श्रावण शुक्ल द्वितीया 3 अगस्त सन् 1886 संवत् 1943 को चिरगाँव (झाँसी) में एक वैष्णव परिवार में हुआ था। आपके पिता सेठ रामचरण जी भी एक बहुत अच्छे कवि थे। वे कनकलता नाम से काव्य रचना करते थे। एक दिन उनके पिता ने अपनी कविता की पुस्तक में एक अन्य लिखावट में एक छप्पय देखा तो आश्चर्य चकित रह गये। यह छप्पय गुप्त जी ने लिखा था। पुत्र में यह प्रतिभा देखकर वह बहुत प्रसन्न हुए और उन्हें आशीर्वाद दिया।

प्रबन्ध काव्य की परम्परा इनमें बराबर चलती रही। 'रंग में भंग', 'जयद्रथ वध', 'विकट भट', 'प्लासी का युद्ध', 'गुरुकुल किसान', 'पंचवटी', 'सिद्धराज', 'साकेत' और 'यशोधरा' इनके प्रबन्ध काव्य हैं।

'जयद्रथ वध' और 'पंचवटी' को साहित्य क्षेत्र में काफी सम्मान मिला। साकेत और यशोधरा इनकी स्थायी कीर्ति के वे स्तम्भ हैं। पृथ्वी पुत्र, प्रदक्षिणा भी उनकी प्रसिद्ध कृतियाँ हैं।

साकेत

'साकेत' गुप्त जी की सर्वाधिक प्रसिद्ध कृति है। प्रारम्भ में इसके कुछ अंश 'उर्मिला' शीर्षक से संवत् 1971 में सरस्वती में प्रकाशित हुए थे। इसका प्रकाशन संवत 1988 में हुआ। साकेत के सभी पात्र मानव हैं। चित्रकूट में सीता को चरखा, तकली, खुरपी, कुदाल से कार्य करते भी दिखाया गया है। इस महाकाव्य का मुख्य रस करुणा है। पूरे महाकाव्य पर राष्ट्रीय आन्दोलनों ओर तत्कालीन परिस्थितियों का प्रभाव परिलक्षित होता है। उर्मिला का विरह वर्णन इस काव्य की प्रमुख विशेषता है। इसके नायक नायिका भरत और उर्मिला है। गुप्त जी ने इस महाकाव्य में कैकेई के चरित्र को भी अनूठे ढंग से प्रस्तुत किया है।

उपाध्याय जी की राधा कवि जगत में खूब चर्चित रही है किन्तु राम काव्य परम्परा में न तो किसी कवि का अयोध्यावासियों की ओर ध्यान गया और यदि गया तो बेचारी उर्मिला तो एक मात्र उपेक्षित ही रह गई।

गुप्त जी का कवि राम वनगमन की ओर नहीं देखने के लिए तत्पर रहा बल्कि वह इस काव्य के नायक भरत और नायिका उर्मिला की ओर सदा देखता रहा। 'गुप्त जी' के राम, वाल्मीकि और तुलसी के राम न होकर सामान्य मानव हैं।

कैकेयी के प्रति कवि ने पर्याप्त संवेदनशीलता से काम लिया है। साकेत में तत्कालीन राजनीतिक आन्दोलन का भी प्रतिबिम्ब है। उर्मिला द्वारा सैनिकों को अहिंसा की शिक्षा प्रजा

के अधिकारों की चर्चा, राम वन गमन पर अयोध्यावासियों का सत्याग्रह विश्व बन्धुत्व और मानवता के आदर्शों की प्रतिष्ठा आचार्य शुक्ल ने इन सब बातों को गुप्त जी का अनाड़ीपन कहा है। जो कि गुप्त जी के साथ सर्वथा अन्याय है।

जब पुनः भरत राम को लौटाने के लिए चित्रकूट पहुँचते हैं चित्रकूट में बहुत सुन्दर चित्रण प्रस्तुत उपस्थित किया जाता है, साथ ही साथ कैकेयी के उपेक्षित रूप को महत्व दिया जाता है। स्वयं कवि कहते हैं-

"सौ बार धन्य वह एक लाल की माई।
जिस जननी ने है जना भरत सा भाई।
पागल सी प्रभु के साथ सभा चिल्लाई
सौ बार धन्य वह एक लाल की माई।"[3]

आचार्य नन्द दुलारे बाजपेयी का तो स्पष्ट मत है कि 'कवि का आशय आरम्भ से ही प्रकट हो जाता है। रामायण की बाल लीलाओं को छोड़कर उर्मिला और लक्ष्मण के चरित्रों को प्रमुखता देना चाहता है।' हिन्दी काव्य में संकेत एक ऐसा काव्य है जिसमें निम्न उद्देश्य है।

1. गाँधीवाद की व्याख्या
2. उर्मिला का नायकत्व
3. रामोपासना
4. कैकेयी का पश्चाताप
5. रामकथा में मनोविज्ञान
6. महाकाव्य वर्णन की नवीन शैली
7. विश्व बंधुत्व की भावना का विकास

साकेत की रचनाकाल सन् 1914 से लेकर 1961 तक का है। इस काल में डॉ. ईश्वर चन्द देसाई के अनुसार "यह काल दोनों विश्व युद्धों के मध्य का काल है तथा भारत के लिए राष्ट्रीय आन्दोलन के विकास और विस्तार का काल रहा है। इस काल में देश के समाज, राजनीति, अध्यात्म एवं साहित्य आदि के सभी क्षेत्रों में पुनरुत्थान का संचार हो रहा था।"

गुप्त जी एक वैष्णव कवि हैं। साकेत में भारतीय सभ्यता एवं संस्कृति को खोजा जाय तो वह चार रूपों में प्राप्त होती है

1. पारिवारिक आदर्श
2. संस्कृति रक्षण
3. विरह की भारतीयता
4. सहानुभूति और एकता

युद्ध प्रथा की मीमांसा, राज व्यवस्था में प्रजा का अधिकार और सत्याग्रह, मनुष्यत्व कौशल के साथ झलकाई गयी है। गुप्त जी वास्तव में एक सामंजस्यवादी कवि हैं। सब प्रकार की उच्चता से प्रभावित होने वाला हृदय उन्हें प्राप्त है।

गुप्त जी का कुछ झुकाव प्रगीत भक्त को (लिरिक्स) और अभिव्यंजना के लाक्षणिक दैचित्य की ओर भी हो जाता है। इस झुकाव का आभास 'साकेत' और 'यशोधरा' में भी पाया जाता है।

साहित्य दर्पणकार के अनुसार साकेत में महाकाव्य के बहुत से लक्षणों की पूर्ति हुई है। प्रारम्भ में गणेश को लेकर मंगलाचरण है और सरस्वती जी की वंदना, कथा लोक प्रसिद्ध नायक की है जो वंश जाति क्षत्रिय है। आठ के स्थान पर बारह सर्ग हैं। नवम सर्ग को छोड़कर प्रत्येक सर्ग में एक ही छन्द का प्रयोग है और सर्ग के अन्त में छन्द बदल जाता है। प्रधान रस श्रृंगार (विप्रलम्भ) है। वीर, करुणा आदि आए हैं पर गौण रूप में। धर्म अर्थ, काम मोक्ष में से धर्म की सिद्धि होती है। वर्णनों में नगर (साकेत और लंका), प्रेम, यात्रा, प्रभात, संध्या, रजनी, सरिता, सरयू और गंगा, पर्वत (चित्रकूट) षट्ऋतुओं, मृगया, वन रणसज्जा तथा युद्ध आदि के काव्यात्मक चित्र प्रस्तुत किये गये हैं। इनके अतिरिक्त कला, देश प्रेम, पति पत्नी सम्बन्धी, भौतिक वाद, राजा-प्रजा के सम्बन्ध उपयोगितावाद और नारी की महत्ता आदि पर व्याख्यान हैं। कथानक चरित्र चित्रण दृश्य अंकन एवं रस चारों दृष्टियों से यह ग्रन्थ महाकाव्य की कसौटी पर करीब-करीब खरा उतरता है।

गुप्त जी ने गोस्वामी जी के समान राम की कथा को सीधे नहीं कहा। कथा अयोध्याकाण्ड से प्रारम्भ की गयी है। प्रथम आठ सर्गों में अभिषेक के प्रसंग से लेकर चित्रकूट प्रसंग तक की कहानी पूरे विस्तार और प्रवाह के साथ वर्णित है। नवम सर्ग में उर्मिला का विरह वर्णन है। दशम में सरयू को सम्बोधित करते हुए उर्मिला ने दशरथ के पुत्रों और जनक की पुत्रियों के बचपन से लेकर विवाह तक की कथा अपने ढंग से कही है। इसे बालकाण्ड समझना चाहिए।

एकादश सर्ग में शत्रुघ्न ने भरत के सामने अयोध्या के एक व्यवसायी के मुख से सुनी हुई जिन घटनाओं को दुहराया है राम के दण्डकारण्य प्रवेश से लेकर खर-दूषण-वध तक की घटनाएं हैं। इसके उपरान्त सीता हरण से लेकर लक्ष्मण के मूर्छित होने तक की कथा हनुमान से सुना दी है। इस प्रकार इस एक सर्ग में अरण्य, किष्किन्धा एवं सुन्दरकाण्ड के साथ आधा लंका काण्ड भी खप गया है। लंकाकाण्ड की शेष कथा के प्रमुख दृश्य जिसमें मेघनाथ वध और रावण पर राम की विजय सम्मिलित है। गुरु वशिष्ठ योग्य की शक्ति अयोध्यावासियों को दिखा देते हैं। इसी काण्ड में राम अयोध्या लौट आते हैं और नागरिक उनका स्वागत करते हैं। यह एक प्रकार से तुलसी के उत्तर काण्ड में प्रवेश करना है।

इस विवरण से यह सिद्ध होता है कि रामचरित मानस के समान साकेत का कथानक भी अपने में पूर्ण है। कथानक को नये ढंग से प्रस्तुत करने के कारण यह प्रबन्ध काव्य, मौलिकता, उत्सुकता, रोचकता और आधुनिकता के तत्वों से समन्वित हो उठा है। कहने की आवश्यकता नहीं कि 'साकेत' की कथानक अपने ढंग से श्रृंखलाबद्ध और व्यवस्थित है।

युद्ध के यथार्थवादी वर्णन पृथ्वीराज रासो में भरे पड़े हैं और आल्हा खण्ड की ख्याति तो युद्ध वर्णन के कारण ही है। इन ग्रन्थों के रचनाकारों ने युद्ध को अपनी आँखों से देखा था। कल्पना से खड़े किये गये रामचरित मानस, पद्मावत और रामचन्द्रिका के वर्णन भी बड़े सजीव बन पड़े हैं। मैथिलीशरण गुप्त, चन्द एवं जगनिक की अपेक्षा तुलसी और जायसी के अधिक निकट हैं।

युद्ध से पहले गुप्त जी ने युद्ध की तैयारी का वर्णन किया है। अभियान के लिए उन्होंने रात का समय चुना हैं, शंख ध्वनि होते ही प्रकृति का प्रकम्पित होना, सैनिकों का सहसा जगना, चकित होना, झुंझलाना, तैयार होना और अन्त में चारों ओर से उमड़ कर एक विशाल मैदान में एकत्र होना, अपने में एक दृश्य है। दूसरा दृश्य है मशालों का जलना, पताकाओं का झलकना, अस्त्र-शस्त्रों का चमकना, घोड़ों का तमतमाना, हाथियों का झूलना और नावों के बेड़ों का सरयू में इधर से उधर घूमना। तीसरा दृश्य है शत्रुघ्न का सैनिकों को सम्बोधित करके उनमें गौरव और वीरता की भावनाओं को जगाते हुए उन्हें आक्रमण के लिए उद्यत करना। यह सब काम बहुत ही व्यवस्थित ढंग से हुआ और हृदय पर इसका समन्वित प्रभाव पड़ता है। नींद टूटने पर सैनिकों और उनकी पत्नियों की घबराहट के इस कलात्मक काव्य को देखिए-

"प्रिया-काण्ड से छूट सुभटकर शस्त्रों पर ये,
त्रस्त वधूजन हस्त स्रस्त से वस्त्रों पर ये।
प्रिय को निकट निहार, उन्होंने साहस पाया।
बाहु बढ़ा पद रोप, शीघ्र दीपक उकसाया।"[4]

साकेत में कई प्रसिद्ध युद्धों का वर्णन है जैसे-राम खरदूषण युद्ध, राम कुम्भकरण युद्ध, राम रावण युद्ध, तथा लक्ष्मण मेघनाथ युद्ध।

प्राचीन वातावरण खड़ा करने के लिए यहां कई उपाय किये गये हैं कहीं पर नाखूनों, दांतों, घूसों का प्रयोग दिखाया गया है। कहीं वृक्ष उखाड़ कर फेंकने और पत्थरों के बरसाने का उल्लेख है, कहीं बरछी, त्रिशूल, तलवार, गदा, परशु और धनुष बाण को लेकर दोनों ओर के वीर अपने शौर्य का प्रदर्शन कर रहे हैं। प्राचीन युद्ध का एक प्रमुख अंग वास्तविक मारकाट करने से पहले प्रमुख पात्रों द्वारा अतिश्योक्ति पूर्ण शैली में अपनी वीरता का परिचय देना है। एक दूसरे के लिए व्यंग्य वचनों का प्रयोग करते हुए, अपने प्रति पक्षी को उत्तेजित करने वाला यह अंश वास्तविक युद्ध से भी अधिक दिलचस्प होता है। युद्ध के नाटक का

अन्तिम दृश्य होता है, रक्त की धारा का बहना रुण्ड–मुण्डों का उसमें तैरना, शत्रुओं की लाशों के ऊपर गिद्धों का मण्डराना तथा नीचे सियारों का हू हू करना।

'मैथिलीशरण गुप्त जी' युद्ध वर्णन की कला में बड़े ही निपुण हैं, लक्ष्मण मेघनाथ के इस दृश्य को देखिये जिसमें गुप्त जी ने सधी हुई शैली में दोनों की वीरता को निष्पक्ष भाव से चित्रित किया है-

"हुआ वहाँ सम-समर अनोखा, साज सजा कर,
देते थे पद ताल उभय कर लौह बजाकर।
शब्द-शब्द से अस्त्र-शस्त्र से, घाव घाव से। [5]
स्पर्धा करने लगे परस्पर एक भाव से,
होकर मानो एक प्राण दोनों,
भर-भूषण दो देहों को मान रहे थे, निज निज दूषण।।" [6]

मैथिलीशरण गुप्त जी ने संघर्ष का काल भी देखा था और स्वतंत्रता का काल भी। साकेत की रचना राष्ट्रीय संघर्ष के दिनों में हुई उस समय यह कल्पना करना कठिन था कि हमारा देश इतने शीघ्र स्वतंत्र हो जायेगा। उत्तर से लेकर दक्षिण और पूर्व से लेकर पश्चिम तक समस्त भारत विदेशियों के विरुद्ध विद्रोह की भावना को लेकर जग पड़ा था। इस जनजागरण में हिन्दी के कुछ लेखकों और कवियों का भी योगदान था। अपने देशानुराग के कारण गुप्त जी की तो ख्याति ही राष्ट्र कवि के रूप में हो गयी।

निम्नलिखित पंक्तियों में राष्ट्रीय भावना की झलक देखिए-

1. एक राज्य न हो बहुत से हो जहाँ,
राष्ट्र का बल बिखर जाता है वहाँ
बहुत तारे थे, अंधेरा कब मिटा सूर्य
आना सुना जब, तब मिटा।'[7]

2. विंध्य हिमालय भाल–भला!
झुक जाय न धीरों, चन्द्र-सूर्य-कुल-कीर्ति-कला,
रुक जाय व वीरों। चढ़कर उतर न जाय, सुनो,
कुल मौक्तिक मानी, गंगा-यमुना-सिन्धु और
सरयू का पानी।[8]

3. रामचन्द्र भव भूमि अयोध्या का सदा,
और अयोध्या रामचन्द्र की सर्वदा।'[9]

गुप्त जी के राजनैतिक विचारों, राजा-प्रजा के सम्बन्धों तथा तत्कालीन राज्य की स्थिति पर निम्न लिखित पंक्तियों से अच्छा प्रभाव पड़ता है

1. किन्तु राजे राम-राज्य नितान्त,
विश्व के विद्रोह करके शान्त।[10]

2. नहीं कहीं गृह कलह प्रजा में,
हैं संतुष्ट तथा सब शान्त,
उनके आगे सदा उपस्थित,
दिव्य राज्य–कुल का दृष्टान्त।
अन्न वृद्धि से तृप्त तथा बहु,
कला सिद्धि से सहज प्रसन्न।
अपना ग्राम ग्राम है मानो,
एक स्वतंत्र देश सम्पन्न ।।[11]

बीसवीं शताब्दी के कवियों में मैथिलीशरण गुप्त का स्थान सबसे ऊँचा है। अपने काव्य ग्रन्थों में गुप्त जी ने सैकड़ों छन्दों, अगणित अलंकारों और सभी रसों का प्रयोग किया है। श्रृंगार, वीर, करुण और शान्त रस के चित्रण में तो वे बड़े सिद्ध हस्त हैं। उनके काव्य की सबसे बड़ी विशेषता यह है कि वह सबके पढ़ने योग्य है। अश्लीलता उसमें कहीं नहीं पायी जाती। नारी की गरिमा को कभी वह विस्मरण नहीं करते। उर्मिला, यशोधरा, विष्णुप्रिया, ओर रत्नावली उनके अमर नारी के पात्र हैं। नारी के साथ पुरुष का कभी चरित्र-चित्रण उनके ग्रन्थों में आकर्षक है। राम, युधिष्ठिर और गौतम बुद्ध तो उनके अतुलनीय चरित्र हैं ही, नहुष भी किसी से कम नहीं।

'नहुष' खण्ड काव्य में महाराजा नहुष स्वर्ग का राजा बना दिया जाता है। एक दिन इसी स्वर्ग से उसका पतन होता है, इससे वह हतोत्साहित नहीं होता। अपनी पृथ्वी को स्वर्ग से भी ऊँचा मानता हुआ कहता है-

मानता हूँ और सब, हार नहीं मानता,
अपनी अगति नहीं, आज भी मैं मानता,
चलना मुझे है बस अन्त तक चलना,
गिरना ही मुख्य नहीं मुख्य है संभलना,
फिर भी उठूंगा और बढ़ के रहूँगा,
मैं नर हूँ, पुरुष हूँ मैं, चढ़ के रहूँगा मैं।"[12]

इस प्रकार चाहे भाषा के संस्कार की दृष्टि से देखें, चाहे भावों के परिष्कार की दृष्टि से देखें, चाहे संस्कृति के प्रचार की दृष्टि से देखें, चाहे मानवता के पोषक के नाते देखें, गुप्त

जी की बचपन की वर्ष की दीर्घकालीन काव्य साधना अपनी समता किसी अन्य कवि से नहीं रखती।

4. श्याम नारायण पाण्डेय

पाण्डेय जी की काव्य-प्रवृत्ति मुख्यत: उनके प्रबन्ध काव्यों में ही निखरी है। 'हल्दीघाटी' महाराणा प्रताप के जीवन पर तथा 'जौहर' पद्मिनी की जौहर-कथा पर आधारित काव्य है। इन काव्यों में अद्भुत प्रवाह, ओज और सादगी है। किन्तु पाण्डेय जी की राष्ट्रीयता अपने समय की सामाजिक भारतीय राष्ट्रीयता न होकर हिन्दू राष्ट्रीयता है। कवि ने अतीत की कथाओं को युगीन संदर्भों में नियोजित न कर वर्णनात्मक पद्धति पर ज्यों का त्यों प्रस्तुत कर दिया है। इसलिए इन काव्यों में प्रवाह तो है, किन्तु भावात्मक और वैचारिक गाम्भीर्य नहीं है।

जयद्रथ-वध

यह गुप्त जी द्वारा लिखित खण्डकाव्य है जिसमें जयद्रथ तथा अभिमन्यु के मध्य हुए युद्ध का वर्णन हैं इसका रचनाकाल (1910) है। इस रचना को हरिगीतिका छन्द में लिखा गया है। संवेदनशील स्थलों के वर्णन में कवि को विशेष सफलता प्राप्त हुई है। चक्रव्यूह रचना के उपरान्त पाण्डव पुत्र अभिमन्यु को छल से मार दिया जाता है। पाण्डव पक्ष में शोक का वातावरण बन जाता है। उत्तरा की दीन दशा का वर्णन कवि ने इस प्रकार किया है-

"चित्रस्थ सी निर्जीव मानो रह गई हतउत्तर।
संज्ञा रहित तत्काल ही फिर वह धरा पर गिर पड़ी।[13]

जयद्रथ वध युद्ध के चित्र अल्प है, कथन अधिक हैं जैसे-

"कर्ण था अटूट सार धारा का प्रताप सा,
सामने जो आया वही डूबा बहा उसमें,
आशा भी किसी के बचने की रही किसको?
सीमा छोड़ मानो महासिन्धु वहाँ उतरा।।"[14]

एक अन्य उदाहरण भी दृष्टव्य है-

"कहने लगे अर्जुन-
रहते हुए तुम सा सहायक प्रण हुआ पूरा नहीं
इससे मुझे है जान पड़ता, भाग्य बल ही सब कहीं
जल कर अनल में दूसरा प्रण पालता हूँ मैं
अभी अच्युत युधिष्ठिर का सब भार है, तुम पर सभी।[15]

इस रचना में रौद्र रस से समन्वित छन्द प्रचुरता से प्राप्त है -

"श्रीकृष्ण के सुन वचन अर्जुन क्रोध से जलने लगे,
सब शोक अपना भूलकर कर तल युगल मलने लगे।
संसार देखे अब हमारे शत्रु रण में मृत पड़े।
करते हुए यह घोषणा वे हो गये उठकर खड़े।[16]

अर्जुन की जयद्रथ के वध की प्रतिज्ञा से सम्बद्ध निम्न पंक्तियाँ दृष्टव्य हैं-

"जो प्रण किया है पार्थ ने,
सुत शोक के संताप से
हे कुरु कुलोत्तम! क्या अभी तक वह छिपा है आपसे
मारूं जयद्रथ को न कल मैं, तो अनल में जल मरूँ,
की है यही उसने प्रतिज्ञा, अब कहो मैं क्या करूँ।",[17]

अर्जुन की क्रोधाविस्ट मुद्रा भी दर्शनीय हैं-

"…..दृगों का जल गया शोकाश्रु जल तत्काल ही तब निकल कर
नासा पुटों से व्यक्त करके रोष त्यों
करने लगा निःश्वासा उनका भूरि भीषण घोष त्यों।"[18]

युधिष्ठिर अभिमन्यु की वीरगति प्राप्त करने के बाद अत्यन्त शोकाकुल हैं, वे अपने हृदयोद्‌गारों को व्यक्त करते हुए इस प्रकार कहते हैं-

"धीरज धरूँ हे तात कैसे, जल रहा मेरा हिया,
क्या हो गया यह हाय! सहसा दैव ने क्या किया?
जो सर्वदा ही शून्य लगती आज हम सबको धरा,
जो नाथ हीन, अनाथ जग में हो गयी है उत्तरा।"[19]

अभिमन्यु को रण भूमि में भेजने से पूर्व ही उत्तरा को किसी अनिष्ट की आशंका हो जाती है। अत: वह अभिमन्यु से निवेदन करते हुए इस प्रकार कहती है-

"क्षत्राणियों के अर्थ भी सबसे बड़ा गौरव यही।
सज्जित करे पति पुत्र को रण के लिए जो आप ही।
अपशकुन आज परन्तु मुझको हो रहे सच जानिये,
मत जाइये सम्प्रति समर मैं, प्रार्थना यह मानिये।[20]

उत्तरा विलाप जयद्रथ वध का सर्वाधिक मार्मिक प्रसंग है-

हे कष्टमय जीवन तुझे धिक्कार बारम्बार है।
था जो तुम्हारे सब सुखों का सार इस संसार में,
वह गत हुआ है अब यहाँ से श्रेष्ठ स्वार्गागार में
हे प्राण फिर अब किसलिए ठहरे हुए हो तुम अहो।" [21]

वस्तुतः 'जयद्रथ वध' गुप्त जी की अन्य कतिपय रचनाओं की भांति आदर्शवादी प्रेरणा से सम्पन्न है। द्विवेदी युग की प्रमुख प्रवृत्ति राष्ट्रीय सांस्कृतिक कविताओं के सृजन की रही है। डॉ. नगेन्द्र के अनुसार "इस युग में काव्य भूमि का अद्भुत विस्तार हुआ।" जयद्रथ वध की प्रशंसा करते हुए डॉ. नगेन्द्र लिखते हैं कि "ऐसी भावपूर्ण रम्य रचनायें इस काल में हुई। गुप्त जी की प्रारम्भिक रचना, जयद्रथ वध में खड़ी बोली का सरस, प्रांजल रूप मिलता है।

गुप्त जी भारतीय संस्कृति के व्याख्याता रहे और कालान्तर में आ जाने वाली विकृतियों से गुप्त जी का साहित्य प्रभावित नहीं हुआ। अस्तु निर्विववाद रूप से जयद्रथ वध बड़ा ही सुन्दर खण्डकाव्य है। उसमें राजनीतिक सिद्धान्तों का काव्यमय वर्णन हुआ है।

हल्दीघाटी

पं. श्याम नारायण पाण्डेय कृत हल्दीघाटी वीर रस पूर्ण रचना है। जिसमें हल्दीघाटी के प्रसिद्ध युद्ध का वर्णन किया गया हैं हल्दीघाटी के अंशों के पाठ से पाण्डेय जी ने अत्यन्त लोकप्रिय एवं समादृत स्थान प्राप्त कर लिया है। 'रण बीच चौकड़ी भर-भर कर चेतक बन गया निराला था' पंक्तियों ने बाल्यावस्था से ही लोगों को आकर्षित कर लिया था। प्रस्तुत रचना में उमंग, उत्साह व ओज के निदर्शन होते हैं।

"वीर रसावतार श्याम नारायण पाण्डेय की हल्दीघाटी व जौहर से जो सफलता मिली, वीर काव्य परम्परा में आधुनिक युग में वह अद्वितीय है। पाण्डेय जी अपनी विधा में अनुपम हैं। राणा प्रताप और पद्मिनी के चरित्र पराधीन भारत में आत्मा गौरव, स्वाभिमान, जगाने में बहुत अधिक सहायक सिद्ध हुए हैं। उनकी ओजस्वी वाणी के अनुगूंज कवि सम्मेलनों के माध्यम से सारे भारत में छाई रही है। सजीव युद्ध वर्णन कितना प्रभावोत्पादक हैं-

"क्षण इधर गई, क्षण उधर गई,
क्षण चढ़ी बाढ़ सी उतर गई।

x x x

था शोर मौत से बचो बचो,
तलवार गिरी तलवार गिरी।

राणा प्रताप के शौर्य के समक्ष शत्रु भयभीत हो उठते हैं-

"राणा प्रताप का ताप बचा
अरि दल में हाहाकार मचा।"[22]
भेड़ों की तरह भागे,
कहते अल्लाह हमारी जान बचा

अपनी नंगी तलवारों से,
वे आग रहे हैं उगल कहां,
वे कहां शेर की तरह लड़ें,
हम दीन सिपाही मुगल कहां।

उपर्युक्त उदाहरणों से यह सिद्ध होता है कि हल्दीघाटी वीर रस प्रधान युद्ध केन्द्रित खण्डकाव्य है। पाण्डेय जी की लेखनी हल्दीघाटी युद्ध की अमर कहानी सफल सिद्ध हुई है।

हल्दीघाटी महाकाव्य सन् 1929 में प्रकाशित हुआं प्रथम परिचय अध्याय के अतिरिक्त सप्तदश सर्ग महाकाव्य में है। सामंती जीवन और उसकी शूरवीरता तथा अडिग स्वातंत्र्य और अटूट स्वाभिमान 'हल्दीघाटी' के महत्वपूर्ण विषय है। महाकाव्य के प्रथम सर्ग में राणा प्रताप और शक्ति सिंह के मध्य कलह और कटुता रोकने में पुरोहित के जीवन अर्पण का आख्यान है। द्वितीय सर्ग में अकबर के पापाचार और तृतीय सर्ग में राणा प्रताप के प्रतिकार की तत्परता का वर्णन षष्ठ सर्ग में मान सिंह द्वारा अपमान के प्रतिकार और सप्तम सर्ग में राणा प्रताप द्वारा शत्रुओं की प्रतीक्षा और दशम सर्ग में मेवाड़ के भीलों का प्रसंग है। एकादश, द्वादश और त्रयोदश सर्गों में हल्दीघाटी के अजर-अमर बलिदान का निरूपण है। चतुर्दश और पंचदश सर्गों में हल्दीघाटी के युद्ध के पश्चात् राणा प्रताप की व्यथा और विपन्नता की कथा है। शेष दो सर्गों में राणा की जय गाथा का गायन है।

'हल्दीघाटी' वीर रस का महाकाव्य है। महाकाव्य समाज की स्वातंत्र्य और सम्मान चेतना का प्रकाशक और पोषक है।

5. जौहर

'जौहर' महाकाव्य वीर-करुण रससिक्त रचना हैं। श्याम नारायण पाण्डेय की रचना का प्रकाशन वर्ष 1944 है। महाकाव्य 21 सर्गों में विभाजित है। प्रत्येक सर्ग को चिनगारी का रूप मानकर नामकरण किया गया है। पहली चिनगारी परिचयात्मक है। कवि ने परतंत्रता की अपेक्षा मरण स्वीकार करने की अपेक्षा की है। दूसरी चिनगारी में दिल्ली के अनाचारी शासक खिलजी और चित्तौड़ के वीरों का युद्ध है, जिसमें अलाउद्दीन खिलजी की सेना हार जाती है। तीसरी चिनगारी 'आखेट' में चित्तौड़ के 'रावल' को बंदी बनाया जाता है। पांचवीं चिनगारी 'दरबार' में खिलजी की कामातुरता और 'रावल' की मुक्ति के लिए पद्मिनी की मांग का अंकन है। छठी चिनगारी 'स्वप्न' में कवि ने चित्तौड़ के वीरों की देश के गौरव हित प्राण देने की तैयारी का चित्रण किया है। सातवीं चिनगारी 'उद्बोधन' में पद्मिनी की वेदना तथा वीरता का प्रसंग है। आठवीं चिनगारी डोला में 'रावल' को बंधनमुक्त करने की तीव्रता है। नौवीं चिनगारी 'मुक्ति' में रावल कौशल से मुक्त होते हैं।

दसवीं चिनगारी 'पुनर्युद्ध' में दिल्ली की सेना और चित्तौड़ के वीरों का युद्ध होता है। गोरा-बादल की अतुलनीय शूरवीरता प्रकट होती है। इस युद्ध में गोरा, मरकर अजर अमर

होते हैं। ग्यारहवीं चिनगारी 'चिन्ता में रावल', रानी, और राजपूतों की अपने स्वातंत्र्य और सम्मान के लिए मर मिटने की प्रतिबद्धता के चित्र प्रस्तुत है। बारहवीं चिनगारी चित्तौड़ में खिलजी की तोपों से जलकर चित्तौड़ नगर श्मशान बनता है। तेरहवीं चिनगारी 'ध्वंस' में वीर राजपूत स्वातंत्र्य की दीपशिखा पर परवाने की भांति जल-जल कर जीवन अर्पित करते हैं। शत्रु की निष्ठुरता से उद्दाम स्वातंत्र्य को छोड़कर चित्तौड़ में सब कुछ नष्ट होता है। मानवता को दानवता कुचल देती है। चौदहवीं चिनगारी में पद्मिनी और रावल का स्वाभिमान रक्षण के लिए जीवन देने का निश्चय होता है। पन्द्रहवीं चिनगारी श्रृंगार में जौहर की तैयारी होती है। अत्यंत कारुणिक वातावरण में रानी अपनी आहुति के लिए तत्पर होती है। सोलहवीं चिनगारी में राजा और रानी दोनों स्वाभिमान और स्वातंत्र्य रक्षा के लिए सर्वस्व नाश के लिए प्रस्तुत होते हैं।

सत्रहवीं चिनगारी में देवी पार्वती से जल मरने के संकल्प और साहस का वरदान रानी मांगती है। अठारहवीं चिनगारी में सत्य, स्वार्थ जीवन-यौवन, वैभव आदि सभी कुछ नट मेघ यज्ञ में स्वाहा होता है। उद्दाम यौवन राख की एक ढेरी बनता है।

उन्नीसवीं चिनगारी में माँ बहनों के मिट जाने से मोह ममता समाप्त होती है और वीर युद्ध स्थल में बढ़-चढ़कर बलिदान देते हैं। बीसवीं चिनगारी में खिलजी बादशाह के अरमान अधूरे रहते हैं और इक्कीसवीं चिनगारी में कथा का समापन है।

(6) जयशंकर प्रसाद

जयशंकर प्रसाद का जन्म 1890 ई. में काशी के सराय गोवर्धन मोहल्ले में हुआ। जाति के ये वैश्य थे। इनके पिता का नाम देवी प्रसाद तथा पितामह का नाम शिवरतन था। दोनों तम्बाकू, सुरती और सुंघनी के प्रसिद्ध विक्रेता थे और बड़े व्यापारी होने के कारण 'सुघनी साहू' कहलाते थे। ये लोग शिव के उपासक थे।

'प्रसाद' जी ने काशी के क्विंस कालेज में सातवीं तक की शिक्षा प्राप्त की। इसके बाद घर पर ही हिन्दी, संस्कृत, फारसी और अंग्रेजी का अध्ययन करने लगे। 12 वर्ष की अवस्था में पिता, 15 वर्ष की अवस्था में माता और 16 वर्ष के होने पर बड़े भाई का देहान्त हो गया। इन आघातों को सहकर प्रसाद जी ने दुकान और गृहस्थी दोनों संभाला। पारिवारिक मुकदमों के कारण ऋणग्रस्त हो गये। अपने अध्यवसाय से इन्होंने कर्ज को उतारा। इन्होंने अपने 3 विवाह किये। इनके पुत्र का नाम 'रत्नशंकर' था। पहले ये कलाधर के नाम से कवितायें अपने बड़े भाई से छिपाकर लिखते थे। बाद में प्रसाद जी के नाम से विख्यात हुए। बचपन में इन्होंने सन् 1931 ई. में पुरी के समुद्र तट के दर्शन किये। नौका विहार, संगीत और इत्र के ये विशेष प्रेमी थे।

उनकी प्रेरणा से ही उनके भांजे अम्बिका प्रसाद ने 'इन्द्र' मासिक पत्रिका निकाला जिसमें प्रसाद जी की रचनायें प्रकाशित होती रहती थी। अपने इस पत्र के अतिरिक्त प्रेमचन्द जी के 'हंस' और जागरण में भी ये कभी-कभी लिखा करते थे।

प्रसाद जी के पिता जी काव्य के प्रेमी थे उनके यहाँ विद्वानों, कवियों और सहृदय व्यक्तियों का समागम होता रहता था। इस परिवेश का प्रभाव प्रसाद पर पड़ा था। प्रारम्भ में उन्होंने ब्रज भाषा में लिखा। ऐसी रचनाओं का संकलन चित्राधार में पाया जाता है। आगे चलकर प्रसाद जी ने खड़ी बोली को अपनाया और जीवन भर उसकी संवर्धन में लगे रहे। घर के समान ही नारियल बाजार वाली दुकान के सामने लोग उनसे मिलने के लिए आते रहते थे और वे किसी को निराश नहीं करते थे।

मैथिलीशरण गुप्त तथा निराला से परिचित होने के अतिरिक्त राय कृष्णदास जी तथा डॉ. मोती चन्द्र जी से उनकी काफी घनिष्ठता थी। इनके अतिरिक्त विनोद शंकर व्यास ओर चावरूपति पाठक भी उनके मित्र थे।

जीवन के अन्त में 'राजयक्ष्मा' से कुछ दिन पीड़ित रहकर सन् 1937 में उन्होंने अपना शरीर छोड़ दिया। 48 वर्ष की अवस्था में उन्होंने 27 ग्रन्थों का प्रणयन किया जिनमें काव्य, नाटक, उपन्यास, कहानी संग्रह और निबन्ध सभी सम्मिलित हैं।

सन् 1913 से सन् 1936 के बीच 9 काव्यग्रन्थ प्रकाशित हुए-

1. करुणालय – सन् 1913
2. प्रेम पथिक – सन् 1914
3. महाराणा का महत्व – । सन् 1914
4. चित्राधार – सन् 1918
5. कानन-कुसुम – सन् 1918
6. आंसू – सन् 1925
7. झरना – सन् 1927
8. लहर – सन् 1933
9. कामायनी – सन् 1936

काव्य के क्षेत्र में यश प्राप्त करना ही जहाँ कठिन है, वहाँ महाकाव्यकार होने के लिए तो बड़ी प्रतिभा और साधना की आवश्यकता है। पिछले एक हजार वर्ष के हिन्दी-साहित्य में महाकाव्यकारों के नाम उंगलियों पर गिनाए जा सकते हैं। हिन्दी ने विश्व की किसी भी भाषा की तुलना में अधिक महाकाव्यकार उत्पन्न किये हैं।

प्रसाद जी ने अपने जीवन के अन्तिम दिनों में कामायनी की रचना कर समस्त हिन्दी संसार को चकित कर दिया। 'कामायनी' छायावादी मानस का शुभ्रतम कगल है।[23]

कामायनी

इस महाकाव्य की प्रधान पात्र श्रद्धा है। काम की पुत्री होने के कारण उसका दूसरा नाम कामायनी भी है। प्रारम्भ में वह अपने नायक के जीवन को अपने अंतर के अनुराग से जगमगा देती है और जब वह पथ से भटकता है, तो वह सहसा आकर उसकी दिशा का निर्देश करती है। 'प्रसाद' जी ने इस गरिमामयी नारी को सम्मान देने के लिए ही अपने महाकाव्य का नाम कामायनी रखा है।

हिन्दी में जहाँ तक केवल नामकरण का सम्बन्ध है किसी ने अपने नायक को प्रधानता दी है जैसे तुलसीदास ने 'रामचरितमानस' में किसी मार्मिक घटना को, जैसे 'प्रिय प्रवास' में हरिऔध जी ने किसी पवित्र स्थान को, जैसे साकेत में श्री मैथिलीशरण गुप्त ने परन्तु प्रसाद जी ने इसे नायिका प्रधान रखना ही उचित समझा। हो सकता है यह उनकी सूझ हो और यह भी संभव है कि इसका संकेत उन्हें जायसी की पद्मावत से मिला हो।

कथानक के सूत्र

कामायनी की कथा का आधार ऋग्वेद, छान्दोग्य उपनिषद, शतपथ ब्राह्मण और श्रीमद्भागवत है। उसमें मनु, श्रद्धा, इड़ा, किलात और आकुलि के नाम आए हैं। जल प्लावन की घटना का उसमें कुछ विस्तार से वर्णन है। मनु की नौका का हिमालय की छाया में पहुँचने, बाढ़ से कम होने, मनु के उस प्रदेश में उतरने तथा यज्ञ करने का उल्लेख भी वही है। इड़ा को अधिकृत करने के प्रयत्न पर देवी शक्तियों के कुपित होने की बात भी वहीं उठाई गयी है। मनु का परिचय ये ऋग्वेद से ही मिलने लगता है। जिस मनु की चर्चा इस महाकाव्य में हुई हैं वे एक ऐतिहासिक पुरुष हैं। मानवों के आदि पुरुष एक मनु और उनकी पत्नी की चर्चा गोस्वामी जी ने की है वे भी नर-सृष्टि के जनक बताये गये हैं- स्वयंभू मनु और सतरूपा, 'जिन्ह तै भे नर-सृष्टि अनूपा।' मानस में इन मनु-सतरूपा की घोर तपस्या का वर्णन गोस्वामी जी ने किया है। इस तप के कारण ही अपने सौन्दर्य से कोटि-कोटि शत काम को लज्जित करने वाले प्रभु ओर उनकी आदि शक्ति के दर्शन इन्हें हुए थे।

कथानक के निर्माण और उसमें कुछ प्रसंगों के समावेश के लिए कवि को अपनी कृतियों से भी कुछ सहायता मिली होगी। 'कामायनी' का बाहरी ढांचा बहुत कुछ 'कामना' नाटक जैसा है।

कामायनी की तुलना में यों 'कामना' काफी छोटा रूप है, पर दोनों में बहुत सी बातों में समानता है। यह समानता आकस्मिक नहीं है। अत: कामायनी के निर्माण में कामना का हाथ रहा हो तो कोई आश्चर्य की बात नहीं।

इस प्रकार प्रसाद की अपनी ही कृतियों की कुछ छाया कामायनी में कहीं-कहीं देखी जा सकती हैं। सच तो यह है कि प्रसाद ने बहुत कम कथा सूत्रों के सहारे अपने ही हृदय के

सौन्दर्य, अपनी ही रम्य कलपना और अपनी ही प्रतिभा के बल पर इस महाकाव्य का सृजन किया। स्पष्ट बात यह है कि इस कृति के निर्माण के पीछे गम्भीर मनन और श्रम की आधारशिलाएं निहित हैं।

महाकाव्य

काव्य दो प्रकार का होता है- मुक्तक और प्रबन्ध । मुक्तक में जहाँ प्रत्येक छन्द अपने में स्वतंत्र होता है वहां प्रबन्ध में कथा सुश्रांलित रहती है और छन्दों में पूर्वापरक्रम बना रहता है। प्रबन्ध काव्य को सामान्यत: खण्डकाव्य और महाकाव्य में विभाजित किया जाता है।

कामायनी का महत्व अब अन्तिम रूप से स्थापित हो चुका है अब वह विवाद का विषय न रहकर गम्भीर अध्ययन का विष बन गयी है। प्रारम्भ में जिन लोगों ने उसे 'मनोविज्ञान की ट्रीटाइज' अथवा 'पहेली-बुझौवल' कहा था, उन्होंने या तो अपनी सम्मति बदल दी है अथवा उनके विरोध का स्वर दब गया है। जहाँ तक अब इस महाकाव्य के सम्बन्ध में किसी को भी सन्देह नहीं रहा।

धर्म, अर्थ, काम, मोक्ष में से किसी एक की सिद्धि महाकाव्य का प्रयोजन है, यह नियम भी अब उपयुक्त नहीं है। आधुनिक युग में ऐसे महाकाव्य की कल्पना की जा सकती है जिसमें वीर रस का कहीं पता तक न हो। आधुनिक कवि रस को ध्यान में रखकर लिखते ही नहीं। आधुनिक काव्य की आलोचना में आगे से धर्म, अर्थ, काम, मोक्ष जैसे परम पुरुषार्थों, श्रृंगार, वीर, शान्त रसों, अभिधा, लक्षणा, व्यंजना जैसी शब्द शक्तियों की चर्चा न होकर किसी नयी उपयुक्त पदावली का प्रयोग होने लगे तो बड़ा अच्छा हो।

कामायनी का कथानक वेद कालीन है। इसकी कथा मनु के चारों ओर गुंथी गयी है ये मनु देव जाति में उत्पन्न होने पर भी मानवों के आदि पुरुष हैं। इसी से उनमें देवत्व और मानवत्व के सम्मिलित संस्कार पाये जाते हैं। प्रलय से संघर्ष कर जीवित रहने वाले आर्यों के आदि पुरुष का जीवन अनेक दृष्टियों से अपने में महत्वपूर्ण है। व्यक्ति को केन्द्र बनाकर चलने वाले तो और काव्य भी महत्वपूर्ण हैं। जैसे 'पृथ्वीराज रासो' पर कामायनी के इस पात्र की महत्ता इस बात में निहित है कि उसके जीवन के माध्यम से मानवता की कहानी कही गयी है। रूपक की दृष्टि से यह कहानी कुछ-कुछ वैसी ही है जैसी पद्मावत की गाथा, जिसके माध्यम से आत्मा और परमात्मा के मिलन-विछोह का संकेत हमें मिलता है।

इस प्रकार कामायनी अपनी मूल कथा और उससे व्यंजित होने वाले तात्पर्य दोनों की दृष्टि से एक अत्यन्त श्रेष्ठ रचना है। उसका कथानक ही उत्सुकतावर्धक मौलिक और गम्भीर नहीं है। दर्शन पक्ष भी संतुलित और पुष्ट है। कामायनी किसी तेजस्वी व्यक्ति, किसी जाति की सांस्कृतिक निधि अथवा किसी युग की विशेषताओं की मात्र चर्चा नहीं करती। वह ज्ञात काल से लेकर अब तक के सम्पूर्ण मानवता के विकास और उसकी गति की कहानी दुहराती है। अत: वह घोषित करना कोई अतिशयोक्ति नहीं होगी कि किसी भी युग की

प्रतिभा ने इस मौलिक ढंग से ऐसे असीम आयामों वाले कथानक की कल्पना कभी नहीं की। प्रसाद जी स्वभाव से आध्यात्मवादी थे। कामायनी का कथानक अत्यंत प्राचीन है जिससे ऐसी प्राकृतिक घटनायें खप जाती हैं। महाभारत, रामायण और ओडिशी जैसे साहसिक कर्म तो इसमें नहीं पर प्रलय, मनु का जीवित बच जाना, कम साहस का काम नहीं। सारस्वत देश को प्रजा से अकेले युद्ध करना भी बड़े साहस का काम है। वहाँ तो मनु ने विरोधियों को सम्बोधित करते हुए अपने को साहसिक कहा भी है।

कामायनी में मनु और श्रद्धा से सम्बन्धित कथा अधिकारिक हैं काम, आकुलि, किलात एवं मानव से सम्बन्धित प्रासंगिक। सम्पूर्ण कथानक में इन छोटे पात्रों का अपना पृथक स्थान है। श्रद्धा के प्रति मनु पहले से ही आकर्षित थे पर उस आकर्षण का विकास काम के संदेश के उपरान्त ही होता है। आगे चलकर मनु के विश्वासघात और उसके जीवन की असफलता के कारणों का संकेत भी वही करता है। मनु काम के इस संकेत को नहीं समझते और इड़ा के सम्पर्क में आने पर दुःख उठाते हैं। आकुलि और किरात ये दुष्ट पात्र हैं। एक स्थान पर ये श्रद्धा के पालित पशु की यज्ञ में बलि कराकर कामायनी और मनु के बीच मनमुटाव उत्पन्न करते हैं। दूसरे स्थान पर सारस्वत प्रदेश की प्रजा को भड़का कर मनु के प्रति विद्रोह करते हैं। सुर ओर असुर का यह अन्तिम संघर्ष है। मानव अपने जन्म से पहले मनु के मन में ईर्ष्या जगाता है। जन्म लेकर श्रद्धा के एकाकी जीवन का सहारा बनता है और इड़ा के साथ रह कर पिता के दोष का मार्जन करता है। कामायनी में काम अदृश्य हो जाता है। आकुलि और किरात मारे जाते हैं और मानव माता-पिता से पृथक होकर एक गरिमामयी नारी के संरक्षण में चला जाता है। इतना होने पर भी ये सभी पात्र इस महाकाव्य से आन्तरिक रूप से सम्बद्ध है और उसे गति प्रदान करते हैं।

जयशंकर प्रसाद जी 'छायावाद' के प्रमुख कवि

जयशंकर 'प्रसाद', सुमित्रा नन्दन 'पंत' तथा सूर्यकान्त त्रिपाठी 'निराला' छायावाद की बृहत्रयी हैं। प्रसाद यदि छायावादी युग के ब्रह्मा, पन्त विष्णु तो निराला जी उसके शिवशंकर हैं। महादेवी वर्मा, डॉ. राम कुमार वर्मा एवं माखन लाल चतुर्वेदी छायावाद की लघुत्रयी के अन्तर्गत आते हैं। छायावाद के महासागर में और भी अनेक नदी तथा नदियों ने योगदान दिया जिसमें मिलिन्द, भगवती चरण शर्मा, बालकृष्ण शर्मा 'नवीन', सुभद्रा कुमारी चौहान एवं राम नरेश त्रिपाठी आदि का नाम उल्लेखनीय है। छायावादी युग की काव्यधारा के समकालीन, हरिवंश राय बच्चन, रामधारी सिंह 'दिनकर', तथा अंचल आदि भी विशेष उल्लेखनीय हैं। जयशंकर प्रसाद जी छायावादी काव्य के श्रीगणेशकर्ता माने जाते हैं प्रसाद, आरम्भिक काल में ब्रज भाषा में कविता लिखा करते थे। किन्तु सन् 1913-14 से उन्होंने खड़ी बोली में लिखना प्रारम्भ किया। उनकी ब्रज भाषा सम्बन्धी कविताओं का संग्रह

'कानन-कुसुम', महाराणा का महत्व, करुणालय, और प्रेम-पथिक प्रकाशित हुए। सन् 1912 में उनका 'झरना' प्रकाशित हुआ।

'कामायनी' प्रसाद की अन्तिम और श्रेष्ठ रचना हैं मनु श्रद्धा और इड़ा की पौराणिक कहानी के माध्यम से प्रसाद ने आज के युग के मनुष्य के बौद्धिक और भावनात्मक विकास और आज के जीवन के वैषम्य की जीती-जागती कहानी चित्रित की है। मनु आत्म-चेतन, व्यक्तिवादी व्यक्ति के प्रतीक हैं। इड़ा समाज के वर्गभेद ओर शोषण पर आधारित बुद्धि तत्व की प्रतीक है। श्रद्धा मनुष्य की सहज मानवीय भावनाओं मूल्यों और सौहार्दता से युक्त मानव हृदय की आस्थाशील तत्व की प्रतीक है। इन तीनों पात्रों के माध्यम से प्रसाद जी ने उसके समस्त अन्तर्विरोधों, असंगतियों का उहापोह विवेचन किया (डॉ. शिवदान सिंह चौहान द्वारा) प्रसाद जी आज की विडम्बना पूर्ण जीवन का चित्रण करते हुए कहते हैं-

"ज्ञान दूर कुछ किया भिन्न है।
इच्छा क्यों पूरी हो मन की।
एक दूसरे से न मिल सके।
यह विडम्बना है जीवन की।"[24]

पूँजीवादी सभ्यता चाहे जितनी भी विकास की ओर हो जाय उसका ध्वंस और विनाश अवश्यम्भावी है।

मानव हृदय की मनोवृत्तियां, प्रकृति चित्रण, नारी का सौन्दर्य मार्मिकता, लाक्षणिकता, गेयता, आदि छायावादी सभी प्रवृत्तियों का कामायनी में सुन्दर चित्रण है। वस्तुतः 'कामायनी' आधुनिक युग का महाकाव्य है।

प्रसाद जी के काव्य में मानवीय सौन्दर्य, प्राकृतिक सौन्दर्य, नवीनता, संस्कार रहस्यात्मकता, और छायावाद की सभी विशेषताएं उपलब्ध हैं। प्रसाद एक मानवतावादी युगान्तकारी महाकवि हैं-

"सदियों तक साहित्य नहीं,
यह समझ सकेगा।
तुम मानव थे, या मानवता के
महाकाव्य थे।।".[25]

'प्रसाद' जी का पहला काव्य चित्राधार है और 'कामायनी' अन्तिम शिखर कृति है। पहले की रचनाओं को देखते हुए कामायनी बहुत ऊँची छलांग मालूम पड़ती है।

प्रसाद को छायावाद प्रवर्तक कवि कहना अंधश्रद्धा का सूचक है। प्रसाद, निराला, पंत, ने लगभग एक समय में लिखना प्रारम्भ किया था। किसी कवि के थोड़ा पहले जन्म लेने से उसे काव्यान्दोलन का प्रवर्तक नहीं ठहराया जा सकता।

प्रसाद के काव्य विकास में जो धीमापन दिखाई पड़ता है वह उनकी अपनी पारिवारिक स्थिति और काशी का साहित्यिक परिवेश था। पिता की मृत्यु के बाद उनका परिवार ऋणग्रस्त हो गया था। ऋण चुकाने के लिए प्रसाद जी को अपना पैतृक व्यवसाय करना पड़ा था। इसी कारण प्रसाद जी ने धीमी गति से काव्य लेखन किया।

'कामायनी' प्रसाद की अन्तिम और 'आंसू' एक जादुई शक्ति थी। यह किशोर कण्ठ की पुकार थी। आंसू के बाद 'लहर' का प्रकाशन सन् 1933 में हुआ और इसी वर्ष आंसू का द्वितीय संशोधित परिवर्धित संस्करण भी छपा। इसी बीच कामायनी के लिखने का क्रम भी चलता रहा। प्रसाद ने करुणा का आवाहन अनेक स्थलों पर किया है।

नन्द दुलारे बाजपेयी कामायनी में कल्पनाशीलता, जागरूकता, मानसिक शक्तियों की सूक्ष्म पकड़, विलक्षण अवसाद, संशय, कौतूहल देखकर सही अर्थों से प्रेरित मानते हैं। लेकिन आगे चलकर भले-बुरे का समाहार नित्य सत्ता में कर लेते हैं तो लगता है कि वे प्रसाद के बचाव में खड़े हैं। रामधारी सिंह दिनकर अपने निबंध दोष रहित, 'दूषण सरित' में कहते हैं कि इस विलक्षण कथा के संधान मात्र को मैं आधी या उससे अधिक कविता मानता हूँ।

कामायनी में कर्म का संदेश और वैराग्य मत का खण्डन है। वे कामायनी की कारीगरी में विराटता का अद्भुत सौन्दर्य देखते हैं। 'कामायनी' की भाषा सम्बन्धी त्रुटियों का उल्लेख भी करते हैं और आध्यात्म और रहस्य पर पलायनवाद का आरोप लगाते हैं। मुक्ति बोध एक ओर कामायनी को फैन्टेसी मानकर कवि को छूट देते हैं तो दूसरी ओर यांत्रिक मार्क्सवाद को लादकर उसी छूट को वापस ले लेते हैं। वे प्रसाद को मनु के वर्ग का मान लेते हैं। विश्व देश, जाति समाज और व्यक्ति के द्वन्द्वों का है। वे बार-बार कहते हैं कि प्रसाद के पास वैज्ञानिक समाजवादी दृष्टिकोण न था। क्या यह होता तो 'कामायनी' से बेहतर रचना करते।

श्री रामस्वरूप चतुर्वेदी ने कामायनी का मूल्यांकन करते समय उसे एक कम्पोजीशन माना है।

कामायनी की अर्थ संरचना थोड़ी जटिल है। कविता में स्थान-स्थान पर अर्थ की परतें मिलती हैं। इतिहास के अनुसार इसकी कथा अत्यंत संक्षिप्त है। महाप्रलय के बाद सारी संस्कृति के नष्ट हो जाने पर उसके अवशेष के रूप में मनु बचे रहते हैं। फिर उनकी अचानक भेंट काम कन्या श्रद्धा से होती है। श्रद्धा उन पर प्रेम माया का संस्कार डालती है। किन्तु श्रद्धा के गर्भस्थ शिशु से मनु को ईर्ष्या होती है। इड़ा के सहयोग से वे उस प्रदेश को ज्ञान-विज्ञान के सहारे भौतिक सुख-समृद्धि से भर देते हैं, वे इड़ा से बलात्कार करना चाहते हैं। मनु को खोजते हुए श्रद्धा वहां पहुँचती है। वह इड़ा को उल्टा-सीधा सुनाकर अपने पुत्र व मानव को उसे दे देती है। फिर मनु को लेकर वह हिमालय के उस अंचल में पहुँचती है जहाँ

नटराज नृत्य कर रहे थे। सारस्वत प्रदेश के नागरिक धर्म प्रतिनिधि वृषभ पर सोमलता लादे तीर्थ यात्रा को निकल पड़ते हैं। जहाँ श्रद्धा और मनु आनन्दोमग्न थे। इसके फलस्वरूप कथा का रूप विन्यास कई खण्डों में विभक्त सा प्रतीत होता है। मनु, श्रद्धा, इड़ा, अपनी सम्पूर्णता में इतिहास की रक्षा नहीं करते। रूपकत्व के हस्तक्षेप के कारण उनकी अपनी मानवीयता अविकसित रह जाती है। इसमें विकासवाद, बुद्धिवाद, उदारतावाद, भौतिकवाद, आदि का यथोचित समावेश है।

शुक्ल जी ने लिखा है- "वर्गहीन समाज की साम्यवादी पुकार की भी दबी सी अनुगूंज सुनाई पड़ती है।'

दिनकर इस कर्म को रहस्य सर्ग के कर्म से मिलाकर देखते हैं और अपने दृष्टिकोण को प्रसाद पर मढ़ देते हैं। रहस्य सर्ग का कर्म जो प्रसाद जी के समय में बड़े स्तर पर घटित हो रहा था। मनु नियम बनाकर भी उससे बंधना नहीं चाहते। फलतः युद्ध होता है। अतिशय बुद्धिवाद और औद्योगीकरण का यही परिणाम होता है। यदि बुद्धिवाद और औद्योगीकरण का विरोध न होता तो तो प्रसाद की अवधारणा अमान्य नहीं ठहराई जा सकती थी।

कामायनी में उठाई गयी समस्याओं का हल प्रसाद ने अपने ढंग से दिया है। वह शुद्ध मानवतावादी हल है। आश्चर्य है कि वे प्रसाद को मानवतावादी मानने को तैयार नहीं है। उनके सामने प्रथम महायुद्ध और साम्राज्यवाद का आतंक था। प्रसाद, सुख, दुःख को विकास का सत्य मानते हैं। प्रसाद ने इसका हल ढूंढ़ने का प्रयास किया है। श्रद्धा के माध्यम में दया, माया, ममता, त्याग, क्षमा, आदि से व्यापक अर्थ में यही करुणा है। इसे कोई बौद्ध प्रभाव कह सकता है और कोई गांधी प्रभाव।

कामायनी में प्रसाद का नारी सम्बन्धी दृष्टिकोण अनाधुनिक हो गया है। श्रद्धा का रूप दुर्बल, उत्सर्गमय आँसू के भीगे आंचल पर मन का सब कुछ रखने वाला है। शरीर की सुन्दरता और कोमलता के कारण पराजय का भाव हैं। इड़ा को प्रसाद ने स्वतंत्र व्यक्तित्व दिया और फिर उससे छीन लिया। दिनकर के अनुसार श्रद्धा औरत के समीप है लेकिन इड़ा नहीं।

कामायनी के काव्य सौन्दर्य की श्रेष्ठता के बारे में किसी को सन्देह नहीं है। प्रायः कहा जाता है कि उनकी भाषा कमजोर है और काव्य सौन्दर्य अप्रतिम। यह कथन अपने आपमें अन्तर्विरोध पूर्ण है। काव्य सौन्दर्य भाषा में है। भाषा कमजोर होने पर सौन्दर्य चित्रण भी कमजोर हो जायेगा। द्विवेदी युगीन संवेदना के साहित्यकार को कहीं वाक्यगत और कहीं अन्तर्गत दोष दिखाई पड़ सकते हैं। यों हमेशा निर्दोष न काव्य हो सकता है और न व्यक्ति।

प्रसाद का काव्य

प्रसाद जी सूक्ष्म अनुभूतियों के कवि हैं। केवल बिम्बानुसंधान से उनके काव्य को अस्वादित नहीं किया जा सकता। इसमें कोई शक नहीं कि वह उनकी एक प्रमुख काव्य की सम्पत्ति है। पूरी कामायनी में प्रलय की गहनतम छाया है। इसका समापन अन्त में नार्तित नरेश में होता है। श्रद्धा के सौन्दर्य का बीज शब्द है- नयन का इन्द्रजाल अभिराम यानि नयनोत्सव। फिर दूर तक प्रसारित बिम्बावली।

कुसुम वैभव में लता समान
सौरभ संयुक्त मधु पवन क्रीड़ित, शिशु शाल।

रक्त किसलय पर विश्राम करती हुई, अरुण एक अमन करण।

अन्तत: नयनोत्सव का चरमोत्कर्ष कुसुम कानन अंचल में मंद-

पवन प्रेरित सौरभ साकार,
रचित परिमाणु-पराग
शरीर खड़ा हो लेकर आधार।

रहस्य के कारण कामायनी के काव्य सौन्दर्य में विस्तार भी आता है और समृद्धि भी। इसे कल्पनात्मक या सृजनात्मक रहस्य कहा जा सकता है जो अपनी जिज्ञासा, विस्मय और प्रश्नानुकूलता के कारण विराटता में घुल मिल कर देता है यह अपने आप में चितिका विराटवपु मंगल है।

महत्वपूर्ण ग्रन्थ साहित्य सम्बन्धी मान्यताओं को ही नहीं बदल देते, वे समय-समय पर आलोचना की कसौटी की भी परीक्षा लेते हैं। मेरी दृष्टि से हिन्दी में रामचरित मानस और कामायनी ऐसे ही ग्रन्थ हैं। बार-बार मीमान्सा होने पर भी इनका पूरा सौन्दर्य शायद ही कभी किसी के हाथ आए। इसमें कोई संदेह नहीं कि प्रसाद के काव्य विकास में कामायनी की रचना एक चमत्कार है। कामायनी बीसवीं शताब्दी का सर्वश्रेष्ठ ग्रन्थ काव्य है।

7. सूर्यकान्त त्रिपाठी 'निराला' (1900 से 1957)

आधुनिक युग के नये कवियों में निराला सदा निराले रहें उनके खुद के शब्दों में “मेरे पास एक कवि की वाणी, कलाकार के हाथ, पहलवान की छाती और फिलॉस्फर के पैर हैं।" उन्होंने अपने काव्यों के सम्बन्ध में यह कह दिया था कि आज "मयूर-व्याल पुंछ जुड़े हुए हैं।" उन्हें स्वरूप और विद्रूप दोनों से समान प्यार हैं उनका निरालापन इस बात में भी है कि वह आज के कवियों में शैलीगत अपनी आधुनिकता के कारण वेदान्त दर्शन तथा वीर–पूजा सम्बन्धी भावना के कारण पुरातन बने रहे हैं, वह घोर अहंवादी है। उदार मन संवेदना के कारण वह पद दलितों के हिमायती हैं। "वह तोड़ती पत्थर इलाहाबाद के पथ पर" ऐसी भी है उनकी कविता। वह कविता को एक ओर तो मार्गी है और दूसरी ओर वह पत्थर तोड-तोड़ कर नये युग का मार्ग भी बनाती है।

सन् 1915 से इन्होंने कविता लिखनी प्रारम्भ कर दी थी। उनका प्रथम काव्य 'परिमल' सन् 1921 में प्रकाशित हुआ इनके अन्य काव्य हैं अनामिका, तुलसीदास, कुकुरमुत्ता, अणिमा, बेला, नये पत्ते, अर्चना और आराधना। परिमल और अनामिका में प्राय: छायावाद की सभी प्रवृत्तियाँ देखी जा सकती हैं। तुलसीदास के बाद निराला जी प्रगतिवाद से प्रभावित दिखायी पड़ते हैं। अत: वाद की रचनाओं में छायावाद लुप्त हो गया है। जय शंकर प्रसाद को छायावाद का ब्रह्मा स्वीकार किया जाता है उनके काव्य की दो प्रवृत्तियों की उदात्त झलक मिलती है। इस रचना में प्रेम सौन्दर्य करुणा, छायावाद को अद्वैतवाद दर्शन की दृढ़ भीति पर स्थित करने का सर्वाधिक श्रेय निराला जी को है।

स्वच्छन्दतावादी भाव धारा के सर्वाधिक अनोखे व्यक्तित्व के धनी महाकवि निराला का जन्म बंगाल के महिषा दल राज्य के मेदनीपुर जिले में संवत् 1955 वि. (1897 ई.) में हुआ था। उनके पिता पं. राम सहाय त्रिपाठी उत्तर प्रदेश के उन्नाव जिले के गढ़ाकोला ग्राम के निवासी थे और महिषादल राज्य में जाकर राजकीय सेवा में काम करने लगे। माता-पिता का साया बाल्यावस्था में ही कवि के सिर से उठ गया। बड़े होने पर कवि ने साहित्यिक रुचि से सम्पन्न मनोहरा देवी से विवाह किया। वे भी एक पुत्र और एक पुत्री को देकर संसार से चल बसीं। पुत्री सरोज भी विवाहोपरान्त कुछ ही वर्षों में जीवन समाप्त गया। निराला के लिए यह एक वज्रपात था उन्होंने अपने इस शोक को 'सरोज स्मृति' में वाणी दी।

प्रारम्भ में महिषादल नौकरी करने गये किन्तु वहां न पटने के कारण कलकत्ता आकर रामकृष्ण मिशन के पत्र 'समन्वय' का सम्पादन करने लगे। तीन वर्ष बाद लखनऊ आकर 'गंगा पुस्तक माला' और सुधा का सम्पादन करने लगे। अक्खड़ स्वभाव होने के कारण यहाँ भी नहीं पटी तब इलाहाबाद आये। इस प्रकार आर्थिक विषमताओं को भोगता हुआ यह कवि संवत् 2018 वि. (सन् 1961 ई.) को स्वर्ग सिधार गया।

राम की शक्ति पूजा

निराला कृत 'राम की शक्ति पूजा' के राम ब्रह्म न होकर सामान्य दुर्बलताओं से युक्त संघर्षरत मानव है। प्रस्तुत कविता में उनकी विजय से अधिक उनकी साधना अधिक महत्वपूर्ण है। डॉ. राम विलास शर्मा ने निराला की साहित्य साधना में लिखा है कि "राम के संघर्ष का चित्र जितना प्रभावशाली है उतना उनकी विजय का नहीं।"

छायावादी कवियों की भांति निराला ने नारी को अनन्त प्रेरणा का स्रोत स्वीकार किया है। निराशाग्रस्त राम के मन में जब विजयी होने की इच्छा बलवती होती है तब-

"सिहरा तन, क्षण भर भूला मन, लहरा समस्त।
हर धनुभंग को पुनर्वार ज्यों उठा हस्त!
फूटी स्मिति सीधा-ध्यान-तीन राम के अधर,
फिर विश्व विजय भावना हृदय में आई भर।"[26]

कृत्तिवास बंगला रामायण से आधार ग्रहण करने वाली रचना राम की शक्ति पूजा आत्मसंघर्ष पर व्यक्तित्व की विजय का आलेख है। आत्मवंचना की पंक्तियों में निराला का व्यक्तित्व की सर्वजित रहा है। कदाचित् इसीलिए राम के चित्रण में निराला के व्यक्तित्व की छवि मानी जाती है। शक्ति पूजा की परम्परागत कथा में अपनी मौलिक उद्भावनाएं करके उन्हें विशिष्ट बना दिया है।

1. राम नवरात्र का व्रत करते हैं।
2. एक सहस्र कमलों के स्थान पर हनुमान द्वारा लाये गये 108 इन्दीवरों का उल्लेख है।
3. निराला शक्ति की आराधना की प्रेरणा जाम्वन्त से दिलवाते हैं।
4. अतीत की स्मृतियों से राम के चित्र जुड़ जाते हैं।
   प्रस्तुत कविता में राम की निराशा वस्तुत: देश की निराशा है।

मित्रवर, विजय होगी न समर।
अन्याय जिधर है, उधर शक्ति।

युग के प्रति स्वाभाविक जागरूकता रखने वाले निराला ने राम के चरित्र को शुद्ध मानवीय धरातल पर चित्रित किया है। इस कविता में उच्च कोटि का गाम्भीर्य, ओज और औदात्य विद्यमान है। नि:सन्देह निराला की यह रचना अपनी एपिक गुणवत्ता के लिए प्रसिद्ध है।

आचार्य नन्द दुलारे बाजपेयी के अनुसार “राम की शक्ति पूजा वस्तुत: एक गाथा काव्य है। जिसे निराला ने गाथा की भूमि से उठाकर महाकाव्योचित गाम्भीर्य देना चाहा है..... शक्तिपूजा को असाधारण गाम्भीर्य देने की चेष्टा की है।”[27]

अस्तु! राम की शक्ति पूजा सदैव विद्वानों के मध्य जिज्ञासा उत्पन्न करने वाली रचना रही है। वे राम जो हमारी तरह हैं, जो वनवास के समय सीता के प्रसंग में कहते है- "हे खग मृग हे मधुकर सेनी। तुम देखी सीता मृगनयनी" और इसी के साथ राम की इस सामान्यता में भी असामान्यता को निराला ने भुला नहीं दिया है। तुलसी के "भृकुटि विलास सृष्टि लय होई" की तरह राम के शक्तिशाली और संकल्पी व्यक्तित्व का सांगोपांग वर्णन किया है।

8. सुमित्रानन्दन 'पन्त'

सुमित्रानन्दन पंत का जन्म 20 मई सन् 1900 को अल्मोड़ा से 32 मील उत्तर की ओर 'कौसानी' ग्राम में हुआ था। इनके पिता पं. गंगादत्त यहाँ टी-गार्डेन के मैनेजर थे और लकड़ी के व्यापारी थे। कौसानी के निकट एक फूलों की घाटी है तथा बांझ, चीड़ तथा देवदार के ऊँचे वृक्ष सिर उठाये खड़े हैं। प्रकृति की इस रमयता के कारण यह स्थान भारत का स्विट्जरलैण्ड कहलाता है। पन्त जी के जन्म के 6 घंटे के उपरान्त ही उनकी माता का

जिनका नाम सरस्वती था, देहान्त हो गया। अत: बचपन में उनका पालन पोषण इनकी बुआ जी ने किया। चार भाई और चार बहनों में पन्त जी सबसे छोटे थे। बचपन का इनका नाम गुंसाई दत्त था। नौंवी कक्षा तक गवर्नमेंट कालेज अल्मोड़ा में पढ़ने के बाद अपना नाम बदलकर सुमित्रानन्दन पंत रख लिया। सन् 1918 में यह एक वर्ष के लिए वाराणसी गये और वहीं जय नारायण हाईस्कूल लीविंग परीक्षा पास की। जुलाई सन् 1919 में प्रयाग के म्योर सेन्ट्रल कालेज में नाम लिखाया और हिन्दू बोर्डिंग हाउस में रहने लगे।

सन् 1921 को 'असहयोग आन्दोलन' में महात्मा गाँधी के सामने कालेज छोड़ने वाले लड़कों में इनके बड़े भाई ने इन पर हाथ उठा दिया। अत: इण्टर करने से पहले पंत जी की शिक्षा सदैव के लिए समाप्त हो गयी।

इस विशिष्ट घटना को केन्द्र मानकर हम चाहें तो उनके जीवन को तीन भागों विभाजित कर सकते हैं

1. शिक्षा काल
2. संघर्ष एवं सृजन का काल
3. सफलता और सम्पन्नता के दिन।

नौकरी का द्वार बंद हो जाने, परिवार में कोई सहायता और प्रोत्साहन न मिलने तथा आजन्म एकाकी जीवन बिताने के कारण पंत जी को अत्यन्त तीखे संघर्ष का सामना करना पड़ा। कल्पना शील होने के कारण अनेक वर्षों तक इन्हें किसी न किसी के साथ रहना पड़ा। इनमें कुंवर सुरेश सिंह (1931 से 1939 तक), नरेन्द्र शर्मा (1939 से 1040 तक), बच्चन (1941 से 1943 तक), नर्तक उदयशंकर (1943 से 1947 तक) बच्चन (1947 से 1948 तक) तथा कृष्णानन्द पाण्डेय (1948 से 1949 तक) आदि प्रमुख हैं। कलाकांकर से पन्त जी प्रयाग आते थे तो श्री रामचन्द्र टण्डन के अतिथि होते थे। अत: हम कह सकते हैं कि सन् 1950 से पहले तक पंत जी का अपना कोई घर नहीं था। दूसरे इस काल में ये कुछ महान व्यक्तियों के सम्पर्क में आये। इनमें हम रविन्द्रनाथ टैगोर, महात्मा गाँधी, और श्री अरविन्द के नाम ले सकते हैं। तीनों से इन्होंने अपने काव्य की प्रेरणा ग्रहण की। मार्क्सवादी दर्शन की ओर इनका अस्थायी झुकाव प्रसिद्ध कम्युनिस्ट नेता पी.सी. जोशी के कारण हुआ। काव्य सृजन के प्रारम्भिक वर्षों में इन्हें प्रयाग विश्वविद्यालय के प्रोफेसर शिवाधार पाण्डेय और कवि श्रीधर पाठक से प्रोत्साहन मिला। संघर्ष के ये वर्ष इनकी वास्तविक प्रतिभा के विकास के वर्ष हैं।

इसी बीच काव्य साधना के अतिरिक्त पन्त जी ने 'रूपाभ' नाम के मासिक पत्र का सम्पादन (1938) किया और 'लोकायन' नाम की एक संस्था की (1948) योजना बनायी। पत्रिका थोड़े दिन चलकर बंद हो गयी, योजना कागजों तक सीमित रही।

सन् 1950 के उपरान्त इनके जीवन में नया मोड़ आता है। इस अवधि में इन्होंने 'रेडियो विभाग' में (1950 से 1957) तक हिन्दी चीफ प्रोड्यूसर, फिर 1958 से 1969 तक साहित्य सलाहकार के रूप में कार्य किया। पहले सात वर्षों तक 1000/- रुपये प्रतिमाह वेतन मिला। इस दशक में पंत जी के जीवन और काव्य के संबंध में काफी लिखा गया, जिसमें चार समीक्षा ग्रन्थ तो सन 1951 में प्रकाशित हुए, 60 वर्ष पूरे होने पर साहित्यकारों तथा अन्य गणमान्य व्यक्तियों द्वारा अभिनन्दन दिल्ली में हुआ। इस प्रसन्नता में योग देने के लिए मैथिलीशरण गुप्त (रत्नावली), महादेवी वर्मा (सप्तवर्णा), बच्चन (कवियों में सौम्य सन्त), नरेन्द्र शर्मा (द्रौपदी), तथा अज्ञेय (रूपाम्बरा) ने अपनी मौलिक अनुदित, अथवा सम्पादित रचनायें इन्हें समर्पित की। सन् 1961 में भारत सरकार ने 'पद्मभूषण' की उपाधि से इन्हें सम्मानित किया। इसी वर्ष इन्होंने रूस, इंग्लैण्ड तथा अन्य यूरोपीय देशों का भ्रमण किया। इसी वर्ष इन्हें "कला और बूढ़ा चाँद' पर 'साहित्य एकेडमी' से 5000/- का पुरस्कार मिला। सन् 1965 में एक ओर 'हिन्दी साहित्य सम्मेलन' ने इन्हें 'साहित्य वाचस्पति' की उपाधि से विभूषित किया, दूसरी ओर साहित्य के क्षेत्र में इनकी सेवाओं को सम्मानित करने के लिए उत्तर प्रदेश सरकार ने 10,000/- रुपये का एक विशेष पुरस्कार प्रदान किया। इसी वर्ष रूसी सरकार की ओर से 'लोकायतन' तथा अन्य रचनाओं पर इन्हें 15000/- रुपये का नेहरू पुरस्कार मिला। 1966 में ये रूस की यात्रा पर गये। सन् 1967 में विक्रम विश्वविद्यालय उज्जैन ने इन्हें डी.लिट् की सम्मानित उपाधि प्रदान की। इनके काव्य संकलन 'चिदम्बरा' पर इन्हें सन् 1968 का भारतीय ज्ञानपीठ का एक लाख रुपये का पुरस्कार प्राप्त हुआ। अप्रैल 1970 में ये साहित्य अकादमी के महत्तर सदस्य (फेलो) चुने गये। अत: इस समय इनके जीवन को सभी दृष्टियों से सफल कहा जा सकता है।

पन्त जी के निम्नलिखित काव्य ग्रन्थ प्रकाशित हो चुके हैं-

1. वीणा — सन् 1920
2. ग्रन्थि —1920
3. पल्लव — सन् 1926
4. गुन्जन — सन् 1932
5. युगान्त — सन् 1936
6. युगवाणी — सन् 1939
7. ग्राम्या — सन् 1940
8. स्वर्ण किरण सन् 1947
9. स्वर्ण धूलि — सन् 1947
10. युगान्तर — सन् 1948
11. उत्तरा — सन् 1949

12. रजत शिखर — सन् 1949
13. शिल्पी — सन् 1952
14. अतिमा — सन् 1955
15. सौवर्ण सन् 1957
16. वाणी — सन् 1958
17. कला और बूढ़ा चाँद — सन् 1959
18. लोकायतन — सन् 1964
19. पौ फटने से पहले — सन् 1967
20. किरण वीणा - सन् 1967
21. पतझड़ : एक भाव क्रान्ति- सन् 1969
22. गीत हंस — सन् 1969
23. शशि को तरी — सन् 1971
24. समाधिता — सन् 1973
25. आस्था — सन् 1973
26. सत्य काम — सन् 1975

सुमित्रानन्दन पंत का युग गीतों का युग था। लेकिन प्रारम्भ से ही उनका क्षेत्र और दृष्टिकोण कुछ अधिक व्यापक रहे। 20 वर्ष की अल्पावस्था में ही एक खण्ड काव्य की रचना की। आकाशवाणी से सम्बन्ध होने के उपरान्त उन्होंने अनेक काव्य रूपकों का प्रणयन किया। इस प्रकार भावनाओं के साथ विचार प्रारम्भ से ही उनके काव्य का सहयोगी अंग रहा और तीन चार काव्य ग्रन्थों के उपरान्त ही उनका झुकाव छायावाद से प्रगतिवाद की ओर हुआ। जिसमें वे व्यक्तिगत सुख, दुख से ऊपर उठकर समाज कल्याण की ओर मुड़े।

लोकायतन

प्रस्तुत रचना पन्त जी की प्रसिद्ध रचना है इसका कथानक इस प्रकार है-

लोकायतन एक व्यक्ति की, एक गांव की, एक देश की, एक युग की गाथा है। यह व्यक्ति एक कवि है, जो पहाड़ी प्रदेश से आकर सुन्दरपुर में बस जाता है और वहीं से संसार की स्थिति पर विचार करता है। वहाँ वह एक कला पीठ की स्थापना करता है जिसके माध्यम से वह समस्त देश में वैचारिक क्रान्ति करने की बात सोचता है। अत: इसमें एक ओर सुन्दर गुर की कथा है, जिसके प्रमुख पात्र है- वंशी, हरि, शंकर, श्री प्रीति, माधो, गुरु, वाग्विलास आदि। सुन्दरपुर के उजड़ने पर यह कला केन्द्र जब पहाड़ी प्रदेश में चला जाता है तो मैरी नाम की एक विदेशी महिला, जिसका नाम संयुक्ता भी है, प्रमुखता ग्रहण करती है। वहाँ, प्राचीन केन्द्र के निकट पायी गयी एक राजस संतान अतुल का भी थोडा उल्लेख

मिलता है। कथानक के बीच 'मुक्तियज्ञ' और 'आत्मदान' शीर्षकों से पन्त जी ने भारतीय राजनैतिक मंच पर महात्मा जी के अवतरण से लेकर उनकी हत्या तक, स्वाधीनता संग्राम और स्वतंत्रता प्राप्ति तक की प्रमुख घटनाओं का विवरण प्रस्तुत किया है। महात्मा गांधी को काव्य मंच पर आवश्यकता से अधिक स्थान देने के कारण इसके प्रमुख पात्र वंशी का व्यक्तित्व काफी दब गया है और वह ठीक से उभर नहीं पाया। संयुक्ता के व्यक्तित्व का निर्माण जिस रूप में कवि ने किया है वह भी बड़ा ही आकर्षक है। लेकिन उसे अन्त की ओर लाना ठीक नहीं हुआ इससे वह एक आरोपित पात्र सी लगती है। इस महाकाव्य का नायक तो निश्चित रूप से वंशी ही है। पर महात्मा गांधी और संयुक्ता के व्यक्तित्व की रूप रेखाओं में कुछ ऐसे रंग भर गये हैं कि वे कवि के व्यक्तित्व के प्रभामण्डल के एक बहुत बड़े आलोक वृत्त को चुरा ले गये हैं। लोकायतन निश्चित रूप से युग गाथा है, कथानक के गठन की दृष्टि से वह एक दुर्बल और शिथिल कृति है।

विश्वम्भर 'मानव' के अनुसार "लोकायतन' एक चिन्तन प्रधान रचना है। यह चिन्तन बाह्य घटनाओं निजी अध्ययन और अन्तःकरण के संस्कार सभी से प्रभावित हैं। इस ग्रन्थ में स्वतंत्रता से पूर्व का भी देश की दशा का वर्णन है। स्वतंत्रता प्राप्ति का भी और स्वतंत्र भारत का भी। पराधीनता काल में तो मनुष्य सभी प्रकार के अपमान और अत्याचार सहन करने के लिये बाध्य था ही, लेकिन कवि देखता है कि स्वाधीन भारत में भी जन जीवन कुछ बुझा-बुझा सा है। देश में महंगाई और भ्रष्टाचार का बोलबाला है। विदेशों के ऋण का भारी बोझ हमारे सिर पर है। हिन्दी को राष्ट्र भाषा स्वीकार करने पर भी उसे उसके गौरवपूर्ण पद से वंचित किया जा रहा है। चारों ओर चारित्रिक पतन के लक्षण दृष्टिगोचर हो रहे हैं इसके पूर्व ही वह द्वितीय विश्व युद्ध के नरसंहार, अंग्रेजों के दमन चक्र, देश विभाजन और महात्मा गाँधी की हत्या पर क्षुब्ध हो चुका है। इस प्रकार बीसवीं शताब्दी के बाह्य जीवन में उसे ऐसा कुछ भी दिखायी नहीं देता जहाँ उसकी आत्मा आत्मसंतोष का अनुभव कर सके।

अतीत के सम्बन्ध में जब वह चिन्तन करता है तो हमारे देश में शंकराचार्य, चैतन्य महाप्रभु, स्वामी दयानन्द सरस्वती, राम कृष्ण परमहंस, तुलसी और कबीर जैसे दार्शनिकों, समाज सुधारकों, धर्मविदों और कवियों के होते हुए भी मानवीय चेतना में कोई विशेष परिवर्तन नहीं आया। मध्य युग पर यह विशेष रूप से कुपित है। एक स्थल पर वह झुंझला कर पूछता है, आखिर ये पीढ़ियां अब तक क्या करती रहीं।

ग्रन्थों में कामायनी के जीवन दर्शन पर उसने आपत्ति की है। श्री जयशंकर प्रसाद ने कामायनी का जो अन्त किया है पन्त जी उससे संतुष्ट नहीं है। उनकी आपत्ति है कि श्रद्धा और मनु पर्वत पर बैठे निष्क्रिय जीवन बिता रहे हैं, जबकि धरती को सक्रियता की आवश्यकता है। इस दृष्टि से हम चाहें तो 'लोकायतन' को कामायनी के आगे की कथा कह सकते हैं। इस प्रकार ऐतिहासिक चिन्तन, युग चिन्तन और काव्य चिन्तन सभी से कवि के मन में एक प्रकार की निराशा का जन्म होता है। यह निराशा उसके हृदय को निरन्तर

आन्दोलित करती रहती है। इसी हृदय मंथन का परिणाम है महागाथा। इस प्रकार 'लोकायतन' लोक की गम्भीर वेदना से उद्भुत एक संवेनशील कवि का मांगलिक संदेश है। 28

'लोकायतन' पन्त जी का लोक जीवन का महाकाव्य है। उनकी रचनाओं स्वर्ण किरण, स्वर्ण धूलि और उत्तरा आदि की श्रृंखला की अगली कड़ी है। पन्त जी के अनुसार- यह कृति ग्राम धरा के अंचल में जनभावना के छन्द में बंधी युग जीवन की भागवत कथा है। अरविन्द दर्शन भौतिकवाद तथा आध्यात्मवाद दोनों के बराबर मिश्रण हैं। लोकायतन में कथा एक प्रतीक मात्र है। गांधी जी के अतिरिक्त इसके अन्य पात्र काल्पनिक हैं। सभी काव्यों को दो खण्डों में बांटा गया है। प्रथम खण्ड बाह्य परिवेश में पूर्ण स्मृति, जीवन-द्वार, संस्कृति द्वार तथा मध्य बिन्दु (ज्ञान) नामक सर्ग है। द्वितीय खण्ड में कला द्वार, संस्कृति द्वार तथा मध्य बिन्दु (ज्ञान) नामक सर्ग है।

पन्त के लोकायतन को अतिमन के दर्शन का काव्य या मंत्र काव्य कहना अधिक उपयुक्त लगता हैं। विश्व-कल्याण की भावना रो अत्यधिक ओत-प्रोत होने के कारण लोकायतन में उपदेशात्मक की प्रवृत्ति आवश्यकता से बहुत अधिक उभर आयी है। प्रत्येक कवि का एक अपना जीवन उसकी कृतियों में प्रतिफलित हो जाता है। कोरे दर्शन का क्षेत्र शास्त्र है यही दर्शन और काव्य की एकाकारता है। यही उस दर्शन का काव्य में रूपायतीकरण है, ओर यही कान्ता-सम्मित उपदेश की चिर पुरातन जुगत है। सीधी उपदेशात्मकता नि:संदेह काव्योत्कर्ष तथा कलाकृति के ह्रास की परिचायिका है।

इस काव्य के आशावाद, विश्व शान्ति वाद, शान्तिपूर्ण सह अस्तित्व तथा विश्वव्यापी सहयोग के मंगलमय भाव अभिवन्दनीय है। लोकायतन में चर्चित कुण्ठाओं के स्थान पर आस्था, निराशा के स्थान पर आशा, लोक जीवन के मांगल्य लक्ष्य के प्रति पन्त की आस्था अद्वैत तथा साधना अडिग है। अतीतोन्मुख न होकर भी अतीतोन्मुख लोकायतन वर्तमान जीवन के भविष्य के लिए एक सुन्दर उपहार है।

लोकायतन में कला का ह्रास अवश्य चिन्मय है किन्तु प्रकृति सिद्ध पन्त जी की लेखनी निश्चित पूजा के लायक है।[29]

पंत जी का काव्य निश्चित रूप से मनुष्य को अंधकार से ज्योति की ओर ले जाने वाला काव्य है। आधुनिक युग में मूल्यों का जो संकट उपस्थित हुआ है उसका एक मात्र उत्तर पन्त जी का काव्य है। काव्य का लक्ष्य यदि हमारे मन में सुन्दर सपने जगाना है, तो वह काम यह महाकाव्य करता है।

पन्त जी ने राग की कुसुमित घाटी से ऊपर उठकर चेतना के उच्च शिखरों को स्पर्श करते हुए अपने काव्य में लोक-मंगल की कल्पना की है। जग के दु:ख से ये उसी प्रकार

क्षुब्ध रहे हैं, जैसे कभी गौतम बुद्ध का हृदय द्रवीभूत हुआ था। ध्यान से देखें तो इनके काव्य में भी विश्वव्यापी दु:ख, उसके कारण और उसके समाधान का प्रयत्न पाया जाता है। बुद्ध के समान ये भी गहन चिन्तन में लीन रहकर दु:ख को आनन्द में परिवर्तित करने वाले चेतना के रस-गन्धमय कमल खिलाते चले गये हैं।

सन्दर्भ संकेत

1. हरिऔध जी- पृ. 62
2. जयशंकर प्रसाद- प्रिय प्रवास, पृ. 17
3. मैथिलीशरण गुप्त- साकेत, पृ. 232-233
4. मैथिलीशरण गुप्त- साकेत, पृ. 47
5. मैथिलीशरण गुप्त- साकेत, पृ. 44
6. मैथिलीशरण गुप्त- साकेत, पृ. 46
7. मैथिलीशरण गुप्त- साकेत, पृ. 45
8. मैथिलीशरण गुप्त- साकेत, पृ. 48
9. मैथिलीशरण गुप्त- साकेत, पृ. 49
10. मैथिलीशरण गुप्त- साकेत, पृ. 49
11. मैथिलीशरण गुप्त- साकेत, पृ. 48
12. मैथिलीशरण गुप्त- साकेत, पृ. 65
13. मैथिलीशरण गुप्त-जयद्रथ वध, पृ. 21
14. मैथिलीशरण गुप्त-जयद्रथ वध, पृ. 32
15. मैथिलीशरण गुप्त-जयद्रथ वध, पृ. 83
16. मैथिलीशरण गुप्त-जयद्रथ वध, पृ. 36
17. मैथिलीशरण गुप्त-जयद्रथ वध, पृ. 41
18. मैथिलीशरण गुप्त-जयद्रथ वध, पृ. 37
19. मैथिलीशरण गुप्त-जयद्रथ वध, पृ. 28-29
20. मैथिलीशरण गुप्त–जयद्रथ वध, पृ. 09
21. मैथिलीशरण गुप्त-जयद्रथ वध, पृ. 22
22. हल्दीघाटी से उद्धृत पृ. 136
23. जयशंकर प्रसाद कामायनी, पृ. 67
24. जयशंकर प्रसाद कामायनी, पृ. 68

25. जयशंकर प्रसाद कामायनी, पृ. 65
26. आचार्य नन्द दुलारे बाजपेयी- निराला का काव्य, पृ. 28 (आलोचना में प्रकाशित)
27. आचार्य नन्द दुलारे बाजपेयी, निराला का काव्य, पृ. 135
28. पं. विश्वम्भर मानव- आधुनिक महाकाव्य, पृ. 120
29. शिव कुमार शर्मा- हिन्दी साहित्य का इतिहास युग और प्रवृत्तियाँ, पृ. 169

चतुर्थ अध्याय

आधुनिक युद्ध प्रबन्ध काव्यों में युग बोध (प्रगतिवाद, प्रयोगवाद एवं नयी कविता)

अध्याय-चतुर्थ

आधुनिक युद्ध प्रबन्ध काव्यों में युगबोध (प्रगतिवाद, प्रयोगवाद एवं नयी कविता)

1. रामधारी सिंह 'दिनकर'

दिनकर जी का जन्म 1908 में हुआ और उनके काव्य जगत में अवतरण से मानो दिनकर ही अपनी प्रखर तेजस्विता के साथ उदित हुआ था। आरम्भिक दिनकर ने माखन लाल चतुर्वेदी रूप परिलक्षित होता है। माखन लाल चतुर्वेदी, भगवती बापू की भाषा की प्रशंसा करते हैं लोगों के बीच हिन्दी कविता को स्थान इन्हीं कवियों के द्वारा प्राप्त हुआ है।

माखन लाल चतुर्वेदी, भगवती बापू, दिनकर जी ये तीनों कवि अस्ति के बावजूद कविता के बीच प्रतिष्ठित नहीं हो सके। लेकिन इनका महत्व कम नहीं होता है। एक ओर क्रान्ति तो दूसरी ओर अहिंसा, गांधीवादी, (हुंकार), में कवि जन जागरण का वैतालिक बन जाता है। 'हाहाकार' में वह लिखता है- 'हटो व्योम के मेघ पथ से, स्वर्ग लूटने हम आते हैं, दूध-दूध ओ वत्स, तुम्हारा दूध खोजने हम आते हैं।' इसमें चतुर्वेदी, नवीन और वर्मा की प्रतिध्वनि सुनाई पड़ती है। वह युधिष्ठिर को स्वर्ग भेजने को तैयार थे क्योंकि सशस्त्र युद्ध में उनकी उपयोगिता नहीं के बराबर है और अर्जुन भीम को लौटा लेना चाहता है। वह शंकर के प्रलय नृत्य के लिए आवाहन करता है। दिनकर पर छायावाद का प्रभाव नहीं है। इसके पहले दुनिया दो भयानक महायुद्ध झेल चुकी है। तीसरे आणुविक विश्वयुद्ध के घने मेघ मण्डरा रहे हैं।

कुरुक्षेत्र

यह दिनकर की बहु प्रसिद्ध रचना है। महाभारत के भीष्म, युधिष्ठिर संवाद पर आधारित है। समाजवादी दर्शन से अनुप्राणित है, जो प्रगतिवादी काव्य आन्दोलन का परिणाम ज्ञात होता है। न्याय के उचित अधिकार मांगने से नहीं मिलता, उसे लड़कर लेना पड़ता है। आसुरी शक्ति को आत्मशक्ति द्वारा नष्ट नहीं किया जा सकता है। अतः अन्याय के विरोध में युद्ध अनिवार्य हो जाता है। कुरुक्षेत्र की भयानकता को देखकर अपराध बोध से दबे युधिष्ठिर भीष्म पितामह के पास जाते हैं, पितामह कहते है, कि जिस प्रकार तूफान प्रकृति के विकारों का परिणाम है उसी प्रकार मानवीय विकारों का युद्ध रोका नहीं जा सकता है। युद्धों को तभी रोका जा सकता है जब सुख से सभी का समभाग है।

कुरुक्षेत्र में कवि दिनकर युद्ध के विषय में एक नया दृष्टिकोण प्रस्तुत करते हैं। इसमें उन्होंने युद्धकालीन कर्तव्य कर्मों तथा युद्ध के विभिन्न पदों का विश्लेषण प्रस्तुत किया। कवि इस प्रश्न को लेकर चिन्तित है कि निन्ध होने पर भी युद्ध अनिवार्य क्यों हो जाता है। एक विशेष सामाजिक या मानवीय संदर्भ में शान्ति की अपेक्षा युद्ध भी मूल्यवान क्यों हो जाता है। एक द्वन्द्वग्रस्त प्रश्न है जो धर्मराज युधिष्ठिर और भीष्म के माध्यम से कवि के भीतर बार-बार गुजरता है।

युद्ध की समस्या मानव समाज की एक चिरंतन ज्वलंत समस्या है। अनुनय के हार जाने पर तथा प्रतिशोध आवश्यक हो जाने पर युद्ध प्रकृति और समाज का अनिवार्य धर्म बन जाता है। युद्ध के आरम्भ होने का सबसे बड़ा कारण राजनीतिक और राष्ट्रीय स्तर पर धीरे-धीरे सुलगती रहने वाली विकारों की शिखाएं जिन्हें क्षोभ, घृणा, ईर्ष्या, और द्वेष निरंतर प्रज्ज्वलित करते रहते हैं। युद्ध के रूप में इतिहास की सबसे बड़ी चुनौती को शान्तिकामी तथा न्यायप्रिय लोगों को भी स्वीकारने के अतिरिक्त कोई विकल्प शेष नहीं रह जाता। आज के समय में युद्ध और शान्ति की समस्या बहुत गम्भीर है। आज विश्व युद्ध का बिगुल बाज जाएगा तो इसका परिणाम होगा सारे संसार का विनाश। अत: किसी भी तरह युद्ध से विश्व को बचाना होगा। स्थानीय युद्ध और वर्ग संघर्ष होते रहेंगे। कुरुक्षेत्र में युधिष्ठिर कौरवों के विजय प्राप्त कर लेने के उपरान्त युद्धोत्तर समाज के उस महानाश को विकलांग जीवन, श्रीहीनता, छटपटाहट आदि को उदास आँखों से देखते हैं वे अपने सामने बिछा हुआ श्मशान पाते हैं। दुख से विह्वल हो जाने पर अपने युद्ध का उत्तरदायी मानकर भीष्म के सामने करुण विलाप कर उठते हैं-

'कुछ के अपमान के साथ पितामह,
विश्व विनाशक युद्ध को तौलिए,
इनमें से विद्यातक पातक कौन बड़ा है!
रहस्य के विचार खोलिए
मुझे दीन, विपन्न को देख, दयार्द हो
देव नहीं निज सत्य से डोलिए
नर नाशकादायी था कौन! सुयोधन
या कि युधिष्ठिर का दल! बोलिए।'[1]

कुरुक्षेत्र में धर्मराज व्यक्तिवादी दृष्टि से युद्ध को निन्ध ठहराते हैं। वे मानवीय मूल्य के प्रश्नों को उठाते हैं किन्तु भीष्म सामाजिक चेतना का प्रतिनिधित्व करते हैं। वे आपद् धर्म के रूप में युद्ध का समर्थन करते हुए कहते हैं, यह युद्ध मानव का मानव से नहीं, बल्कि अन्याय के विरुद्ध न्याय का, अनीति के विरुद्ध नीति का, पाप के विरुद्ध पुण्य का है। समाज में विषमता, विसंगति और भयानक विरूपता उत्पन्न करने वालों, न्याय चुराने वालों पर ही इसका उत्तरदायित्व होता है। रण में चुनौती देने वालों पर नहीं।

चुराता न्याय जो, रण को बुलाता भी वही है,
युधिष्ठिर! स्वत्व की अन्वेषणा पातक नहीं है।
नरक उनके लिए जो पाप को स्वीकारते हैं
न उनके हेतु जो रण में उसे ललकारते हैं।[2]

इस युद्ध को रोकने के बस दो ही उपाय हैं। पहला तो-

उखाड़ विष दन्त फेंको,
वृक व्याघ्र भीति से मही को मुक्त कर दो;

या फिर

'अजा के छागलों को भी बनाओ व्याघ्र
दाँतों में कराल कालकूट विष भर दो।'[3]

दिनकर जी ने जीवन या समाज के साध्य रूप में युद्ध को स्वीकृति नहीं दी है और न ही किसी राष्ट्र के विकास के साधन के रूप में ही वे युद्ध को मान्यता देते हैं। कुरुक्षेत्र में युद्ध को अन्याय के उन्मूलन के अन्तिम विकल्प के रूप में स्वीकार किया है। कुरुक्षेत्र के भीष्म ने युधिष्ठिर को अन्तिम संदेश दिया है-

'आशा के प्रदीप को जलाये चलो धर्मराज,
एक दिन होगी मुक्त भूमि रण भीति से,
भावना मनुष्य की न राग में रहेगी लिप्त
सेवित रहेगा नहीं, जीवन अनीति से,
हार से मनुष्य की न महिमा घटेगी
और तेज न बढ़ेगा किसी मानव का जीत से,
स्नेह बलिदान होंगे माप नरता के एक
धरती मनुष्य की बनेगी स्वर्ग प्रीति से।[4]

युद्ध और केवल युद्ध की समस्या पर ही लिखा गया यह काव्य अपनी तरह का हिन्दी का पहला ही नहीं, अद्वितीय काव्य है। कुरुक्षेत्र में दिनकर का उद्देश्य तत्कालीन ऐतिहासिक यथार्थ का अंकन या उस समय के इतिहास का किसी नयी दृष्टि से पुनर्लेखन नहीं था। इतिहास का यह प्रसंग तो केवल उनके लिए युद्ध सम्बन्धी अपने आत्म संघर्ष और उसमें प्राप्त किये हुए समाधान को प्रस्तुत करने की पृष्ठभूमि मात्र है। इसकी समीक्षा तो इसमें व्यक्त युद्ध दर्शन और जीवन दर्शन के ही आधार पर की जा सकती है। कुरुक्षेत्र का महत्व दो दृष्टियों से है- एक तो कुरुक्षेत्र तब तक के दिनकर काव्य के अन्तर्विरोधों के समाधान का काव्य है। अब तक जो निवृत्ति और प्रवृत्ति हिंसा और अहिंसा, ज्ञान और भावना, भौतिक और आध्यात्मिक, युद्ध और शान्ति के पागल कर देने वाले द्वन्द्व दिनकर के मन में

चल रहे थे, उनका समाधान 'कुरुक्षेत्र' में दिनकर ने अपने भाव वेग पर लगाम लगाकर चिन्तन मनन करने का प्रयत्न किया है।[5]

कुरुक्षेत्र में भीष्म के माध्यम से व्यक्त दिनकर का युद्ध दर्शन संक्षेप में उन्हीं शब्दावली में इस प्रकार हैं- युद्ध एक तूफान है जिस प्रकार तूफान अनायास नहीं आता, उसी प्रकार युद्ध दो विरोधी राजाओं के कारण नहीं होता है। अन्याय ही युद्ध का आरम्भ होता है फिर धर्म नीति और न्याय के मार्ग पर चलने वालों के लिए उसकी चुनौती स्वीकार करने के अलावा कोई दूसरा विकल्प नहीं है। युद्ध की लपटें मनुष्य के अन्दर छिपे हुए सिंह को जगाती हैं। जब रोग पास आ गया हो तो औषधि के सिवा कोई उपचार नहीं। कोई कर्म अपने आप में पाप या पुण्य नहीं होता। कर्म करते समय कर्ता हृदय की भावना मुख्य चीज है। युद्ध कोई नहीं चाहता पर द्वार पर जब शत्रु आ जाये तो जूझना पड़ता है। ज्वलित प्रतिशोध पर आधारित युद्ध पाप नहीं हो सकता। जब कोई किसी का स्वत्व छीनता हो तब त्याग और तप से काम लेना पाप है। जब तक स्वार्थों के संघर्ष चलते हैं, युद्ध अनिवार्य है। पाण्डवों के भिक्षुक हो जाने से महाभारत का युद्ध नहीं रुक सकता था। जिसके पास गरल हो, पराजितों के लिए अहिंसा, दया, करुणा, क्षमा आदि घोर कलंक की चीजें हैं। प्रतिशोध और खोये हुए आत्मसम्मान की पुन: प्राप्ति मनुष्य में प्रतिशोधहीनता महापाप है। मनुष्य का सबसे बड़ा धर्म सदा प्रज्ज्वलित रहना है और अपनी दाहक शक्ति को समेटे रहकर किसी का स्पर्श भी नहीं सहना है। वीर लोग बुद्धि का दीप जलाकर आँख मूंदकर चलते हैं, पाप और पुण्य शान्ति और ध्वंस में से कौन अभीष्ट है, जब यह दुविधा मन में पैदा होती है, तब युद्धकालीन कर्तव्य के पालन से व्याघात पहुँचता है। क्षुधितों का भोजन और निर्बलों की सम्पत्ति कल, बल, छल, से छीनकर, सुख-समृद्धि का विपुल कोष संचित करके उन पर प्रहरी बिठलाकर यह निर्बलों और क्षुधितों से कहती है कि चुप रहो, शान्ति की सुधा बह रही है। हिलो-डुलो मत, मुझे अपना रक्त पीने दो, शान्ति का साम्राज्य अमर रहे, जियो और जीने दो।

(2) रश्मिरथी (रामधारी सिंह दिनकर)

रश्मिरथी में स्वयं कवि लेखनी से निकला है- मैं उनका आदर्श कहीं जो व्यथा न खोल सकेंगे पूछेगा जग, किन्तु पिता का नाम न बोल सकेंगे जिनका निखिल विश्व में कोई कहीं न अपना होगा। मन में लिये उमंग जिन्हें चिरकाल कल्पना होगा। कर्ण चरित के उद्धार की चिन्ता इस बात का प्रमाण है कि समाज में मानवीय गुणों की पहचान बढ़ने वाली है। कुल जाति का अहंकार विदा हो रहा है। आगे मनुष्य केवल उसी पद का अधिकारी है, वह उसे मिलकर रहेगा, यहाँ तक उसके माता-पिता के दोष भी इसमें कोई बाधा नहीं डाल सकेंगे। कर्णचरित का उद्धार एक तरह से नयी मानवता की स्थापना का ही प्रयास है और मुझे संतोष है कि इस प्रयास में मैं अकेला नहीं, अपने अनेक सहधर्मियों के साथ हूँ।

दिनकर जी ने इस रचना को बड़े उत्तरदायी पूर्ण ढंग से निभाया है। महाभारत के आख्यानों के आधार पर इस रचना की व्याख्या की गयी। इन रचना को नये सांचे में ढालकर सरस काव्य की शैली में प्रस्तुत किया है। यह समस्त सामाजिक, धार्मिक, मूल्यों का उपजीव्य बन गया है। रश्मिरथी अपने आप में एक उदाहरण है। मैथिली शरण गुप्त और दिनकर तक महाभारत के आख्यानों को युग धर्म के अनुकूल पृष्ठभूमि में रखकर नये जीवन संपृक्त मूल्यों से उपस्थित करने की चेष्टा की हैं रश्मिरथी दिनकर का एक चरित काव्य है। दिनकर का कुरुक्षेत्र भी इसी कथानक पर आधारित है। 'रश्मिरथी' दिनकर की एक सशक्त मार्मिक प्रस्फुटित होने वाली रचना है। यह युद्ध भूमि पर कर्ण के चरित्र का उज्ज्वल दर्पण है।

रश्मिरथी का कथानक कोई नया नहीं है। यह काव्य वीरता के भावों से भरा हुआ है। जिस पुरुष के तेज, बल, प्रतिभा और त्याग देखा उसे हृदय तक श्रद्धा रूपी सुमनों से पूजा जो व्यक्ति कर्म, धर्म से प्रेरित है। जो समाज के लिए जीवन धारण करता है। वही कवि नंदनीय और पूज्यनीय है। दिनकर विश्व मानवता को संदेश देते हुए रश्मिरथी में प्रकट होते हैं।

आधुनिक और प्राचीन आज भी एक ही तरह का वैषम्य दृष्टिगोचर होता है। प्राचीन काल में आर्यों में वर्गभेद प्रतिष्ठित था। महाभारत काल में नहीं था। प्राचीन काल में प्रतिलोक विवाह प्रचलित या धर्म त्याग करके व्यक्ति दूसरे वर्गों के कर्म और धर्म अपनाने लगे थे। द्रोणाचार्य युद्ध के गुरु थे और सेना का संचालन भी किया। उस समय नियोग प्रथा समाज में स्वीकृति थीं इस समाज में जहाँ विजातीय रक्त से उत्पन्न संतानों को स्वीकृति मिलती थी वही देवता के अंश से उत्पन्न कर्ण के प्रति उपेक्षित दृष्टिकोण था -

"जाति! हाय री जाति! कर्ण का हृदय क्षोभ से डोला,
कुपित सूर्य की ओर देख वह वीर क्रोध से बोला,
जाति-जाति रटते, जिनकी पूँजी केवल पाखण्ड,
मैं क्या जानू जाति? जाति है ये मेरे भुजदण्ड ।।"[7]

कर्ण को हम सामन्ती राजकुमारों की प्रतियोगिता में अपेक्षित और अपमानित पाते हैं। दुर्योधन ने कर्ण को अंग देश का राजा बनाया और उस बाधा को दूर किया। कर्ण वर्ण विधान को स्वीकार करता जाता है। परशुराम के प्रति रश्मिरथी में निम्न पंक्तियां प्रस्तुत की जो इस आशय को प्रतिध्वनित करती हैं-

"कहता है इतिहास, जगत में हुआ, एक ही नर ऐसा,
रण में कुटिल काल-सम क्रोधी, तम में महासूर्य जैसा,
मुख में वेद, पीठ पर तरकस, कर में कुठार विमल,
शाप और शर, दोनों ही थे, जिस महान ऋषि के सम्बल।[8]

महाभारत का कर्ण रश्मिरथी के कर्ण से अलग है।

रश्मिरथी का नायक महारथी कर्ण है। कर्ण ने श्रीकृष्ण से कहा मेरी व्यथा युधिष्ठिर से न कहियेगा नहीं तो जान लेगा कि मैं उसका बड़ा भाई हूँ, युधिष्ठिर युद्ध नहीं करेंगे। मुकुट उसके सिर पर रख देगा और कर्ण उसे मित्रता में दुर्योधन को दे देगा और पांडव वंचित रह जाएगा। कर्ण की इस उदारता से श्रीकृष्ण प्रभावित हो गए और वह पुकार उठे-

"तुझ सा न मित्र को अनन्य,
तू कुरुपति का ही नहीं प्राण,
नरता का है भूषण महान ।।[9]

कर्ण की मित्रता में त्याग और कष्ट का आधिक्य है।

कर्ण ने अपने आदर्श की रक्षा के लिए आत्म–विसर्जन कर दिया। मनसा वाचा और कर्मणा तीनों से वह पवित्र था

"रहा दीपित सदा शुभ धर्म जिसका,
चमकता सूर्य सा था कर्म जिसका।[10]

कर्ण में कुछ मानवोचित दुर्बलताएं भी हैं। अपने उपकर्मों के लिए कर्ण ने प्रायश्चित भी किया है। युद्ध के बीच में रथ का चक्का निकालते समय जब कृष्ण अर्जुन से कर्ण पर बाण छोड़ने को कहते हैं तब कृष्ण उन्हें रुकने को कहते हैं, जब तक वह फिर से शस्त्र न उठाये तब तक बाण न चलाये और कर्ण कहते हैं यह न्याय नहीं तब कृष्ण उनके उपकर्मों को याद दिलाते हैं कि क्या अभिमन्यु वध न्यायपूर्ण हुआ था। जब द्रौपदी को निर्वस्त्र किया गया उस समय धर्म कहां था? कर्ण पश्चाताप करता है कि मैंने उस समय पाप का समर्थन किया।

आज युद्ध की समस्या विश्व की बहुत बड़ी समस्या बन गयी हैं। दो विश्वयुद्धों के भयंकर परिणामों को मानव देख चुका है। युद्ध से छुटकारा पाने की चिन्ता का रश्मिरथी में कवि ने विभिन्न स्थलों पर भिन्न-भिन्न ढंग से उपस्थित किया है। कवि शान्ति के लिए चिन्तित है। वह सोचता है- युद्ध ही शान्ति का मार्ग नहीं है। अहिंसा और बलिदान से शांति प्राप्त हो सकती है। दिनकर गाँधी जी से प्रभावित हैं

"परु हाय, वीरता का संबल,
रह जायेगा धनु ही केवल,
या शांति-हेतु शीतल, शुचि श्रम,
भी कभी करेंगे वीर परम।[11]

आज के युद्ध में मानव की यही वृत्ति निहित है। अपने झूठे अभियान की रक्षा के लिए वह इतना स्वार्थी हो जाता है कि -

"नहीं हिलमिल विपिन को प्यार करे

झगड़कर विश्व को संहार करते।[12]

रश्मिरथी का कर्ण दानशीलता और वीरता का प्रतीक है। युद्ध में अर्जुन का सही प्रभाव और वास्तविकता, शोषितों और उत्पीड़ितों के समस्त क्रन्दित स्वरों में अभिव्यक्त हुआ। दिनकर के 'रश्मिरथी' काव्य में विषयगत दृष्टि से युद्ध प्रमुखता नहीं दी गयी है। बल्कि कर्ण के चरित्रांकन के कथासूत्र में सांकेतिक रूप में यहाँ वहाँ युद्ध विषयक बातें मिलती हैं। उदाहरण रूप में रश्मिरथी के दूसरे सर्ग में परशुराम ने कर्ण के समक्ष स्पष्ट किया है कि युद्ध का मूल है राजाओं का अहम्, अपने राज्य विस्तार की आकांक्षा, विरोध के प्रति असहनशीलता और सत्ता शक्ति से लोगों को आतंकित किये रहना।

युद्ध के विध्वंसक परिणाम से 'रश्मिरथी' का कवि पूरी तरह से अवगत है। कृष्ण में कर्ण को दुर्योधन के पीछे से हटाने का प्रयास किया है, उसके पीछे विनाशकारी युद्ध से बचने की ही उनकी आकांक्षा है। वे कर्ण से स्पष्ट कहते हैं -

"कौरवों को तज, रण रोक सखे
भू का हर भावी शोक सके।"[13]

पृथापुत्री कुन्ती भी युद्ध के भयंकर परिणाम से आशंकित होकर कर्ण से दुर्योधन का साथ छोड़ने का निवेदन करती है। शरशय्या पर पड़े हुए भीष्म भी अपने अन्तिम समय में कर्ण को युद्ध के विनाशकारी परिणामों की ओर संकेत करते हुए यही कहते हैं कि कर्ण युद्ध को बंद कर, तू दुर्योधन का साथ छोड़ और किसी तरह मनुष्य की रक्षा कर-

"चल सके सुयोधन पर यदि वंश,
बेटा, लो जग में नया सुयश
लड़ने से बढ़कर यह काम करो,
आजत ही बंद संग्राम करो
यदि इसे रोक तुम पाओगे
जन के त्राता कहलाओगे।"[14]

'रश्मिरथी' में कवि दिनकर ने अपनी पुरानी मान्यता को ही प्रतिष्ठा दी है कि युद्ध आधुनिक संसार में विनाशक भूमिका का ही निर्वाह करता है। धर्म का युद्ध से कोई सम्बन्ध नहीं है यह मनुष्यता का सबसे बड़ा अभिशाप है। यथाशक्य इससे विरत रहना ही उचित है।

"है वृथा धर्म का किसी समय
करना विग्रह के साथ ग्रथन
करुणा से कटता धर्म विमल,
है मलिन पुत्र हिंसा कारण।[15]

युद्ध की विभीषिका, मानवीय अन्तर्द्वन्द्व जीवन की नि:सारता, निराशा और स्वार्थ का घोर वातावरण, समाज की कमर तोड़ रहा था। उन्होंने अन्याय के विरुद्ध संघर्ष का आह्वान किया। वे क्रान्ति दूत की तरह रश्मिरथी के कर्ण के माध्यम से अपने हृदय की आवाज को ऊँचा उठा रहे थे। रश्मिरथी एक प्रगतिशील राष्ट्रवादी चेतना सम्पन्न काव्य है।

धर्मवीर भारती

धर्मवीर भारती जी प्रयाग विश्वविद्यालय में हिन्दी अध्यापन के लगातार सम्पादक भी रहे। नई कविता के काव्य को पद्मश्री पुरस्कृत किया है। भारती जी की कविताओं रतिवाद, छायावाद, वैष्णवों का महाभाव, अस्तित्ववादियों का क्षणवाद सब एकत्र मिलते हैं। भारती जी की कविता से कभी डर कर भागना नहीं चाहिए बल्कि उसका सामना करना चाहिए। इनकी कविता जीवन जीने योग्य है।

अंधा युग

अंधा युग धर्मवीर भारती का नाट्य काव्य है। अंधा युग में कवि ने खंडित महिमाओं और मर्यादाओं तथा अभिशप्त वर्णों का कृष्ण की परात्परत्व महिमा में अवसान करते हुए युगीन विसंगतियों, विषमताओं और विरोधाभासों की परिणति को एक विशिष्ट आयाम दिया है। युद्ध क्या है? युद्ध क्यों होते हैं? क्या युद्ध के भयावह परिणाम समाप्त नहीं किये जा सकते हैं? यही बिन्दु अंधायुग का प्रतिपाद्य है। डॉ. भारती ने पौराणिक इतिवृत्त एवं पात्रों के माध्यम से समकालीन विसंगतियों तथा मूल्य विघटन से संदर्भित स्थितियों का निरूपण किया है। महाभारतीय कथ्य संदर्भों पर आधुनिक संवेदना की उत्ताल तरंगे हिलोरे ले रही हैं। 'अंधा युग काव्य सागर में', काव्य का कथ्य पांच सर्गों में बंटा है।

कौरव नगरी, पशु का उदय, अश्वत्थामा का अर्धसत्य पंख, पहिये और पट्टियां तथा विजय : एक क्रमिक हत्या। शुरुआत में स्थापना और अन्त में समापन है। जिनमें क्रमश: अंधायुग की स्थापना एवं प्रभु की मृत्यु है। इस दृश्य काव्य में जिन समस्याओं को उठाया गया है उसके सफल निर्वाह के लिए महाभारत के उत्तरार्द्ध की घटनाओं का आश्रय लिया गया है।

मंगलाचरण के उपरान्त नर्तक नमस्कार मुद्रा में आता है तथा युद्धोपरान्त अंधा युग के अवतरण की घोषणा करता है। जिसमें जीवन का ढांचा ही नहीं है। समस्त परिवेश वीभत्स एवं विकृत हो गया है।

प्रथम अंक में कौरव नगरी का वर्णन है। गांधारी कूट निराशा एवं अनास्था का प्रतीक है। अंध ममत्व दुर्योधन की विजयाशा लगाए रखती है। कृष्ण अनासक्त कूट बुद्धि एवं भविष्य रक्षक हैं।

याचक के शब्दों में -

'जब कोई भी मनुष्य अनासक्त होकर
चुनौती देता है, इतिहास को,
उस दिन नक्षत्रों की दिशा बदल जाती है,
नियति नहीं है पूर्व निर्धारित
उसको हर क्षण मानव निर्माण बनाता मिटाता है।"[16]

द्वितीय अंक में संजय का प्रवेश है, उसे दिव्य दृष्टि तथा भय-मुक्ति का वरदान प्राप्त है। संजय को पाण्डव पुत्र मानकर वध करने के लिए सन्नद्ध द्रोण पुत्र को कृपाचार्य एवं कृत वर्मा को रोकते हैं, वह उनके द्वारा प्रताड़ित होकर उत्तर देते हैं-

"मैं क्या करूँ?
मातुल
मैं क्या करूँ
वध मेरे लिए रही नहीं नीति
वह है अब मेरे लिए मनोग्रन्थि।।"[17]

हसोन्मुखी जीवन मूल्यों का चित्रण तथा चिरन्तर–जीवन मूल्यों की प्रस्थापना का आग्रह सृजनात्मक प्रेरणा के रूप में समीक्ष्य कृति की पृष्ठभूमि में क्रियाशील है।

कवि ने स्वयं कहा है कि-

युद्धोपरान्त
यह अच्छा अंधा युग अवतरित हुआ
जिसमें स्थितियाँ मनोवृत्तियाँ, आत्माएं सब विकृत हैं,
है एक बहुत पतली डोरी, मर्यादा की,
पर वह भी उलझी है दोनों पक्षों में
श्री कृष्ण में साहस है
सुलझाने का
वह है भविष्य का रक्षक हैं वह हे अनासक्त
पर शेष अधिकतर है अंधे
अपने अन्तर की ग़ुफाओं के वासी
यह कथा उन्हीं अंधों की है
या कथा ज्योति की है अंधों के माध्यम से।"[18]

यह धर्मवीर भारती की एक उत्कृष्ट रचना है। इसमें लेखक ने दृश्य काव्य, गीत, नाट्य और लम्बा नाटक आदि काव्य मिथ्याओं से अभिहित किया है। कुछ विद्वानों ने अंधा युग में कवित्व और नाट्य गुणों के सुन्दर योग के आधार पर इसे काव्य रूपक अथवा काव्य नाटक कहना उचित समझा है। अंधा युग जयदेव के गीत, गोविन्द के समान आधुनिक

साहित्य के शिल्प जगत में एक नवीन संशोधन है। अंधा युग, धर्मवीर भारती का नाट्य काव्य है।

द्वितीय महायुद्ध की विभिषिकाएं मानव प्रारस्थ पर गहन एवं सूक्ष्म विचार चाहती है। युद्ध की सार्थकता क्या है? युद्ध क्यों होते हैं? क्या युद्ध के भयावह परिणाम समाप्त नहीं किये जा सकते? मुख्यत: यही बिन्दु 'अंधा युग' का प्रतिपाद्य है।

भारती जी का प्रयास जीवन मूल्यों की प्रस्थापित दृष्टि का दुबारा मूल्यांकन है। पुनर्मूल्यांकन के द्वारा जीवन की नई भूमिका नयेपन को स्वीकार करती है। यह जीवन के बहुत आवश्यक चित्र भी हैं महत्वपूर्ण मूल्यों का आस्थावादी स्तर पर जन्म भी हुआ है।

अंधा युग की दूसरी समस्या है अस्तित्ववाद।

'अंधा युग' की तीसरी समस्या जीवन के विघटन को लेकर हो सकती है। पौराणिक अध्ययन के द्वारा आधुनिक बोध के अनास्थावादी मूल स्वर, मूल्यहीनता, आशंका, अनास्था, मर्यादा अतिक्रम, अनैतिक आचरण, दुराचार, दुर्व्यवहार, छल, धोखा, कपट, अनाचार, अर्धसत्य, खण्डित-सत्य, आंशिक सत्य है उसे कवि ने संजय की भाषा में जाना है। 'अंधा युग' में विभिन्न प्रकार की समस्या है। जैसे कि युद्ध की समस्या सत्य के प्रतिपादन की है-

कैसे कहूँ मैं,
कमी नहीं शब्दों की आज भी लेकिन
आज अन्तिम पराजय के अनुभव ने
वे जैसे प्रकृति ही बदल दी सत्य की
आज कैसे वही शब्द
वाहक बनेंगे इस नूतन अनुभूति के।[19]

डॉ. भारती ने पौराणिक इतिवृत्त एवं पापों के माध्यम से समकालीन विसंगतियों तथा मूल्य विघटन के संदर्भित स्थितियों का निरूपण किया है।

अंधे के आगे कथा पढ़ रहा संजय और तन्हाई में भीड़ पाता हुआ। अंधी प्रजा को अंधा धृतराष्ट्र बन जाता है तो संजय को साहस मिल जाता है और वह पुन: जी उठता है। अंधे युग का अनुकरण करना गांधारी का एक विवेकहीन आदर्श है। कृष्ण के सामने की समस्या अंधे राजा की प्रजा अंधी। आँखें होते हुए भी लोग अपनी आंखों में पट्टी बाँधे संजय को बहुत अफसोस है कि वह आँखें होते हुए भी अंधा बना हुआ है। अंधे युग में आँखों का क्या मूल्य अंधे शासक की भी अलग कोई नीति है।

धृत के शब्दों में

"मेरा स्नेह मेरी घृणा मेरी नीति, मेरा धर्म

बिल्कुल मेरा ही वैयक्तिक था
उसमें नैतिकता का कोई बाह्य भावदण्ड
था ही नहीं।
मेरी ममता ही वहाँ नीति थी,
मर्यादा थी।
और उनका संसार
स्वतः अपने अंधेपन से उपजा था
मैने अपने ही वैयक्तिक संवेदन से
हो जाना था।[20]
केवल उतना ही था मेरे लिए वस्तु जगत और उनका सत्य
कौरव जो मेरी मांसलता से उपजे थे वे ही थे अंतिम सत्य।

संजय के लिए वर्तमान अतीत की रेखाएँ नहीं थी, न व्यक्तित्व न कर्म। अंधा युग में दिशा बोध हमें मिलता है। ऐसे ही सांस्कृतिक मूल्यों का भी ह्रास होता है।

मर्यादा को लेकर, मर्यादा के टूटने से, मिथ्यापन से, मर्यादा न होने से, सभी चिन्तित है- गांधारी चिन्तित है

जिसने मर्यादा को तोड़ा है बार-बार ?

गांधारी नैतिकता, मर्यादा, अनासक्ति आदि को आडम्बर मात्र मानती है। अनास्था देखिए

'नैतिकता मर्यादा, अनासक्ति कृष्णा पण
यह सब हैं अंधी प्रवृत्तियों की पोशाकें।
जिनके कटे कपड़ों की आँखें सिली रहती है।[21]

प्रहरियों द्वारा मूल्यहीन स्थितियों का बोध होता है

"हमने मर्यादा का अतिक्रमण नहीं किया,
क्योंकि नहीं थी अपनी मर्यादा।"[22]

सांस्कृतिक मूल्यों के पतन जब मर्यादाएं टूटती हैं, तब महाभयंकर प्रलयकारी दृश्य की संभावनाएं हो जाती हैं।

विदुर धृतराष्ट्र को कौरव संस्कृति के बचाव के लिए कृष्ण ने कहा था -

'मर्यादा मत तोड़ो
तोड़ी हुई मर्यादा
कुचले अजगर सी
गुंजलिका में कौरव वंश को लपेटकर
सूखी लकड़ी सा तोड़ डालेगी।"[23]

अंधा युग कविता में कवि के विचार, भाव, भाषा शैली, प्रसंग घटना उनकी भावाभिव्यक्ति, चरित्र चित्रण आदि में वैज्ञानिक, मूल्य बोध में होता है। अंधायुग की कथा बहुत पुरानी है। वैज्ञानिक बिन्दु द्वारा अंधायुग के जीवन का मूल्य विवेचन प्रस्तुत करते हैं कवि की दृष्टि इसी आधार पर जीवन सत्य की गहराई की खोज करती है-

"टुकड़े-टुकड़े हो बिखर चुकी मर्यादा,
उसके दोनों ही पक्षों ने तोड़ा है।
पाण्डव ने कुछ कम कौरव ने कुछ ज्यादा।"[24]

अंधायुग में ईश्वर की बदलती हुई धारणा, ईश्वर के अस्तित्व के सम्बन्ध में घोर निराशा, युयुत्सु द्वारा प्रगट हुई है। नीत्से ने यह घोषणा की है। ईश्वर के मृत्यु की लेकिन नीत्से की घोषणा अस्तित्ववाद की स्थापना में है। अस्तित्ववाद में ईश्वर तथा मानव भविष्य की चिन्ता व्यक्त की गयी है

किन्तु रक्षा कैसे अन्धे युग में
मानव-भविष्य की
प्रभु के इस कायर मरण के बाद?

प्रभु की निष्फलता का एहसास आज की अनास्था एवं कुण्ठा को प्रगट करता है। अणु बम के प्रयोग से अमानुष कृत्य जब-जब होंगे, मानवता कराह उठेगी। मर्त्य मनुष्य किसी को बचा नहीं सकेगा। मानवता तथा सभ्यता विकलांग होगी।

'अंधायुग' में जब-जब शिशु भविष्य मारा जायेगा,
ब्रह्मास्त्र से तक्षक डसेगा परीक्षित को
या मेरे जैसे कितने युयुत्सु कर लेंगे
आत्मघात, उनको बचाने कौन आएगा?[25]

युयुत्सु अश्वत्थामा को अंधलोक से प्राप्त नहीं आस्था के भेद को सत्य की वैज्ञानिक कसौटी पर कसकर उसकी सत्यता को जान लेता है।

अंधायुग नैतिक मूल्यों का सांस्कृतिक पतनकाल है। प्रथम एवं द्वितीय महायुद्ध के परिणामों से हम अच्छी तरह परिचित हैं। अंधायुग के मूल्य विश्वयुद्ध के परिणामों से जन्मे हैं।

हर युग में युद्ध होता है, युद्ध होता रहेगा, युद्ध अटल है। क्योंकि युद्ध भी जीवन का अनिवार्य तत्व है। युद्ध के दुष्परिणाम से विकलांग संस्कृति, बौनी पीढ़ी को लेकर की जाती है। हमारे जीवन के नैतिक मूल्य हमारी विसंगतियों को संगति में बदलने का कार्य सदैव करते रहते हैं। मर्यादायुक्त आचरण जीवन के सत्य का उद्घाटन करता है। भीष्म, द्रोण एवं

कृष्ण ने अन्त:पुर में मर्यादा न तोड़ने को कहा था। मनुष्य को मर्यादा का ज्ञान ही बचाता है। अति वैयक्तिकता जीवन के नैतिक पक्ष के सत्य को असमंजस तथा निर्बल बना देता है।

अंधायुग' में भौतिक तत्व की महत्ता रहती है। जीवन का संघर्ष पशु-प्राणियों में और मानव में भौतिक उपलब्धि के लिए संघर्ष होता है। संसार में युद्ध अनवरत होते रहते हैं। 'अंधायुग' में वर्णित भौतिकता प्राप्ति हेतु निर्मित युद्ध उस जीवन दर्शन को प्रकट करता है।

'अंधायुग' में अश्वत्थामा का अर्द्ध सत्य कथा का तीसरा अंक है। इसका आरम्भ गायन से होता है, जिसमें कौरव पराजय एवं तज्जन्य कारुणिक अवस्था का अंकन है।

चौथे अंक में गांधारी के शाप का विशेष वर्णन है। अश्वत्थामा दिव्यास्त्रों का प्रयोग करते हैं किन्तु असफल होते हैं। वे शिव को वंदना, पूजा द्वारा प्रसन्न करते हैं। शिव वरदान देते हैं कि

> **"अश्वत्थामा! तुम विजयी होंगे निश्चय**
> **हो चुका पाण्डवों के पुण्य का अब क्षय**
> **मैं कृष्ण-प्रेमवश**
> **अब तक उनकी रक्षा करता था,**
> **मैं विजय दिलाता था,**
> **नया पराक्रम भरता था,**
> **पर कर अधर्म वध**
> **द्वारा उन्होंने स्वयं मृत्यु के खोले।[26]**

संजय दिव्य दृष्टि से विहीन हो जाता है। अश्वत्थामा ब्रह्मास्त्र का प्रयोग करता है।

श्रीकृष्ण को चेतावनी देते हुए-

> **"सुन लो कृष्ण**
> **यह अटूट अस्त्र- अश्वत्थामा बोले**
> **निश्चित जाकर**
> **उत्तरा के गर्भ पर गिरेगा।"[27]**

किन्तु कृष्ण भी प्रण करते हैं कि

> **"यदि ब्रह्मास्त्र गिरता है तो गिरे**
> **लेकिन जो मुर्दा शिशु होगा उत्पन्न**
> **उसे में जीवित करूंगा**
> **देकर अपना जीवन।'[28]**

अश्वत्थामा का ब्रह्मास्त्र असफल हो जाता है। वह गर्भ हत्या का कृष्ण प्रदत्त शाप अश्वत्थामा को घेर लेता है कोढ़ के रूप में अश्वत्थामा की मार्मिक एवं कारुणिक दशा देख गांधारी कृष्ण को क्रोधवश श्राप देती है-

"तुम्हारा सारा वंश
इसी तरह पागल कुत्तों की तरह
एक दूसरे को फाड़कर खाएगा
तुम खुद उसका विनाश करके कई कई वर्षों बाद
किसी घने जंगल में
साधारण व्याघ्र के हाथों मारे जाओगे
प्रभु हो,
पर मारे जाओगे पशुओं की तरह।'[29]

कृष्ण गांधारी को युद्ध की वास्तविकता समझाते हुए श्राप का वरण करते हैं -

"अट्ठारह दिनों तक इसी भीषण संग्राम में
कोई नहीं केवल मैं ही मरा हूँ, करोड़ों बार,
जितनी बार जो भी सैनिक भूमिशायी हुआ
कोई नहीं था,
गिरता था घायल होकर जो रणभूमि में।
अश्वत्थामा के अंगों से
रक्त, पीप, स्वेद बनकर बहूँगा
मैं ही युग-युगान्तर तक
जीवन हूँ मैं
तो मृत्यु भी तो मैं ही हूँ माँ
शाप यह तुम्हारा स्वीकारा है।[30]

गांधारी क्षुब्ध होती है, ममत्व उमड़ता है- यथार्थ बोध के बाद ।

पंचम अंक में विजय एक क्रमिक हत्या में युधिष्ठिर राज्याभिषेक के पश्चात् भी अस्त-व्यस्त एवं आस्था-विश्वासहीन बने रहे।

कृष्ण इस दायित्व वहन की तथा पात्रों के युगों-युगों तक प्रतीकात्मक रूप में जीवित रहने की घोषणा करते हैं-

"सबका दायित्व लिया मैने अपने ऊपर,
अपना दायित्व
सौंप जाता हूँ मैं सबको
अब तक मानव भविष्य को मैं जिलाता था

लेकिन इस अंधे युग में मेरा एक अंश
निष्क्रिय रहेगा, आत्मघाती रहेगा और विगलित रहेगा
संजय, युयुत्स अश्वत्थामा की भांति
क्योंकि इनका दायित्व लिया है मैने।"[31]

श्रीकृष्ण दूसरे अंश के रूप में मानवीय कर्मों के आधार पर निरन्तर सक्रिय रहने की घोषणा भी करते हैं।

'मेरा दायित्व वह स्थिति रहेगी
हर मानव-मन के उस वृत्त में
जिसके सहारे वह
सभी परिस्थितियों का अतिक्रमण करते हुए
नूतन निर्माण पिछले ध्वंसों पर
मर्यादा युक्त आचरण में
नित नूतन सृजन में
निर्भयता के/साहस के/ममता के/
रस को क्षण में
जीवित और सक्रिय हो लूंगा मैं बार-बार ।"[32]

कवि का अभिप्रेत यही है कि व्यक्ति अपनी जीवन की सार्थकता कर्मशीलता के आधार पर पा सकता है। चाहे वह अनास्थावादी और विकृत अन्तस वाला ही क्यों न हो? वही अपने भविष्य का नियन्ता होगा।

डॉ. राकेश शुक्ल का यह विचार है कि अंधायुग का शिल्प एवं भाषा प्रेषणीय सहज एवं अलंकृत है। उनका रचना विधान गरिमामय है।[33]

भौतिक मूल्यों और शाश्वत मूल्यों का सत्य भिन्न-भिन्न है। युद्ध या शांति के लिए दोनों अवस्थाओं में रक्तपात तो होता ही है। युद्ध से शांति प्राप्त करने के लिए और शांति की रक्षा में युद्ध करने के लिए युद्ध में आक्रमण के लिए शांति के क्षणों में रक्तपात होता है।

"युद्ध हो या शांति हो,
रक्तपात होता है
अस्त्र रहेंगे तो
उपयोग में आयेंगे ही।"[34]

कुँवर नारायण

कुँवर नारायण का जन्म सन् 1927 में फैजाबाद (उ.प्र.) में हुआ। लखनऊ विद्यालय से उच्च शिक्षा प्राप्त की। कुछ समय तक युग चेतना (1959-60) मासिक का सम्पादन किया

तथा नया प्रतीक (1975-78) के सम्पादक मण्डल में भी रहे। अज्ञेय द्वारा सम्पादित तीसरा सप्तक के कवि। कवि रूप में ख्याति। स्वातंत्र्योत्तर हिन्दी काव्य में जीवन मूल्यों की दृष्टि से एक और महत्तम उपलब्धि 'आत्मजयी' (कुँवर नारायण) के रूप में हिन्दी साहित्य में हुई है।

आत्मजयी

प्रस्तुत कृति पौराणिक पात्र नचिकेता के जीवन में प्रसंगों पर आधारित छोटी-छोटी कविताओं का एक स्वतंत्र संग्रह हैं परन्तु इसमें विचारों का क्रमबद्ध (प्रसंग) काव्य भी है। प्रस्तुत कृति में नचिकेता के जीवन विस्तार को मूल्य मर्यादाओं में समेटने का प्रयत्न ही इस काव्य की विशेषता है।

'आत्मजयी' स्वातंत्र्योत्तर हिन्दी काव्य क्षेत्र में एक अनूठा, महत्वपूर्ण एवं अपने क्षेत्र का एक स्वतंत्र अस्तित्वमय काव्य है। 'आत्मजयी' में नयी और पुरानी पीढ़ी के मूल्य-संघर्ष को उजागर मुक्ति के लिए संघर्ष करता दिखायी देता है। नचिकेता के कथा पर आधारित आत्मजयी में कुंवर नारायण ने मूल्यों को उठाया है-

"रसायन पूर्ण मिट्टी में/जगाती प्राण
रससिद्ध सूर्य की किरणें।
तपे कुन्दन सरीखे
चमकते आकार।[35]

'आत्मजयी' का अध्ययन वेद उपनिषदों की तरह पाश्चात्य भौतिक जड़वाद और भारतीय अभौतिक चेतनवाद को लेकर भी हो सकता है।

कवि ने स्वयं आत्मजयी काव्य की भूमिका में कहा है कि 'आत्मजयी' में प्रस्थापित दृष्टिकोण किसी निश्चित दार्शनिक या नैतिक या धार्मिक या सामाजिक मूल्य का प्रतिपादन नहीं। आत्मजयी मूलत: जीवन की सृजनात्मक सम्भावनाओं में आस्था के पुनर्लाभ की कहानी है।

आत्मजयी का नचिकेता जीवन को नए नए अर्थ देने पर हावी ही नहीं होता है प्रत्युत जीवन को अमर अनश्वर तत्पर दिखता है अथवा जीवन अथवा मृत्यु की स्थिति "जीवन से" जीवन के साथ, जीवन में आदि मूल्यों के स्थान पर "जीवन को" मूल्य प्रदान करने में अधिक महत्वपूर्ण हैं नचिकेता द्वारा इन मूल्य स्थितियों का उद्घाटन 'आत्मजयी' में बहुत ही अच्छे ढंग से प्रकट हुआ है।

'आत्मजयी' में कवि ने नचिकेता द्वारा किसी एक व्यक्ति के जीवन मूल्य को एक लम्बी कथा में अभिव्यक्त किया है। इस काव्य में प्रमुख रूप से मृत्यु धर्म को लेकर नचिकेता की अभयवृत्ति को कालजयी कहना सार्थक ही होगा। क्योंकि काल की मर्यादा को जिस अमरत्व की खोज के लिए तोड़ा गया है, वह क्रिया मानव संदर्भ में जीवन मूल्य की प्रथम

आत्मजयी चरित्र प्रस्थापित किया गया है, वह प्रतिक्रियावादी है। नचिकेता द्वारा पिता वाजश्रवा के जीवन मूल्यों का तीव्र रूप से अस्वीकार जाग्रह और सचेतन अवस्था का प्रतीक है। नचिकेता द्वारा परम्परागत मूल्यों का विरोध केवल प्रतिक्रिया नहीं बल्कि नये जीवन की सम्भाव्यता भी है। जीवन की यह दृष्टि भौतिक जड़ है। नचिकेता के पिता यह कहने के लिए मजबूर हो जाता है कि "तुम वर्तमान को संज्ञा तो देते हो पर महत्व नहीं। नचिकेता, प्राचीन दकियानूसी मूल्यों में पाखण्ड की झूठ की गंध पाता है। वह जीवन में जीने की पद्धति को महत्व देता है। कुंवर नारायण कृत आत्मजयी कथ्य की दृष्टि से कठोपनिषद पर आधृत प्रबन्ध काव्य है। आत्मजयी में कठोपनिषद के बाजश्रवा नचिकेता एवं यथावत उपस्थित है। आत्मजयी प्रबन्ध काव्य की प्रतीकात्मकता दो स्तरों पर व्यवहृत हुई है-

1. चरित्रों की प्रतीकात्मकता
2. शब्द प्रतीक

शीर्षक एवं सर्ग नामकरण स्वयं में प्रतिस्पर्धा नहीं रखते। कथासूत्र अत्यल्प होने के कारण प्रतीकार्य संवहन नहीं कर पाते हैं। चिन्तन की गम्भीरता उन पर हावी रहती है। शायद अस्तित्व दर्शन एवं भारतीय दर्शन के समन्वय के प्रयास में यह सब हुआ है।

'आत्मजयी' के भाषा विषयक अनुशीलन से पूर्व यह तथ्य उल्लेख्य हैं कि आत्मजयी अस्तित्ववादी दर्शन का भारतीयकरण है। भाषा की दृष्टि से आत्मजयी पर लगाये गये आरोप संभवत: किसी पूर्वाग्रह का परिणाम है। उसकी भाषा का अभिजात्य होना स्वाभाविक है।

काव्य में नव्य काव्य शैली का सफल प्रयोग हुआ है।

नरेश मेहता (संशय की एक रात)

'नरेश मेहता' के परिचय में यहाँ कहा गया है कि प्रोलेटोरियल वर्ग के कहे जा सकने वाले पिता के घर में जन्मे और उन्होंने लिखना 1936 के आसपास शुरू किया। उनके तत्कालीन दृष्टिकोण की अभिव्यक्ति परिचय की इन पंक्तियों में हो जाती है कि वे लिखना और आग लिखना चाहते हैं और कि वे राजनीति और साहित्य को पर्यायवाची मानते हैं। उनके वक्तव्य से यह सूचना भी मिल जाती है कि प्रारम्भ में उन्होंने छायावादी और रहस्यवादी ढंग की कविताएं लिखी थीं और कि अब उन्हें वे कविताएं नहीं मानते। उनसे निकटतर परिचय प्राप्त लोगों का कहना है कि उन्होंने अपनी उन प्रारम्भिक कविताओं को नष्ट भी कर दिया था।

नरेश मेहता 'दूसरे सप्तक' के कवि हैं। पहली बार जब इस सप्तक में इनकी कवितायें छपी तो इन्होंने अपनी शैल्पिक सतर्कता और नवीनता के कारण पाठकों का ध्यान अपनी

ओर आकर्षित किया। एक सांस में नरेश के काव्य ने अपनी शिल्प सजगता और प्राकृतिक चेतना के कारण हिन्दी पाठकों से अपनी पहचान कराई।

'नरेश मेहता' की काव्य यात्रा के चार सोपान हैं- 'बनपाखी सुनो', बोलने दो चीड़ को, संशय की एक रात और 'मेरा समर्पित एकांत। स्वतंत्र काव्य कृतियों के रूप में ये उपर्युक्त रचनायें ही अब तक प्रकाश में आ सकी हैं। हाँ कुछ एक रचनायें ऐसी अवश्य हैं जो दूसरे सप्तक से लेकर कतिपय पत्र-पत्रिकाओं में बिखरी हुई हैं।

दूसरा सप्तक

'दूसरा सप्तक' जिसके सम्पादक अज्ञेय हैं। 'नरेश मेहता' जी की दस कविताओं से सज्जित है। ये दसों कविताएँ नरेश की प्रकृति चेतना, प्रेमिल भावना और सांस्कृतिक भूमिका पर कवि ने कई कविताएँ लिखी हैं और प्रकृति के स्वस्थ विराट और पावन रूप की झाँकी प्रस्तुत की है। सप्तक की पहली कविता 'चाहता मन' प्रकृति और प्रेमिल संदर्भों की कविता है। एक ओर तो इस कविता में प्रकृति का आलंकारिक एवं मानवीकृत रूप है तो दूसरी ओर प्रेम का सहज, निश्छल और विश्वस्य रूप भी अभिव्यक्ति पा सका है। 'किरन धेनुएं' पूरी तरह प्रकृति परक कविता है। इसमें प्रकृति के आलंकारिक मानवीकृत और आलम्बन रूप को देखा जा सकता है। वैदिक काव्य से भावों की विराटता ग्रहण करके सरस एवं कल्पना प्रधान रचनायें प्रस्तुत करने का उद्योग भी इन कविताओं में किया गया है-

"किरनमयी! तुम स्वर्ग वेश में!
स्वर्ग देश में!
सिंचित है केसर के जल से
इन्द्रलोक की सीमा
आने दो सैन्धव घोड़ी का
रथ कुछ हल्के धीमा
पूषा के नभ के मंदिर में।
वरुण देव को नींद आ रही
वंशी का संगीत गा रही।"[36]

इस कविता के माध्यम से कवि सम्पूर्ण विश्व के कोण में बसे विभिन्न राष्ट्रों का परिचय देता हुआ प्रतिपादित करता है कि 'समय देवता सबसे बड़ी अमोघ शक्ति है। समय निरन्तर निनिमेष नेत्रों से पृथ्वी के अन्तहीन चक्रान्त परिवर्तन और अवर्तन विवर्तन को देखता रहता है। एक वाक्य में यह कविता विश्व मानवतावादी भावना को स्पष्ट करती है। कवि ने विभिन्न देशों की जीवन पद्धति पर बिम्बात्मक भाषा में सार्थक टिप्पणियाँ और अन्ततोगत्वा

युद्धोत्तर विकसित विभीषिकाओं और असंगतियों की ओर संकेत करते हुए नयी मानवता के विकास की कामना व्यक्त की है तभी तो उसने लिखा है-

'समय देवता। आज बिदा लो
किन्तु तुम्हारे रेशम के इस चमक वस्त्र में
मिट्टी का विश्वास बाँधकर भेज रहा हूँ
मेरी धरती पुष्पवती है
और मनुज की देशानी के चारागाह पर
दौड़ रही है तूफानों की नयी हवाएँ।"[37]

दूसरे सप्तक में संग्रहित कविताओं के शिल्प के सम्बन्ध में यही कहा जा सकता है कि नरेश की भाषा नवहीनता और क्लासिकल तत्वों के मेल से बनी है।

संशय की रात

'संशय की रात' एक खण्डकाव्य कवि ने पौराणिक आख्यान के सहारे समकालीन परिवेश में आधुनिक प्रजा का प्रतिनिधित्व प्रदान किया है। उसकी स्वीकारोक्ति है। राम आधुनिक प्रजा का प्रतिनिधित्व करते हैं। युद्ध आज की प्रमुख समस्या है। इस विभीषिका को सामाजिक और वैयक्तिक धरातल पर सभी युगों में भोगा जाता है। इसलिए राम को ऐसा ही एकत्व देकर प्रश्न उठाये गये हैं जिस प्रकार कुछ प्रश्न सनातन होते हैं। उसी प्रकार कुछ प्रजा पुरुष भी सनातन होते हैं। राम को ऐसे ही प्रज्ञा प्रति हैं।

संशय की रात चार सर्गों का खण्डकाव्य है। प्रथम सर्ग में राम रामेश्वर के सिंधु तट पर चिन्तामग्न और अनेक प्रश्नों से घिरे व्यक्ति के रूप में सामने आते हैं। वे सीताहरण को अपनी व्यक्तिगत समस्या मानते हुए युद्ध को टालना चाहते हैं। द्वितीय सर्ग में राम फिर युद्ध विषयक चिन्ता में लीन हैं। लक्ष्मण उन्हें अकेले छोड़कर चले गये हैं। राम युद्ध के लिए तत्पर हो जाते हैं क्योंकि उनकी संशयी व्यक्तित्व जब यह सुनता है-

"तुम्हें लड़ना युद्ध
क्रोध से नहीं
अनास्था से नहीं
संशयी से ही
संशयी व्यक्तित्व से भी है
केवल
असत्य से।'[38]

कृति के तृतीय सर्ग में आधारित समय जब सारा आलम सोया हुआ होता है तब राम जी युद्ध परिषद की बैठक आमंत्रित करते हैं जिसमें लक्ष्मण, विभीषण, हनुमान, सुग्रीव और

जामवंत सभी उपस्थित हैं। जो राम संशयी थे सीता को अपनी व्यक्तिगत समस्या समझते थे वे राम हनुमान के तर्कों से परास्त हो जाते हैं। राम इस बात से तो सहमत हो जाते हैं कि उपस्थित परिस्थिति में युद्ध अनिवार्य है किन्तु उन्हें चिन्ता इस बात की है कि युद्ध के बाद भी क्या शांति स्थापित हो सकेगी। इस तरह राम चतुर्थ सर्ग में आकर प्रवेश होते युद्ध सम्बन्धी सामूहिक निर्णय को स्वीकार कर लेते हैं और उनका संशयी व्यक्तित्व कह उठता है-

"ओ मेरे विवेक,
मुझसे मत प्रश्न करो
संशय की बेला अब नहीं रही
अब मैं केवल प्रतीक्षा हूँ
कवाचित कर्म हूँ
प्रतिश्रुत कर्म हूँ
निर्णय हूँ सबके लिए।'[39]

इस प्रकार सम्पूर्ण कथावस्तु का विस्तार संध्या और प्रत्युष के बीच फैला हुआ है। कहने की आवश्यकता नहीं कि मेहता जी ने रामायणी कथा के एक प्रख्यात प्रसंग को एक नये स्तर से कहा है।

'संशय की एक रात' नयी कविता के प्रतिनिधत्व कवि और आलोचक लक्ष्मीकांत वर्मा की दृष्टि में "उसी स्वार्थ परमार्थ की मर्यादा और संस्कार की स्मृति तथा अजन्मे इतिहास की वेदना से ओत-प्रोत काव्य है।"

संशय की एक रात के समग्र काव्य का अध्ययन और मनन करने के बाद यही कहा जा सकता है कि संशय की रात मूल्यों और मान्यताओं के ऊहापोह को प्रस्तुत करने वाला काव्य है। परस्पर संघर्ष, विपरीत मूल्यों और मान्यताओं के संघर्ष को कवि ने सादगी दी है। एक प्रकार से नरेश मेहता जी ने प्राचीन मान्यताओं को समकालीन मूल्यों की कसौटी पर कसते हुए एक फेर बदल की है।

डॉ. शर्मा के शब्दों में राम जहाँ मानवीय विकल्पों के पुंज हैं, संशय और प्रश्नों के समूह हैं, शुभाशुभ कर्मों के भोक्ता हैं, वहाँ लक्ष्मण में पौरुष है, तेज है वे कर्म की चुनौती स्वीकार कर कसते हैं किन्तु राम के माथे पर चिन्ता की रेखा नहीं देख सकते। राम भले हैं विकल्पी हो लेकिन लक्ष्मण संकल्पी हैं।[40]

डॉ. राकेश शुक्ल के शब्दो में– 'संशय की एक रात' में राम का मूल प्रतिपाद्य चरित्रगत अभिव्यंजना न होकर विशेष परिस्थितियों से उत्पन्न उनका वैचारिक चिन्तन मात्र है। उनका यह चिन्तन और वैचारिक उथल-पुथल आज के संदर्भ में अधिक प्रासंगिक और उदात्त है। जबकि हम वर्तमान युग में दो विश्वयुद्धों की विभीषिकाओं से गुजर चुके हैं तथा पुनः आणविक खतरा महसूस कर रहे हैं।"[41]

प्रस्तुत कृति का शिल्प प्रतिपाद्य के अनुकूल है। राम की संशयाग्रस्तता को रूपायित करने के लिए जिस शिल्प का प्रयोग मेहता ने किया है, वह उपयुक्त है। काव्य नाटक शैली में लिखे गये इस खण्ड काव्य में मेहता ने नाटकीय तरीके से योजना कर वार्तालाप के माध्यम से अपने प्रतिपाद्य को संवेद्य बनाया है। कृति की भाषा संस्कृतनिष्ठ है। स्थान-स्थान पर सूक्तियाँ मिली हैं। बिम्ब योजना की दृष्टि से चाक्षुष बिम्बों की प्रधानता दिखायी देती है। अलंकारों में उपमा, उत्प्रेक्षा, रूपक का प्रयोग अधिकता से हुआ है। नई साहित्यिक समस्याओं का चिन्तन ही जीवन समस्याओं का चिन्तन है।

'संशय की रात' की सबसे बड़ी खोज है कि मनुष्य की सभ्यता में युद्ध का ऐसा सनातन प्रश्न है जैसे युद्ध में मानवता का है। श्री नरेश मेहता जी के राम आधुनिक मानव का एक प्रज्ञा प्रतीक है। संशय की रात से निर्मित सारी समस्याएँ लघु एवं व्यक्तित्व के खण्डित संदर्भ की ऐसी सर्जनात्मक एवं युगबोध निर्मित स्थितियाँ हैं। संशय की रात में इसी युद्ध के संशय ने और संशय के युद्ध ने जीवन मूल्यों को अस्तित्व में खोजना चाहता है। कवि इस रचना के विषय में बताते हैं- यह कृति राम जी की मनोदशा युद्ध एवं शान्ति से सम्बन्धित प्रश्नों के एक विशेष प्रयोजन को प्रस्तुत करती हैं पुराने पात्रों की आदर्शवादिता में मूल्यों की स्थापना को आधुनिक संदर्भ में मानव विवेचना मूल्य आदर्श के रूप में प्रस्तुत करना एक इण्टरप्रिटेशन मात्र है। एक सीमा तथा तथ्यात्मकता का ऐतिहासिकता इण्टरप्रिटेशन आधुनिक बोध मात्र है। पात्रों की आदर्शवादिता नहीं। यह सत्य केवल राम का न होकर सारी मानव जाति का बन जाता है।

निष्कर्ष रूप यही कह सकते हैं कि 'संशय की रात' राम नरेश की ऐसी कृति है जिसमें राम के माध्यम से आज के संशय ग्रस्त व्यक्तित्व को निरूपित किया गया है। इस प्रकार नरेश की काव्य कृतियाँ प्रकृति बोध से प्रारम्भ होकर आधुनिक बोध के उस शीर्ष पर प्रतिष्ठित है जहाँ समकालीन परिवेश में स्पंदित विभक्त मानस, टूटती बनती मान्यताएँ, भविष्य का सूर्योदयी विश्वास और नये मूल्यों की स्थापना के संदर्भ में मुखरित हो उठे हैं।

संशय की एक रात अपहृत सीता प्राप्त करने के लिए युद्ध करना अथवा नहीं इसी सोच विचार में स्थिति संशय संभाविता को जन्म दे रहा है। राम की अवस्था कुछ होने के भय से कुछ न होने के डर से युक्त द्वंद्व ग्रस्त है-

"क्या हो,
क्या न हो कि प्रश्न ने
थका डाली मुट्ठियाँ ।।"[42]

राम को परिताप, अनुताप पश्चाताप है। पित्भरण का जननी वैधव्य एवं कुल के नाश का।

रामजी का संशय एक मानव का संशय है, राम की समस्याएं हमारी अपनी समस्याएं हैं। एक स्थिति में दो मूल्यों की संघर्ष की अनुभूति करते हैं। हम इन द्वंद्वात्मक स्थिति द्वारा जीवन से ऊब जाते हैं। धर्म को निर्णीत करने में संशय ग्रस्त और भ्रमयुक्त रहते हैं यह खण्डित का एहसास हमारे जैसा 'नरेश मेहता' के राम जी को भी होता है।

'दो सत्य,
दो संकल्प,
दो दो अवस्थाएं
व्यक्ति में ही
अप्रमाणित व्यक्ति पैदा हो रहा है
कौन जाने
अप्रमाणित व्यक्ति में भी, अन्य आसित हैं।[43]

राम जी जीवन के सत्य को युद्ध में देखते हैं हर एक मनुष्य युद्ध से प्राप्त सत्य को अंगीकार करने से डरता है। मानव का न कोई इतिहास होता है न वह युद्ध के द्वारा किसी इतिहास की स्थापना चाहते हैं।

सहज या सामान्य मानव इतिहास की रचना के लिए युद्ध पसन्द नहीं करता और युद्ध से नया इतिहास बनाना चाहता है। महामानव अथवा श्रेष्ठ मानव की अनुभूति प्राप्त हेतु यह बात उन्हें मिथ्या तत्व सी लगती है। ऐतिहासिकता अनिवार्यता को भी छल समझते हैं- युद्ध उनके लिए निरर्थक मूल्य हैं। इतिहास के विरोध में उनकी धारणा है-

"इतिहास के हाथों
बाण बनने से अधिक अच्छा है।
स्वयं हम
अंधेरों में यात्रा करते हुए
खो जाएं।
किसी के हाथों सही
पर नियति खोना है।
मात्र
श्रेष्ठ हाथों की प्रतीत के लिए इस मिथ्यात्व को
शास्त्र सम्मत सत्य कह कर
मत छलो।"[44]

मानव ने संस्कृति एवं सभ्यता को अधिक उच्च बनाया है। युद्ध एक जागृत अंधेरा है, मानव शिखरों की नींव में अंधेरे को सोया हुए ही चाहते हैं। वे युद्ध को प्रश्न समझते हैं।

युद्ध ऐतिहासिक विकृति है,

सब शिखर की नींव में
सोया अंधेरा है,
मत जगाना
अंधेरों को मत जगाना
लक्ष्मण! मत जगाना।"[45]

लक्ष्मण लघु मानव है। अपने सीमित अस्तित्व में उन्हें जीवन मूल्यों का, जीवन तथ्यों का एवं जीवन सत्य का उचित बोध है। इस कृति के सभी पात्र राम को छोड़कर जीवन क्रिया से निसंशय, आश्वस्त और स्वस्थ रूप से गुजरते हैं। यह पूर्णत: आत्मज्ञान है खुद अहसास है।

व्यक्ति अपने आप से सदैव परिचित रहता है लेकिन आत्मविश्वास की कमी के कारण आस्था एवं श्रद्धा की विवेचना से वह अविवेकी बन जाता है। मनुष्य को अपना पौरुषत्व चाहिए। सामान्य रूप से मनुष्य अपने शील रूपक मूल्य का समाजीकरण जिसका सहचर्य पाता है उसके प्रति वह सदैव कृतज्ञ एवं सम्पन्न रहता है जिसका पौरुष सामर्थ्य उसके जीवन के मूल्य सभी कर्म में विश्वास रखते हैं। कर्म का जो सत्य है उसका शील रूप मूल्य है। यहाँ लक्ष्मण अशुभ को इसी वर्चस्वशील की पौरुषता खण्डित करना चाहता है-

लंका यदि ध्रुव पर भी होता तो,
भाग नहीं पाती वधु
लक्ष्मण के पौरुष से।[46]

अप्रिय मूल्य

लक्ष्मण!
मैं नहीं हूँ का पुरुष
युद्ध मेरी नहीं है कुण्ठा
पर युद्ध प्रिय भी नहीं।[47]

व्यक्ति का अकेला सत्य स्वार्थ से लिप्त वैयक्तिक सत्य होता है।

राम का सत्य मानवता की मृत्यु से वितृष्ण हो उठता है। युद्ध के बाद शांति होगी और तत्पश्चात् उपलब्धियों की सिद्धि होगी, इस प्रकार जो भ्रम है वह मिथ्या तत्व मात्र है।

ओ अनास्थित सूर्यास्त वाली
भाद्रपद की सांझ
युद्ध के उपरान्त होगी शान्ति
उपलब्धियों की सिद्धि
इस मिथ्यात्व से

इस मरीचिका से
मुक्ति दो।[48]

युद्ध और शांति दोनों मार्ग से सत्य की प्राप्ति होती है। मानव के द्वारा प्राप्त सत्य एक अकेली स्थिति का या एक व्यक्ति का होता है। युद्ध के अभाव में शांति मार्ग से मानव का मानव से प्राप्त सत्य मूल्यादर्श है।

महाभारत के युद्ध में अर्जुन की अवस्था अपने सगे-संबंधी तथा गुरुजन बांधवों को देखकर मोहयुक्त हुई थी। राजनीतिक कुशलता, व्यवहार, नीति आदि का स्वीकार अर्जुन के लिए आवश्यक था। राम का सत्य किसी राजनीति उद्देश्य से पीड़ित नहीं है, वह वैयक्तिक है-

समर्पित है यह
धनुष, बाण, खड्ग और शस्त्र
मुझे ऐसी जय नहीं चाहिए
बाणविद्ध पाखी सी विवश
साम्राज्य नहीं चाहिए,
मानव के रक्त पर पग धरती आती
सीता भी नहीं चाहिए,
सीता भी नहीं।[49]

व्यावहारिक नीति-दर्शन, कर्म, वर्चस्व, प्रयोग, उपयोग जीवन में भी प्राप्ति अथवा के मूल्य मनुष्य को सहज प्राप्त नहीं होते। उनके लिए युद्ध करना पड़ता है तथा संघर्ष करना पड़ता है। वर्चस्व के द्वारा जीवन के मूल्य मनुष्य को प्राप्त होते हैं। सत्य प्राप्ति के लिए परिस्थितियों का योगदान महत्वपूर्ण है।

ऋतु जीवन का उपादेय मूल्य है तथा वैदिक धारणा के अनुसार मृत जीवन सत्य है, जीवन व्यवस्था है। आज की संदर्भ व्यवस्था ऋतु की ही नैतिक आचार कल्पना है। जीवन का आधुनिक दर्शन प्रस्तुत करता है। वह ऋतु की सार्वत्रिक व्यवस्था से अथवा सार्वभौमिकता से प्राप्त होता है। राम पितृ छाया को उत्तर के रूप में यह दर्शन प्रस्तुत करता है-

संशय निकष है,
ऋतु का भी।[50]

जब रामचन्द्र जी संशय को ऋतु का निकष कहते तब संशय की मूल्य स्थापना का जीवन में महत्व प्रतीत होता है। यह निकष आत्म परीक्षण द्वारा आत्मज्ञान भी देता है। संशय स्वयं मूल्य नहीं है

’किन्तु संशय स्वयं
ऋतु या सत्य तो नहीं
वह तो कर्म है आस्था है
सृष्टि है जो ऋतम्भरा प्रज्ञा है।
और तुम्हें तो केवल
परिताप है, पश्चाताप है
संशय भी नहीं।[51]

जीवन का अन्तिम मूल्य जीवन साध्य है। इसे उच्च जीवन मूल्य भी कह सकते हैं राम युद्ध प्रसूत मूल्यों तथा शुभाशुभ को अन्तिम सत्य नहीं मानते।

यदि सारे शुभाशुभ
युद्धों से ही प्रतिपादित होने हैं,
तब वे सत्य तो नहीं
अन्तिम भी नहीं।[52]

संशय को जीवन की मूल्य स्थिति मानते हैं। तृतीय सर्ग में मूल्य निर्णय की स्थिति है। राम के मन में शुरुआत से संशय के रूप में मूल्य संघर्ष ही बना रहा है। क्योंकि राम ने विराटत्व का बोध लिया है लघु का नहीं। तृतीय सर्ग में मूल्य संक्रमण से गुजरते हुए क्षण का निर्णय है। हनुमान के शब्दों में जीवन स्वातंत्र्य का महत्व देखिए-

सीता माता
भले ही राम की पत्नी हो,
किसी की वधु,
राम की दुहिता हो,
पर
हम कोटि-कोटि जनों की तो केवल
प्रतीक है
रावण अशोक वन की सीता
हम साधारण जन की अदृत स्वतंत्रता।।[53]

हनुमान के वक्तव्य द्वारा स्पष्ट होता है। साम्राज्य जनों के जीवन मूल्यों का ह्रास होता है। साम्राज्यवादिता के परिणाम मनुष्य को जीवन मूल्यों से वंचित ही नहीं करता। संशय की एक रात में स्वातंत्र्योत्तर नये जीवन मूल्यों का ऐतिहासिक विकास क्रम हमें दृष्टिगोचर होता है। राम के पुराख्यानक इतिवृत्त को युगीन संदर्भों से सम्पृक्त कर प्रस्तुत करने में ही प्रबंधकार का वैशिष्ट्य है। इस काव्य का सम्पूर्ण कलेवर नव्य चेतना एवं आधुनिक बोध को आत्मसात किये है। सम्पूर्ण कथा चार सर्गों में विभक्त है- साँस का विस्तार और बालू

तट, वर्षा भीगे अंधकार का आगमन, मध्य रात्रि की मंत्रणा और निर्णय तथा संदिग्ध मन का संकल्प।

प्रबन्ध काव्य का कथानक लोक प्रख्यात या उत्पाद्य होना चाहिए इस दृष्टि से संशय की एक रात की कथा का मूलाधार प्रख्यात रामकथा है।

कथात्मक संगठन एवं घटना संयोजन की दृष्टि से नरेश मेहता वाल्मीकि रामायण एवं तुलसीकृत रामचरित मानस के ऋणी हैं। मुख्य प्रश्न युद्ध एवं शांति आदि समस्याओं तथा शाश्वत जीवन मूल्यों से जुड़े हुए हैं, जिनमें कवि मौलिक उद्भावनाएं करता हुआ कथ्य संदर्भों का चयन करता है।

नरेश मेहता ने समीक्ष्य काव्य में सेतुबंध और युद्ध के बीच की कथा को चुना है। महाप्राण निराला ने राम की शक्ति पूजा में भी इस वाक्यांश को आधार बनाया है किन्तु दोनों कथाओं में अंतर है। निराला के राम का संशय शक्ति के रावण की पक्षधर होने के कारण विजय के प्रति आशंका से जुड़ा है। नरेश मेहता के राम का संशय युद्ध के औचित्य अनौचित्य को लेकर है। इस दृष्टि से संशय की एक रात का कथ्य चयन नितान्त मौलिक प्रयास है। प्रसंगोद भावनायें की हैं। यथा-

(1) परम्परागत राम कथा से भिन्न राम के चरित्र में संशय का आरोपण।

(2) द्वितीय सर्ग में दशरथ और जटायु का अवतरण नाटकीय उद्भावना।

राम का संशयग्रस्त होना मनोवैज्ञानिक शैली में निरूपित हुआ हैं, राम छाया, पक्षी संवाद, राम का एकालाप, हनुमान, राम लक्ष्मण विभीषण तथा सुग्रीव का युद्ध दर्शन समझना है। तृतीय सर्ग में विभीषण द्वारा राम के संशयी मन का खण्डन करने हेतु तर्क शैली का प्रयोग आदि प्रबन्ध काव्य कला कौशल की दृष्टि से अभिनव प्रयोग का द्योतक है।

पाश्चात्य दर्शन में संशय से आधुनिक ज्ञान मीमांसा आरम्भ होती है। बिना शंका उठाये सत्य ज्ञान की प्राप्ति नहीं होती किन्तु परस्पर विरोधी दर्शनों, धर्मों और मत मतान्तरों के मध्य बौद्धिक प्राणी के लिए संशयवादी हो जाना अत्यन्त सरल हैं। यहाँ राम का संशय, स्थापित युद्ध दर्शन को लेकर वे प्रज्ञा पुरुष हैं, उनका संशय आधार है, युद्ध को प्रमुख समस्या मानने के कारण भी उनके मन में प्रश्न उठते हैं।

संशय भाव के कारण राम उदास हैं। परितापित और अनुतापित हैं और उन्हें अपनी व्यर्थता का बोध होता है। वह मानते हैं कि हम भटके सार्थ के छूटे संदर्भ हैं। राम का अनुताप और पश्चाताप रावण से युद्ध में पराजय की कल्पना से नहीं उत्पन्न होता है वरन वे युद्ध को टालना चाहते हैं। व्यक्ति में विराजित शक्ति भाव को जगाना चाहते हैं। उनका प्रश्न इसलिए सार्थक है।

आगे चलकर राम का यह आधारभूत प्रश्न गौड़ हो जाता है। वे एक नये दर्शन की भाषा बोलते हैं, एक युगीन समस्या पर अपनी व्यक्तिगत समस्या आरोपित कर देते हैं। इसका कारण उनका पण्डित व्यक्तित्व है। राम का युद्ध के अन्य सार्वभौम कारणों से ध्यान हटकर केवल अपने को ही जन्म विनाश का कारण मानना, प्रस्तुत प्रसंगों के आधारभूत पर उचित नहीं लगता। युद्ध की ओर प्रेरित करने वाले मृतात्मा दशरथ और जटायु के दर्शन भी उनके संशयी व्यक्तित्व को भेद नहीं पाते। उनके मन का अंतरीय जैसा का तैसा ही रहता है। उनके विभाजित व्यक्तित्व की यह परिणति है-

"मैं सत्य चाहता हूँ,
युद्ध से नहीं। खड्ग से भी नहीं,
मानव से मानव का सत्य चाहता हूँ।
क्या यह संभव है
क्या यह नहीं है।'

अन्य कवियों ने युद्ध के प्रारम्भ होने पर अथवा बीच में या युद्धोत्तर काल में युद्ध के कारण और समाधान पर विचार किया है। किन्तु नरेश मेहता, संशय की एक रात में युद्ध प्रारम्भ होने से पूर्व विचार करते हैं। निश्चय ही विचारों के स्तर पर वे समवर्ती कवियों के आगे की कड़ी हैं किन्तु व्यवहारिक धरातल पर भी वहीं पहुँचते हैं। जहाँ वे लौटकर अन्यक लोगों ने विचार क्षेत्र में प्रवेश किया है। जहाँ अन्य कवियों का युद्ध विषयक चिन्तन महाभारत के प्रसंगों और गीता के कर्मयोग के भीतर ही घूम फिरकर रह जाता है, वहीं नरेश मेहता के प्रज्ञा पुरुष राम अपने वर्तमान को बनाकर युद्ध रहित अनागत की आकांक्षा रखते हैं।

महाप्रस्थान

नरेश मेहता जी एक ऐसे कवि हैं जिन्होंने रामायण और महाभारत के कथावृत्तों को आधार बनाकर चार प्रभावी काव्यों की सृष्टि की है, संशय की एक रात महाप्रस्थान, प्रवाद पर्व और शबरी। उन्होंने अपने काव्यों के माध्यम से समकालीन प्रश्नों को प्रस्तुत किया है। प्रत्येक रचना अपनी समकालीनता के दबावों से निर्मित होते हैं युद्ध और राज्य व्यवस्था मानव समाज के ऐसे दुर्भाग्य रहे हैं कि जिससे मनुष्य अपना पीछा कभी नहीं छुड़ा पाया है।

निरन्तर युद्ध की समस्या और राज व्यवस्था के क्रमश: शक्ति सम्पन्न होते जाने के आसन्न संकटों पर संशय की एक रात और महाप्रस्थान नामक काव्यों का प्रणयन हुआ है। महाप्रस्थान एक ऐसा काव्य है जो पाण्डवों के निर्वाण के कथानक को लेकर आधुनिक बोध को वाणी देता है। इसका मूल अंश महाभारत के अन्तिम अंश से लिया गया है। इसकी कथा महाभारत की कथा में उपलब्ध होती है। इसकी कथा तत्व बहुत पौराणिक है। इसमें

विचारशीलता, आधुनिकता के कारण समस्याओं की प्रस्तुति समकालीन परिवेश की पृष्ठभूमि पर प्रस्तुत की गई है।

'महाप्रस्थान' नरेश मेहता की दूसरी महत्वपूर्ण प्रबन्ध काव्य कृति है। युगीन समस्याओं और परिवेश सम्पृक्ति की दृष्टि से इसका महत्व संशय की एक रात के समान ही है। महाभारतीय कथा में स्वर्गारोहण की घटना को समकालीन यथार्थ बोध से सम्बन्ध कर नयी अर्थवत्ता प्रदान की हैं युद्ध समस्या को लेकर लिखे गये प्रबन्ध काव्यों सेनापति कर्ण, रश्मिरथी, कुरुक्षेत्र, द्रौपदी, अंधायुग, कनुप्रिया, संशय की एक रात की श्रृंखला में महाप्रस्थान, एक उल्लेखनीय कृति है। इसका प्रकाशन सन् 1975 में हुआ किन्तु युग चित्रण की दृष्टि से यह चिरन्तर है। इस कृति का कथ्य युद्ध के केन्द्र बिन्दु पर अवस्थित है। इस काव्य बिन्दु को युद्ध माना जा सकता है- प्रतिशोध, अपमान, युद्ध एवं सर्वस्व नष्ट होने पर निर्वेद की स्थिति ही वस्तुतः इसका मुख्य धरातल है। यह कृति सामाजिक, वैयक्तिक, राजनैतिक, राष्ट्रीय और सांस्कृतिक सभी दृष्टियों से मूल्यवान प्रतीत होती है। इसमें आधुनिक बोध का सम्यक निर्वाह हुआ है।

यात्रा पर्व

प्रस्तुत काव्य तीन खण्डों अथवा तीन दृश्यों में बंटा है। यात्रा पर्व, स्वाहा पर्व और स्वर्ग पर्व। यात्रा पर्व में चारों ओर फैले हुए हिमानी के वातावरण को प्रस्तुत किया। चारों ओर हिम ही हिम होने के कारण अंधकार का साम्राज्य दिखाई देता है। नदी की कल-कल ध्वनि और हवा की सांय-सांय की आवाज सुनाई देती है। इस वातावरण के विधान में नरेश मेहता ने महाभारतीय संदर्भों को सांकेतिक किया है।

स्वाहा पर्व

काव्य के दूसरे पर्व 'स्वाहा पर्व' का प्रारम्भ नाटकीय विधान से होता है। इसमें राज्य व्यवस्था की अमानवीय क्रूरता, निरंकुशता, युद्धों की विनाशकारी भयावहता और मानवीय अस्तित्व से प्रश्न कवि द्वारा उठाये गये हैं। युद्ध तथा राज्य व्यवस्था संबंधी गूढ़ तात्विक प्रश्नों का उत्तर भीम को देते हुए युधिष्ठिर युद्ध एवं द्रौपदी चीर हर के औचित्य सतर्क मीमांसा प्रस्तुत करते हैं। कवि ने युधिष्ठिर को मूल्यान्वेषी के रूप में प्रस्तुत किया है। नरेश मेहता के युधिष्ठिर राज्य बनाम व्यक्ति की स्थिति में व्यक्ति की सर्वोपरिता को स्थापित करना चाहते हैं-

"राज्य की गरिमा को,
व्यक्ति की गरिमा का पर्याय होने दो।
किसी भी व्यवस्था का

व्यक्ति से बड़ा हो जाने का अर्थ होगा
अमानवीय तंत्र।"[54]

और युधिष्ठिर को सबसे बड़ा डर है वह तो है,
संभव है अर्जुन यह सत्ता धारी
यह राज व्यवस्था
एक दिन
प्रत्येक व्यक्ति के भीतर
विचार शून्यता का
अंधा कारागार निर्मित कर दिया जाए
जिसकी ताली राजकोष में जमा कर दी गयी है।"[55]

आलोच्य कृति के अन्तिम पर्व 'स्वर्ग पर्व' में अकेले युधिष्ठिर दिखाई देते हैं। मानो वे धर्म चक्र का साक्षात्कार करने के लिए बच गये हैं। अब उनकी स्थिति शिवमय है। अन्तिम सहयात्री श्वान के साथ युधिष्ठिर स्वर्ग के द्वार तक जाते हैं और इन पंक्तियों के साथ यह काव्य समाप्त हो जाता है-

"युधिष्ठिर! सुनो
तुम्हारी प्रजा अग्नि के आह्वान में
हिमालय स्वाहा कर रहा है।
युधिष्ठिर! स्वाहा!

यहाँ तो युद्ध के उपरान्त पाण्डव दल के महाप्रस्थान की चर्चा ही प्रमुख प्रतिपाद्य बनकर आयी है। इस कृति में सांकेतिक संक्षिप्त काव्य के बीच-बीच में अनेक महाभारतीय उद्धरण भी काम में लिये गये हैं नरेश मेहता ने उन्हीं प्रसंगों और स्थितियों को अपने काव्य में स्थान दिया है। व्यक्ति, जीवन, समाज, राजा, राज्य एवं व्यवस्था व व्यक्तित्व विषयक अपनी विचारणा को भी स्पष्ट किया है।

प्रस्तुत काव्य में जिन पात्रों को स्थान मिला है उनमें प्रत्यक्ष रूप से सर्वाधिक महत्वपूर्ण पात्र युधिष्ठिर हैं, वैसे तो भीम, अर्जुन, द्रौपदी और अश्वत्थामा मंच पर आते लेकिन उनकी स्थिति और उनकी वार्ता इसी स्थिति बोध अथवा वैचारिक पिष्टपेषण का द्योतक रही है।

युधिष्ठिर प्रस्तुत काव्य के नायक हैं वे इस काव्य में मानव मुक्ति के प्रतीक बनकर आए हैं। ये युद्ध के पश्चात विरक्त होकर अपने भाइयों ओर द्रौपदी के साथ हिमालय पर्वत की ऊँचाइयों पर जा रहे हैं। उनकी आसक्ति किसी में नहीं है। उनका प्रमुख रूप एक विचारक का रूप है। इसी कारण वे राज्य, राजा और मानव सम्बन्धों पर विचार करते हैं, यों तो उनके चरित्र को अधिक विकसित कर पाना सम्भव नहीं था, किन्तु फिर भी कवि ने

युधिष्ठिर को अतीत के प्रति चिन्तनशील और प्रश्निल मुद्रा प्रदान करके उनके चरित्र का विकास किया हैं। वे मूल्यान्वेषी कर्तव्य- परायणता, धर्मनिष्ठ आदि कई रूपों में हैं।

अनेक स्थानों पर ऐसा लगता है कि कवि द्रौपदी के माध्यम से नारी जीवन के अनेक तत्वों को उद्घाटित कर रहा है। उसके अन्तस में जो भ्रम है उसे भी कवि ने बड़ी ही कुशलता से उभारा है। वस्तुतः द्रौपदी का करुण स्वर सुनते सभी थे। किन्तु सहायता के लिए कोई नहीं पहुंचाता है। इसका कारण यही है कि द्रौपदी जिस लोक में हैं, वहाँ अपने पराये का बोध ही समाप्त हो जाता है। इस काव्य के सभी पात्र सार्थक हैं कोई भी पात्र अनावश्यक नहीं है। प्रत्येक पात्र कवि के किसी न किसी दृष्टिकोण अथवा मूल्य का वाहक बनकर आया है। युधिष्ठिर का व्यक्तित्व के निर्माण और विकास की चर्चा की जाती है। युधिष्ठिर तनाव की स्थिति से गुजरते हैं तो भीम और अर्जुन अपने को निष्प्रयोजित और अनावश्यक समझते प्रतीत होते हैं द्रौपदी का व्यक्तित्व एक अन्तर्मुख नारी का व्यक्तित्व है।

यह वह काव्य है जिसमें प्रकृति के आकर्षक चित्र हमें देखने को मिलते हैं। हिमानी प्रकृति को जो चित्र नरेश ने दिया है वह अत्यंत प्रभावी बन पड़ा है। कवि ने हिमालय के उच्चतम शिखर पर पहुँच कर भी प्रकृति चित्रण की एक उल्लेखनीय विशेषता यह है कि उसने प्रकृति के सूक्ष्म व्यापारों तक अपनी दृष्टि दौड़ाई है। प्रकृति चित्रण के द्वारा जिस वातावरण का विधान कवि कर सका है, वह भी प्रतीत होता है जब कवि विधान लिखता है-

उस उन्मुक्त हवा में
चीड़ों के बंद
झरने से कली कल करते
जैसे अभिसार पिया उन्मुक्त केशिनी का
चीत्ता शुभ!
चीड़ों से हंस-हंस
रस की कथा रहा।[56]

प्रकृति की मनोहर दृश्यावली पाठक की आँखों के आगे घूम जाती है। शिल्प की दृष्टि से विचार करें तो महाप्रस्थान एक श्रेष्ठ काव्य प्रतीत होता है। इसमें प्रयुक्त भाषा तत्सम शब्दों के योग से बनी है। इतने पर भी उसमें सरलता है। नरेश मेहता ने निर्माण भी किया है कि वे कवि के मानस में उठी अनुभूतियों को जिस कुशलता के साथ प्रस्तुत करते हैं, वह नयी कविता की ही उपलब्धि है। भाषा को अधिकाधिक चित्रात्मकता प्रदान करने के लिए कवि ने सफल बिम्बों की सृष्टि की है। इसमें प्रस्तुत किये गये बिम्ब प्रकृति के क्षेत्र में लिये गये हैं, उदाहरण के लिए पंक्तियाँ देखिये-

छूट गये पीछे,
कस्तूरी मृग वाले वे

मधु माधव से उत्सव जंगल
ग्रीष्म पते तपाये झरे पात की
वे बनानियों
गिरे चीड़ फूलों से लदी भूमि
औ औषधियों के बल्कल पहने परम हितैषी वृक्ष।"[57]

कृति का यात्रा पर्व काव्य सौन्दर्य की दृष्टि से न केवल आकर्षक है, अपितु उदात्त भी है।

'महाप्रस्थान एक ऐसा काव्य है जिसमें महाभारतीय संदर्भ की भूमिका पर राज्य और व्यक्ति के संतुलित सम्बन्धों को उद्घाटित करने का प्रयत्न किया गया है। नरेश की व्यक्तिवादी चिन्तन काफी वजनी है। यद्यपि यह कृति चिन्तन प्रधान है किन्तु चिन्तन यहाँ बोझ नहीं बन पाया है।

मैं युधिष्ठिर अकेला हूँ। वे सरस्वती माँ प्रज्ञा अग्नि को स्वतंत्र कर धर्मचक्र से साक्षात् करते हैं। यह स्थिति शिवमय है। वे देह का बोध त्याग कर हिमालय का आत्मवरण करते हैं किन्तु श्वान को छोड़कर जाने को तैयार नहीं होते। यही उत्तर द्वार खुलता है और प्रज्ञा अग्नि के आह्वान में स्वाहा होता है-

"हिमालय ने उत्तर द्वार खोल दिया है,
सुन रहे हो
देवताओं के पैरों की आहट
यह गंध
किसी फूल की नहीं हो सकती
यह देवताओं की देह-गंध है,
यही है स्वाहा

तुम्हारी प्रज्ञा के आवाहन में
हिमालय स्वाहा कह रहा है। युधिष्ठिर।
स्वाहा।[58]

कथा चयन की दृष्टि से महाभारत के महाप्रस्थानिक पर्व के दूसरे अध्याय के 29वें श्लोक तक की कथा महाप्रस्थान का कथात्मक आधार ही है। कवि ने कथ्य चयन में मौलिक कल्पना शक्ति का समाहार करते हुए नवीन उद्धावनाएं की हैं तथा कथ्य-चयन में मौलिक कलाना शक्ति का समाहार करते हुए नवीन उद्धावनाएं की हैं तथा काग को प्रासंगिक बनाया है। इस दृष्टि से निम्नांकित कथा बिन्दु उल्लेखनीय है।

1. अर्जुन-द्रौपदी के स्मृति चित्रों के माध्यम से पूर्व घटित का संकेत।

2. युद्धोपरान्त अश्वत्थामा द्रौपदी का वार्तालाप तथा भीम-अर्जुन युधिष्ठिर के बीच राज्य व्यवस्था पर प्रश्नोत्तर।
3. महाभारतीय कथ्य के विपरीत द्रौपदी आर्तनाद, सुनकर अर्जुन का गाण्डीव त्याग प्रसंग कवि कल्पना प्रसूत है।

कवि नरेश मेहता ने 'महाप्रस्थान' के प्रणयन का प्रयोजन उसकी भूमिका 'प्रस्थान पूर्व' में यह लिखा है कि प्रस्तुत काव्य में राज्य, राज्य व्यवस्था और उस व्यवस्था के दर्शन की अमानवीय प्रकृति एवं प्रवृत्ति को स्पष्ट करना चाहता है। कवि का अपना प्रयास प्रसंगोचित है। महाप्रस्थान में कवि के प्रवक्ता कथानक युधिष्ठिर हैं। इस सम्बन्ध में युधिष्ठिर की मान्यता है कि राज्य अपदार्थ है। एक साधारण अनाम मनुष्य किसी भी साम्राज्य से बड़ा है। उनके विचार से बड़े-बड़े साम्राज्य साधारण जन के अधिकारों के अपहरण पर टिके होते हैं। समाज राज्य के नियमों पर नहीं आधारित होता वरन् धर्म के नियमों पर अनुशासित होता है। व्यक्ति और व्यक्ति के बीच परस्पर संबंध का कारण भी राज्य नहीं होता-

इसका समर्थन करते हुए युधिष्ठिर ने पार्थ से कहा है-

व्यक्ति और व्यक्ति के बीच
केवल राज्य ही सूत्र है
यह विचार ही
सबसे बड़ा छल है।[59]

राज्य का अर्जन समाज की अनुकम्पा से नहीं होता बल्कि संघर्ष, षड्यंत्र ओर कुचक्रों से होता है। राज्य की प्रकृति का उल्लेख करते हुए युधिष्ठिर कहते हैं-

कौन राज्य समझा करता
शीलवान की सज्जन भाषा।

अर्थात् शीलवान की सज्जन भाषा कोई भी राज्य नहीं समझा। वे नहीं मानते कि राजा और धर्म के प्रतिपालक हो सकते हैं। उन्हें आशंका है कि

आज नहीं तो कल,
राजा से अधिक कठोर हो जायेंगे
ये राज्य।

इस प्रकार समाज के लिए राज्य को अनावश्यक सिद्ध करते हुए धर्मराज युधिष्ठिर राज्य व्यवस्था और उसके दर्शन पर तीखी टिप्पणी करते हैं वे यह मानते हैं कि-

सारे मानवीय दुखों का आधार
यह राज्य है
राज्य व्यवस्था है

और राज्य व्यवस्था का दर्शन है।

7. एक कण्ठ विषपायी - दुष्यन्त कुमार

कवि दुष्यन्त कुमार ने अपने इस कथन काव्य नाटक में 'जर्जर' रूढ़ियों और परम्परा के शव से चिपके हुए लोगों को प्रतीकात्मक रूप से आधुनिक पृष्ठभूमि और नये मूल्यों के आयात करने का संकेत किया है। आधुनिक युग की युद्ध विभीषिका को ध्यान में रखते हुए कवि ने युद्ध के होने के कारणों पर प्रकाश तो डाला ही है, साथ ही युद्ध की समाप्ति का समाधान भी प्रस्तुत किया है।

युद्ध व्यर्थ तथा अमानवीय है। इस संदर्भ में कवि ने अपने विचारों को विभिन्न पात्रों के माध्यम से प्रस्तुत किया। युद्ध दुष्यन्त कुमार के अनुसार विशिष्ट परिस्थितियों में समाधान का केवल संभव का कारण बन सकता है और यही नियम भी है लेकिन कोई शासक किसी समस्या के समाधान का साधन युद्ध को किन्चित मात्र भी समझता है तो वह उसका भ्रम है। युद्ध किसी समस्या का समाधान नहीं अपितु केवल एक सामूहिक आत्मघात है। इसके पीछे कोई जीवन-दृष्टि नहीं है, है तो केवल एक आग्रह। अधिक से अधिक कारण मात्र।

युद्ध को बिना दृष्टि के अकारण ठानना उचित नहीं। और यह भी निश्चित नहीं कि युद्ध से सत्य की प्राप्ति हो ही जाग। यदि सत्य की प्राप्ति आवश्यक है तो प्राणों की आहुति देना आवश्यक हो जाता है। क्योंकि प्राणों की आहुति/युद्ध के नहीं/सत्य के लिए होती है। युद्ध मनोवृत्ति का मारा हुआ सर्वहत नामक एक ऐसे नए पात्र की रचना कवि दुष्यन्त कुमार ने की है जिसे जनता का प्रतिनिधि कह सकते हैं, जो अनायास उभर कर आधुनिक प्रज्ञा का प्रतीक बन गया है। जो जनता की वास्तविक प्रतिक्रिया को निजी प्रतिक्रियाओं द्वारा व्यक्त करता है। सर्वहत का पक्ष है कि युद्ध बड़े लोग करते हैं और उसका फल छोटे लोगों को भोगना पड़ता है। प्रत्येक स्थान पर सर्वहत की वाक्यावली नयी समस्याओं और उससे जूझने के प्रयत्न से सम्बन्धित है। साथ ही इसमें नियम या परम्परा बनाने वाले नियमों पर भी व्यंग्य किया गया है।

दूसरे महायुद्ध में मानवता के ह्रास की कहानी से नये कवि अनभिज्ञ नहीं है। युद्ध किन पतनशील मूल्यों और प्रतिमानों को जन्म देता है? यह भी नया कवि भली भांति जानता है। अस्तु समीक्ष्य प्रबन्ध काव्यों में युद्ध की समस्या को किसी न किसी प्रसंग के माध्यम से उठाकर अपने अपने ढंग से समाधान खोजने का प्रयत्न किया गया है। इस समस्या को लेकर रचित अंधायुग, कनुप्रिया, संशय की एक रात, महाप्रस्थान आदि कृति चीन–भारत (1962) युद्ध की प्रतिक्रिया है। इस युद्ध की भारतीय राजनीति में विशिष्ट भूमिका है। इस युद्ध ने जहाँ पंचशील सिद्धान्तों को चूर चूर कर दिया है वहीं भारतीय प्रजातंत्र के आगे एक प्रश्न चिन्ह लगा दिया। जिस प्रकार चीनी आक्रमण के समय भारतीय नेताओं के लिए

चुनौती स्वीकार करना एवं निर्णय लेना कठिन हो रहा था, एक कण्ठ विषपायी का ब्रह्मा भी आदर्शों का लबादा ओढ़े अनिर्णय की स्थिति में है।

दुष्यन्त ने प्रस्तुत कृति में शिवकथा से संबद्ध पुराख्यान को कथा धार बनाकर इतिवृत की पुनरावृत्ति नहीं की अपितु सामयिक बोध एवं युगीन परिवेश के परिप्रेक्ष्य में समकालीन संदर्भों की प्रासंगिकता प्रतिपादित की है। उसने युद्ध की चिरन्तन समस्या का तार्किक विवेचन किया है। कवि स्वयं स्वीकारता है कि "जर्जर, रूढ़ियों और परम्पराओं के शव से चिपटे लोगों के संदर्भ में प्रतीकात्मक रूप से आधुनिक पृष्ठभूमि और नये मूल्यों को सांकेतिक करने के लिए इस कथा में पर्याप्त सामर्थ्य है।"

समीक्ष्य प्रबन्ध कृति का कथ्य चार दृश्यों में सुगन्धित हैं प्रथम दृश्य समारम्भ दक्ष और उसकी पत्नी वीरणी के पारस्परिक कथनों से होता है। दक्ष अपना क्रोध प्रकट करते हैं क्योंकि

"शंकर!
शंकर!!
वह जिसने घर की परम्परा तोड़ी है,
वह, जिसने मेरे यश पर कालिख पोती है,
जिसके कारण
मेरा माथा नीचा है सारे समाज में
मेरे ही घर अतिथि रूप में आए?"[60]

वे शंकर को यज्ञ जैसे विराट आयोजन में बुलाने को तैयार नहीं वीरणी पुत्री एवं दामाद को बुलाने के लिए अनेकानेक तर्क प्रस्तुत करती है। दक्ष इन्हें नहीं स्वीकारते इससे व्यंजित होता है कि सत्ता मात्र छल एवं कठोरता की भाषा ही जानती है। उदात्त भावों से उसका कोई सरोकार नहीं होता है। बीच में सर्वहत राजकुमार द्वारा निर्ममतापूर्वक बंदी बना लेने की घटना के बारे में सूचित करता है। विवाद निरन्तर बना ही रहता है। दक्ष विवाद को तार्किक दृष्टि प्रदान करते हुए कहते हैं कि -

"यदि शंकर को सती कामना थी,
तो सीधे मुझसे कहता।
देवलोक में
इतनी परिचर्या की क्या आवश्यकता थी?
क्या आवश्यकता थी बोलो,
इस रूपक के आलम्बन की
व्यर्थ प्रेम के प्रेम नाम

हमारी लोक-हँसाई, बदनामी की
परम्पराओं के खण्डन की।"[61]

वीरणी द्वारा मांगलिक अवसर पर पुत्री और जमाता को बुलाने का आग्रह दक्ष को उचित नहीं लगता। इसी बीच महामात्य का अनुचर राजपुत्री के शंकर के गणों एवं नन्दी के साथ यज्ञमण्डप में आगमन की सूचना देता है। इसमें वीरणी प्रसन्न एवं दक्ष विक्षुबध होते हैं। अनुचर पुन: आकर बताता है कि सती पति अपमान से क्रुद्ध है और अतिथियों को अपशब्द कह रही है। तब दक्ष क्रुद्ध होकर महादेव की निन्दा करते हैं वे वीरणी अनिष्ट की कल्पना करके व्याकुल होते हैं तभी अनुचर सती के सर्वांग गौर वर्ण के अग्नि में भस्म होने की सूचना देता है। यहाँ कवि का मूल अभिप्रेत सत्ता पर पैना व्यंग्य करना है। शासन स्वमद में लिप्त व्यक्ति के स्वातंत्र्य बोध एवं अस्तित्व बोध को तिरस्कृत कर सभी मर्यादाओं को भूल जाता है। 1961 के भारत चीन युद्ध की अहम् भूमिका है। इस युद्ध ने हमारे पंचशील सिद्धान्तों अहिंसा शांति की नीति एवं विश्व-बन्धुत्व के समक्ष चिह्न लगाये। दुष्यन्त कुमार ने आभार कथा में इंगित किया है कि 'प्रस्तुत रचना की मूल समस्या राजलिप्सा और युद्ध मनोवृत्ति से सम्बन्धित है।" प्रस्तुत संदर्भ में डॉ. राम स्वार्थ सिंह का अभिमत है कि- "दुष्यन्त कुमार ने "एक कण्ठ विषपायी' काव्य नाटक के सम्बन्ध सन् 1962 के भारत चीन सीमा संघर्ष से है। उसमें स्वर्ग की सीमा पर युद्ध नहीं होता। आक्रमणकारी शिव और उनके गण लौट जाते हैं। असंभव नहीं कि उसके पीछे चीन द्वारा युद्ध विराम और आगे बढ़ी हुई सेनाओं की अपनी सीमा में लौटा लेने के प्रसंग में काव्य नाटक के एक वक्तव्य का भी प्रासंगिक महत्व दृष्टिगत होता है अन्तिम अंक में एक नागरिक कहता है-

"मेरे उत्तरवासी संबंधी सब बेघरबार हो गये,
सब शरणार्थी
पूर्व जन्म में जाने कितने पाप किए थे
जो इनका पुरुषों का संरक्षण पाया है।"[62]

सन् 1962 के सीमा-संघर्ष में किसी न किसी तरह जुड़ा हुआ है। यह सब अनुमान की बातें हैं। प्रत्यक्षत: कवि ने चीनी आक्रमण से प्रेरणा ली है, परोक्षत: यह युगों-युगों से चली आ रही यौद्धिक परम्परा से जुड़ी हुई है।

समग्रत. 'एक कण्ठ विषपायी' की सृजन सम्प्रेरणा के प्रस्थान बिन्दुओं को निम्नांकित शीर्षकों के अन्तर्गत समंजित किया जा सकता है-

(क) युद्ध की अनिवार्यता एवं युद्ध विभीषिका जन्य स्थितियों पर विचार।
(ख) शव रूपी परम्परा एवं नूतनता के संघर्ष की सार्थकता का अन्वेषण।
(ग) चरमराती लोकतांत्रिक व्यवस्था के प्रति आस्था का निरूपण।
(घ) बदलते नारी-पुरुष सम्बन्धों को वर्तमान संदर्भों में व्याख्या।

दूसरे दृश्य

दूसरे दृश्य में ब्रह्मा-विष्णु द्वारा सती के आत्मदाह करने एवं दक्ष यज्ञ में विध्वंस में संलग्न शिवगणों के रौद्र रूप को स्मरण कर भयभीत हो उठते हैं। इन्द्र और वरुण इस क्रम में आते हैं एवं गणों द्वारा किये गये। विध्वंसकारी कृत्यों को याद करते हैं।

"कौन कहता
यहाँ कुछ भी नहीं है
यहाँ शेष हो तो है सब कुछ
देखो..
सारे नगर में ताजा
जमा हुआ रक्त हैं
और सड़ी हुई लाशें हैं
मुड़ी हुई हड्डियाँ हैं
क्षत-विक्षत तन हैं
और उन पर भिन्नाते हुए
चीलों और गिद्धों के झुण्ड
और मक्खियाँ हैं।[63]

सर्वहत देवों पर आरोप लगाकर भाग जाने को उद्धत है। देव उस पर आक्रमण करते हैं किन्तु ब्रह्मा रोकते हैं। अन्तत: सर्वहत प्रस्थान कर गया। कवि का मंतव्य सत्ता की सनक, लिप्सा, क्रूरता और युद्ध की भयावहता से सामान्य जन को अवगत कराना है। यहाँ महायुद्धों के पश्चात होने वाली विघटनकारी स्थितियों का सशक्त अंकन हुआ है। विष्णु एवं ब्रह्मा का अभिमत है कि युद्ध लौकिक परम्परा की विकृति का फल है इसके विपरीत इन्द्र का विचार है कि शंकर ने दक्ष को माध्यम बनाकर देवों को अपमानित किया है। वे उन्हें दण्डित कराने की आज्ञा चाहते हैं। यहाँ शंकर के दो रूपों को उजागर किया गया है- एक सहज मानवीय पीड़ा और प्रतिकार की भावना के प्रतीक रूप में दूसरा काल कूट पीने वाले कैलाश पति के रूप में। शिव सती के शव को कंधे पर लादे हुए घूम रहे हैं। ब्रह्मा शिव की शोक जनित मन: स्थिति को एक दण्ड मानते हैं। कवि का अभिप्रेत यही है कि मात्र भावना के आवेग में प्रवाहित होने से काम नहीं चलता विवेक सम्मत निर्णय आवश्यक है।

तीसरे दृश्य

में सती के शव को कंधे पर लादे शंकर का भीषण पश्चाताप, क्षोभ ओर दुख निरूपित है। शिव के स्वागत कथन द्वारा कवि उनके अन्तर्द्वन्द्व एवं आत्म ग्लानि का तीक्ष्ण बोध कराता है। प्रकारान्तर से ये स्थितियाँ प्रति हिंसात्मक उग्रवाद में परिवर्तित हो जाती है। वरुण और कुबेर द्वारा शिव के उद्वेग को स्तुति द्वारा कम करने का प्रयास किया गया किन्तु शिव

द्वारा इसे प्रपंच मानकर अधिक उद्वेलित होते हैं। यही कथाक्रम विकसित होता है। शिव प्रियाहीन होकर अपने देवत्व को धिक्कारते हैं तथा छल करने वाले आडम्बर युक्त आदर्शों से लड़ना चाहते हैं। वरुण एवं कुबेर को शिव के मोह पर आश्चर्य है-

"अलका पति
ऐसा क्या मोह
कि शिव को चिपटाएं फिरते हैं तन से।"[64]

मृत सती का मोह जान पर हावी है और वे युद्ध हेतु तत्पर हो जाते हैं। कवि की व्यंजना यह है कि शव दुर्गन्ध की तरह युग से चली आ रही परम्परायें भी रूढ़ होकर सड़ जाती हैं। नये मूल्यों के प्रस्थापन से पूर्व तक स्थिति यही रहती है। अन्ततः युद्ध होते हैं रक्षक और भक्षक में। काव्य में शंकर के प्रति हिंसा जागती है- कुबेर घबराते तथा शंकर ताण्डव युद्ध की सूचना देते हैं, कुबेर वरुण को कैलाश त्यागने के लिए कहते हैं।

चतुर्थ दृश्य

चतुर्थ दृश्य का आरम्भ ब्रह्मा एवं इन्द्र के युद्ध विषयक विवाद से होता है। इन्द्र शिव को आततायी एवं इन्द्र आक्रमणकारी घोषित कर आत्मरक्षण हेतु युद्ध की मांग करते हैं, इन्द्र को सूचना मिलती है कि शिव की सेनाएं तुमुलनाद करती हुई अग्रसर हो रही हैं। इन्द्र युद्ध की आज्ञा मांगते हैं, किन्तु ब्रह्मा युद्ध को समस्या का समाधान नहीं मानते हैं-

"युद्ध
अधिक से अधिक विशिष्ट परिस्थितियों में
समाधान का संभव कारण बन सकता है,
यही नियम है
लेकिन कोई शासक मन में
स्वयं युद्ध को किसी समस्या का किंचित भी
समाधान समझे तो भ्रम है।"[65]

ब्रह्मा का मत है कि युद्ध सामूहिक आत्मघात है जबकि शासक का कर्म प्रजा-रक्षण है। कवि ने इस अंक में प्रजातंत्र की अनिवार्य स्थिति का प्रश्न उठाया है। इस बीच सर्वहत युद्ध सनक का दक्ष प्रसंग में खण्डन करता है। जिसके कारण व्यक्ति अस्तित्व संकट में पड़ जाता है। वह व्यंग्य भी करता है कि-

"आप लोग शासक हैं,
और शासकों को कहीं
रक्त की कमी हुआ करती है।[66]

प्रजा पर शासकों की इच्छा के नाम पर अत्याचार होते रहते हैं, उसका रक्त बहता रहता है, पर वह चुप रहती है।

"अरे, हम प्रजा थे,
हमने उफ् तलक नहीं की
शासन के गलत-सलत झोंकों के आगे भी,
फसलों से विनयी, हम बिछे रहे निर्विवाद।"[67]

यह कथन साम्राज्यवादी व्यवस्था की हिंसात्मक प्रवृत्तियों की ओर संकेत करता है जहाँ साधारण को न्याय नहीं मिलता। सर्वहत मूर्छित होकर गिर पड़ता है। नागरिक निर्णय की बारम्बार मांग कर रहे हैं। विष्णु ऐसी विषम परिस्थिति को संभालते है। वे सेनापतित्व ग्रहण कर सेना को सीमा पर रणभेरी बजाने का आदेश देते हैं तथा चिन्तन प्रसूत कर्म के महत्व का प्रतिपादन करते हैं। वे इन्द्र धनुष लेकर शिव के चरणों में प्रणाम–बाण छोड़ते हैं-

"मैंने एक प्रणाम-बाण छोड़ा है
जिसके कई फलक हैं
वे सारे
शिव के कंधों पर पड़ी हुई भगवती सती के
शव को खण्ड-खण्ड कर पल में
दिशा-दिशा में छितरा देंगे।
जहाँ-जहाँ वे खण्ड गिरेंगे।
वहाँ सत्य के नये-नये अंकुर उपजेंगे
और धर्म तीर्थ बनेंगे।
लेकिन मूल बाण शिव के चरणों में
एक चुनौती या प्रणाम की अर्थ कहेगा
चाहे वे प्रणाम स्वीकारें
चाहे वे युद्ध की चुनौती
हर हालत में सत्य हमारी ओर रहेगा
अन्तिम विजय हमारी होगी।"[68]

काव्य का समापन शिव सेनाओं की वापसी की सूचना के साथ होता है।

दुष्यन्त कुमार ने इस कथ्य के माध्यम से परिवेश के नवीन दबावों से उत्पन्न मानवीय मूल्यों को स्वीकृति दी है तथा युगीन संवेदना के परिप्रेक्ष्य में परम्परा और प्रयोग की व्याख्या प्रस्तुत की गयी है।

8. परशुराम की प्रतीक्षा

नेफा युद्ध के प्रसंग में भगवान परशुराम का नाम अत्यन्त समीचीन है। जब परशुराम पर मातृ-हत्या का पाप चढ़ा वे उससे मुक्ति पाने को सभी तीर्थों में फिरे किन्तु कहीं भी परशु पर से उनकी वज्र मूठ नहीं खुली यानि उनके मन में से पाप का भाव नहीं दूर हुआ तब पिता ने उनसे कहा कि कैलाश के समीप जो ब्रह्म कुण्ड है, उसमें स्नान करने से पाप छूट जाएगा। निदान, परशुराम, हिमालय पर चढ़कर कैलाश पहुँचे, और ब्रह्म कुण्ड में उन्होंने स्नान किया। ब्रह्म कुण्ड में डुबकी लगाते ही परशु उनके हाथ से छूटकर गिर गया अर्थात् उनका मन पाप-मुक्त हो गया।

तीर्थ को इतना जागृत देखकर परशुराम के मन में यह भाव जगा कि इस कुण्ड के पवित्र जल को पृथ्वी पर उतार देना चाहिए। अतएव उन्होंने पर्वत काटकर कुण्ड से एक धारा निकाली, जिसका नाम ब्रह्मपुत्र हुआ। ब्रह्मपुत्र का एक नाम लोहित कुण्ड भी मिलता है, एक जगह यह भी लिखा है कि ब्रह्मपुत्र की धारा परशुराम ने ब्रह्म कुण्ड से निकाली थी, किन्तु आगे चलकर वह धारा लोहित कुण्ड नामक एक अन्य कुण्ड में समा गयी। परशुराम ने इस कुण्ड से धारा को निकाला, इसलिए ब्रह्मपुत्र का एक नाम लोहित भी मिलता है। स्वयं कालिदास ने ब्रह्मपुत्र को लोहित नाम से ही अभिहित किया है और जहाँ ब्रह्मपुत्र नदी पर्वत से पृथ्वी पर अवतीर्ण होती है वहाँ आज भी परशुराम कुण्ड मौजूद है, जो हिन्दुओं के लिए परम पवित्र माना जाता है।

लोहित में गिरकर जब परशुराम का कुठार पाप मुक्त हो गया, तब उस कुठार से उन्होंने एक सौ वर्ष तक लड़ाइयाँ लड़ी और समन्त पंचयक में पाँच शोणित ह्रदय बनाकर उन्होंने पितरों का तर्पण किया। जब उनका प्रतिशोध शान्त हो गया, उन्होंने कोंकण के पास पहुँच कर अपना कुठार समुद्र में फेंक दिया और वे नव निर्माण में प्रवृत्त हो गये। भारत का वह भाग जो अब कोंकण और केरल कहलाता है। भगवान परशुराम का ही बसाया हुआ है।

लोहित भारतवर्ष का बड़ा ही पवित्र भाग है। पुराकाल में वहाँ परशुराम का पाप मोचन हुआ था। आज एक बार फिर लोहित में ही भारतवर्ष का पाप छूटा है। इसलिए भविष्य मुझे आशा से पूर्ण दिखाई देती है।

'ताण्डवी तेज फिर से हुँकार उठा है
लोहित में था जो गिरा, कुठार उठा है।[69]

'दिनकर' जी एक घोर राष्ट्रवादी और युद्ध लोलुप कवि बनकर 'परशुराम की प्रतीक्षा में हमारे सामने आए। परशुराम की प्रतीक्षा नामक लम्बी कविता में दिनकर जी का परशुराम उन कांग्रेसी नेताओं का (जिनके हाथ में शासन की बागडोर है) का पाप ढोता है।

'गीता' में जो त्रिपटिक निकाय पढ़ते हैं
तलवार गलाकर जो तकली गढ़ते हैं
शीतल करते हैं अनल प्रबुद्ध प्रजा का

शेरों को सिखलाते हैं धर्म अजा का।[70]

ये पंक्तियाँ युद्ध विरोधी सच्चे गाँधीवादियों पर लिखी गयी होती तो शायद सही होती पर दिनकर जी ने यहाँ कांग्रेसी सरकार को गाँधीवादी सरकार मान लिया है। जिस सरकार के नेता एक इंच जमीन भी नहीं छोड़ने और अन्त तक लड़ने की प्रतिज्ञा दुहरा रहे थे। यह आरोप न केवल गलत है बल्कि उन्हें झूठे गौरव से अन्वित करने वाला भी है।

भारत चीन संघर्ष के दौरान प्रसिद्ध गाँधीवादी विचारकों-विनोबा, जय प्रकाश, सुन्दर लाल आदि ने भारत सरकार की युद्ध से ही समस्या सुलझाने की तात्कालिक नीति का थोड़ा बहुत विरोध ही किया था और प्रसिद्ध शान्तिवादी बर्टेन्ड रसल ने उसे युद्धोन्माद की संज्ञा देकर उसकी भर्त्सना की की थी, पर दिनकर जी उसी सरकार की भर्त्सना इस बात के लिए करते हैं कि वह तलवार गलाकर तकली बना रही है। वास्तव में 'परशुराम की प्रतीक्षा में न केवल उनका युद्धवाद ही विवेकहीनता के नये आयाम छूने लगा है। बल्कि उनका दृष्टिकोण भी अंध राष्ट्रवादी हो गया-

कुरुक्षेत्र से कहीं आगे बढ़कर यहाँ निरपेक्ष युद्धवाद का गौरव गान किया गया है

जब तक प्रसन्न यह अनल-सगुण हंसते हैं,
हैं जहाँ खड्ग सब पुण्य वही बसते हैं।

उन्होंने भारतीयों को पशु बनने की प्रेरणा दी है-

शुरू हो गया भैंस भैंस का खेल, जानवर तू भी बन ले
पशु की तरह पुकार यही बन की भाषा है।

युद्ध के सम्बन्ध में दिनकर जी के गलत दृष्टिकोण का प्रारम्भ कुरुक्षेत्र से होता है। वहाँ भी उनमें युद्ध को किन्हीं निश्चित ऐतिहासिक परिस्थितियों में न रखकर संदर्भहीन युद्ध समर्थन की प्रवृत्ति बीज रूप में मिलती है। चीन भारत संघर्ष और पाकिस्तान भारत संघर्ष के समय तो उनका यह युद्धवाद वास्तव में रक्त स्नान और नर संहार की बर्बर मध्यकालीन पिपासा को अभिव्यक्ति देने लगा हैं। भारत का पतन इसीलिए नहीं हुआ था कि यह देश पापियों का देश था, पतन उसका इसलिए हुआ कि सभ्यता उसने जरूरत से ज्यादा सीख ली थी। बहुत ऊँचे आदर्श व्यक्ति को तो ऊँचा उठा ले जाते हैं मगर राष्ट्रों का विनाश कर डालते हैं। युद्धवादी दृष्टिकोण मध्यकालीन क्षेत्र, धर्मवाद, आधुनिक राष्ट्र, हुंकारवाद तथा फासिज्म से ही सम्बन्धित है, इसका प्रगतिशील कविता से लेना देना नहीं है।

युद्ध सम्बन्धी कविताओं के अतिरिक्त सांकलन की समरशेष है तथा एनार्की कवितायें भी उल्लेखनीय हैं। 'समरशेष है' भारत की अधूरी आजादी की कविता है। 'एनार्की' भारत-चीन युद्ध के समय के भारत की अराजकता पूर्ण स्थिति पर मनोरंजक ढंग से प्रकाश डालती है।

यहाँ कहा जा सकता है कि परशुराम की प्रतीक्षा की कई कविताओं में वास्तव में उर्वशीकार अपने ही शब्दों में कविता की गरदन पर पांव धर कर खड़ा हुआ है। हिन्दी के क्रान्तिकारी कवियों में दिनकर का स्थान महत्वपूर्ण है। दिनकर जी की क्रान्ति विपथगा है। उनकी क्रान्ति कल्पना रचनात्मक नहीं ध्वंसात्मक है। कविताओं में जिस क्रान्ति का वर्णन है, वास्तव में क्रान्ति नहीं अराजकता है।

वास्तव में आगे चलकर उन्होंने न केवल कविता में प्रगतिशील आन्दोलन का विरोध किया बल्कि वे कविता की सामाजिक उपयोगिता तक से भी इनकार करने लगे।

शारीरिक शक्ति और शौर्य के प्रति उनका झुकाव हुंकार की महामानव की खोज से प्रारम्भ होता है और कुरुक्षेत्र तथा रश्मिरथी में पुष्पित पल्लवित होता हुआ परशुराम की प्रतीक्षा में अपनी चरम परिणति पर पहुँचता है।

आर्यावर्त (मोहन लाल महतो वियोगी)

मोहन लाल महतो वियोगी द्वारा रचित यह महाकाव्य सर्वथा नूतन दृष्टिकोण प्रस्तुत करता है। श्री महतो जी का जन्म सन् 1899 में एवं देहावसान सन् 1990 में हुआ। आर्यावर्त के आपने प्रचुर साहित्य लिखकर हिन्दी साहित्य भण्डार की श्री वृद्धि की है। "निर्भात्य, इकतारा, धुंधले, चित्र कल्पना के अतिरिक्त उन्होंने आर-पार शेषदान, महामंत्री, बूचड़खाना, महामानव, नया युग, नया मानव, पथ विपथा, बसेरा आदि उपन्यासों की रचना के साथ लघु कहानियां, रेखा राजकण सलिल आदि नाटक धोखा, तथास्तु, कसाई संस्मरण विचारधारा एवं सात सुमन तथा अनेक निबन्धों की रचना की है।

आर्यावर्त

आर्यावर्त आधुनिक युग का श्रेष्ठ प्रबन्ध है। इसमें भारत के विख्यात सम्राट पृथ्वीराज एवं संयोगिता के नायक एवं नायिका के रूप में चित्रित किया गया है। यह प्रबन्ध काव्य सर्वथा नया दृष्टिकोण प्रस्तुत करता है। इसकी भूमिका सुप्रसिद्ध विद्वान रामदहिन मिश्र ने लिखा है। उन्होंने इस प्रबन्ध की शैली, भाषा प्रस्तुतीकरण की शैली एवं इसके चिरंतन प्रभाव की प्रशंसा करते हुए लिखा है-

'आर्यावर्त का कवि इतिहास खण्ड की तिथियों या किसी शताब्दी का दास नहीं है। उसने कल्पना की विशाल गंगा में अपनी वैचारिक नौका का रवैया है जो कवि की उद्दाम कल्पना एवं अपूर्व नैष्ठिक शक्ति का प्रतीक है।

दिल्ली सम्राट पृथ्वीराज चौहान इसके सर्वकालिक नायक हैं। उनके माध्यम से कवि ने उदार राष्ट्र भक्ति एवं शाश्वत भारतीय संस्कृति एवं स्वाभिमान को इस कौशल से व्यक्त किया है कि पृथ्वीराज चौहान एक सर्वयुगीन नायक बन गए हैं। आज हमारे राष्ट्र के सामने सबसे बड़ी समस्या है देश के प्रति निष्ठा एवं उसकी युगों से संजोयी हुई गरिमा को अक्षुण्ण

रखना है। पृथ्वी राज चौहान इस दृष्टि से एक युगीन नायक बन गए हैं। उनके माध्यम से कवि ने अन्य जटिल समस्याओं की दक्षता के साथ व्यंजित किया है। वस्तुत: यदि हम वीर पृथ्वीराज के आदर्शों को अपना लेता, यहाँ व्याप्त अनाचार, अनिष्ट एवं कायरता के दोषों का सम्यक समाधान मिल जायेगा।

इसी प्रकार पृथ्वीराज की महारानी संयोगिता एक आदर्श भारतीय नारी के रूप में हमारे सामने आती है। महारानी संयोगिता का सम्पूर्ण जीवन नारीत्व के सद्गुणों का प्रतिनिधित्व करता है। वे वीरता, निश्छल, आस्तिक जीवन चारित्रिक उज्ज्वलता एवं अपूर्व बुद्धि कौशल की जीती जागती प्रतिमूर्ति है।

प्रबन्ध काव्य का छंद विधान एवं रस परिपाक अत्यन्त सुनियोजित ढंग से हुआ है। आज के धुंध पूर्ण जीवन में यह प्रबन्ध काव्य एक प्रकाश बिम्ब की भांति शोभित है। कवि ने इस काव्य के माध्यम से अपूर्व राष्ट्रभक्ति एवं उच्च सांस्कृतिक आदर्शों को प्रस्तुत करने में पूर्ण समर्थता के साथ व्यंजित किया है। यही है इस प्रबन्ध काव्य का शाश्वत संदेश।

रावी तट- डॉ. अरुण प्रकाश अवस्थी

श्री अवस्थी ने इस खण्ड काव्य में सर्वथा नया प्रयोग किया है। उन्होंने किसी पुरुष या नारी को नायिका न बनाकर रावी नदी को नायिका के रूप में स्थापित किया है। रावी नदी भारत के पश्चिमी तट पर स्थित है और उसके तट पर सिकन्दर से लेकर सन् 1965 के भारत युद्धों का वर्णन रावी ही करती है। रावी स्वयं कहती है-

मैं हूँ दक्षिण भुज भारत की
उपकार तुम्हारा करती हूँ।
अपनी इन तरल तरंगों से
चुपचाप इशारा करती हूँ।[72]

यह इशारा उन अनेक युद्धों के परिणामों की ओर है जिनमें भारत कभी भी पराजित नहीं हुआ है। इस काव्य के माध्यम से रावी ने एक युग सत्य को व्यक्त किया है-

सिंह अहिंसाव्रती
यहाँ रह सकता है जीवन भर
किन्तु अहिंसक शशकों का
जीवित रहना है दूभर।।[73]

रावी इस सत्य को भी प्रकट करती हुई राष्ट्र को एक संदेश देती है-

एक हाथ में विश्व प्रेम का
खिलता हुआ कमल हो।
और दूसरे में आयुध का

पौरुष का सम्बल है
तभी राष्ट्र की चल सकती है
पावन नीति अहिंसा
ग्रस लेगी अन्यथा तुम्हें
जग की निर्मम प्रतिहिंसा ।।[74]

आज विश्व भयंकर जनसंहारक अस्त्रों की छाया में जी रहा है। कवि ने स्पष्ट रूप से ऐसे अस्त्र बनाने वाले को बधिक कहा है-

करता नर संहार क्षणों में
जो भी राष्ट्र अधिक है।
नहीं बड़ा इस भूतल में जो
सबसे बड़ा बधिक है।
मुख्यतः रावी तट यही संदेश देता है।[75]

महाराणा का पत्र

डॉ. अरुण प्रकाश अवस्थी जी का यह शोधपूर्ण काव्य इतिहास को उस विवादास्पद घटना को उद्घाटित करता है जो महाराणा प्रताप द्वारा अकबर को संधि पत्र लिखने से सम्बन्धित है। इस काव्य में प्रमाण सहित इस सत्य को उद्घाटित किया गया है कि महाराणा ने अकबर को कभी कोई पत्र नहीं लिखा। यह काव्य राष्ट्र को संदेश देता है कि उसे अपने गौरव को सुरक्षित रखने के लिए महाराणा प्रताप के अडिग व्रत जातीय स्वाभिमान एवं जन्म भूमि के प्रति असीम श्रद्धा रखनी चाहिए। काव्य के अन्त में मूल संदेश यह है-

जो माटी से अतुलित नेह संजोता है,
जो बहा ज्योति की घाट का लिया धोता है।
जो डुबा रक्त में बीच क्रान्ति के बोता है।
आने वाला इतिहास उसी का होता है।[76]

संदर्भ संकेत

1. रामधारी सिंह दिनकर-कुरुक्षेत्र, पंचम सर्ग, पृ. 91
2. रामधारी सिंह दिनकर-कुरुक्षेत्र, चतुर्थ सर्ग, पृ. 47
3. रामधारी सिंह दिनकर-कुरुक्षेत्र, सप्तम सर्ग, पृ. 110
4. रामधारी सिंह दिनकर-कुरुक्षेत्र, सप्तम सर्ग, पृ. 154
5. रामधारी सिंह दिनकर- सावित्री सिन्हा, पृ. 111
6. इण्टरनेट गूगल
7. रामधारी सिंह दिनकर-रश्मिरथी प्रथम सर्ग, पृ. 3
8. रामधारी सिंह दिनकर-रश्मिरथी द्वितीय सर्ग, पृ. 11
9. रामधारी सिंह दिनकर-रश्मिरथी तृतीय सर्ग, पृ. 50
10. रामधारी सिंह दिनकर-रश्मिरथी सप्तम सर्ग, पृ. 169
11. रामधारी सिंह दिनकर-रश्मिरथी षष्ठ सर्ग, पृ. 34
12. रामधारी सिंह दिनकर-रश्मिरथी षष्ठ सर्ग, पृ. 160
13. रामधारी सिंह दिनकर-रश्मिरथी तृतीय सर्ग, पृ. 108
14. रामधारी सिंह दिनकर-रश्मिरथी षष्ठ सर्ग, पृ. 89
15. रामधारी सिंह दिनकर-रश्मिरथी षष्ठ सर्ग, पृ. 112
16. नयी कविता के प्रबन्ध काव्य शिल्प एवं जीवन दर्शन, अंधायुग, पृ. 24
17. नयी कविता के प्रबन्ध काव्य शिल्प एवं जीवन दर्शन, अंधायुग, पृ. 38
18. नयी कविता के प्रबन्ध काव्य शिल्प एवं जीवन दर्शन, अंधायुग, पृ. 9
19. डॉ. भरत कुमार सिंह-स्वातंत्र्योत्तर हिन्दी काव्य के जीवन मूल्य, दूसरा अंक, पृ. 32
20. डॉ. भरत कुमार सिंह-स्वातंत्र्योत्तर हिन्दी काव्य के जीवन मूल्य, पहला अंक, पृ. 20
21. डॉ. भरत कुमार सिंह-स्वातंत्र्योत्तर हिन्दी काव्य के जीवन मूल्य, पहला अंक, पृ. 23
22. डॉ. भरत कुमार सिंह-स्वातंत्र्योत्तर हिन्दी काव्य के जीवन मूल्य, पहला अंक, पृ. 28
23. डॉ. भरत कुमार सिंह–स्वातंत्र्योत्तर हिन्दी काव्य के जीवन मूल्य, पहला अंक, पृ. 1913
24. डॉ. भरत कुमार सिंह-स्वातंत्र्योत्तर हिन्दी काव्य के जीवन मूल्य, पहला अंक, पृ. 1913
25. डॉ. भरत कुमार सिंह-स्वातंत्र्योत्तर हिन्दी काव्य के जीवन मूल्य, पांचवा अंक, पृ. 126
26. डॉ. उमाकान्त गुप्त- नयी कविता के प्रबन्ध काव्य शिल्प एवं जीवन दर्शन, पृ. 32

27. डॉ. उमाकान्त गुप्त-अंधायुग, पृ. 94
28. डॉ. उमाकान्त गुप्त-अंधायुग, पृ. 96
29. डॉ. उमाकान्त गुप्त-अंधायुग, पृ. 100
30. डॉ. उमाकान्त गुप्त-अंधायुग, पृ. 100
31. डॉ. उमाकान्त गुप्त-अंधायुग, पृ. 104
32. डॉ. उमाकान्त गुप्त-अंधायुग, पृ. 106
33. डॉ. राकेश शुक्ल-नयी कविता : प्रबन्ध एवं लम्बी कविता में उदात्त तत्व, पृ. 230
34. डॉ. भरत कुमार सिंह-अंधा युग, पांचवा अंक, पृ. 110
35. प्रगतिवाद से वर्तमान युग तक, पृ. 365
36. अज्ञेय- नरेश मेहता का काव्य विमर्श ओर मूल्यांकन दूसरा सप्तक पृ. 116
37. नरेश मेहता का काव्य विमर्श- मेरा समर्पित एकांत, पृ. 87
38. नरेश मेहता का काव्य विमर्श-संशय की एक रात, पृ. 108
39. डॉ. हरिचरण शर्मा, पुनश्च, पृ. 57
40. डॉ. हरिचरण शर्मा, नयी कविता नये धरातल, पृ. 262-63
41. डॉ. राकेश शुक्ल- नयी कविता में उदात्त तत्व, पृ. 235
42. डॉ. भरत कुमार- संशय की एक रात, पृ. 4
43. डॉ. भरत कुमार- संशय की एक रात, पृ. 13
44. डॉ. भरत कुमार सिंह–स्वातंत्र्योत्तर हिन्दी काव्य के जीवन मूल्य, पृ. 13
45. डॉ. भरत कुमार सिंह-स्वातंत्र्योत्तर हिन्दी काव्य के जीवन मूल्य, प्रथम सर्ग पृ. 14
46. डॉ. भरत कुमार सिंह–स्वातंत्र्योत्तर हिन्दी काव्य के जीवन मूल्य, प्रथम सर्ग पृ. 22
47. डॉ. भरत कुमार सिंह-स्वातंत्र्योत्तर हिन्दी काव्य के जीवन मूल्य सर्ग पृ. 27
48. डॉ. भरत कुमार सिंह-स्वातंत्र्योत्तर हिन्दी काव्य के जीवन मूल्य, प्रथम सर्ग पृ. 32
49. डॉ. भरत कुमार सिंह-संशय की एक रात, पृ. 56
50. डॉ. भरत कुमार सिंह-संशय की एक रात, द्वितीय सर्ग पृ. 60
51. डॉ. भरत कुमार सिंह-संशय की एक रात, द्वितीय सर्ग पृ. 60-61
52. डॉ. भरत कुमार सिंह-संशय की एक रात, द्वितीय सर्ग पृ. 65
53. डॉ. भरत कुमार सिंह-संशय की एक रात, द्वितीय सर्ग पृ. 67
54. महाप्रस्थान, पृ. 99
55. महाप्रस्थान, पृ. 116
56. डॉ. उमाकान्त गुप्त- नयी कविता के प्रबन्ध काव्य एवं शिल्प जीवन दर्शन, पृ. 65
57. डॉ. उमाकान्त गुप्त- नयी कविता के प्रबन्ध काव्य एवं शिल्प जीवन दर्शन, पृ. 68
58. डॉ. उमाकान्त गुप्त- नयी कविता के प्रबन्ध काव्य एवं शिल्प जीवन दर्शन, पृ. 122
59. डॉ. उमाकान्त गुप्त- नयी कविता के प्रबन्ध काव्य एवं शिल्प जीवन दर्शन, पृ. 111
60. दुष्यन्त कुमार- एक कण्ठ विषपायी, पृ. 11

61. दुष्यन्त कुमार- एक कण्ठ विषपायी, पृ. 17-18
62. डॉ. राम स्वार्थ सिंह- नयी कविता और पौराणिक पृ. 169
63. एक कण्ठ विषपायी, पृ. 45
64. दुष्यन्त कुमार- एक कण्ठ विषपायी, पृ. 82-83
65. दुष्यन्त कुमार- एक कण्ठ विषपायी, पृ. 1001-101
66. दुष्यन्त कुमार- एक कण्ठ विषपायी, पृ. 115
67. दुष्यन्त कुमार- एक कण्ठ विषपायी, पृ. 111
68. दुष्यन्त कुमार- एक कण्ठ विषपायी, पृ. 125
69. इण्टरनेट गुग्गल
70. प्रकाशक लोक भारती प्रकाशन, सृष्टि और दृष्टि, पृ. 49-61
71. दिनकर : एक पुनर्मूल्यांकन, पृ. 119-31
72. डॉ. अरुण प्रकाश अवस्थी- रावी तट, पृ. 68
73. डॉ. अरुण प्रकाश अवस्थी- रावी तट, पृ. 69
74. डॉ. अरुण प्रकाश अवस्थी- रावी तट, पृ. 65
75. डॉ. अरुण प्रकाश अवस्थी- रावी तट, पृ. 68
76. डॉ. अरुण प्रकाश अवस्थी- रावी तट, पृ. 72

पंचम अध्याय

आधुनिक युद्ध प्रबन्ध काव्यों का जीवन दर्शन एवं संदेश

अध्याय-पंचम

आधुनिक युद्ध प्रबन्ध काव्यों का जीवन दर्शन एवं संदेश

(1) युद्ध एवं शान्ति विषयक चिन्तन

युद्ध और शान्ति आज पूरे देश की ज्वलन्त समस्या है। युगों से इस समस्या को सुलझाने का प्रयास किया जा रहा है, परन्तु आज तक यह समस्या सुलझ नहीं पा रही है। पुरातन काल से ऋषि-मुनि इस समस्या को सुलझा नहीं पाये हैं और इस पर विचार करते आए हैं। बड़े-बड़े वैज्ञानिकों ने युद्ध की व्यर्थता बताई है। भगवान बुद्ध और वर्तमान महावीर ने हिंसा की विभीषिका बताकर मानव जाति के लिए उपकारक अहिंसा की महिमा गाई। कलिंग की विजय के बाद सम्राट अशोक में परिवर्तन आ गया वह क्रूर कर्मी से महान धर्मात्मा बन गया है। वैज्ञानिक क्रान्ति के साथ युद्ध की समस्या और भीषण बन गयी। जब 1945 में अमेरिका ने जापान के नागासाकी और हिरोशिमा पर अणु बम गिराए और लाखों निरपराध लोगों का एक साथ संहार किया। इस भयानक नरसंहार से दुनिया भर के राष्ट्र भयभीत हुए और 'युनी' जैसी विश्व संस्था का सूत्रपात हुआ। पूरा संसार युद्ध समस्या का हल ढूँढ रहा है। बड़े बलशाली, साम्राज्यवादी राष्ट्र शान्ति के लिए युद्ध (War of Peace) के पक्ष में हैं।

युद्ध और शान्ति एक सनातन प्रश्न है। पर आधुनिक युग में वह एक प्रधान समस्या हो गयी है। कविवर 'दिनकर' कहते हैं- "युद्ध समस्या मनुष्य की सारी समस्याओं की जड़ है।"[1]

श्री नरेश मेहता भी कहते हैं- "युद्ध आज की प्रमुख समस्या सम्भवतः सभी युग की।'[2]

आधुनिक युग सन् 1914 तथा सन् 1939 के महायुद्धों के बीच से गुजरा है और उसने युद्ध के परिणामों को देखा तथा अनुभव किया है। सम्पूर्ण विश्व पिछले दो महायुद्धों की यातनाओं को भोग कर तीसरे महायुद्ध की सम्भावना से संत्रास में जी रहा है। अतः युद्ध और शान्ति आज के मनुष्य के चिन्तन का विषय बन गया है।

कवि नरेश मेहता का 'संशय की रात' काव्य में युद्ध की समस्या उठाई गयी है। उनसे राम के मानस में प्रश्न उठाये गये हैं सेतु बंधने के साथ लंका युद्ध की तैयारी हो गयी है। राम युद्ध नहीं चाहते थे, परन्तु उनके मन में प्रश्न उठता है कि सारे शुभ कर्मों की परिणति युद्ध ही है? राम जी संसार के हित चिन्तक थे, ये सब वह कैसे सहते। कवि ने राम के व्यक्तित्व से युद्ध का निर्णय तो करा दिया किन्तु समष्टि के आग्रह पर समष्टि के ही लिए वे मध्य रात्रि के इस निर्णय में संलग्न होते हैं इससे यह निष्कर्ष निकलता है-

1. युद्ध की अनिवार्यता रचनाकार को स्वीकार नहीं है।

2. यदि युद्ध से ही समष्टि का भला हो सकता है और परिस्थिति का औचित्य ही इसमें है कि युद्ध हो तो उसे विरत भी नहीं किया जा सकता है।

3. व्यक्ति का व्यक्तित्व संकट के क्षणों में सामूहिक सत्ता में विलीन हो जाता है।

यही कारण है कि राम का निर्णय युद्ध की स्वीकृति उनकी वैयक्तिक स्वीकृति नहीं है।

स्पष्ट है कि शांति स्थापना के लिए जब सारे युद्धेतर प्रयत्न निष्फल हो जाते हैं और परिस्थिति का औचित्य केवल युद्ध को ही अनिवार्य बता देता है, तो युद्ध ही अन्तिम निर्णय के रूप में शेष रह जाता है। नरेश का यह दृष्टिकोण व्यवहारिक है।

2. मानवतावादी चिन्तन

आधुनिक प्रबन्ध काव्यों में युद्ध पर दृष्टिपात किया गया है। गुप्त जी दिनकर, सियाराम शरण गुप्त, मोहन लाल महतो, नरेश मेहता, कुंवर नारायण आदि ने इस विषय पर यथोचित चिन्तन किया है। प्रश्न इतना नहीं कि युद्ध निन्द्य है, पर यह निन्द्य वस्तु बार-बार इतनी अनिवार्य क्यों उठती है।[3] युद्ध के रूप में इतिहास को एक बहुत बड़ी चुनौती के रूप में शान्तिप्रिय लोगों को स्वीकार करना पड़ता है।

आज मानव अपने अन्दर और बाहर दोनों ओर संघर्ष कर रहा है। युयुत्सा और मानवीयता का द्वन्द्व उसके हृदय में चलता रहता है। 'संशय की एक रत' में राम जब अन्तत: युद्ध करने का निश्चय कर लेते हैं तो उनके मन का संशय दूर होता जाता है क्योंकि उन्हें यह कार्य मानवता के हित के लिए करना ही है।

"जबकि सम्भव है,
युद्ध ही युद्ध का
उत्तर हो।
या यह भी सम्भव है
कि शान्ति
युद्ध के सत्य की
एक चेष्टा हो।[4]

भविष्य के प्रति कवि वृन्द सशंकित रहता है कि जीवन मूल्यों का क्षण होना समस्त मानवता का क्षरित होना है। कामायनी की श्रद्धा इसीलिए तो कहती है-

"औरों को हंसते देखो मनु
हंसो और सुख पाओ,
अपने सुख को

विस्तृत कर लो,
सबको सुखी बनाओ।[5]

3. समाजवादी चिन्तन

मनुष्य सामाजिक प्राणी है। इसीलिए समाज का सुख व दुःख साम्य व वैषम्य, उसे प्रभावित करता है। कवियों पर मार्क्सवादी दर्शन का प्रभाव पड़ा और वे समाज में यथार्थ चित्रण की ओर उन्मुख हुए। कवियों का यही मत रहा है कि सामाजिक विषमता के कारण ही नैतिकता सम्बन्धी, मान्यतायें ध्वस्त होती जा रही हैं और उदात्त आदर्शों के स्थापन के प्रयासों में शिथिलता आई। 'वर्ग वैषम्य' की पृष्ठभूमि में समाजवादी आदर्श की प्रतिष्ठा हुई है। सामाजिक समस्याओं की ओर कवियों की दृष्टि गयी और वे पीड़ित मानव के प्रति मंगलाशा के भाव व्यक्त करने लगे। जैसे महाभारत के वरिष्ठ पात्र सामाजिक चेतना के प्रतीक हैं। वे तटस्थ चिन्तन करते हैं और यह मानते हैं कि समाज में जब तक उच्च व निम्न वर्ग की रेखाएं हैं तब तक समता नहीं आ सकती। दिनकर कृत 'कुरुक्षेत्र में भीष्म ने युद्ध के प्रश्न के बहाने से सामाजिक जीवन के अनेक सत्यों को उद्घाटित करने का प्रयास किया है।

निराला कृत 'विधवा' में उसकी असहाय अवस्था का मार्मिक चित्र अंकित किया गया है-

वह इष्ट देव के मंदिर की पूजा सी,
वह दीपशिखा सी शान्त भाव में लीन
वह टूटे तरु की छुटी लता सी दीन,
दलित भारत की विधवा है।"[6]

दिनकर कहते हैं-

"श्वानों को मिलता दूध वस्त्र, भूखे बालक अकुलाते हैं।"

इसमें कवियों ने क्रान्तिकारी स्वरों में कहा

"जिस समाज में अस्सी प्रतिशत,
मानव नंगे निःसहाय हों।
जिस समाज में जीने वाले मृतकों से भी,
मृतक प्राय हों।
- - - - - -
जिस समाज में पैसा,
प्रभुता सभ्य पुरुष के मापदण्ड हों,
मुझे यही वरदान चाहिए, उस समाज के खण्ड-खण्ड हों।"[7]

नरेश मेहता की 'अनुनय' उस यांत्रिक सामाजिकता का विरोध करती है जो व्यक्तियों से उनका व्यक्तित्व ही छीन लेना चाहती है-

"यहाँ वहाँ लोग ही लोग हैं,
मैं कहाँ हूँ,
तुम्हारे पैरों के नीचे,
मेरा नाम कहीं दब गया है,
उठा लेने दो,
मेरे लिये मूल्य है वह।"[8]

4. अस्तित्ववादी चिन्तन

अस्तित्ववादियों के अनुसार 'दार्शनिकों को तत्व के चक्कर में नहीं पड़कर अस्तित्व पर ध्यान केन्द्रित करना चाहिए।'[9]

डॉ. श्याम सुन्दर मिश्र का मत है "अस्तित्ववाद में मानवीय जीवन और मानवीय नियति का यथार्थपरक विश्लेषण उपलब्ध होता है।[10]

आधुनिक हिन्दी के प्रबन्ध काव्यों में इसके अनेक उदाहरण दृष्टव्य हैं। अस्तित्ववादी एकान्त में अधिक स्वतंत्रता का अनुभव करता है! कुंवर नारायण के शब्दों में -

"अपने अकेलेपन में अधिक मुक्त"[11]

डॉ. शिवकुमार मिश्र के अनुसार "अस्तित्ववाद जैसा कि देश के अनेक विद्वानों का मत है, एक आत्मोन्मुख्की, आत्मभोगी, अराजकतावादी, आसामाजिक दर्शन है। घोर व्यक्तिवाद जिसकी नींव है.... अपने किसी कार्य के लिए मनुष्य किसी अन्य संस्था के सामने उत्तरदायी नहीं है।[12]

धर्मवीर भारती की कनुप्रिया में क्षण व अस्तित्व को पूर्ण रूप से समझा जा सकता है। राधा ने कृष्ण का साहचर्य एक-एक क्षण जिया था। कृष्ण कभी उन्हें राजा नहीं लगे वे तो कृष्ण केवल कन्हाई ही रहे।

दिनकर के युद्ध दर्शन पर प्रगतिशील चेतना का प्रभाव है-

"जब तक मानव का सुख भाग नहीं सम होगा,
शमित न होगा, कोलाहल, संघर्ष नहीं कम होगा।"

उन्होंने अनेक स्थलों पर युद्ध के सिद्धान्त को माना है... कदाचित् यह दिनकर पर तिलक का प्रभाव हो।[13]

बदलते परिवेश में अस्तित्व की समस्या सबसे प्रमुख समस्या बनती चली जा रही है। इसे कुंवर नारायण की आत्मजयी में देखा जा सकता है। इसमें अस्तित्व की समस्या, नचिकेता के समक्ष भी है और बाजश्रवा के समक्ष भी है। वैदिक यज्ञ के विधान का आग्रह जीने की वस्तु प्रणालियां वस्तुओं का अभिलाषामय आकर्षण आदि में बाजश्रवा द्वारा अस्तित्व स्थापन

की इच्छा है। यज्ञों का प्रतीकात्मक अर्थ भी अस्तित्व की समस्या निवारण ही था, परन्तु यहाँ नचिकेता के सामने वस्तुवादी विधानों से प्राप्त अस्तित्व स्थापना अप्रिय है। उसकी दृष्टि आत्मबल के चेतन बिन्दु से निर्मित भाव के अस्तित्व बोध में है।"

"लेकिन तुम्हारे अनुसरण से भिन्न भी,
मेरी कोई सत्ता है तो उसे आक्रान्त न करो!
अवसर दो कि वह पनप सके प्रसन्न।"

'संशय की एक रात' का एक पक्ष अस्तित्व बोध का है जहाँ लघु और विराट् व्यक्तित्व में अधूरे जीवन का संदर्भ कटे हुए मूल्यों को लेकर अस्तित्व बोध की मांग करते हैं। युद्ध का संशय और संशय का युद्ध में ही रचनाकार ने अस्तित्व को खोजने की चेष्टा की है। नरेश मेहता ने स्वयं इस संदर्भ में इस प्रकार अपनी अभिव्यक्ति दी है-

"यह कृति राम की एक विशिष्ट मनोदशा तथा युद्ध एवं शान्ति से सम्बन्धित प्रश्नों की एक प्रयोजनीयता को प्रस्तुत करती हैं। प्रश्न और उनके निराकरण को अपनी सामाजिकता के बाद भी राम उन्हें व्यक्तिगत रूप में ही पाते हैं, यह उन्हें निरा व्यक्ति कर देने की चेष्टा नहीं है बल्कि उनके व्यक्ति को देखने की चेष्टा है।[14]

राम अपनी सहजता के साथ ही अपनी असमर्थता को भी स्मरण में रखते हैं। प्रत्येक मनुष्य युद्ध प्राप्त सत्य को स्वीकार नहीं कर पाता। वह युद्ध के माध्यम से किसी इतिहास का स्थापन नहीं करना चाहता। निम्न पंक्तियों में यह तथ्य स्वत: स्पष्ट हो रहा है-

"सम्भव है
जबकि हम,
सन्धियों से,
युद्ध से
नियति पाना चाहते हैं,
इस वैराट्य के संदर्भ में
आयोजना में
लक्ष्मण!
शवचुभे बाण के टूटे फलक से,
अधिक अपनी
सार्थता क्या है?"[15]

'स्वअस्मिता' एक ऐसा भाव जो व्यक्ति के व्यक्तित्व का विकास करता है तभी लक्ष्मण का इस कथन में आत्मगौरव, आत्मविवेक जागृत होता है

"कितने ही लघु हों,
इससे क्या?

सार्थक है
स्वत्व है हमारा
कर्म ।"[16]

नरेश मेहता का मानना है कि संशय स्वयं सबके हृदय में रहता है इसे अस्तित्व बोध कहा जा सकता है- राम ने संशय को जीवन की मूल्य स्थिति मानते हुए कहा है-

"यदि मैं मात्र कर्म हूँ,
तो यह कर्म का संशय है।
यदि मैं क्षण मात्र हूँ
तो यह क्षण का संशय है।
यदि मैं मात्र घटना हूँ
तो यह घटना का संशय है।"[17]

धर्मवीर भारती कृत 'अंधायुग' में भी अस्तित्व की चिन्ता व्यक्त की गई है-

"किन्तु रक्षा कैसे होगी,
अन्धे युग में,
मानव-भविष्य की,
प्रभु के इस कायर के
मरण के बाद?"[18]

संजय अपने अस्तित्व के प्रति उदार नहीं है। जैसे-जैसे वैज्ञानिक ज्ञान विकसित हो रहा है। वैसे-वैसे अपनी अस्तित्वहीनता में वृद्धि होती जा रही है

"पर मैं तो हूँ निष्क्रिय
निरपेक्ष सत्य!
मार नहीं पाता हूँ
बचा नहीं पाता हूँ,
कर्म से पृथक्
खोता जाता हूँ क्रमशः
अर्थ अपने अस्तित्व का।"[19]

आत्मजयी का नचिकेता अत्यन्त भावपूर्ण शब्दों में आत्माभिव्यक्ति करता है

"क्षण भर ममत्व की,
स्मृतियों में,
विश्राम कर लेने दो मुझे,
कण-कण की पीड़ा से मेरी

कातर आत्मा को लिपट-लिपट रो लेने दो।"[20]

मैं क्या हूँ, का चिन्तन न केवल एक दार्शनिक बोध है वरन् जीवन से सम्बन्धित आत्मिक स्तर का अस्तित्व बोध है।

धर्मवीर भारती कृत 'अन्धायुग' की प्रथमदर्शी समस्या अनास्था के स्वर सी लगती है। परन्तु अनास्था का विकास अन्धायुग में न होकर अनास्था का परिचय मात्र है तथा जीवन के महत्वपूर्ण मूल्यों का आस्थावादी स्तर पर जन्म भी हुआ है।[21] इसकी दूसरी समस्या है- अस्तित्ववाद। अंधायुग की आस्थामयी भावना इसी अस्तित्व की खोज हैं युद्ध की भयंकरता से अस्तित्व दर्शन का उदय हुआ है।"

अनास्था में बिखरे हुए अस्तित्ववादी क्षणों की उपलब्धि भी जीवन की अस्तित्ववादी घोषणा है।

अन्धायुग की तरह आत्मजयी को भी अस्तित्वमय काव्य कहा जा सकता है क्योंकि इसमें वर्णित समस्याओं की पहुँच मानव मूल्यों तक भी है। 'आत्मजयी' मूलत: जीवन की सृजनात्मक सम्भावनाओं में आस्था के पुनर्लाभ की कहानी है।[22]

प्राय: अनेक कवियों ने अपनी रचनाओं में अस्तित्व विषयक चिन्तन प्रस्तुत किया है। कवि-जीवन अस्तित्व के माध्यम से जीवन मूल्यों को नवीन आयाम देने का प्रयास भी करता है।

"जीवन की जड़ें दलदल में हैं,
ठेठ पृथ्वी के देश-काल-मान
और दिशाओं की ऊँचाई,
और अस्तित्व की गहराई के छोर तक
वे फैली हुई हैं।"[23]

पन्त जी ने लोक सत्य नामक कविता में अस्तित्ववाद की घोषणा इन पंक्तियों में की है

"जब तक होंगे नहीं अपने सत्वों से परिचित'
लौह मुष्टि से हमें छीननी होगी सत्ता निश्चित।[24]

5. राज्य व्यवस्था/शासन सत्ता सम्बन्धी चिन्तन

राज्य निर्मित नियमों व विधानों का पालन राज्य की व्यवस्था हेतु आवश्यक होता है। हिन्दी काव्यों में राजनीति का दूषित पक्ष त्याज्य है।

इसके दो पक्ष हैं-

1) राज धर्म (2) प्रजा धर्म

प्रथम धर्म में क्षात्र धर्म, क्षत्राणी धर्म, आततायी दमन, शत्रु के प्रति प्रेम, राजनीतिक उत्कर्ष, भौतिक समृद्धि, राष्ट्र प्रेम, स्वतंत्रता प्रेम, मानव अधिकार आदि आते हैं।

वीरों की प्रशंसा इसलिए की जाती है कि वे रण में पीठ नहीं दिखाते तथा न्याय की रक्षा में अपने बन्धुओं को दण्डित कराना कर्तव्य समझते हैं-

"अधिकार खोकर बैठ रहना,
यह महा दुष्कर्म है।
न्यायार्थ अपने बन्धु को भी,
दण्ड देना धर्म है।"

राजा को प्रजा का हित चिन्तन करना चाहिए। राजा निर्भीक हो तभी वह देश रक्षा में समर्थ होता है। यदि क्षत्राणी अपने वीर पति के कीर्ति पथ में विघ्न उपस्थित करती है, वे अपने कर्तव्यों का पालन उचित रूप में नहीं कर पाती। अत्याचार का दमन करना और वीर पुरुषों का श्रेष्ठ कर्तव्य होता है। अत्याचार को दूर करना ही महाभारत के युद्ध का उद्देश्य था-

"धर्म युद्ध के लिये मची दुहाई,
अत्याचार मिटाने दौड़े, भिड़ भाई से भाई।।"[25]

हिन्दी के आधुनिक काव्यों में शत्रु और मित्र अन्ततः एक ही स्थान पर रखे गये हैं-

"शत्रु और मित्र दोनों एक से हैं अन्त में।"[26]

शरणागत वत्सलता हमारी भारतीय संस्कृति की प्रमुख विशेषता रही है। तुलसी के राम भी शरणागत वत्सल हैं। आधुनिक हिन्दी काव्यों में इस भाव की अभिव्यंजना हुई है।

राजनीति के अन्तर्गत राज्य व्यवस्था को सुचारू रूप देने के लिए कभी-कभी छल-छद्म भी आवश्यक हो जाता है। कृष्ण ने कर्ण के द्वारा घटोत्कच का संहार करवाकर प्रसन्नता प्राप्त की थी। इसी प्रकार कवियों ने अपने देश के गौरवशाली इतिहास के प्रति अपनी लेखनी का उपयोग किया है-

"अब भूत चाहे भूत है, पर वह बड़ा ही पूत है,
इतिहास देता है हमें उसका पता।"[27]

आर्य जीवन औदात्यपूर्ण था तथा विषमता से हीन भी था-

"था औदार्य आर्य जीवन में,
था न कहीं वैषम्य।
थे सत्य प्रिय धर्म परायण,
भारतीय अतिरम्य।[28]

आधुनिक काव्यकारों ने राष्ट्रीय चेतना से सम्बद्ध रचनायें भी की हैं। दिनकर ने राष्ट्रीयता को सर्वाधिक व्यापकता के साथ वाणी प्रदान की। अतीत का गौरव-गान हो, अपनी भारतीय संस्कृति की गरिमा का यशोगान, दिनकर की वाणी सदैव उत्साह का संचरण करती रही-

"मेरे नगपति मेरे विशाल,
गौरव के पुंजीभूत ज्वाल
मेरी जनन के हिम किरीट,
मेरे भारत के दिव्य भाल ||[29]

सोहन लाल द्विवेदी कृत इसी प्रकार "हल्दीघाटी' भी जन-जन की कण्ठहार बनीं। बापू के प्रति उनकी निम्न पंक्तियाँ अत्यधिक चर्चित और प्रभावी सिद्ध हुई हैं।

"चल पड़े जिधर दो डग मग में,
चल पड़े कोटि पग उसी ओर,
गड़ गई जिधर भी एक दृष्टि
गड़ गये कोटि दृग उसी ओर।"

6. युद्धों की विभीषिका : संशय, शोक, अथवा दायित्व बोध

आधुनिक युद्ध प्रबन्ध कार्यों में वर्तमान युग के ज्वलंत प्रश्न उभर कर सामने आये हैं, युद्ध और शान्ति का प्रश्न इनमें सर्वोपरि है। प्रायः इन खण्ड काव्यों में युद्ध के औचित्य अनौचित्य का प्रश्न उठाया गया है।

मनुष्य की भोगाकांक्षा, अधिकार लोलुपता, राज्य विस्तार की लालसा ने युद्धों को जन्म दिया है। आधुनिक युग में युद्ध की विभीषिका बढ़ गयी है अणु शस्त्रों के प्रभाव ने सम्पूर्ण मानव जाति को भयभीत और त्रस्त कर दिया है। मानव युद्ध की विभीषिका को लेकर इतना भयभीत हो गया है कि उसे प्रतिपक्ष चिन्ता रहती है कि युद्ध से केवल दुःख, विनाश और पीड़ा ही होती है। युद्ध की समस्या मनुष्य की सारी समस्याओं की जड़ है।[30]

आज मनुष्य तृतीय विश्व युद्ध की आशंका से संत्रस्त होकर जी रहा है। नरेश मेहता कृत संशय की एक रात के नायक राम युद्ध को दायित्व मानते हैं, आवेश नहीं।[31] पिता की ओर से उन्हें यह आदेश मिलता है-

"तुम्हें लड़ना युद्ध,
अपने से नहीं अनास्था से नहीं,
संशयी व्यक्तित्व से भी नहीं
केवल असत्य से।"[32]

विवेकवान पुरुष युद्ध से बचना चाहते हैं क्योंकि युद्ध का संहारक रूप भयानक होता है युद्ध केवल असंख्य मनुष्यों को ही नहीं मारता मनुष्य के साथ अनेक मानवीय गुण भी क्षणी होते जाते हैं।

युद्ध शान्ति का एकमात्र कारण नहीं होता, किन्तु जब युद्ध एकमात्र कर्म बन जाता है, तब सत्य-असत्य धर्म-अधर्म कहां रह जाता है। उस समय रह जाता है व्यक्ति का स्वार्थ, राम 'संशय की एक रात' में मूल्यों का दुरुपयोग, कदापि नहीं चाहते-

"सत्य की मिथ्या पताकाएं लिये,
अपने स्वार्थ के वे खड्ग जन के हाथ में
जो भी लड़ूंगा युद्ध
होगी आस्था की वंचना ही बन्धु।[33]

जगत में बाह्य और आन्तरिक संघर्ष का कारण समभाव का अभाव है। मनुष्य की पाशविकता ने भौतिक सिद्धि से प्रेरित उसकी द्वन्द्वात्मक क्रिया द्वारा मानसिक शक्ति को निरर्थक कर दिया है। उसका अहंकार और ज्ञान का प्रमाद उसकी क्षुद्रता की अभिव्यक्ति है जिसमें उसके विनाश के बीज छिपे हैं। उसकी दुष्प्रवृत्तियां प्रबल हो उठने पर मानव का लोप हो जाता है, उसकी पशुता प्रकट होती है।

वर्तमान में उसकी दानवता और पशुता के प्रमाण भयंकर विनाशक युद्ध है। युद्ध युग के लिए विकट प्रश्न है। युद्ध बिखरे हुए विश्व मन की मानसिक प्रतिक्रिया का परिणाम है-

"जब तलक उठ रही चिनगारियां,
भिन्न स्वार्थों के कुलिश संघर्ष की
युद्ध तब तक विश्व में अनिवार्य है।"[34]

मानव की मानवता का अर्थ है वह जितेन्द्रिय बने, मन, बुद्धि, अहंकार, सब नियंत्रण में करे, किन्तु आज वह इसके विपरीत युद्ध में लिप्त है, उसका सारा जीवन यांत्रिक बन गया है और मानव की चेतना उसने भुला दिया है-

"आज युग के सत्य की आंखें टिकी हैं
स्वार्थ के अनुमान के आकार पर।"[35]

आज मनुष्य के मन में घृणा, द्वेष बढ़ता ही जा रहा है। शान्ति की थोथली बातों ने मनुष्य में अविश्वास ही को जन्म दिया है

"समा गया है सांस-सांस में घृणा द्वेष का
देख रहा हूँ, व्यक्ति समाज राष्ट्र की घातें
एक दूसरे पर कठोरतर थोथी बातें
सन्धि शान्ति की, विजयी है दल दम्भ द्वेष का।"[36]

युयुत्सा की प्रवृत्ति मानव स्वभाव के विपरीत है। प्रकृति ने स्वाभाविक रूप से सबको हृदय की कोमलता, मधुरता और करुणा दी है। युयुत्सा की घोर प्रवृत्ति रुक जाने पर मानव हृदय में पुनः मानवता का सूर्य उदित हो उसके अंधकार को दूर करेगा किन्तु इस शुभ अवसर के आने के पहले युयुत्सा की प्रतिक्रिया एक भीषण वातावरण की सृष्टि करती है। धर्मवीर भारती के शब्दों में-

''यह अन्धा युग अवतरित हुआ,
जिसमें स्थितियां, मनोवृत्तियां आत्माएं सब स्वीकृत हैं
अधिकतर हैं अन्धे,
पथभ्रष्ट आत्महारा, विगलित,
अपने अन्तर के अन्ध गुफाओं के वासी।''[37]

युद्ध मानव जीवन की सतत् आवश्यकता नहीं है। युद्ध और शान्ति के आवर्तन का संघर्ष आदमी को झेलना पड़ता है। धरती की पुकार में बिखरते और टूटते हुए विश्वास की तड़पन है। इस तड़पन का परिणाम है। इन कविताओं में युद्ध की अनिवार्यता देखने का आह्वान किया जाता है। युद्ध की विनाशक प्रवृत्ति सारे युग को प्रभावित करती है। युद्ध नीति मिटकर मनोग्रन्थि बन जाती है। तब सबके सब मिलकर अन्धकार में सही दिशा टटोलने की चेष्टा करते हैं। मानव को जीते जी मृत कर देने वाली युद्ध की प्रवृत्ति मानव जीवन को विश्रृंखलित, निराशापूर्ण, शोकग्रस्त, दुविधात्मक स्थितियों से भर जाती है। इस संशयात्मक स्थिति का चित्रण निराला कृत दीर्घ कविता, राम की शक्ति पूजा में दृष्टव्य है-

''स्थिर राघवेन्द्र को हिला रहा, फिर-फिर संशय
है गूंज रहा जग जीवन में रावण जय-मय।''[38]

इसी प्रकार दिनकर कृत 'कुरुक्षेत्र' की शंकाकुल हृदय की अभिव्यक्ति है। 'रश्मिरथी' में भी उनका युद्ध सम्बन्धी दृष्टिकोण लगभग वही है जो कुरुक्षेत्र में था।

आधुनिक प्रबन्ध काव्यकारों ने संस्कृति के उदात्त अतीत रूप को वर्तमान जीवन संदर्भों में पुनर्परीक्षित करके ही स्वीकार किया है। यह प्रयास यशोधरा, जयद्रथ वध, जय भारत साकेत, राम की शक्तिपूजा आदि में भी लक्षित होता है। रश्मिरथी, कुरुक्षेत्र, नकुल उन्मुक्त, विक्रमादित्य, आदि में वर्तमान जीवन प्रश्नों का प्रत्यक्ष या परोक्ष आकलन अवश्य है किन्तु उन्हें परिणति देने वाला स्वर भारतीय है। अर्थात् भारतीय संस्कृति के किसी उदात्त स्वर की तलाश ही प्रश्नों के बीच भटकती है।[39]

युद्ध करने, न करने के मध्य एक स्थिति और भी उभरती है और वह है मूल्यों की उदासीनता की स्थिति जो 'संशय की एक रात' में राम के हृदय में बनी रहती है-

''एकत्रित इस जन समूह के सीने में,

इतिहास
खड्ग सा घोंप दिया मैंने
मध्य रात्रि के इस निर्णायक में।"[40]

एक स्थान पर अन्यत्र विभीषण के कथन में निर्णयात्मक क्षमता है-

"मैं भी युद्ध की अनिवार्यता मानता हूँ,
किन्तु अपने राष्ट्र के प्रति
क्या यही है कर्तव्य मेरा
उस पर हो रहे आक्रमण में साथ दूं।"[41]

'उत्तरजय' नरेन्द्र शर्मा कृत आधुनिक कविता की महत्वपूर्ण रचना है। इसमें धर्मराज मूल्यहीन स्थिति में भी जीवन सत्य की खोज करते हैं। क्या जीवन सत्य की समस्या युद्ध द्वारा ही हल होती है क्या युद्ध समस्याओं की ही सर्जना करता है। इस रचना में कवि ने स्पष्ट किया है कि धर्मराज अपने मनोभावों के टूटने से ही अधिक निराश हो जाते हैं। उन्हें सर्वाधिक दु:ख अपने मनोभावों के बलिदान होने का है-

"मैने निज मनोजात भोगा भीषण रण में,
ली समेट ज्वालाएं नन्हे से हिमकण में।"[42]

इस कृति में अश्वत्थामा के माध्यम से नकारात्मक मूल्यों की सृष्टि हुई है-

"प्रतिहिंसा प्रेरित हूँ,
रिपुओं से बदला लूं
कर दूं मैं गुरु द्रोही पाण्डव का बीजनाश।"[43]

अन्तत: कवि स्पष्ट करता है कि नये जीवन मूल्य, नये युग के रूप में हमें महासमर के पश्चात मिले-

"सम्राट युधिष्ठिर बने,
नया युग आया,
पृथ्वी के व्रण भर गये स्वस्थ है काया।"[44]

शान्ति की खोज युद्ध में सम्भव नहीं है, ऐसा रचनाकार का मानना है। वे अनुभव करते हैं कि बदले की भावना रखने से शान्ति प्राप्त नहीं हो सकती है।

एक कण्ठ विषपायी में दुष्यन्त कुमार ने युद्ध और शान्ति की समस्या को उठाया है। इन्द्र ब्रह्मा से कहते हैं-

"जहाँ न्याय की हत्या हो,
अन्याय सफल हो,

जहाँ शक्ति हो
अहंकार हो,
सत्य विफल हो।
जहाँ प्रबल हों असुर
हो निर्बल हो भर्ता
वहाँ धैर्य का दुर्ग अन्ततः ढह जाता है
और एक मात्र उपाय युद्ध ही रह जाता है।"[45]

'रश्मिरथी' की कुन्ती युद्ध को टालने के लिए कर्ण के समीप जाती है, और कहती है-

"जिस तरह तीन पुत्र को मैंने पाया,
तू उसी तरह था प्रथम कुक्षि में आया,
आदेश नहीं प्रार्थना साथ लाई हूँ।
कल कुरुक्षेत्र में जो संग्राम छिड़ेगा
क्षत्रिय समाज पर कल जो प्रलय घिरेगा।
मेरे ही सुत मेरे सुत को ही मारें,
हो क्रुद्ध परस्पर ही प्रतिशोध उतारें
यह विकट दृश्य मुझसे न सहा जायेगा।"[46]

अस्तु! युद्ध सम्बन्धी प्रश्नों को अधिकांशत: सभी आधुनिक कवियों ने उठाया है।

"वस्तुत: युद्ध मानव की सबसे प्राचीन समस्या है। हर युग में भयंकर युद्ध होते रहे हैं और यह युग के साहित्यकारों और मनीषियों को व्यथित भी करता रहा है। इसलिए सभी खण्डकाव्य युद्ध के प्रश्नों को लेकर चले हैं। अंधा युग का कवि महाभारत के महाविनाश को मूर्त रूप से देने में सफल हुआ है तो 'संशय की रात' में कवि युद्ध के औचित्य पर राम की संशय ग्रस्तता के माध्यम से आज के युग की बात कहना चाहता है।"[47]

इस प्रकार आधुनिक प्रबन्ध काव्यों में युद्ध की विभीषिका के परिप्रेक्ष्य में यह चिन्तन करने का सफल प्रयास किया गया है कि युद्ध एक ओर शोक का सर्जक है, अशान्ति का कारण है, तो दूसरी ओर धर्मभीरू किन्तु वीर पुरुष की दुविधात्मकता अथवा हृदयगत संशय का जन्मदाता होता है। युद्ध हो या न हो, इसी संकल्प विकल्प में मानव डूबता उतराता रहता है किन्तु धर्म संस्थापनार्थ यदि युद्ध करना ही पड़े तो वह दायित्व बन जाता है। राम-रावण का युद्ध और महाभारत में कौरव पाण्डवों का युद्ध इसीलिए हुआ क्योंकि उस समय धर्म की हानि हो रही थी तभी ईश्वर को पृथ्वी पर अवतार लेना पड़ा था

"जब-जब होई धरम कै हानी,
बाढहि असुर अधम अभिमानी,
तब तब प्रभु धरि मनुज सरीरा,

हरिइ कृपा निधि सज्जन पीरा।[48]

युद्ध हेतु अथवा शान्ति हेतु दोनों ही स्थितियों में रक्तपात होता है। इसीलिए कृष्ण जब अर्जुन को युद्ध करने के लिए प्रेरित करते हैं, तो कर्मयोग का संदेश देते हैं।

"कर्मयोग में ही अर्जुन को जीवन की सार्थकता प्रतीत हुई है, कर्म में ही अस्तित्व बोध की स्थिति है। कर्म मूल्यों की निमित्त मात्र नहीं है स्थितियों की युगीन संदर्भ में सार्थकता भी है।[49]

कृष्ण से प्रेरित अर्जुन कर्मशीलता के मर्म को समझकर युद्ध के दायित्व को धर्मरक्षार्थ स्वीकार करते हैं तथा अपने कार्य का सम्पादन कुशलता पूर्वक करते हैं। कृष्ण कहते हैं-

"अर्जुन!
उठाओ शस्त्र विगत ज्वर युद्ध करो
निष्क्रिय नहीं
आचरण में ही
मानव अस्तित्व की
सार्थकता है।[50]

अन्धा युग का प्रारम्भ स्थापना से होता है। कवि ने पौराणिक प्रसिद्धियों को संरक्षित तो किया ही है साथ ही आधुनिक काल की सामयिक समस्याओं को उद्घाटित करने का सफल प्रयास भी किया है।

इसी प्रकार युद्ध के परिप्रेक्ष्य में देखे तो कनुप्रिया में महाभारतीय युद्ध को दो स्तरों पर दी जाने वाली मन:स्थितियों पर देखा गया है। कृष्ण व राधा के माध्यम से युद्ध जर्जर पीड़ित और मूल्यहीन राजनीति को चित्रित किया गया है।

कवि ने युगीन वातावरण से ओतप्रोत साहित्य को सत्साहित्य स्वीकार किया है। प्रत्येक रचनाकार का मत यही रहा है कि उत्तरदायित्वों तथा कर्मशीलता से पलायन करना उचित नहीं होता।" युगीन सन्दर्भों से कटकर वायवीय आदर्शों की स्थापना करना दायित्व निर्वाह से पलायन करना है।''[51]

युद्ध प्रबन्ध कार्यों में प्राय: युद्ध क्यों का प्रश्न उठाया जाता रहा है, उत्तर है शान्ति स्थापन हेतु, लेकिन न तो युद्धों की श्रृंखला टूटती है न स्थायी निर्वाह से पलायन करना है।[51]

किन्तु नैतिकता की भौतिक रूप में रक्षा हेतु यह अनिवार्य हो जाता है-

अन्ततोगत्वा निष्कर्ष रूप से युद्ध जब धर्मार्थ होता है तो दायित्वपूर्ण करना अनिवार्य हो जाता है तथा संशय अथवा संकल्प विकल्प की स्थिति से ऊपर उठते नि:संग भाव से राम की भांति युद्ध हेतु व्यक्ति को तत्पर होना पडता है-

"अब मैं निर्णय हूँ,
सबका
अपना नहीं
क्योंकि अब मैं निर्णय हूँ
व्यक्ति नहीं।"[52]

7. पौराणिक आख्यानों के माध्यम से आधुनिक सन्देश

युद्ध एक द्वन्द्व ग्रस्त प्रश्न है जो मानव के अन्तर–बाह्य रूप में चला करता है। यह सत्य है कि समाज में जब तक वैषम्य रहेगा युद्ध रहेगा।

भारत वर्ष अनेक संस्कृतियों का केन्द्र रहा है। द्रविड़ आर्य बौद्ध मुस्लिम, जैन, सिक्ख, फारसी, आदि जातियों से समन्वित भारत में अनेक मतों और विचारधाराओं के कारण धीरे-धीरे कालान्तर में हमारे व्यक्तित्व तथा सिद्धान्तों में शिथिलता आती गयी। फलत: संघर्ष बढ़ता गया। राष्ट्रीय पुनर्जागरण काल में इसकी ओर ध्यान गया और हमारे देश के महापुरुषों के द्वारा अध्यात्म को जीवन्त करने का पुनर्प्रयत्न होने लगा। सांस्कृतिक चेतना-उत्थान के प्रयास किये जाने लगे।

इसे विश्व धर्म की भूमिका कहा जा सकता है। पुनर्जागरण के कारण हिन्दी कविता भी इसके प्रभाव से अछूती न रही और रचनाओं के माध्यम से कवियों ने अतीत का गौरव गान तो किया ही साथ ही साथ भावी पीढ़ी को नवयुग का संदेश भी दिया।

भारतवर्ष का अतीत कितना वैभवशाली रहा है इसका परिचय प्रसाद जी रचित निम्न पंक्तियों में प्राप्त होता है-

"हिमालय के आंगन में उसे प्रथम किरणों का
दे उपहार।
उषा ने हंस अभिनन्दन किया,
और पहनाया हीरक हार।
जगे हम लगे जगाने विश्व,
लोक में फैला फिर आलोक,
व्योतम पुंज हुआ सब नष्ट
और संसृति हो उठी अशोक।"[53]

तब विषमताएं जन मन के हृदयों से दूर थी। लोगों के आचरण में ही अष्ट सिद्धियों का वास हुआ करता था।

जब से विज्ञान का प्रारम्भ बढ़ने लगा तब से व्यक्ति आस्था प्रधान होने के स्थान पर तर्क प्रधान होने लगा। नवीन युग के उत्थान के साथ ही मानव हृदय नवीनता के वरण हेतु व्याकुल हो उठा। नवीन युग का सूत्रपात मानवतापूर्ण होने के साथ ही नवनवोन्मेष शालिनी विकास प्रदत्तक भी है।

राष्ट्रीय पुनर्जागृति के साथ ही शिक्षा का वर्धव्य होने लगा। समाज में नारी शिक्षा को भी महत्व दिया जाने लगा। शोषकों के अत्याचारों का प्रबल विरोध होने लगा। साम्य भावना का उदय हुआ। इससे मानवतावाद जागृत हुआ। परिणाम स्वरूप मानव का मानव पर प्रेम की भावना जागृत हुई-

"मानव का मानव पर प्रत्यय,
परिचय मानवता का विकास,
विज्ञान ज्ञान का अन्वेषण,
सब एक एक सबमें प्रकाश ।"[54]

वर्तमान समग में विश्व का मानव शस्त्रीकरण के परिणामों से आक्रान्त है। नि:शस्त्रीकरण युग की मांग है। मानव के हृदय में मस्तिष्क में युद्ध चला करते हैं। हिन्दी के युद्ध प्रबन्ध काव्यों में और अन्य प्रबन्ध काव्यों में कवियों ने नि:शस्त्रीकरण को ही प्रधानता दी है।

हमारा देश शान्ति का समर्थक और शान्तिप्रिय रहा है। यहाँ के ऋषि मुनि जैसे आध्यात्मिक क्षेत्र में उत्कृष्ट थे, उसी प्रकार शस्त्र संचालन में भी कुशल थे।

मानव हृदय जब स्वार्थी होता जाता है, तभी संघर्षों का उदय होता है। किन्तु संघर्ष या युद्ध कभी भी उपयोगी नहीं रहे हैं। मानव अपने अहम् के कारण ही युद्ध करता है-

"अहमिका युद्ध का कारण कि,
युद्ध की पटः भूमि है।"

इसलिए प्रबन्ध काव्यकारों ने युद्ध की समस्या को उठाते हुए नि:शस्त्रीकरण की मांग दोहराई है। महाभारत युद्ध का परिणाम सत्यानाश ही हुआ। विजयोपरान्त भी युधिष्ठिर खिन्न ही हुए। हिंसा अन्ततः सब प्रकार से त्याज्य ही होती है। अतः प्रबन्ध काव्यकारों ने गांधी जी के अहिंसाव्रत का समर्थन करते हुए राष्ट्रपिता की प्रशस्ति में अपनी रचनायें प्रस्तुत की तथा सम्पूर्ण विश्व को अहिंसा का पावन संदेश प्रदान किया।

सभी राष्ट्र जानते हैं कि युद्ध से कोई मसला हल नहीं किया जा सकता है। क्योंकि युद्ध पशु प्रवृत्ति को जन्म देता है।

आधुनिक प्रबन्धकारों ने युद्ध का प्रबल विरोध किया है तथा शान्ति का संदेश दिया है।

जहाँ युद्ध का प्रबल विरोध किया गया है वहीं विज्ञान के विनाशकारी रूप की भर्त्सना की गयी है। "हृदयहीन विज्ञान के ज्ञान ने मनुष्य को शक्ति दी हैं परन्तु भावनाओं को ऊँचा नहीं उठाया है। सब ओर अविश्वास, घबराहट, षड्यंत्र और संघर्ष दिखायी देते हैं। प्राकृतिक सौन्दर्य, सत्य, ज्ञान, विज्ञान और यहाँ तक कि स्वयं अपने घर से विश्वास उठता जा रहा है। सब जगह भयानक दौड़ लगी हुई है। लालच असुरक्षा ओर चिन्ता का वातावरण चारों ओर व्याप्त है।"

समाज में जब युद्ध बढ़ते जाते हैं तो अनाचार, अत्याचार का वार्धव्य होने लगता है। तब उसके निवारणार्थ शस्त्र ग्रहण करना अनिवार्य हो जाता है। अनाचार के नाश हेतु यदि हिंसा का आश्रय लेनी पड़े। असुर अनाचार की समाप्ति हेतु शक्ति द्वारा अवतार लेने का प्रण भी इसी भावना का द्योतन करता है किन्तु हमारी संस्कृति निःशस्त्र पर अस्त्र उठाना अपराध मानते हुए इसे अक्षम्य मानती है-

"निःशस्त्र पर आघात करना सर्वथा अन्याय है।
स्वीकार करता बात यह सब शूर जन समुदाय है।"[55]

उपरिलिखित पंक्तियों में निःशस्त्र व्यक्ति पर आघात न करने का संदेश दिया है। 'जयद्रथ वध' में अभिमन्यु प्रकरण इस संदर्भ में दृष्टव्य है।

कभी-कभी व्यक्तिगत महत्वाकांक्षाएं व्यक्ति से अकरणीय कार्य करवाने लगती हैं। समाज में रहकर समाज के हित अनहित का ध्यान रखना व्यक्ति का मुख्य कर्तव्य होता है। अपने मनोनुकूल कार्य न होने पर व्यक्ति उग्र होकर अकरणीय कर्म हेतु प्रवृत्त हो जाता है और समाज में अशान्ति फैलाता है।

अपनी रचनाओं में ऐसे अकरणीय कर्मों के निषेध का संदेश दिया है। अकरणीय कर्मों का त्याग समाज के हित के लिये अत्यावश्यक है।

मानव संस्कृति अत्याचार दमन के लिये सदैव उद्यत रही है। महाभारत में भीम ने इसीलिए जरासंध का वध किया था।

"आततायियों को मारो तुम,
-इसमें उतना दोष नहीं।"[56]

मानव संस्कृति दानवता का विरोध करती है। दिनकर के शब्दों में-

"मनुज ले जान हाथों में,
दनुज पर टूटता है।"[57]

मानव का हृदय स्वभावतः प्रेम व करुणा का आगार हो जाता है। हृदयवान दयालु मानव तो समाज में प्रेम और सौख्य का वातावरण ही चाहता है-

"बहे प्रेम की धार मनुज को,
यह अनवर तो भगोये।"[58]

इस प्रकार समाज में प्रेम व शान्ति का संदेश भी इन प्रबन्ध काव्यों में प्राप्त होता है।

अनाचार उन्मूलन हेतु कायरता का विरोध भी आवश्यक है क्योंकि कायरता वह दुर्गुण है जो गुणी व्यक्ति के समीप आता ही नहीं है। कभी जिनकी भुजाओं की शिराएं नहीं फड़की, जिन्होंने केवल शंकर पदोदक को ग्रहण किया है, हलाल का स्वाद चखा ही नहीं वे चुपचाप बैठे रहते हैं।

इसलिए प्रबन्ध काव्यकारों ने अनाचार को दूर करने के लिए कायरता जैसे दुर्गुण का प्रबल विरोध किया है।

स्वत्व रक्षा के अभाव में व्यक्ति का व्यक्तित्व नष्ट हो जाता है अपनी रक्षा का भाव होना व्यक्ति में परमावश्यक होता है। यद्यपि युद्ध करना उचित नहीं है परन्तु यदि शत्रु द्वार पर ललकारे तो स्वत्व रक्षा हेतु युद्ध का आह्वान करना उचित है।

दिनकर ने परशुराम की प्रतीक्षा में हिंसा-अहिंसा क्रान्ति व शान्ति की समस्या को उद्घाटित किया है-

"रोटी और अभय भी दो
तन को दो आहार अन्न का,
मन को चिन्तन का अधिकार,
तन, मन दोनों बड़े अगर,
तो चमक उठे सचमुच संसार
बाधामुक्त करो मानस को,
शंका रहित हृदय भी दो।"[59]

राम और युधिष्ठिर आदि के महत्चरित्रों द्वारा सदाचरण का सन्देश प्रबन्ध काव्यकारों ने दिया है। इन दोनों महनीय व्यक्तियों ने धर्म रक्षार्थ ही शस्त्र प्रयोग किये हैं। अनौचित्य और अन्याय का विरोध करना परमावश्यक होता है। इसीलिए निराला कृत राम की शक्ति पूजा में राम का मन दुविधा ग्रस्त होकर कातर अवस्था में पहुँच जाता है तभी-

"हे पुरुष सिंह, तुम भी वह शक्ति करो धारण,
आराधन का दृढ़ आराध्य से दो उत्तर।।"

और राम सतर्क, सजग और स्वस्थ मना होकर देवी आराधन में संलग्न होते हैं।

इसी प्रकार युधिष्ठिर भी, अत्यन्त प्रयत्नपूर्वक युद्ध के प्रस्ताव को स्वीकार कर पाते हैं।

नरेश मेहता संशय की रात में स्पष्ट करते हैं कि सत्य की प्राप्ति जीवन युद्ध और शान्ति दोनों मार्ग से हो सकती है। युद्ध के माध्यम से जो सत्य प्राप्त होता है वह आदर्श सत्य नहीं होता है। मानव का इतना भीषण संहार हो जाने के बाद जो सत्य रह जाता है, वह सार्वजनीन नहीं हो पाता किन्तु जो सत्य शान्तिपूर्वक मनुष्य से मनुष्य को प्राप्त होता है वही आदर्श होता है-

"मैं सत्य चाहता हूँ,
युद्ध से नहीं खड्ग से नहीं
मानव का मानव से सत्य चाहता हूँ।"[60]

इस प्रकार कवि शान्तिपूर्ण ढंग से मानव समूह का सत्य प्राप्त करने का संदेश देता है।

सन्दर्भ संकेत

1. दिनकर : कुरुक्षेत्र (भूमिका) निवेदन में, पृ. 45
2. नरेश मेहता : संशय की रात-भूमिका में, पृ. 39
3. डॉ. नगेन्द्र- पृ. 34
4. डॉ. भरत कुमार सिंह- पृ. 35
5. जयशंकर प्रसाद- कामायनी, निर्वेद सर्ग, पृ. 136
6. निराला परिमल, पृ. 126
7. डॉ. रणजीत – हिन्दी के प्रगतिशील और समकालीन कवि, पृ. 155
8. वही, पृ. 243
9. डॉ. भक्तराज शास्त्री- आधुनिक हिन्दी काव्य और संस्कृति, पृ. 113
10. वही, पृ. 111
11. कुंवर नारायण-आत्मजयी, पृ. 13
12. डॉ. भक्तराज शास्त्री- आधुनिक हिन्दी काव्य और संस्कृति, पृ. 116
13. डॉ. विजयेन्द्र नारायण सिंह : दिनकर : एक पुनर्मूल्यांकन, पृ. 70
14. नरेश मेहता- संशय की एक रात शीर्षबन्ध
15. नरेश मेहता- संशय की एक रात, पृ. 31, प्रथम सर्ग
16. नरेश मेहता- संशय की एक रात, पृ. 18-19
17. नरेश मेहता- पृ. 45
18. धर्मवीर भारती-अंधा युग, पृ. 69
19. धर्मवीर भारती-अंधायुग, पृ. 69
20. कुंवर नारायण-आत्मजयी, पृ. 319
21. डॉ. भरत सिंह- स्वातंत्र्योत्तर हिन्दी काव्य
22. भूमिका, पृ. 6
23. हरि नारायण व्यास-कांस सांझ, सूरज और हम, पृ. 8-9
24. सुमित्रानन्दन पंत- ध्वंसावशेष-पृ. 168
25. गो.च. शर्मा- प्रणवीर प्रताप, पृ. 82
26. मैथिलीशरण गुप्त- सिद्धराज, पृ. 34
27. मैथिलीशरण गुप्त वक्रसंहार, पृ. 6
28. उदयशंकर भट्ट- तक्षशिला, पृ. 240
29. दिनकर पृ. 55

30. एन.डी. पाटिल-आधुनिक खण्ड काव्यों में युग चेतना, पृ. 72
31. नरेश मेहता कृत संशय की एक
32. रात, पृ. 82
33. नरेश मेहता कृत संशय की एक रात, पृ. 113
34. वही, पृ. 144
35. दिनकर-कुरुक्षेत्र पृ. 17
36. रणधीर सिन्हा– सम्पादक (आधुनिक कवितायें) पृ. 38-39
37. त्रिलोचन-दिगन्त, पृ. 9
38. धर्मवीर भारती- अन्धा युग, पृ. 126
39. निराला-राम की शक्ति पूजा, कविश्री पृ. 13
40. डॉ. नगेन्द्र- हिन्दी साहित्य का इतिहास, पृ. 101
41. नरेश मेहता कृत संशय की एक रात, चतुर्थ सर्ग, पृ. 45
42. नरेश मेहता कृत संशय की एक रात, तृतीय सर्ग, पृ. 45
43. नरेन्द्र शर्मा- उत्तरजय, पृ. 17
44. नरेन्द्र शर्मा- उत्तरजय, पृ. 15
45. वही, पृ. 47
46. दुष्यन्त कुमार-एक कण्ठ विषपायी, पृ. 113
47. दिनकर-रश्मिरथी, पृ. 125
48. एन.डी. पाटिल– आधुनिक खण्ड काव्यों में युग चेतना, पृ. 355-56
49. तुलसीदास- श्री रामचरितमानस, पृ. 205
50. स्वातंत्र्योत्तर हिन्दी काव्य में जीवन मूल्य पृ. 224-225
51. डॉ. धर्मवीर भारती, अंधायुग, अंक द्वितीय, पृ. 43
52. एन.डी. पाटिल-आधुनिक खण्ड काव्यों में युग चेतना, पृ. 47
53. नरेश मेहता– संशय की एक रात, पृ. 94
54. जयशंकर प्रसाद-चन्द्रगुप्त, पृ. 89
55. दिनकर-कुरुक्षेत्र, पृ. 56
56. मैथिलीशरण गुप्त- जयद्रथ वध, पृ. 19
57. सियाराम शरण गुप्त- आत्मोत्सर्ग, पृ. 43
58. दिनकर-कुरुक्षेत्र, पृ. 34
59. वही, पृ. 39
60. दिनकर- परशुराम की प्रतीक्षा, पृ. 31
61. नरेश मेहता : संशय की एक रात द्वितीय सर्ग, पृ. 39

षष्ठ अध्याय

आधुनिक युद्ध प्रबन्ध काव्य के शैल्पिक उपकरण

अध्याय-षष्ठ

आधुनिक युद्ध प्रबन्ध काव्य के शैल्पिक उपकरण

काव्य-रूप के स्वतंत्र अस्तित्व के साथ-साथ शिल्प के उपकरण के रूप में इसका महत्वपूर्ण स्थान है। रूप ही शिल्प को प्रकट करने का माध्यम होता है। जैसे शरीर के रोम-रोम में रहने वाली प्राण वायु जीवन का पर्याय है। उसी प्रकार रचनाकार की रचनाधर्मिता कृति में शैली, शिल्प विधि, काव्य-रूप आदि विभिन्न रूपों में समायी रहती है। मुक्ति बोध ने कहा है कि रचना की समीक्षा में कवि-व्यक्तित्व का नहीं "काव्य-व्यक्तित्व' का मूल्यांकन होना चाहिए और यह काव्य-व्यक्तित्व काव्य शिल्प के विभिन्न रूपों एवं विधायक उपकरणों पर छाया रहता है। सामान्य अर्थ में रूप को शिल्प का बाह्य उपकरण कहा जाता है। काव्य रूप अथवा रूप विधान शब्द अभिव्यंजना शिल्प के विभिन्न उपकरणों से पृथक काव्य के रूपाकर अर्थ में रूढ़ हो गया है। शिल्प के विभिन्न अवयवों को अन्विति प्रदान कर उन्हें रूप या आकार देने का कार्य कवि अथवा कलाकार का है। कला का आकार रूपात्मक अभिव्यक्ति अथवा भाषा में आगत शब्दों का चयन, अर्थ की अन्विति तथा प्रतीक-विधान, बिम्ब-विधान आदि का प्रत्यक्ष सम्बन्ध काव्य रूप से और परोक्ष सम्बन्ध शिल्प से होता है। कवि की शैली दूसरे कवि की शैली से भिन्न हुआ करती है। इसलिए आधुनिक समीक्षा पद्धति में मनोवैज्ञानिक समीक्षा के विकास के साथ-साथ च्मतेवंदसपजल अर्थात् 'कवि व्यक्तित्व' का अन्तर करते हुए शैली को ही स्वयं व्यक्ति कहा गया है। यदि व्यक्तित्व में भेद न होता तो सभी व्यक्ति एक से होते। इसी प्रकार यदि काव्य शैली या रूप में भेद न होता तो सभी कविता एक सी लगती है। काव्य रूप शैली रूप विधान से सभी में अंतर होता है। कवि के मूड के हिसाब से काव्य व्यक्तित्व का रूप बदलता है और परिणामस्वरूप काव्य रूप में भी नवीनता प्रदान करता है। काव्य भाषा और काव्य रूप के अलावा काव्य शिल्प का तीसरा महत्वपूर्ण एवं निर्धारिक तत्व अभिव्यंजना का प्रसाधन है। जिसके अन्तर्गत भाषा अप्रस्तुत विधान, बिम्ब, प्रतीक एवं मिथक आते हैं।

भाषा

शिल्प का प्रथम एवं महत्वपूर्ण उपकरण भाषा है। सामान्य अर्थ में भाषा विचारों की अभिव्यक्ति का साधन बनती है किन्तु विशिष्ट अर्थ में भाषा वह अस्त्र है जिसके द्वारा कवि जीवन संघर्ष के हर मोर्चे पर लड़ना चाहता है। यह मोर्चा जितना ही संयत होगा भाषा उतनी ही संयत, सापेक्ष्य एवं प्रभावपूर्ण होगी। भाषा में प्रयुक्त होने वाले शब्द शिल्प के वह उपकरण हैं। अत: शिल्प विधि के आरम्भिक एवं महत्वपूर्ण उपकरण है जो सम्वेत रूप से

काव्य भाषा बनकर काव्य व्यक्तित्व का स्थान लेते हैं। 'अपनी बात का जो अर्थ मैं लगा हूँ या समझ रहा हूँ जरूरी नहीं कि उसका अर्थ वही हो या उतना ही हो कि आपको अधिकार है कि आप उसका दूसरा भी अर्थ लगा लें लेकिन कविता की भाषा यह अधिकार चाहती है और देती है ज्ञात और अज्ञात संसार की झाँकियाँ एक साथ दिखला सकने की अपनी क्षमता उसे अभीष्ट है वही तो उसकी रचनात्कता है।'[1] भाषा के माध्यम से ही काव्य शिल्प और रूप का प्रतिनिधित्व होता है। भाषा में आगत शब्द किसी परिस्थिति विशेष में समाज-सापेक्ष्य अर्थ को ध्वनित करने का माध्यम है तथा शब्द एक ओर भाषा की इकाई बनकर दूसरी ओर युग बोध एवं समाज सापेक्ष्य मूल्यों का प्रतिनिधित्व करते हैं।

सन्तों की भाषा भी सरल, कृत्रिमता विहीन और सहज होती है। संत जन भ्रमणशील प्राणी होते हैं। इसलिए उनको विभिन्न प्रदेशों की बोली का ज्ञान होता है। सामान्यतया संत मत का विकास उत्तर प्रदेश, पंजाब तथा राजस्थान में हुआ है इसलिए संत काव्यों में ब्रजभाषा, अवधी, भोजपुरी पंजाबी तथा राजस्थानी का अधिक प्रयोग मिलता है।

शिल्प शब्द का हिन्दी में प्रयोग अंग्रेजी के टेक्नीक पर आधारित है जिसका अर्थ है 'कलात्मक कार्य विधि की वह रीति जो संगीत अथवा चित्रकला से प्राप्त है।"[2] वृहद हिन्दी कोष के अनुसार-"शिल्प से अभिप्राय हाथ से कोई वस्तु तैयार करने अथवा दस्तकारी या कारीगरी से है।'[3] शाब्दिक अर्थबोध से ज्ञात होता है कि शिल्प शब्द विधान रीति या विधान के लिए प्रयुक्त होता है। काव्य के संदर्भ में 'शिल्प' अभिव्यंजना पद्धति का बोध कराता है। शिल्प रूपकार का कौशल हे तकनीक प्रिन्सिपल ही शिल्प कहला सकता है।[4] काव्य कृति के निर्माण में जिन उपादानों द्वारा काव्य का ढांचा तैयार किया जाता है, वे सब काव्य के शिल्प तत्व कहे जाते हैं शिल्प विधि रचना मूर्त हो चुकी है, अथवा विशिष्ट भंगिमा के साथ लेखनी द्वारा अवतरित होते हैं।[5] स्पष्ट है कि काव्य शिल्प के समानार्थक शब्द है-रचना विधान, अभिव्यंजना सौन्दर्य आदि। अन्ततः हर रचना के साथ वस्तु अविभाज्य रूप से सम्पृक्त होते हैं।

1. भाषा : शब्द भण्डार, शब्द शक्तियाँ, नाद सौन्दर्य,

भाषा अभिव्यक्ति का अप्रतिम साधन है। भाषा भावों की वाहिका है। इसलिए 'जिन भावों का स्पष्टीकरण भाषा को करना है उनका स्पष्ट और प्रभावशाली प्रयोग भाषा पर अवलम्बित है।'[5] भाषा बहता नीर है, अस्तु परिवर्तनशील है उसमें परिवर्तन की प्रक्रिया घटित होती रहती है और क्रम को कवि रुचि और प्रतिक्रियात्मक रचना दृष्टि अलग-अलग आयाम प्रदान करने का कार्य करती है। इस दृष्टि से काव्य संरचना के भावात्मक एवं वैचारिक स्तरों पर परिवर्तन का उद्देश्य कभी भी जन भाषा से अलगाव या कटाव नहीं होना चाहिए। भाषा बदलती है तो भाषा के परिवर्तन भाषा से निकलने हैं, भाषा एक सामाजिक और युगीन समग्र है। कहने का तात्पर्य यह है कि काव्य भाषा में सदैव आंतरिक अनुशासन

आवश्यक है, जो जनभाषा से सम्पृक्त होता उसे उपेक्षित न करे। समकालीन काव्य भाषा मुहावरे की पकड़ शब्द प्रयोग में निरन्तर सरल होती है। 'नयी कविता जिस काव्य भाषा का व्यवहार करती है वह न तो अभिजात है और न ही हम उसे कलात्मक कह सकते हैं। वह अत्यन्त अनौपचारिक और व्यवहारिक है, भाषा का रियलिज्म और उसे व्यावहारिक बोलचाल से एक कर देने का प्रयत्न (इन) नये कवियों की विशिष्टता है। काव्य भाषा की इस अलग पहचान में कवि रुचि काव्य विषय एवं काव्यानुभूति की दृष्टि से रचनाकार का यथार्थवादी दृष्टिकोण हो सकता है। नयी कविता में काव्य-भाषा की अभूतपूर्व प्रसार हुए हैं।

'संशय की एक रात' प्रबन्ध काव्य की भाषा

नरेश मेहता द्वारा समीक्ष्य काव्य पौराणिक वृत पर आधृत है। अस्तु इतिवृत्त की गरिमा के अनुरूप संस्कृतनिष्ठ तत्सम शब्दावली का प्रयोग अधिक किया गया है।

तत्सम शब्दावली का प्रयोग

सिन्धु बेला, आम्र कुंज, वैश्वानर, ऋतम्भरा परिताप, अवांछित वैराट्य, निस्सार, निर्मात्य, वितृष्ण, वृष्टि, अमर्त्य, त्रिपुण्ड, ऋतु अविनश्वर, कुलश, महर्णव, पृथज्जन, सैन्धवों, प्रतिश्रुत, वंचना वर्चस, ईशान आदि।

मनुष्य स्वभावत: विचारशील प्राणी है। वह सामाजिक जीवन, के बीच रहते हुए एक साथ दो कार्य संपादित करता है एक तो यह सबके बीच रहकर अनेक चीजों को भोगता पचाता हुआ अपना मानस में स्थान देता है और दूसरे यह है कि परिवेशगत अनुभूतियों के विविध रंगों का जमाव जब उसके मानस में परत दर परत इकट्ठा हो जाता है- एक साधन आयात करता है। भाषा के द्वारा ही एक व्यक्ति की भावनायें दूसरे व्यक्ति तक शीघ्र पहुँच जाती है। यदि भाषा न हो तो व्यक्ति निष्क्रिय रह जाता है।

भाषा सदैव परिवर्तनशील रहती है। उसका स्वरूप बदलता रहता है। नये कवियों में अज्ञेय भाषा के प्रथम प्रवक्ता के रूप में आते हैं। अज्ञेय का ही अनुकरण कर साहस बटोर कर नयी कविता के अनेक कवियों ने अपना मार्ग प्रशस्त किया है। नरेश मेहता ने अपने भाषायी प्रयोगों के माध्यम से कविता की भाषा में शक्ति प्रदान की है। नरेश मेहता का शब्द विधान, उनके भाषायी प्रयोग और उनसे निर्मित काव्य भाषा का जो स्वरूप बनता है वह अप्रत्याशित नहीं है। उनकी भाषा में एक अभिनव सौन्दर्य है।

(क) प्रेषणीयता

भाषा वैयक्तिक सम्पत्ति नहीं है। उसका स्वरूप आधृत सामाजिक है। ऐसी स्थिति में उसकी सार्थकता उसकी प्रेषणीयता में ही है। नरेश मेहता हमेशा भावानुकूल और प्रसंगानुकूल शब्दों का ही प्रयोग करते हैं। मेहता के पास शब्दों का अक्षय भण्डार हैं उनके

सभी संग्रहों में ऐसे भाषायी प्रयोग मिलते हैं जिनमें अर्थवत्ता व प्राणवता के कारण प्रेषणीयता का गुण आ गया है।

उदाहरणार्थ

बंधु अग्रज हैं
हम सबसे
नैनो के उत्सव है
अवधि के अयोध्या की
सीता की प्रतीक्षा है
महाराज रघु की ही प्रतिकृति है।

प्रवाहशीलता

कवि की भाषायी सफलता का दूसरा मानदण्ड प्रवाहशीलता या भाषा के नैरन्तर्य से सम्बन्धित है। मेहता की भाषा में प्रवाह है, गति है। वह कभी भी ठहरी हुई नहीं लगती है। भाषा की प्रवाहमयता के सफल उदाहरण बोलने दो चीड़ को मेरा समर्पित एकांत में देखे जा सकते हैं। यों तो संशय की एक रात में भी ये उदाहरण पर्याप्त हैं।

वह गया वह नीर
जिसका पदों से तुमने छुआ था
कौन जाने
धूप उस दिन की कहाँ है।
जो तुम्हारे कुन्तलों में
गरम फूली
धुली–धौली लग रही थी।[6]
- - - -
मुझे ऐसी जय नहीं चाहिए
वाण विद्ध पाखी-सा विवश
साम्राज्य नहीं चाहिए,
मानव के रक्त पर पग धरती आती
सीता भी नहीं चाहिए
सीता भी नहीं।[7]

संगीतात्मकता

प्रत्येक शब्द का संगीत होता है। उसके प्रयोग से शब्द की आत्मा झंकृत होकर अर्थ को भी झंकृत कर देती है। नरेश ने ऐसी संगीतात्मक सादृश्य परक और लयात्मक शब्दावली का विधान किया है कि उनकी कविताओं में संगीत बज उठा है-

’सांझ होने तक,
दिन के इस हजारे से
झरेगा धूप का गुन गुना पानी
नहा लेती नहीं जब तक
फूल की हर पंखुड़ी
जो कुंआरी।[8]

या

खिड़की से आयी जो
पूर्वा थी,
आंगन जल डूबी जो
दूर्वा थी
बाहरी थी झड़ी
किन्तु मुझ तक बास
अश्विनी फुहार रही,
मेघों में आने को
कदली गुहार रही।[9]

चित्रात्मक सौन्दर्य

छायावाद के संदर्भ से पंत ने जिस चित्रभाषा की हिमायत की थी, उसे मेहता के काव्य में देखा जा सकता है। उनके बाद सरवर है सविम्ब है। कहीं तो भाषा में यह चितृत्व अलंकृति से आया है, कहीं सपाट बयानी से और कहीं भावोत्तेजक शब्दों के ग्रहण से। भाषा की चित्रात्मकता के कारण ही कहीं कहीं तो प्रत्येक शब्द या पंक्ति-पंक्ति में एक रूपान्तर अर्थाकार हिलोरे लेता हुआ दिखाई देता है।

तुम क्यों हिलाती ताल-जल?
बादल कांप जाते हैं
मना कर दो कि
लोक ऐसे भाँप जाते हैं।[10]

माधुर्य और प्रवणशीलता

मेहता की भाषा में माधुर्य और प्रवणशीलता भी पर्याप्त मात्रा में मिलती है। 'बन पाखी सुनो' संग्रह और 'समय देवता' कविताओं में भाषा के इन गुणों को देखा जा सकता है।

हम मिले थे साँझ थी, तट था यही थी कदलियाँ
थी घिरी उस साँझ थी कवरी हरिण सी बदलियाँ
वर्षा बीते
हम समय की
घंटियां उतरे बहुत उतरे
दूब भी सूखी
पठारों रे तट छितरे
अर्द्ध डूबा बुर्ज धंसता गया होगा और भी गहरे
या
फ्रान्स सदा युवती का जीवन आज तलक है जीता आया
एक शराबी के शरीर सा फ्रान्स बचा हूँ
मेरी धरती
प्रसृत-स्तना पुष्पवती है
और मनुज की पेशानी के चारागाह पर
दौड़ रही है तूफानों की नयी हवाएं।

(च) सांस्कारिक भाषा व सरलीकरण की प्रवृत्ति

नरेश जी के भावों में जीवन के दैनिक संदर्भ और व्यावहारिक संकेत है। यद्यपि वे भाषा में एक गरिमा और अभिजात्य के पक्षधर हैं। वे भाषा को सांस्कारिक रूप देने में ही अधि संलग्न है किन्तु फिर भी वे सरलीकरण की प्रवृत्ति के कायल हैं। जब वे भाषा को सांस्कारिकता और एक गरिमाबोध से जोड़ते हैं तब उनके शब्दात्मक सौन्दर्य को यों देखा जा सकता है -

भिक्षुणी
आरती के आलोक जी
विचारिता थी
एक सम्यक एकान्त
अपने में निष्णात
तपश्चर्या हो।[11]

या

यह समर्पित करना

मेरा कर्म
मेरा धर्म
मेरा स्वत्व है
मैने इसे संन्यास व्रत ही
स्वीकारा प्रभु।[12]

स्पष्ट है कि नरेश के काव्य में तत्सम शब्दावली का प्रयोग प्रचुर मात्रा में किया गया है। ये प्रयोग कवि की सांस्कारिक भाषा और परिष्कृत रुचि के परिचायक हैं।

तत्सम

नरेश जी का काव्य इस बात का साक्षी है कि वे सांस्कृतिक गरिमा और अभिजात्य के कवि हैं उनकी दृष्टि में भाषा कोई हल्की चीज नहीं है। वे भाषा के तत्समीकरण के विश्वासी कवि हैं। यही कारण है कि उनके काव्य में तत्सम शब्दों का अक्षय भण्डार सुरक्षित हैं। विविध काव्य संग्रहों से एक-एक करके यहाँ प्रस्तुत की जा रही है-

वनपाखी सुनो

'सृष्टि प्रिया', नतशिर, वक्ष, जननी, मलय, चेतना और क्षिप्र आदि।

बोलने दो चीड़ को

शिरस्त्राण, याचना, पृथक, आलेख, लतामण्डप, यशस्वी, सांध्य दीर्घाओं, संभावना आदि।

मेरा समर्पित एकांत

जलकाक्षिणी, वाग्दत्ता, द्वितीय, ध्रुवयात्रा, स्वर्ण किरण, निष्क्रमण और वल्गा आदि।

शब्द भण्डार

नरेश मेहता के काव्य में शब्द विधान को तीन सर्गों में बाँटा गया है। तत्सम शब्दावली, तद्भव विदेशी शब्दावली। कभी प्रत्यय उपसर्ग से शब्दों का निर्माण किया गया है तो कभी एक शब्द के सादृश्य पर दूसरा शब्द बना लिया गया है इतना ही नहीं कहीं-कहीं तो संज्ञा से विशेषण या संज्ञा जैसे शब्दों का निर्माण भी कर लिया गया है।

तद्भव शब्दावली

नरेश मेहता ने अपने काव्य में जहाँ एक ओर तत्सम शब्दों का प्रयोग किया है। वही दूसरी ओर तद्भव शब्दों का प्रयोग किया गया है।

कवि ने निम्नांकित कार्य इन शब्दों के विधान से किए

1. एक तो अभिव्यक्ति को सरल बनाने का कार्य संपादित किया है।

2. भाषा में एक प्रवाह और निरन्तरता की सृष्टि की है।

3. भाषा में सौन्दर्य की सृष्टि की है।

4. तद्भव शब्दावली के कतिपय उदाहरण इस प्रकार हैं- सांझ, पंखी, भींचना, देह, भारी, सनी, भूरे, कंकर, सोनी, दीया, घर, बरजा आदि ।

विदेशी शब्दावली

विदेशी शब्दावली के अन्तर्गत, उर्दू, फारसी और अंग्रेजी के शब्दों को लिया जा सकता है। उर्दू, फारसी के शब्दों का प्रयोग 'नरेश मेहता' में कम मिलता है किन्तु अंग्रेजी के शब्द अपेक्षाकृत अधिक मिलते हैं। उर्दू फारसी के शब्दों के रूप में कतिपय इस प्रकार है- कब्र, कफन, मीनार, कुतुब, अफीम वार्दियाँ, बारूद, ताबीज, बन्दूक संगीन, बूचड़खाना, जैसे शब्दों का प्रयोग दूसरे सप्तक कविता में मिलता है।

अंग्रेजी शब्दों में

'नरेश मेहता' ने निम्नांकित शब्दों का प्रयोग किया है। कालरा, काट, लालटेन, टेशाकोटा, मैक बैथ, क्लोरोफार्म, टीचर, क्लर्क, पोस्टर, टायर चर्च, मिक्सचर, ट्रैफिक, पेन्सिल, एलबम, गाउन, आदि विभिन्न प्रकार के शब्द नरेश जी के काव्य में दिखाई देते हैं।

ब्रजभाषा की शब्दावली

यद्यपि ब्रजभाषा के शब्दों का अधिक प्रयोग नरेश ने कहीं किया है, किन्तु कतिपय ब्रज के शब्द स्वतः ही आ गये हैं-छाँह, गाछ भींचना, सल, नैन, बेन, पिया, हिया, पाहुन, पागुली, बरजना, मुरलियां, अटरियाँ, संग, दुपहर, बाँसुरी, सगुनाई, मेघनियां, फुल झड़ियाँ और फगुआ व हरसा आदि।

बंगला के शब्द

नरेश जी की भाषा में बंगला की शब्दावली को भी देखा जा सकता है। दूसरे सप्तक में संकलित कविताओं में ही अनेक बंगला शब्द मिलते हैं सत्कारों, देवों आछे उदयाये, अस्ताये, जानी आदि प्रयोग बंगला की क्रियाओं से प्रभावित हैं।

नवीन शब्द

इनमें से अधिकतर शब्द 'इतय प्रत्यय' प्रयोग से बने हैं। इनके अतिरिक्त कवि ने धातु की क्रियाओं का प्रयोग भी किया है। इस सम्बन्ध में यह कथन उचित ही है कि 'अनेक शब्द अपने भाव को प्रेषणीय बनाने के निमित्त या तो संक्षिप्तीकरण कर लिये गये हैं या फिर सरलीकृत कर लिये गये हैं। यह दो कारणों से किया गया है एक तो भाव की सही सुरक्षा के लिए और दूसरे लय तथा तुक के निमित्त।

महाप्रस्थान

नरेश की भाषात्मक संरचना के संबंध में यह कहना पर्याप्त होगा कि उनके प्रबन्ध काव्यों की भाषात्मक विशिष्टता सप्ती प्रयोग के कारण साहित्यिक भाषा की भीड़ में अपनी पहचान बनाने में सक्षम है। भाषा भावों का व्यक्त करने में समर्थ है। नाटकीयता भाषा में प्रवाह उत्पन्न करती है। समीक्ष्य प्रबंध कृति में किये गये लाक्षणिक प्रयोग श्लाघनीय है।

यथा

आगत दिन जैसी
खिंची आ रही स्लघ पाण्डवता,
युधिष्ठिर संज्ञा वाला
सूर्यास्त काल का यह धार्मिक सूर्योदय,
स्वर्गारोहण के पथ पर सम्पन्न हो रहा है।"
"इस ठण्डे गोरे अंधकार में
तुम क्यों यात्राओं का आमंत्रण देती।
मेरा गाण्डीव व्यक्तित्व
अब सब शेष हो चुका।"[13]

मुहावरे काव्य की संप्रेषणीयता को और अधिक सशक्त बनाते हैं। वस्तुतः 'महाप्रस्थान' की भाषा न केवल आकर्षक है अपितु उदात्त भी है।

प्रवाद पर्व

नरेश मेहता कृत प्रवाद पूर्व पूर्ववर्ती प्रबन्ध काव्यों की परम्परा में एक सशक्त काव्य संरचना है, जिसकी भाषा जहाँ एक और व्यक्ति के तनाव, संशय, परिताप द्वन्द्व, विवशता, नैराश्य आदि को अभिव्यक्ति करने में पूर्णतः समर्थ है वही चिन्तन की दार्शनिकता, धार्मिकता, उदात्तता, गंभीरता, सामाजिकता की प्रस्तुति में भी कवि की गहरी काल्पनिक शिल्प साधना परिचायक है। भाषा का प्रयोग शब्द चयन, नवीन शब्द निर्माण, मुहावरे, लोकोक्ति, प्रयोग से सम्बन्ध है।

अंधा युग

अंधा युग भाषिक संरचना से एक प्रौढ़ कृति है। यह भाषिक आडम्बर बनावट एवं अस्वाभाविकता से बहुत दूर है। अंधा युग के रचयिता ने एक ओर साहित्यिक भाषा का प्रयोग किया है तो दूसरी ओर उसमें बोलचाल की भाषा का संयोग उचित बन पड़ा है।

सांकेतिक शब्दावली सशक्त भावाभिव्यंजना की परिचायक है -

"यह जो करोड़ों यम लोकों की यातना

कुतर रही है मेरे मांस को
क्यों ये जख्म फूल न ही पड़ते है
उसके कमल तन पर।[14]

समीक्ष्य प्रबंध काव्य की भाषा में प्रतीकात्मकता एवं चित्रात्मकता काव्य को आधुनिक शिल्प बोध से सम्पृक्त करती है।

कनुप्रिया

कनुप्रिया डॉ. धर्मवीर भारती की कलात्मक मेधा की परिचायक है, इसकी भाषा में रूमानी संस्कार की गहराई प्रकट होती है।

विशेषणों और क्रिया विशेषणों के द्वारा भारती जो भाषा क्रीड़ा करते हैं वह उनके रूमानी संस्कार की गहराई प्रकट करती है।

भाषा में भावभिव्यंजना की अपूर्व सामर्थ्य है।

ध्वन्यात्मकता, अर्थ लय एवं चित्रात्मकता भाषा के अन्य गुण हैं।

यथा

"अथाह समुद्र की उत्ताल विक्षुब्ध
लहराती लहरों के निर्मम थपेड़ों से
छोटे से प्रवाल द्वीप की तरह
बेचैन।[15]

.....

यह जो अकस्मात
आज मेरे जिस्म के सितार के
एक-एक तार में तुम झंकार उठे
सच बतलाना मेरे स्वर्णिम संगीत
तुम कब से मुझ में छिपे सो रहे हो।[16]

यह मिश्र योजनाकाव्य की रोमानी चेतना के अनुकूल हैं तथा भाषा में भावानुकूलता एवं प्रभावोत्पादकता की शक्ति का समावेश करती है।

आत्मजयी

'आत्मजयी' के भाषा विषयक, अनुशीलन से पूर्व यह तथ्य उल्लेख्य है कि 'आत्मजयी' अस्तित्ववादी दर्शन का भारतीयकरण है। भाषा की दृष्टि से 'आत्मजयी' पर लगाये गये आरोप संभवत: किसी पूर्वाग्रह का परिणाम है। उसकी भाषा का अभिजात्य होना स्वाभाविक है।

काव्य में नव्य काव्य शैली का सफल प्रयोग भी हुआ है।

एक कण्ठ विषपायी

कविवर दुष्यन्त कुमार वाणी के सम्राट थे। नीम का स्वाद उनकी भाषा में है। उन्होंने काव्य भाषा में वैयक्तिक प्रयोग तो किया है 'एक कण्ठ विषपायी' कहीं-कहीं भाषा की काव्यात्मकता खोकर गद्याभास भी देता है।

यथा

स्वामी
हमको इच्छा के विरुद्ध भी
ऐसे बहुत से कार्य करने पड़ते हैं
जिनसे अलौकिक मर्यादा का पालन होता है
यह केवल नाट्य काव्य शैली का आग्रह है।"[17]

चित्रात्मकता एवं प्रतीकात्मकता समीक्ष्य कृति के भाषा सौन्दर्य की अभिवृत्ति में सहायक बने हैं। शब्द-चयन की दृष्टि से दुष्यन्त की भाषा आम इंसान की भाषा है। समग्रत: दुष्यन्त का भाषा पर पूर्ण अधिकार है।

शम्बूक

जगदीश गुप्त कृत 'शम्बूक' का भाषात्मक अनुशीलन इसलिए महत्वपूर्ण हो जाता है कि कवि स्वयं नयी कविता आन्दोलन का सूत्रधार रहा है। समीक्ष्य कृति में तत्सम शब्दावली का प्रभूत प्रयोग हुआ है। एवं तद्भव शब्दावली भाषा की सम्प्रेषणीयता प्रदान करने में सहायक हुई है।

एक पुरुष और

डॉ. विनय कृत 'एक पुरुष और' की भाषात्मक संरचना के सम्बन्ध में यह कहना सर्वथा उचित होगा कि भाषायी प्रयोगों के कारण प्रगति के समन्वित धरातल पर कवि ने अपनी अलग पहचान बनायी है।

पूरे काव्य की भाषा भारती और नरेश की भाषा से आगे की नयी कविता की भाषा है। विषय के अनुकूल संस्कृतनिष्ठ, तत्सम शब्दावली (गवाक्ष, अट्टालिका नैवेधों, पटाक्षेप, ओजस्विता, कोई अर्गलाएं अभिसार' प्रस्थापित, प्रकम्पित, वर्चस्व, दर्प, ऊर्बोन्मुखता क्षण आदि का प्रयोग हुआ है। यथा-

'विश्वामित्र
आते ही तेज से प्रज्ज्वलित होता व्यक्तित्व,
प्रभावित शताब्दी, वीरोचित कार्यों से

सम्पूर्ण अर्चनाएँ, झुकी हुई
अपने समझ प्रकम्पित उल्टी हुई
कुत्सित राजगद्दियाँ।[18]

इला और अमिताभ

'इला और अमिताभ' भाषा की दृष्टि से उपलब्धि पूर्ण कृति नहीं हैं। जहाँ तत्सम एवं तद्भव शब्द प्रयुक्त हुए हैं वहीं अन्य भाषाओं के शब्द भी प्रयुक्त हुए हैं। पूर्ववर्ती कविता भाषा के केंचुल से पूर्ण मुक्ति समीक्ष्य कृति को नहीं मिल पायी है। यथा-

आज तुम्हारी प्रतिभा की पगचापों के साथ
चेतना की इस सूनी बस्ती में
मानो सौभाग्य दिवस एक नया आया
नये पुराने प्रश्नों की नव परिभाषाओं से,
उकजायी, जिज्ञासा चिनगियों की
मणि बण-विभाओं से
नयी तर्क किरणों से नये दृष्टि-रंग से
बोध क्षितिज जगमगाया।"[19]

समग्रत: नयी कविता के प्रबन्ध काव्य नाट्योन्मुखी होने के कारण भाषा की दृष्टि से सशक्त एवं सम्प्रेषणीय बन पड़े हैं।

2. अलंकार विधान

कवि स्वयं अलंकारों को बाह्य सौन्दर्य से अधिक आंतरिक सौन्दर्य के सहायक उपकरण मानता हुआ कहता है- "अलंकार शब्द से वैसे तो अनावश्यक बनाव सिंगार की ध्वनि निकलती है, किन्तु कविता में अलंकारों का वास्तविक उद्देश्य अतिरंजन नहीं, वस्तुओं का अधिक से अधिक सुनिश्चित वर्णन ही होता है। साहित्य में जब भी हम संक्षिप्त और सुनिश्चित होना चाहते हैं, तभी रूपक की भाषा हमारे लिये स्वाभाविक हो उठती है।"[20]

भाषा की सजावट तथा भावों की स्पष्टता की दृष्टि से कविता में अलंकारों का प्रयोग होता है। भावाभिव्यक्ति में अलंकार बहुत सहायक होते हैं। एक समय अवश्य था, जब अलंकारों के लिए ही कविता की जाती थी या अलंकारों को भावों के ऊपर स्थान देते थे।

कुरुक्षेत्र

कुरुक्षेत्र में प्रयुक्त अलंकारों का विभाजन निम्नलिखित रूपों में किया जा सकता है -

क- परम्परागत अलंकार ख- नवीन अलंकार

(क) परम्परागत अलंकार

इसके अन्तर्गत अलंकार के दो रूप होते हैं-

क- शब्दालंकार ख- अर्थालंकार

शब्दालंकार के दो भेद हैं-

1. अनुप्रास
2. यमक
3. श्लेष
4. वीत्सा इत्यादि

इन सभी अलंकारों का प्रयोग कुरुक्षेत्र में पाया गया है। अर्थात् संक्षेप में हम कह सकते हैं कि कुरुक्षेत्र में अलंकारों का प्रयोग संयत है। यहाँ अलंकार साधन है न कि साध्य।

नरेश मेहता जी को रूपक अलंकार, सांगरूपक और उपमा अलंकार बहुत प्रिय है। रूपक अलंकार के प्रति कवि का मोह अधिक है। सभी संग्रहों में अनेक रूपक अलंकार मिलते हैं- कतिपय रूपक तो आकर्षक है-

उदयचल से किरन-धेनुएँ
हाँक ला रहा वह प्रभात का ग्वाला
पूँछ उठाये, चली आ रही
क्षितिज जंगलों की टोली।[21]

'नरेश मेहता' कविताओं में अच्छी तरीके से रूपक अलंकार का प्रयोग देखने को मिलते हैं। गायों, ग्वालों, भेड़ों और बकरियों का रूपक 'नरेश जी' को विशेष प्रिय है।[22]

प्रश्नोत्तर अलंकार-

मैदान देश की बाधु सरिताएं भारनता सी क्यों चलती हैं?

उपमान विधान-

शायद पानी का शिशु कंधे पर है सोया ।

भ्रान्तिमान

बैलों ने पहली फुहार को शिवा समझकर

नन्दी सी निज पीठ बढ़ा दी।"[23]

नयी कविता के प्रबन्ध काव्यों में अलंकार उपमान विधान के अन्तर्गत आते है। उपमा, उत्प्रेक्षा, रूपक, मानवीकरण अर्थात् न्यास विरोधाभास आदि बहुश: प्रयुक्त अलंकार हैं।

यथा उपमा-

1. समुद्र घोष की भाँति
जब वह बोलता था तो
आज्ञा पालन करती दिखाएँ।''[24]

2. गरम जलाती हवाओं की भाँति
असत्कारित। अवांदित
हर गाछ से।''[25]

3. ''संन्यासी के मन जैसा कैसा प्रदेश,
यह निर्विकार संबंधहीन ।''[26]

4. 'कौए के कटे पंख सी
रक्त रंगी घृणा है भयानक उसकी।[27]

1. उत्प्रेक्षा-

1. श्वेत मौन उदास माताएँ
जैसे एक असफल साँझ रक्तिम
ग्रीष्मावकाश में।''[28]

2. ''जलते जंगल के पेड़ों का वह कर होना
मध्य रात्रि के सन्नाटे में कैसा लगता
जैसे युद्ध क्षेत्र में दुर्योधन अब भी कराहता।''[29]

3. ''हिम पर ऐसे फिसल रहे जैसे मध्यान में
धरा तार तार हो कांपती निशा गिर पड़े।''[30]

4. "इन्द्र को भी एक क्षण
ऐसा हुआ अनुमान
रच रहे लंका दहन
आकर यह अनुमान।''[31]

रूपक

1. ''ओ विकल्पित पुत्र मेरे
परिस्थितियाँ धेनु हैं
दुहो इनको ।[32]

2. मंदिरों के शिखर झिलमिल
काँपते जल बिन्दु

लगे रहे निर्बल जलाशय
भूमि उतरे इन्दु ।"[33]

3. "भोग योग को
अनासक्ति को
स्वयं भस्म होकर
केवल आच्छादित कर सकता है परन्तु
उसे आसक्ति में परिणित नहीं कहा जा सकता।[34]

मानवीकरण

1. "इन्द्र धनुष के तोरण द्वारों से होकर
झरते प्रपात
अनविल स्त्रोत पढ़ रहे हैं।"[35]

2. "यह मेरी रात मेरी प्रगाढ़ता है,
दिन मेरी हँसी।"[36]

अपनहुति

"यमुना के नीले जल में
मेरा यह बेतसलता सा कांपता तन बिम्ब
और उसके चारों ओर सांवली गहराई
का अथाह प्रसाद
जानते हो कैसा लगता है।"[37]

अर्थान्तरन्यास

"राघव
उस वृद्ध ठंडी सिला से इतिहास के सम्मुख
कुछ भी नहीं होगा
उसकी मौसम मुखी चट्टान पर
केवल लांछना की ठठरियाँ
राष्ट्र घाती रूप में
विभीषण को वहन करना
अन्तिम सूर्य तक
उस वृद्ध शिला पर
गिद्धनत नैठा हुआ

बहुमत
न्याय है, सत्य है
ऐतिहासिक नियत है।"[38]

निष्कर्ष

नरेश मेहता की उपमान योजना विशिष्ट है उसमें प्रभावोत्पादकता, सादृश्य परकता, रंग सभ्यता गुण सभ्यता और परिस्थितगत या प्रसंगत औचित्य मिलता है। जब वह 'पूरब दिशा में हड्डी के रंग वाला बादल' कहता है तो सारी वर्णना ही निष्प्रभ हो जाती है। कहा जा सकता है कि नरेश की उपमान योजना पर्याप्त प्रभावी, आकर्षक और औचित्य का मार्ग तलाश रही है। उनकी उपमानों से भी भाषा, प्रतीक और बिम्बों की तरह एक सांस्कृतिक गरिमा का बोध होता है।

3. प्रतीक योजना

प्रतीक शब्द का अर्थ है संकेत या चिन्ह है। 'प्रतीक' ऐसे संकेत हैं। जिनके द्वारा अभिव्यक्ति को सार्थक अर्थ गर्भित बनाया जा सकता है। जब मनुष्य भावुक और संवेदनशील होता है तो वह प्रतीकों की वाणी में बोलने लगता है, प्रतीकों का जन्म मानव की भावनाओं के विकास के साथ होने लगता है। विस्तृत बातों को कम से कम शब्दों में कहने की प्रवृत्ति के कारण ही प्रतीक का प्रचलन बढ़ता जाता है। मनुष्य अपने भावों और विचारों को संकेतों के माध्यम से व्यक्त करते हैं।

डॉ. सरनाम सिंह शर्मा ने कहा है- "प्रतीकों का इतिहास मानव कि अनुभूति और अभिव्यक्ति का इतिहास है। कला के इतिहास में प्रतीक पद्धति का विकास सौन्दर्य भावना से सम्बन्धित है।[39] यों तो भाषा का प्रत्येक शब्द प्रतीकमय है किन्तु प्रतीक अप्रचलित होने पर अपना अर्थ खो बैठता है।[40]

प्रतीक शब्द तर्कशास्त्र, विज्ञान, गणित, मनोविज्ञान, ज्योतिष आदि विविध ज्ञानासुनों में बहुलता से प्रयुक्त होता है किन्तु प्रस्तुत संदर्भ में उन प्रतीकों से है। जिससे प्रतीत हो या किसी वस्तु की अभिव्यक्ति हो वह प्रतीक है-

हलायुध कोशकार के अनुसार-"जिस वस्तु या साधन के द्वारा बोध या ज्ञान की प्रतीति अथवा विश्वास होता है उसे प्रतीक कहते हैं।"[41]

अमरकोशकार के अनुसार-"प्रतीक अर्थ अंग अवयव कलेवर आदि भी होता है।"[42]

एनसाइक्लोपीडिया ब्रिटेनिका के अनुसार-"प्रतीक उस दृश्य वस्तु के लिए आता है जो अपने साहचर्य से अदृश्य वस्तु का ज्ञान कराये।"

डॉ. कैलाश बाजपेयी के अनुसार "प्रतीक विस्तार को संक्षेप में कहने का माध्यम है।"[43]

डॉ. जनक शर्मा के अनुसार-"प्रतीक का रूप संक्षिप्त होता है लेकिन उसमें अभिव्यक्ति को व्यापक हृदय संवेध और अर्थ व्यंजक बनाने की अद्भुत शक्ति होती है।"[44]

प्रतीक का अर्थ और महत्व

कवि की कल्पना तीन रूपों में स्पष्ट होती है

1. बिम्ब निर्माण के रूप में।
2. उपमान योजना के रूप में।
3. प्रतीक योजना के रूप में।

प्रतीकों में शक्ति होती है वह भाषा में संघनता, संश्लिष्टता और अर्थवत्ता लाते है। इस दृष्टि से प्रतीकों का काव्यगत महत्व स्पष्ट हो जाता है। अत: प्रतीक काव्य में विषय की व्याख्या अलंका और भाव प्रतिनिधित्व कार्य करते हैं।

प्रतीक की परिभाषा

प्रतीक शब्द प्रयोग उस दृश्य अथवा गोचर वस्तु के लिए किया जाता है जो किसी अदृश्य विषय का प्रतिविधान उसके साथ अपने साहचर्य के कारण आती है अथवा कहा जा सकता है कि किसी अन्य स्तर की समान रूप वस्तु द्वारा किसी अन्य स्तर के विषय का प्रतिनिधित्व करने वाली शक्ति प्रतीक है।[45]

प्रतीकों का वर्गीकरण

प्रतीकों को गुण अर्थ विषय और स्रोत के आधार पर वर्गीकरण किया जाता है इनमें विषय या स्रोत पर आधारित प्रतीक अधिक वैज्ञानिक हैं। क्योंकि आधुनिक युग में हर क्षेत्र से प्रतीक चयन हो रहा है। अत: विषय के आधार पर वर्गीकरण अधिक उपयोगी जान पड़ता है। स्थूलत: प्रतीक दो प्रकार के हैं

1. परम्परागत प्रतीक

2. नवीन प्रतीक

क- नरेश के काव्य प्रतीक

सांस्कृतिक वर्ग के प्रतीक

नरेश के काव्य का गहन परिपार्श्व, पौराणिक है। उन्होंने सांस्कृतिक संदर्भों और स्थितियों को चित्रित करते समय या कई बार अपनी वैयक्तिक प्रतिक्रिया स्वरूप इन प्रतीकों को अपनाया है। इस प्रकार के प्रतीकों में राम, रावण, सीता, लक्ष्मण, विभीषण, हनुमान,

आदि पात्रों को संशय की रात में, प्रतीकावात् भी स्वीकारा गया है। नरेश मेहता ने मनु और गौतम को भी प्रतीकत्व प्रदान किया है-

> **पुत्र मेरे,**
> **हमारा मनु ही पृथक है**
> **अपने वश में गौतम नहीं होता।**[46]

प्राकृतिक प्रतीक

प्राकृतिक प्रतीकों का प्रयोग प्राचीन काल से कविता में होता रहा है। नरेश मेहता जी ने अपनाया है- (अ) लौकिक अभिव्यक्ति के द्योतक (आ) आध्यात्मिक अभिव्यक्ति के द्योतक, नयी कविता के काव्य में सांस्कृतिक प्रतीक प्रचुर मात्रा, में प्रयुक्त हुए हैं। यह प्रतीकात्मकता कथा एवं पात्र दोनों में दृष्टव्य है।

संशय की एक रात

प्रतीक विधान की दृष्टि से समीक्ष्य कृति अत्यन्त महत्वपूर्ण है। इस प्रबन्ध काव्य के पात्र, घटनाएँ, सर्ग, शीर्षक सभी प्रतीकात्मक है। कवि जो मिथकीय आधार लेकर चला है। वह आधुनिक समस्याओं और संवेदना को है। पुरावृत्त पर आधारित होने के कारण समीक्ष्य में सांस्कृतिक प्रतीकों का बाहुल्य है। युगीन समस्याएं-युद्ध, शान्ति, मानवीय लघुत्व, व्यक्तित्व विखण्डन, संक्रमित मूल्य, दृष्टि, संशय-शंका, नैराश्य एवं कुण्ठा आदि इन प्रतीकों के माध्यम से अभिव्यंजित हुई है। कृतिकार का प्रतीकात्मक दायित्व इसलिए और भी महत्वपूर्ण हो गया है।

शीर्षक की प्रतीकात्मक

समीक्ष्य कृति अपने में ही प्रतीकार्थ संजोये हुए हैं। कवि स्वयं स्वीकारता है कि इस कृति में राम के मन में उठने वाले संशयों को माध्यम बनाकर युगीन समस्याओं का चित्रण किया गया है। युद्ध पूर्व का संशयी राम प्रकारान्तर से आधुनिक प्रज्ञा का प्रतीक है।

सर्गों की प्रतीकात्मक स्थिति

प्रथम सर्ग का शीर्षक है- साँझ का विस्तृत और बालू तट। यह साँझ राम के संशयी मन को एवं बालू तट नीरस अर्थहीनता एवं शुष्कता का प्रतीक है। द्वितीय सर्ग 'वर्षा भीगे अंधकार का आँगन'। तृतीय सर्ग गम्भीरता को अपने में संजोये है।

चतुर्थ सर्ग 'संदिग्ध संकल्प ओर सवेरा' मंत्रणाएं निर्णय के बावजूद राम के द्विविधा ग्रस्त जन का प्रतीक है तथा इस निर्णय का सार रूप में 'संशग की एक रात' सर्गों में प्रतीकार्थ को सार्थकता से समेटे हुए हैं।

पात्रों की प्रतीकात्मक स्थिति

समीक्ष्य प्रबन्ध कृति सभी चरित्र प्रकारान्तर आधुनिक संवेदना के संवाहक हैं। राम आधुनिक प्रज्ञा का प्रतिनिधित्व करते हैं। वे युगीन समस्याओं से जूझते संशय एवं संदिग्ध संकल्पी जन के प्रतीक हैं। लक्ष्मण मानवीय लघुता बोध को प्रस्तुत करते हैं। हनुमान, नल, नील, जामवंत आदि समाज के प्रतीक हैं, सीता स्वतंत्रता की प्रतीक हैं। दशरथ एवं जटायु की छाया कवि मन के विचारों का प्रतीक है।

प्रतीकात्मकता के अन्य आयाम : प्राकृतिक प्रकृति

'अपनी चोंच से कौंचती जल
टिटहरी
खो गयी विस्तार में।[47]
सूर्योदय साक्षी है,
संशय की बेला अब नहीं रही।"[48]

'संशय की एक रात' में सफलता एवं सार्थकता के साथ प्रतीकात्मकता का निर्वाह किया है। नरेश मेहता ने पौराणिक चरित्रों में आधुनिक संवेदना एवं सचेतना के साथ सम्पृक्त कर प्रतीकों की नवीन सर्जना की है।

महाप्रस्थान

पूर्व कृति की भाँति समीक्ष्य कृति भी सांस्कृतिक प्रतीकों को युगीन समस्याओं की अभिव्यक्ति हेतु प्रयुक्त करती है।

शीर्षक का प्रतीकार्य

यद्यपि समीक्ष्य प्रबन्ध कृति महाभारत के महाप्रस्थानिक पूर्व से प्रभावित है तथापि प्रतीकात्मक है। व्यक्ति-प्रज्ञा की खोज ही प्रकारान्तर से हिमालय की उर्ध्वमुखी यात्रा है। यह मात्रा विश्व को युद्ध स्थितियों से व्यक्ति मन के विरत होने का प्रतीक है।

सर्गों की प्रतीकात्मकता की सार्थकता

आलोच्य कृति में तीन सर्ग यात्रा पर्व, स्वाहा पर्व एवं स्वर्ग पर्व है। यात्रा मन की उर्ध्वयात्रा का प्रतीक एवं स्वाहा प्रज्ञा की खोज में स्व के होकर का प्रतीक है एवं स्वर्ग महत्त लक्ष्य सिद्धि का प्रतीक। समग्रत: जो यात्रा प्रज्ञा की खोज में आरम्भ हुई उसकी समाप्ति स्वर्ग में प्रज्ञा–प्राप्ति के बाद हुई।

चरित्रों की प्रतीकात्मक स्थिति

युधिष्ठिर मानव मुक्ति के प्रतीक है। कवि ने युधिष्ठिर के चरित्र को आज के युग के साथ संयोजित कर उन्हें नवीन धरातल पर प्रस्तुत किया है। "आज हम जिस स्थिति से गुजर रहे हैं, उसमें प्रशासक और राज व्यवस्था के अकूत शक्तिशाली हो जाने की संभावनाएँ बढ़ गयी हैं अत: काव्य का दायित्व बढ़ गया है।[49] कवि के इस जीवन-दायित्व निर्वाह का माध्यम युधिष्ठिर ही है। "थके पुरुषार्थ का अर्जुन भी षड होती पाण्डवों की वीरता का, नकुल सहदेव ज्ञान के एवं द्रौपदी सांसारिकता के प्रतीक है।

प्रतीकात्मकता के अन्य आयाम

सांस्कृतिक प्रतीक

सांस्कृतिक प्रतीक प्रबन्ध काव्य में पुनरावृत्त के कारण आए हैं, जो प्रतीकों के स्वाभाविक प्रयोग का माध्यम हैं। पौराणिक प्रतीकों का प्रयोग दृष्टव्य है

1. **कितना कठिन है**
   व्यक्ति के ये कवच-कुण्डल उतार कर
   समय को दे देना
   सबको कर्ण नहीं हो पाता महाराज।"[50]

2. **मानवता का यह रथ**
   किस अंधे मार्ग पर बढ़ रहा है
   तुम नहीं जानते पार्थ।[51]

प्राकृतिक प्रतीकों

प्राकृतिक प्रतीकों का काव्य में सार्थक प्रयोग है

1. **व्यक्ति के फूल तत्व को कुचल दोगे**
   तो वन
   गंधमादन कैसे बन पायेगा?
   फूल का एकाकीपन
   अरण्य की सामूहिकता की शोभा है
   विरोधी नहीं।"[52]

प्रवाद पर्व

नामकरण की प्रतीकात्मक सार्थकता का प्रश्न

प्रवाद पर्व का नामकरण स्पष्टत: प्रतीकात्मक नहीं है, किन्तु राम का प्रवाद प्रकारान्तर से आगजन का प्रवाद है। आपातकालीन स्थिति का बोध भी प्रवाद पर्व में प्रक्षेपित है।

प्रतीकात्मक सर्ग विधान

प्रस्तुत प्रबन्ध काव्य वैचारिकता से परिपूर्ण है। सभी सर्ग विचारों की अभिव्यक्ति करने में सफल हुए हैं। प्रथम सर्ग इतिहास और प्रतिहास 'समकालीन सामाजिक चुनौती का, प्रति इतिहास और तंत्र, सत्ता और व्यवस्था के जन के प्रति व्यवहार का, तृतीय सर्ग शक्ति एक संबंध एक साक्षात्, जन के परतंत्र बाध एवं स्वतंत्रता के लिए सत्ता के विरुद्ध संघर्ष का, चतुर्थ सर्ग प्रतिहास और निर्णय, निरपेक्ष न्याय एवं भाषा स्वातंत्र्य का, निर्वेद विदा, अन्तिम और पाँचवा सर्ग असंगति का प्रतीक है।

चरित्रों की प्रतीकात्मकता

समीक्ष्य कृति में राम काव्य नायक हैं। उन्हें साधारण जन की स्वाधीनता एवं अभिव्यक्ति की स्वतंत्रता का प्रतीक माना जा सकता है। वे आम जन के असंग कर्म के भी प्रतीक हैं- सीता विवेक की, लक्ष्मण, भरत एवं अन्य समस्त राजनयिक शक्ति के प्रयोक्ता के रूप में, रावण शक्ति मद से चूर राष्ट्र का पर्याय है जो सत्ता लोभ में देशों को युद्ध की आग में झोंक देने तथा स्वातंत्र्य अपहरण करते हैं।

अंधा युग

प्रतीक विधान की दृष्टि से अंधा युग एक श्रेष्ठ काव्य है। समाज में परिव्याप्त विकृतियों, असंगतियों एवं असंतुलन का परिहार कवि ने प्रतीकों के माध्यम से किया है। अंधा युग में प्रतीक योजना तीन रूपों में हुई है।

1. प्रतीकात्मक नामकरण के रूप में।
2. प्रतीकात्मक चरित्र सृष्टि के रूप में।
3. प्रतीक शब्दों के रूप में।

प्रसंगों की प्रतीकात्मकता

ये छल कपट और धोखाधड़ी के प्रतीक हैं। सर्गों के शीर्षक भी प्रतीकार्थ लिए हुए हैं- अंधा युग, टुकड़े-टुकड़े हुई मर्यादा, विवेकहीनता एवं अंध भय एवं ममता का प्रतीक हैं। प्रथम अंक 'कौरव नगरी' अंधी संस्कृति का पशु का दया, द्वितीय अंक मानव की पाशविक वृत्ति का प्रतीक, अश्वत्थामा का अर्द्ध सत्य, प्रतीक है व्यक्ति की मोह पूर्ण स्थिति, भाषा की अपूर्णता एवं असमंजसता का प्रतीक पंख। विजय : एक हत्या में सत्य की विजय एवं मानवीय पाशविकता के प्रतीक हैं।

चरित्रों की प्रतीकात्मकता

सभी पात्र किसी न किसी विचारधारा या मनोविकार का प्रतिनिधत्व करते हैं। धृतराष्ट्र स्वजनों के प्रति मोहान्धता एवं सत्ता लोलुपता के गांधारी मानवता के उस पक्ष की प्रतीक है जो युद्ध से घबरा गया है तथा निराश और अनास्था की ओर उन्मुख है। अश्वत्थामा हिंसक पशुत्व एवं अर्द्ध सत्य के कृष्ण ज्योति, संजय कर्म लोगों से बहिष्कृत है, सत्य के व्यास महाशक्ति बलराम क्षीण न्याय के तथा याचक भविष्य का प्रतीक है।

प्राकृतिक प्रतीक

बादल नहीं है
ये गिद्ध हैं
लाखों करोड़ों
पाँखे खोले ।"[53]

यह गिद्ध विकृत मन: स्थितियों का प्रतीक है तथा पाँखे विकृति के प्रसार का। अधिकतर काव्य में पौराणिक प्रतीक प्रयुक्त हुए हैं।

कनुप्रिया

'कनुप्रिया' के प्रतीक अधिकांशत: प्राकृतिक एवं सांस्कृतिक हैं।

प्राकृतिक प्रतीक

प्रकृति के उन्मुक्त विस्तार में मानव मन की भाव तरंगे सहज ही प्रतीक का संधान कर लेती हैं यथा

मैने देखा अगणित विक्षुब्ध विक्रान्त लहरें
फैन का शिरस्त्राण पहनें
सिवार का कवच धारण किये,
निर्जीव मछलियों का धनुष लिये
युद्ध-मुद्रा में
आतुर है।[54]

जीवन-व्यापार सम्बन्धी प्रतीक

नीचे की घाटी से
ऊपर के शिखरों पर
जिसको जाना था वह चला गया। [55]

यहाँ 'घाटी' युद्ध भूमि एवं शिखर सत्ता लोलुपता की तुष्टि का क्षेत्र के प्रतीक हैं।

समग्रत: 'कनुप्रिया' में अधिकांशत: प्राकृतिक प्रतीकों का प्रयोग हुआ है।

धर्मवीर भारती ने कल्पना शक्ति के सार्थक प्रयोग से प्रतीकों को नयी अर्थवत्ता प्रदान की है।

एक कण्ठ विषपायी

दुष्यन्त कुमार द्वारा रचित 'एक कण्ठ विषपायी' प्रतिविधान की दृष्टि से विशिष्ट कृति है। समीक्ष्य कृति के प्रतीकों के दो आयाम होते हैं-

1. पात्रों की प्रतीकात्मकता
2. शब्दों की प्रतीकात्मकता

"एक कण्ठ विषपायी' नामकरण की दृष्टि से प्रतीकात्मकता का प्रयोग है। वह एक ऐसे व्यक्ति को अभिव्यक्ति करता है जो परम्परा के जहर को पीकर नये मूल्यों की रक्षा करता है।

पात्रों की प्रतीकात्मकता

पात्रों की प्रतीकात्मकता का अवलोकन करें तो शंकर भगवान 'एक कण्ठ विषपायी' में परम्परा भंजक है, ब्रह्मा निर्णय लेने में असमर्थ राजा है, विष्णु जी न्याय के पक्षधर हैं, वीरणी सामाजिक रूढ़ियों एवं नारी चेतना का प्रतीक हैं। इन्द्र सत्ता लोलुप व्यक्तित्व का प्रतीक देश राजसत्ता के प्रतीक हैं, इस प्रकार पौराणिक प्रतीक अपनी सामयिक अर्थवत्ता सिद्ध करने में सफल हुए हैं।

शब्द-प्रतीक

इनके अतिरिक्त प्राकृतिक प्रतीकों का प्रयोग हुआ है। एक उदाहरण दृष्टव्य है-

मेघों जैसे केश लटकते नीचे
हिम पर ऐसे फिसल रहे हैं
जैसे मध्याह्न में धरा परा
तार-तार हो काँपती-काँपती
निशा गिर पड़े।"[56]

समग्रत: प्रतीक प्रयोग की दृष्टि से 'एक कण्ठ विषपायी' में 'शिव पुराण' से ग्रहीत सती दाह प्रसंग को कवि ने सामयिक युद्ध समस्या एवं मूल्य विघटन प्रक्रिया से सम्पृक्त कर सार्थक अभिव्यक्ति दी है, जो निश्चयता कवि-शिल्प साधना के प्रतीक विद्यायाम आयाम की सफलता का परिचायक है।

आत्मजयी

'आत्मजयी' कुँवर नारायण की कृति दृष्टि से 'कठोपनिषद' पर आधृत प्रबन्ध काव्य है। आत्मजयी प्रबंध काव्य की प्रतीकात्मकता दो स्तरों पर व्यवहृत हुई है-

1. चरित्रों की प्रतीकात्मकता
2. शब्द प्रतीक

चरित्रों की प्रतीकात्मकता - स्थिति

समीक्ष्य प्रबंध काव्य कृति में तीन पात्र हैं- वाजश्रवा, नचिकेता एवं यमा वाजश्रवा का व्युत्पत्तिपरक है- अन्नदान से यशस्वी। 'आत्मजयी' में बाजश्रवा पुरानी पीढ़ी और वस्तुवादी दृष्टिकोण का प्रतीक है। नचिकेता नई पीढ़ी का परम्परावाद या अनुकरणवाद के स्थान पर सृजन और आत्मवाद का प्रतीक है।

प्राकृतिक शब्द प्रतीक

उन उपत्यकाओं में
वहाँ, जहाँ लहरे हैं
और टूटने से पूर्व
हवा में छटपटाते पत्तों की
छिन्न-भिन्न छाया
कोई था
जिसके पास कोई नहीं आया।"[57]

छाया आत्मा का प्रतीक है। लहरें अस्तित्व संकट के लिए जूझते अन्तर का तार चढ़ाव है। समग्रत: आत्मजयी में प्रतीक विधान का सफल निर्वाह पात्र योजना के परिवृत्त में हुआ है।

शम्बूक

जगदीश गुप्त द्वारा रचित 'शम्बूक' आधुनिक संवेदना का संवाहक है। 'शम्बूक' की प्रतीकात्मकता पात्रों एवं शब्द प्रतीकों में है। शम्बूक स्वयं प्रतिपक्ष का प्रतीक है, राम सत्ता पक्ष के तथा विभीषण वंचना का प्रतीक है।

पौराणिक शब्द प्रतीक

'शाखा में लटके,
शम्बूक के
कटे शीश ने

शब्दों से
गाढ़ा काला रक्त वमन कर
एकलव्य के
शरच्छिन गूंगे अंगूठे से कहा।"[58]

कटा शीश प्रतिपक्ष की कुचली आवाज का प्रतीक है। एकलव्य और उसका गूंगा अँगूठा विवश मानसिकता का प्रतीक है। इसी प्रकार खर-दूषन त्रिशरा प्रतीक हैं। विभीषण वंचना का प्रतीक है।

कवि ने प्राकृतिक एवं जीवन के क्षेत्र से चयनित प्रतीकों का सार्थक प्रयोग किया है। जीवन क्षेत्र से चयनित प्रतीक इस प्रकार है-

मिट्टी का एक जिन्दा घड़ा
जिसे लोहे की चोट से
तोड़ा गया।"[59]

शुद्ध प्राकृतिक प्रतीक

"घोंसले से नीचे गिरा
रोयेंदार लोहे सा
चिड़िया का एक बच्चा
जाने किस स्त्रोत से
बढ़ने की शक्ति पा
पंख खोल
पृथ्वी को छोड़
नीले आकाश में
मुक्त उड़ जाता है। [60]

चिड़िया का बच्चा अस्तित्व संकट के लिये जूझती चेतना का प्रतीक है। पृथ्वी संकीर्ण एवं खोखली मान्यताओं का एवं आकाश जीवन के उच्चादर्शों का प्रतीक है। समीक्ष्य कृति में प्रतीकों का निर्वाह सफलतापूर्वक हुआ है।

एक पुरुष और

आज के युग की प्रमुख समस्या संकट की रक्षा किये जाने वाले संघर्ष एवं फलत: उत्पन्न परिणामों को स्वीकारने की है। एक पुरुष और इसी तथ्य की सार्थक अभिव्यक्ति है। प्रत्येक युग में मान्यताओं एवं परम्परागत मूल्यों को चुनौती दी गयी है तथा नये मूल्य व्यक्ति की संघर्षावस्था के साथ प्रतिष्ठित करते हैं। 'एक पुरुष और' की प्रतीक योजना का वैशिष्ट्य नई अर्थवत्ता में दृष्टव्य है-

1. **सोचते जा रहे थे इन्द्र**
और गध से भरे वायु खण्ड
उनके चारों तरफ मण्डराने लगे।"[61]

2. **मैने कितने ही सुन्दर शरीरों को**
अपनी आग में भस्म कर दिया है।"[62]

3. **वह अंधेरे में उकारती वायु के गोलों में**
फँस गया
गिर पड़ा कंदरा में
जहाँ किसी के तप की अग्नि
प्रज्ज्वलित हो रही थी।"[63]

इला और अमिताभ

'इला और अमिताभ की प्रतीक योजना का प्रमुख आयाम चरित्रों का प्रतीकात्मक स्तर है। 'इला' अप्रतिम त्याग और मानवीय प्रेम एवं अमिताभ ईश्वर भक्ति एवं चरम शान्ति के अन्वेषण के प्रतीकार्थ को अभिव्यक्त करते हैं। चाचा सांसारिक रूढ़ियों तथा परम्परागत जड़ मान्यताओं का प्रतीक है। प्रेम की गहनता एवं सूक्ष्मता को अभिव्यक्त करना कवि का अभिप्रेत रहा है। प्राकृतिक प्रतीक शब्द प्रतीकों के अन्तर्गत यदा-कदा प्रयुक्त हुए हैं-

'वासना के सतही ज्वार भाटे से
परे दूरागत समुद्री धारा की भाँति
आत्मा की गहराई में प्रवाहित रहता है।"[64]

'सतही ज्वार भाटा' प्रेम की शारीरिकता का प्रतीक तथा समुद्र प्रेम की गहराई का।

समग्रता नयी कविता के प्रबन्ध काव्य प्रतीक योजना की दृष्टि से लीक से अलग अपनी पहचान बनाने में सक्षम है।

काव्य-शिल्प का यह महत्वपूर्ण विशिष्ट अंग तथा अभिव्यक्ति का सबसे बड़ा साधन है जो हिन्दी प्रबन्ध काव्यों प्रतीकों की दृष्टि से सम्पन्न है। उल्लेख है कि "कविता के क्षेत्र में सर्वथा नवीनता का नारा लगाने वाले नये कवि ने प्रतीक योजना में परम्परागत प्रतीकों को भी स्वीकार किया है और साथ ही कुछ नवीन प्रतीकों को प्रतिष्ठित करने का प्रयत्न भी किया है।[65] वह अपने पाश्चात्य प्रभाव एवं परम्परा त्याग के बावजूद नयी कविता भारतीय जातीय जीवन के प्राचीन आख्यानों और प्रतीकों का उपयोग करती है। निश्चय ही यह उपयोग नवीन जीवन भूमियों और संदर्भों की व्याख्या करने के लिए किया है। [66]

नयी कविता में यौन प्रतीक अन्य प्रतीकों की अपेक्षा कम दिखाई देती है। कवि अज्ञेय लिखते है- "आज का मानव-मन यौन परिकल्पनाओं से लदा हुआ है और वे कल्पनाएँ सब

दमित और कुण्ठित उसकी सौर्य चेतना से भी इसमें आक्रान्त है। उसके उपमान सब यौन प्रतीकार्थ रखते हैं।[67]

सामाजिक वर्जनाओं के कारण कवि अपनी कामजन्य इच्छाएँ व्यक्त करने में स्वयं को असमर्थ पाता है। परिणामस्वरूप वह अपनी इच्छाओं को यौन प्रतीकों के माध्यम से व्यक्त करता है। अज्ञेय की 'सावन मेघ' कविता स्वयं इसका उदाहरण है-

"घिर आया नभ, उमड़ जाए मेघ काले,
भूमि के कंपित उरोजों पर झुका-सा
विशद श्वासाहत चिरातुर
छा गया इन्द्र का नील वृक्ष
वज्र-सा यदि तड़ित-सा झुलसा हुआ सा
आह में श्वास है उत्तम
धमनियों में उमड़ आयी है लहू की धार
प्यार है अभिशप्त। तुम कहाँ हो नारी।"[68]

ऊपर लिखे हुए प्रतीकों के अतिरिक्त नवीन संदर्भों में कुछ नये प्रतीकों की भी रचना की गयी है। इस प्रकार नये कवियों ने पुराने अर्थ-छवि को प्रस्तुत करने वाले प्रतीकों के स्थान पर नव दृष्टि अर्थ छवि प्रस्तुत करने वाले नये प्रतीकों का संयोजन कर काव्य को अधिक सरल बनाया है। गिरिजा कुमार माथुर, की प्रतीक परक पंक्तियाँ हैं-

'फिर धरा-सीता सतायी जा रही,
फिर असुर-संस्कृति जमायी जा रही।[69]

शमशेर जी ने बिम्ब के साथ निजी प्रतीक भी मिला दिया है। परिणामत: वस्तु की सत्ता का स्पष्ट बोध नहीं हो पाता।

आधुनिक काव्य में 'महादेवी जी' की प्रतीक योजना उनकी रहस्योन्मुख भावना के प्रकाशन के लिए प्रचुरता से व्यवहृत हुई है।[70]

"उसका कार्य मन को प्रभावित करता है। प्रतीक किसी पदार्थ का चित्र नहीं खींचता, केवल संकेत द्वारा उसकी विशिष्टता अथवा उसके प्रभाव की ओर इंगित करता है। उसका पृथक अस्तित्व है जो किसी अन्य वस्तु अथवा तथ्य पर अवलम्बित नहीं रहता। उसकी अपनी निजी व्यवस्था में अनेक प्रभावों, प्रयोजनों तथा अर्थों का सूक्ष्म सम्मिश्रण विद्यमान रहता है।[71]

महादेवी जी की कोमल भावनाओं में सिर्फ प्रतीक की भाषा ही सफल हो सकती थी। वह एक कुशल चित्रकर्ती है। इस कारण उनके काव्य में प्रतीकों की बाहुल्यता है।

"नवीन और कोमल मसृण प्रतीकों तथा अप्रस्तुतों से महादेवी की कविता मंजूषा छवि गृह-दीपशिखा की भाँति जगमगा उठी है। उनके शब्दों पर उनकी अनुभूति का पानी और भी छटा लाता है।"[72]

4. बिम्ब विधान

मनुष्य की कल्पना में बनने वाले चित्र को बिम्ब कहते हैं। यह कवि के चिन्तनशील मन:स्थिति का वह मानस चित्र जिसे रूपक आदि की सहायता से अभिव्यक्ति प्रदान किया जाता है। यह मानस प्रतिमा का पर्याय है। यह कल्पना प्रतिमा प्रस्तुत परिवेश की संवेदना, स्मृतिजन्य पूर्व अनुभूतियों और कभी-कभी अस्तित्व न रखने वाली घटनाओं को भी प्रमुखता प्रदान करती है। इसलिए काव्य शिल्प में बिम्ब का महत्व अधिक है।

बिम्ब विधान सम्पूर्ण काव्य में स्थायी रूप में विद्यमान रहता है। कविवर दिनकर के शब्दों में चित्र कविता का एक आवश्यक गुण है, प्रत्युत कहना चाहिए कि यह कविता का एक मात्र शाश्वत तत्व है जो उससे कभी नहीं छूटता।[73]

एजरापाउण्ड तो यहाँ तक कह चुके हैं कि- "बड़ी-बड़ी पोथी लिखने की अपेक्षा जीवन भर में केवल एक बिम्ब रचना करना कहीं बेहतर है।[74] काव्य संरचना के शैल्पिक प्रतिमानों में बिम्ब का विशिष्ट स्थान है।

ड्राइडन बिम्ब को काव्य का प्राण तत्व स्वीकारते हुए कहते हैं कि "बिम्ब विधान कविता की उत्कृष्टता नहीं, उसका प्राण तत्व है।[75] हमारे चारों ओर हम जो कुछ भी अनुभव करते हैं। वह संश्लिष्ट भावों के रूप में संवेदित होकर बिम्ब के माध्यम से कविता में उभरता है।

इससे हम इस निष्कर्ष पर पहुँचते हैं कि-

1. बिम्ब काव्येतर वस्तु नहीं अपितु काव्य संरचना का विशिष्ट शैल्पिक प्रतिमान है।
2. बिम्ब स्मृति का पुनर्नियोजन है।
3. बिम्ब संरचना में भावात्मकता एवं बौद्धिकता दोनों का समावेश होता है।
4. बिम्ब का महत्व काव्य रचना एवं रसास्वादन दोनों दृष्टियों से है।

बिम्ब मात्र सज्जा का उपकरण नहीं है बल्कि वह अलंकार, संवेदना, क्रमबद्धता, प्राणवत्ता, प्रभविष्णुता एवं भावों के मूर्तिकरण का कार्य भी करता है।

नयी कविता में कुछ नये और विशिष्ट बिम्ब प्रस्तुत हैं-

1. भावात्मक बिम्ब

'बूंद टपकी एक नभ से,
किसी ने झुककर झरोखे से
कि जैसे हँस दिया हो,

हँस रही-सी आँख ने
जैसे किसी का कस दिया हो,
देख रह गया हो,
उस बहुत से रूप को रोमांच रोके
सह गया हो।"[76]

2. कलात्मक बिम्ब

भोर का बावरा अहेरी
पहले बिछाता है आलोक की
लाल-लाल कनियाँ
पर जब खींचता है जाल को
बाँध देता है सभी को साथ।[77]

3. खण्डित अथवा विश्लिष्ट बिम्ब

नदी की बाँक
गोरी चमक बालू की
विदा की आर्द्र लालिम
मेघ की रेखा
नीरव बलाका।"[78]

इस काल खण्ड में नयी कविता, नये भाव-बोध एवं नयी अर्थवत्ता लेकर विकसित हुई। इस आधार पर राजनीतिक परिस्थितियाँ हैं, दूसरे पाश्चात्य वैचारिकता का भी उस पर प्रभाव पड़ा है। इसलिए नयी कविता, कविता ने जिन आधारों को लेकर पूर्ववर्ती काव्य-प्रवृत्तियों की आलोचना की थी। सातवें दशक के आरम्भ में कुछ ऐसी ही सीमाओं में वह स्वयं रूढ़ हो गयी।

स्वातंत्र्योत्तर हिन्दी कविता में जैसे विषय और कवि की जीवन दृष्टि बदली वैसी है। शिल्प के क्षेत्र में नये आयाम भी विकसित हुए। अब बिम्ब भी कविता के मूल्यांकन की कसौटी के रूप में स्वीकारा जाने लगा। आजादी के बाद नये शैल्पिक प्रतिमान सामने आये। पहले पाश्चात्य साहित्य का प्रभाव था, साथ में बिम्बवादी आन्दोलन भी चल रहा था।

सुमित्रानंदन पंत जी ने काव्य भाषा के विवेचन में चित्र भाषा के प्रयोग की बात कही तो बिम्ब को ही काव्य शिल्प के अंग और आलोचना के प्रतिमान के रूप में स्वीकार किया था।

आचार्य रामचन्द्र शुक्ल जी ने 'चिन्तामणि' के एक निबन्ध में लिखा था-

'काव्य का काम है, 'कल्पना' में बिम्ब या
'मूर्त भावना', उपस्थित करना।।'[79]

काव्य कल्पना चित्र नहीं है, वरन् अनुभूतियों का मूर्तिकरण है। बिम्ब वस्तुतः विचारशील मानव की अभिव्यक्ति का साधन है। नयी कविता के रचनाकारों का मानना है कि नयी कविता के मूल्यांकन में रस अलंकार आदि की अपेक्षा बिम्ब को ही काव्य का प्रतिमान स्वीकार किया जाना चाहिए।

बिम्ब : शाब्दिक उत्पत्ति

भारतीय वाङ्मय में बिम्ब शब्द यद्यपि (छाया) या 'प्रतिबिम्ब' के रूप में प्रचलित रहा है। 'अंग्रेजी डिक्शनरी' में बिम्ब को किसी वस्तु की छाया अनुकृति सादृश्यता अथवा समानता माना गया है। विश्वकोश में बिम्ब को 'प्रतिच्छाया' के रूप में स्वीकार किया गया है।

यह बात भी कही गयी है कि किसी वस्तु या व्यक्ति का प्रतिबिम्ब बिम्ब ही है। साहित्य और अन्य कलाओं में इसका अर्थ सजीव निजी वस्तु की प्रतिच्छाया माना गया है।[80] अंग्रेजी के प्रमाणिक कोशों के आधार पर 'इमेज' के अर्थ को बिम्ब का समानार्थक मानकर इस प्रकार स्पष्ट किया जा सकता है

1. बिम्ब किसी पदार्थ का मानचित्र है।[81]
2. बिम्ब कल्पना अथवा स्मृति में उपस्थित चित्र अथवा प्रतिकृति है जिसकी चातुष होना अनिवार्य नहीं है।[82]
3. बिम्ब किसी पदार्थ की प्रति कृति है। मूर्त दृष्ट प्रत्येक है।[83]

साहित्य में 'बिम्ब' शब्द का प्रयोग काव्य बिम्ब के रूप में होता है। 'बिम्ब' के साथ काव्य शब्द का जोड़ा जाना इस बात का प्रमाण है कि साहित्य के संदर्भ से उसका अर्थ भिन्न है।

डॉ. हरिचरण शर्मा ने लिखा है- "साहित्यिक बिम्ब प्राणवात होते हैं उनका मूल्य सर्वाधिक होता है। बिम्ब सामान्यतः शब्द चित्र ही है। किन्तु प्रत्येक चित्र बिम्ब की अभिधा प्राप्त नहीं कर सकता है। अनुभूति संपृक्त गोचरत्व और संवेदना संवलित चित्र ही वास्तविक बिम्ब की अभिधा ग्रहण करते हैं।[84]

बिम्ब विधान मूलतः काव्य का चित्र धर्म है। बिम्ब के मूल में कवि की आत्मा का प्रसाद है। उसके अन्तस की छवियों का अंकन है। बिम्ब मूलतः कवि के उपचेतन का प्रोद्भास है और उसके मानस के भीतरी हिस्से की काव्यात्मक और चित्रचलित अनुगूंज है। कवि बाह्य संसार में बिखरी छवियों को कल्पना के सहयोग से भावना और स्मृति के रंगों में रंगता हुआ अप्रस्तुतों व प्रतीकों की सहायता से मूर्तित करता है। "इस प्रकार बिम्ब किसी वस्तु की

अनुकृति भर नहीं है। वह तो चेतना की समग्रता से गृहित उस मन: संस्कार का रूपायन व्यापार ही है। इस दृष्टि से काव्य बिम्ब ऐन्द्रिय बिम्बों से भिन्न है।[85]

काव्यात्मक बिम्ब एक संवेदनात्मक चित्र है जो एक सीमा तक अलंकृत रूपकात्मक, भावात्मक और आवेगात्मक होता है। साथ ही बिम्ब विषयक ये परिभाषात्मक उक्तियाँ भी देखी जा सकती हैं

1. बिम्ब पदार्थों के आंतरिक सादृश्य की अभिव्यक्ति है।[86]
2. बिम्ब किसी अमूर्त विचार अथवा भावना की पुनर्निर्मित है।[87]

"बिम्ब एक दृश्य चित्र संवेदना की अनुकृति एक विचार, एक मानसिक घटना, एक अलंकार अथवा दो भिन्न अनुभूतियों के तनाव से बनी एक भाव स्थिति कुछ भी हो सकते हैं।[88] बिम्ब एक शब्दाश्रित चित्र हैं जिसमें संवेदना की गहराई, भावाद्बोधन की क्षमता, प्रेषणीयता का गुण और अलंकृति का गुण सामान्यत: विद्यमान रहता है। डॉ. केदार नाथ सिंह ने काव्य बिम्ब को स्पष्ट करते समय जिस शब्दावली का प्रयोग किया है वह इस संदर्भ में उल्लेखनीय है। "बिम्ब वह शब्द चित्र है जो कल्पना के द्वारा ऐन्द्रिय अनुभवों के आधार पर निर्मित होता है।[89]

डॉ. नरेन्द्र ने कहा ये काव्य बिम्ब वही श्रेष्ठ माना जा सकता है जिसके मूल में भाव की प्रेरणा बनती है। काव्य बिम्ब का प्रेरक तत्व है। नयी कविता में जिस बिम्ब विधान का विकास हुआ है उसमें कतिपय श्रेष्ठ और प्रतिभावान कलाकार इस क्षेत्र में खरे उतरते हैं।

अज्ञेय, गिरिजा कुमार, सर्वेश्वर, मुक्तिबोध, धर्मवीर भारती और नरेश मेहता इन कवियों के बिम्ब विधान में जीवंतता है। ताजगी और एक प्रकार की भाव सघनता व उर्वरता का गुण पर्याप्त मात्रा में विद्यमान है।

काव्य की विशेषताओं में बिम्ब या चित्र का स्थान सबसे अधिक महत्वपूर्ण है।

मनोवैज्ञानिकों ने इसकी व्याख्या इस प्रकार की है- "इन्द्रियों के माध्यम से जब हम बाहरी जगत की अनुभूति प्राप्त करते हैं तो उसके फलस्वरूप हमारे मन में कुछ ऐसे प्रभाव अंकित हो जाते हैं जो मूर्त रूप में होते हैं। जब हम बाह्य जगत के विभिन्न पदार्थों की अनुपस्थिति में भी उन पदार्थों का ध्यान करते हैं तो उस समय में पूर्व संचित मूर्त रूप ही हमारे ध्यान के केन्द्र में अचेतन स्तर से चेतन स्तर पर उपस्थित हो जाते हैं।[90]

आधुनिक पाश्चात्य शास्त्र में बिम्ब को काव्य का अनिवार्य उपकरण माना गया है।

डॉ. नगेन्द्र के अनुसार- "काव्य बिम्ब शब्दार्थ के माध्यम से कल्पना द्वारा निर्मित एक ऐसी मानस छवि है जिसके मूल में भाव की प्रेरणा रहती है।[91]

बिना 'बिम्ब' ग्रहण के रस-निष्पत्ति नहीं हो सकती है।

आचार्य रामचन्द्र शुक्ल के अनुसार- "काव्य की कोई उक्ति कान में पड़ते समय जब काव्य वस्तु के साथ वक्ता या बौद्धत्व पात्र की कोई मूर्त भावना सी खड़ी करती है तभी पूरी तन्मयता प्राप्त होती है।

हर्बर्ट रीड के अनुसार- "हमें एक कवि को उसके बिम्बों की शक्ति और नवीनता के द्वारा मापने के लिए सदैव प्रस्तुत रहना चाहिए।"

बिम्ब काव्यगत भाव को मूर्त रूप प्रदान करते हैं। अत: बिम्ब ऐसे नहीं होने चाहिए जिनसे भाव दब जाये और शिल्प ही प्रमुख हो जाय।" कविता की भाषा को स्पष्ट, घनीभूत और सम्मत होना चाहिए।[92]

छायावादी कवियों का भाव और शिल्प दोनों दृष्टियों से अत्यन्त समृद्ध है। उनकी अंतर्दृष्टि अत्यंत सूक्ष्म है। "छायावादी कवि की दृष्टि किसी वस्तु पर जाते ही उसके मन में उससे मिलते जुलते चित्रों का तांता बंध जाता है।"[93]

स्वच्छन्दतावादी कविता में बिम्बों की अपेक्षाकृत अधिकता रहती है।

ड्राइडन ने बिम्ब का महत्व बताते हुए कहा है-

"बिम्ब-रचना ही काव्य में प्राणतत्व की प्रतिष्ठा और उसके उत्कर्ष की परिचायिका है। **'इमेजिंग इज, इन इटसेल्फ एण्ड लाइफ आफ पोयट्री" (ड्राइडन)** बिम्ब विधान कवि की कल्पना द्वारा प्रादुर्भूत होता है। नवीन बिम्ब योजना काव्य प्रतिभा का लक्षण है। इसमें संदेह नहीं परन्तु नवीनता अथवा अपूर्वता को निरपेक्ष रूप में काव्य गुण काव्य बिम्ब अप्रस्तुत विधानों अथवा उपमानों द्वारा निर्मित होता है।

कवि के काल्पनिक बिम्ब जो कविता के सृजन के समय उसके मानस-पटल पर रहते हैं, काव्य पंक्तियों द्वारा प्रतिबिम्बित होकर सहृदय द्वारा ग्रहण किये जाते हैं। बिम्ब-विधान वह काल्पनिक चित्र हैं, जिससे कवि के मानस में कल्पना अथवा जीवन के पूर्व रसात्मक अनुभवों का पुर्नसृजन हुआ करता है। इन बिम्बों की कलात्मक परिणति ही कला को उत्कृष्ट रूप प्रदान करती है। कवि का मानस पटल जितना ही उत्कृष्ट एवं स्पष्ट बिम्ब-विधान की संरचना करके कला में उसे प्रतिबिम्बित करता है।

काव्य-भाषा एवं काव्य रूप के स्वरूप विधायी उपकरणों, बिम्ब विधान अमूर्त उपकरण है।

शिल्प विधान के उपकरणों में बिम्ब को प्रतिबिम्बित करने की प्रक्रिया कवि की संवेदना की सूक्ष्म प्रक्रिया है। कवि का सम्पूर्ण संवेदनात्मक ज्ञान शिल्प विधि के द्वारा कला का रूप लेता है। कला के स्वरूप निर्धारण में अप्रस्तुत विधानों के अतिरिक्त बिम्बों के माध्यम से ही कला में स्थान ग्रहण करते हैं। बिम्ब कलात्मक अनुभूति की प्रामाणिकता, प्रेषणीयता उत्कृष्टता की सूक्ष्म कसौटी भी है।[94]

आधुनिक हिन्दी कविता में बिम्ब को सबसे अधिक महत्व दिया गया है। काव्य रचना को बिम्ब रचना ही माना गया है।

कालिदास की संस्कृत रचना 'मेघदूत' स्वयं कवि की स्वरचित रचना है, वह हमारे प्रत्यक्ष अनुभव में न कभी आया है, न आ सकेगा। कवि ने मेघ और दूत को अलग-अलग अवश्य देखा है। यह प्रतिभा निर्माण या बिम्ब विधान समस्त काव्य, कला, संगीत और नवनिर्माण का मूलाधार है। भाषा और चिन्तन के मूल उत्पादन बिम्ब ही होते हैं।

साहित्य में बिम्ब विधान का स्वरूप बहुत कुछ कवि या लेखक के अपने व्यक्तित्व पर निर्भर करता है। रचना की शैली से किसी व्यक्ति के बारे में अंदाजा नहीं लगाया जा सकता है। वाल्मीकि, कालिदास और अश्वघोष का बिम्ब विधान उत्कृष्ट होते हुए भी विशिष्ट प्रकार का है। कबीर, सूरदास, तुलसीदास की रचनाओं में भी यह बात दृष्टिगत होती है।

महादेवी वर्मा, जयशंकर प्रसाद, पन्त, प्रसाद का बिम्ब विधान उनके व्यक्तित्व के अनुरूप है।

(बिम्ब के प्रमुख भेद) विद्वानों द्वारा किये गये वर्गीकरण -

बिम्ब वर्गीकरण के लिए कोई न कोई आधार अपेक्षित होता है। मुख्य रूप से बिम्ब वर्गीकरण के तीन आधार माने गये हैं। वस्तु का आधार ऐन्द्रियों का आधार तथा अभिव्यंजना पद्धति का आधार विभिन्न भारतीय एवं पाश्चात्य विद्वानों ने बिम्ब का वर्गीकरण करने का प्रयत्न किया है।

कैलाश बाजपेयी ने बिम्बों के छह भेद बताये हैं- "दृश्य बिम्ब, वस्तु बिम्ब, भाव बिम्ब, अलंकृत बिम्ब, सान्द्र बिम्ब एवं विकृत बिम्ब माने जाते हैं।"[95]

1. दृश्य बिम्ब (क) स्थिर (ख) गतिशील व्यापार विषयक
2. मानस बिम्ब (क) भावानुसेदित (ख) विचारोनुमेदित (ग) वैज्ञानिक एवं यांत्रिक
3. संवेद्य बिम्ब (क) स्पर्श संवेद्य (ख) श्रवण संवेद्य (ग) घ्राण संवेद्य (घ) वर्ण संवेद्य (ङ) आस्वाद संवेद्य। इनमें एक ओर तो दृश्य बिम्ब एवं मानस बिम्बों का प्रयोग हुआ है।

पाश्चात्य आलोचना शास्त्र में प्रमुखतः बिम्बों के वर्गीकरण के तीन आधार, स्वीकृत हुए हैं।

1. अभिव्यंजन पद्धति की दृष्टि से।
2. स्वरूपगत विशेषताओं की दृष्टि से।
3. ऐन्द्रिय बोध की दृष्टि से।

अभिव्यंजना शैली को आधार बनाकर बिम्बों को दो भागों में विभाजित किया जा सकता है- लक्षित बिम्ब और उपलक्षित बिम्ब। स्वरूपगत विशेषताओं के द्वारा बिम्बों के दो वर्ग बनाये जा सकते हैं

1. संक्षिप्त और सांकेतिक बिम्ब तथा अनिबद्ध और प्रसूत बिम्ब।
2. सरल बिम्ब, जटिल बिम्ब, तात्कालिक बिम्ब, अमूर्त बिम्ब आदि।
3. रचना विधि के सहारे प्रतीकात्मक रूपागत्मक अभिज्ञानात्मक तथा प्राथमिक, माध्यमिक और व्युत्पन्न बिम्ब आदि।

वास्तव में बिम्बों का वर्गीकरण किसी एक आधार पर करना सम्भव नहीं है।

डॉ. नगेन्द्र ने बिम्बों को पांच वर्गों में विभाजित किया है-[96]

(1) दृश्य बिम्ब (2) लक्षित और उपलक्षित (3) सरल और संश्लिष्ट बिम्ब (4) खण्डित और समकालिक बिम्ब (5) वस्तुपरक और स्वच्छंद बिम्ब |

डॉ. हरिचरण शर्मा ने बिम्बों के तीन वर्ग बनाये हैं-

1. दृश्य वर्गीय बिम्ब
2. मानसवर्गीय बिम्ब
3. संवेद्य वर्गीय बिम्ब

नरेश मेहता- नरेश मेहता के बिम्बों को चार वर्गों में प्रस्तावित किया गया है। प्रस्तावित वर्गीकरण इस प्रकार है-

1. वस्तु बिम्ब
2. अलंकृत बिम्ब
3. मानस बिम्ब
4. इन्द्रिय बिम्ब
5. परक बिम्ब

बिम्ब की मूल रूप से पाँच विशेषताएँ होती हैं-

1. **चित्रात्मकता**- प्रसाद के 'आँसू' का एक चित्रात्मक बिम्ब इस प्रकार है-

मेरे क्रन्दन में बजती
क्या वीणा? जो सुनते हो
धागों को इन आँसू के
निज करुणा पर बुनते हो।

शब्द रूपात्मक-बिम्ब के शब्द चमत्कार होता है। शब्दों के माध्यम से वह काल्पनिक चित्र रूपात्मक होकर मानस पटल में अंकित हो उठता है। 'एकतारा' कविता में पन्त का यह शब्द रूपात्मक बिम्ब दृष्ट है।

नीरव संध्या में प्रशान्त
डूबा है सारा ग्राम प्रान्त
पत्रों के आनत अधरों पर
सो गया निखिल वन का मर्मर,
ज्यों वीणा के तारों में स्वर।

3. ऐन्द्रिकता- रीतिकालीन हिन्दी कविता में तब वहां जब इन्द्रियपरक कल्पना चित्रों का और बिम्बों का अधिक प्रयोग हुआ, बिहारी का एक उदाहरण इस प्रकार है

चम चमात चंचल नयन विच घूंघटत पर झीन।
मानहुँ सुर सरिता विमल जल उदरत जुग मीन।।

फ्रांसीसी प्रतीकवादियों ने चित्रकला में बिम्बवाद में इन्द्रियों के संकेतों का प्रयोग आरम्भ किया।

4. भावोत्पादकता- बिना भावों, अनुभावों और संचारी भावों के रस की निष्पत्ति भी सम्भव नहीं है।

पन्त की 'वे आँखें' कविता में भावोत्पादकता का बिम्ब है।

अंधकार की गुहा सरीखी
उन आँखों से डरता है मन,
भरा दूर तक उसमें दारूण
दैन्य दुखों का नीरव रोदन।

5. अप्रस्तुत को सन्निवेष का अभाव- बिम्ब में अप्रस्तुत के सन्निवेष का हमेशा अभाव रहता है। जिसका बिम्ब मानस में होता है वह अप्रस्तुत होता है उसका काल्पनिक बिम्ब मन में व्याप्त रहता है। आँसू का एक छन्द दृष्टव्य है-

सोएगी कभी न वैसी,
फिर मिलन–कुंज में मेरे।
चाँदनी, शिथिल, अलसायी,
सुख के सपनों में मेरे।।

बिम्ब का आधार– काव्य बिम्बों के सृजन में मुख्य भूमिका और प्रेरक तत्व के रूप में भाव।

5. छन्द विधान

जीवन के क्रियाकलाप के मूल में एक लय है। लय कार्य के संचालन में सहायक होती है। मात्राओं अथवा वर्णों की संख्या, कम, यति, गति तथा तुक के विशेष नियमों से बंधे चरणों या पादों की काव्य रचना को छंद कहते हैं।

हिन्दी में छायावाद से पहले तक छंद की काव्य रचना की कसौटी नहीं उसको आधार भी माना जाता है। कविताएँ मात्रिक छंदों अथवा वर्णवृत्तों में लिखी जाकर ही गद्य से भिन्न मानी जाती हैं आधुनिक युग में कविता का रूप सही उभर नहीं पाया, क्योंकि नवीन दृष्टि के फलस्वरूप छंद बँधे हुए थे। गद्य और पद्य में विभेदक छंद ही था। सृजन धर्मियों ने छंद बंधन से मुक्ति पाने का प्रयास किया।

छायावाद के कवि 'निराला' ने 'परिमल' की भूमिका में लिखा है-

> **"मनुष्यों की मुक्ति कर्मों**
> **के बंधन से छुटकारा पाना**
> **और कविता की मुक्ति**
> **छंद के शासन से अलग हो**
> **जाना है।"[97]**

इस प्रकार छायावाद में 'छंद' के बंध प्रास के रजत पाश खुल गये। निराला एवं पंत जी ने मुक्त छंद में सशक्त कविताएँ लिखीं। नयी कविता में मुक्त छंद को स्वीकारा है और साथ-साथ आगे बढ़कर छंद मुक्ति तक पहुँचने का प्रयास हुआ। कवि प्रायः मुक्त छंद को ही ग्रहण करता है और उसमें वार्णिक और मात्रिक छन्दों की भिन्न संयोजनाओं के अतिरिक्त पदांशु और स्वरपात आदि की भी व्यवस्था है- वह तुकान्त शब्दों का प्रयोग बीच में करता है। अंतर में नहीं करता है। पंक्ति के बीच में शब्दों के प्रयोग के द्वारा वह लय को समृद्ध करता है। स्वतंत्र संगीत को भी अपने माध्यम से अनुकूल नहीं कर पाता है।

मुक्त छन्द में लय विधान के साथ-साथ प्रवाहमयता पर भी ध्यान रखा जाता था। कुछ पंक्तियों में तुकान्त रहता था लेकिन कविता की अधिकांश पंक्तियाँ अतुकान्त ही रहती थीं।

"नये कवियों ने निराला के 'बाधा-विहीन मुक्त छन्द' को भी धीरे-धीरे बाधक मानना शुरू कर दिया और उसकी पंक्ति प्रवाह को तोड़कर कविता को गद्य प्राय बना दिया लेकिन यह ध्यान रखा कि उसकी लय रहे।[98]

नयी कविता के प्रारम्भिक चरण में मुक्त छंद की सीमा नये छन्दों के रूप में दिये जाते हैं। कवि कविता के विराम को आगे पीछे किया गया कहीं सवैया को तोड़ा गया। प्रायः तुकों की सतही और बाहरी बंदिश नहीं स्वीकार की गयी। जो कवि लय के निर्वाह में सावधानी नहीं बरत पाये, उनकी कविता सीधे गद्य हो गयी।

अज्ञेय ने लिखा है-

"आजकल यह कविता बोलचाल की अन्विति माँगती है पर गद्य की लय नहीं मानती। तुक-ताल का बंधन उसमें अनाव्यातिक मान लिया है। पर लय को वह उक्ति का अभिन्न अंग मानती है। बाह्य अनुशासन को वह अधिक महत्व देती है।

नयी कविता में तारसप्तक की रचनायें मुक्त, छंद, अथवा बद्ध छंदो में है। दूसरा सप्तक के कवियों में- शमशेर बहादुर सिंह रघुवीर सहाय और धर्मवीर भारती की कुछ रचनायें छंदमुक्त हैं। आगे चलकर 'तीसरा सप्तक' में अधिकांश कविताएं छंदमुक्त हैं। इस प्रकार ज्यादातर नये कवियों का प्रयास छंद से मुक्ति का ही है। उदाहरण स्वरूप छन्दमुक्त दो कवितांश प्रस्तुत हैं -

सत्य का सुख
झूठ की आँखें
क्या देखें
सत्य का रुख
समय का रुख है
अभय जनता को
सत्य ही सुख है
सत्य ही सुख ।[100]

अरस्तु ने काव्य की दो प्रेरणाएं मानी भी हैं। अनुकरण की प्रवृत्ति तथा संगीतात्मक लय। छन्द की सहायता से ही काव्य के कंठस्थ करने में भी सहायता रहती है। साहित्यशास्त्र में छन्दशास्त्र का महत्वपूर्ण स्थान रहा है।

छन्द का महत्व

छन्द का महत्व काव्य में निर्विवाद रूप से स्वीकार किया गया है। आज के कवि को अनिवार्य नहीं समझते फिर भी वह किसी न किसी छन्द के बंधन में बंध जाते हैं। वे छन्दशास्त्र को सामने रखकर रचना नहीं लिखते परन्तु मुक्तक छन्द तो लिखते हैं। छन्द से भाव सम्प्रेषण में भी सहायता मिलती है।

साहित्यशास्त्र के साथ वार्णिक एवं मात्रिक छन्दों का प्रयोग होता है। आधुनिक हिन्दी कविता के शिल्प पक्ष पर विचार करते हुए छायावादी युग में एक मुख्य विचार बिन्दु सामने आया था। सर्वप्रथम सूर्यकान्त त्रिपाठी ने कविता को छन्दों के बंधन से मुक्ति दिलायी। प्रयोगवादी युग में कविता न केवल छन्द के बंधन से मुक्ति हुई अपितु उसकी गद्यात्म परिणति भी सामने आयी। जब विचारों की अभिव्यक्ति के लिए गद्यात्मक परिणति आज के

तार्किक एवं वैज्ञानिक युग में सक्षम है। कविता अकविता या नयी कविता के नयेपन के साथ छन्दोबद्धता से मुक्ति क्या?

कविता की समस्त सीमाओं के टूटने के बावजूद भी उसकी स्वरबद्धता एक ऐसा पक्ष है जिसका सम्बन्ध संगीत-कला से होने के साथ आरोह, अवरोह, स्वरित आदि शब्दों की जीवनी शक्ति के सूचक होते हैं।

"स्वराघात (जो बलाघात कालवधि या निपात किसी भी रूप में हो सकता है) ध्वनि अथवा गति की व्यवस्था ही छन्द मात्र का आधार है।"[101]

शब्द तात्विक रूप में नाद का प्रतिनिधित्व करते हैं जो दर्शन में स्फोट सिद्धान्त के अधिक निकट हैं। शब्दों में सुर और तान पाये जाते हैं, जो आरोह अवरोह आदि कविता में गेयता उत्पन्न करते हैं। छन्दों विधान के क्रम में ह्रस्वदीर्घ (लघु-गुरु) आदि के अतिरिक्त प्रेषणीयता कवि के पढ़ने के ढंग पर भी निर्भर करती है। महाकाव्य के विविध सर्गों में विविध छन्दों का प्रयोग तथा सर्ग के अन्त में किसी विशेष छंद का प्रयोग परिवर्तन की प्रवृत्ति का सूचक है।

छायावाद तक छन्दोबद्धता की यह प्रवृत्ति काव्य शिल्प के मानक के रूप अपनायी गयी। प्रयोगवाद और नयी कविता के इस युग में छन्दोबद्धता के नियम स्वीकार न किये जाने पर भी गेयता और लयात्मकता का महत्व अब भी है।

आर.ए. रिचर्ड्स के अनुसार- काव्य में लय केवल शब्द तक सीमित नहीं हैं पढ़ने वाले पर उसका प्रभाव अर्थ के साथ संयुक्त होकर पड़ता है। अतएव बिना अर्थ का विचार किए अच्छी बुरी लय का अंतर कविता में नहीं किया जा सकता और शब्द की लय विचार करने पर अन्ततः भाव और अर्थ की समष्टि में पहचानी जाती है। जिसमें हमारी मानसिक चेतना का लय समाहित रहती है।

अर्थ की लय का सम्बन्ध सहृदय के मानस से हुआ करता है। काव्य में गायन या संगीत से कथन पाठन के मानस को शीघ्र प्रभावित करता है। अर्थ की लय का स्थान शब्द की लय के बाद है। संस्कार में आ जाने के कारण छंद का कविता से अनिवार्य बन चुका है।

छन्द शब्द बहुत प्राचीन है। सर्वप्रथम वेद में छंद का प्रयोग हुआ है। संस्कृत आदि ग्रन्थों में छन्द का व्यापक प्रयोग है। समस्त देव दिशाएं, पशु, अश्व, पृथ्वी अन्तरिक्ष नक्षत्रादि छंद कहलाए। छंद के अनेक अर्थ हैं। अभिलाषा, इच्छा, वश में करना, विष, जहर, प्रसन्न करना, प्रवृत्त करना। ऋग्वेद सर्वानुक्रमणिका में अक्षर परिमाण को ही छंद कहा गया है। **'यदक्षर परिमाण तच्छंदः'** । छंदो मंजरी के छंद को पद्य कहा गया है।

"अनेक अर्थों से युक्त, चार पदों और वर्णों से विभूषित वृत्ति छंद कहा जाता है। श्री जगन्नाथ प्रसाद 'भानु' ने छंद की सर्वाधिक स्पष्ट परिभाषा की है। उन्होंने ने छंद प्रभाकर में

लिखा है जिस पद रचना में मात्रा वर्ण यति गति के नियम और अन्त में तुक का विधान हो उसके छंद कहते हैं।

छंद के विषय में आधुनिक मान्यताएँ

डॉ. हजारी प्रसाद द्विवेदी छंद को लय मानते हैं। उन्होंने लिखा है। 'मेरा छंद से तात्पर्य उस रिद्म से है जो सर्वत्र प्रवाहित है, छंद का अर्थ केवल मीटर नहीं है।[102] छंद से लयात्मकता का अलग नहीं किया जा सकता है ये एक दूसरे के पर्याय के रूप में ग्रहीत है।

सुमित्रानन्दन पंत जी ने कहा है- कविता हमारे प्राणों का संगीत छंद हलकंपन कविता का स्वभाव ही छंद में लयपन होना है। नयी कविता तक पहुँचते-पहुँचते छंद का स्वरूप बहुत बदला। अधिकांश रचनायें मुक्त छंद में लिखी जाने लगी, मुक्त छंद की प्रवृत्ति को देखकर आलोचकों ने नयी कविता पर छंद मुक्तक का आरोप लगाया।

नयी कविता के कवियों को स्पष्टीकरण देना पड़ा कि नयी कविता मुक्त छंद में होते हुए भी छंद हीन नहीं है। छंद की आत्मा लय है। यदि कविता में लय नहीं है तो नया कवि उसे कविता मानने को तैयार ही नहीं है। मात्रा वर्ण गुरु ओर लघु के नियमों में बँधा जो छंद का स्वरूप है, नये कवि की दृष्टि से वह कृत्रिम है इस प्रकार के छंदों को कवि कविता का व्याकरण मानता है।

गिरिजा कुमार माथुर- कविता जैसी भाव सामग्री के लिए लय तत्व आवश्यक मानते हैं तभी उसे गद्य से पृथक माना जा सकता है।

"जब कविता में लय न हो उसे गद्य से पृथक करना कठिन है। विकसित लय पर ही छंद है पर मात्र लय पर से भी काम नहीं चल सकता है अथवा वह एक नये छंद का निर्माण बिन्दु बन सकता है।[103]

उपर्युक्त बातों पर दृष्टिपात करने के पश्चात् यह निष्कर्ष निकाला जा सकता है। लय कविता के लिए आवश्यक है। लय से कविता में एक प्रकार की सरसता व संगीतात्मकता आ जाती है और एक प्रभाव बन जाता है लय में इस बात को लेकर भ्रम नहीं होना चाहिए प्राचीन छंदशास्त्रियों ने लय को कविता के लिए आवश्यक नहीं माना। लय को उन्होंने स्वीकारा है। नये कवियों ने कविता का मुख्य तत्व लय को बताया है।

वर्गीकरण

छंद शास्त्रों की दृष्टि से छंद के दो प्रकार है- (1) वार्णिक (2) मात्रिक माने गये हैं।

वार्णिक छंद

वार्णिक छंदों में वर्णों की निश्चित संख्या और गुरु का निश्चित विधान रहता है। तीन वर्णों की इकाई से एक गण की निर्मित होती है। मात्रिक छंद तो सीधे-सीधे मात्राओं पर

आधारित रहता है। मात्रिक छंदों में मात्राओं की निश्चित संख्या के स्थान-स्थान पर विशेष लघु गुरु का निर्देश भी रहता है।

छंदो का वर्गीकरण

1. परम्परागत छंद
2. किंचित परिवर्तित परम्परागत छंद
3. मिश्रित परम्परागत छंद
4. नवीन छंद
   क- योजन पबिद्ध छंद
   ख- मुक्त छंद
5. अन्य भाषाओं के प्रभाव से आये छंद

नरेश मेहता के काव्य छंद

नयी कविता के किसी भी कवि के छंदों का विश्लेषण किया जा सकता है। नरेश मेहता के काव्य में प्रयुक्त छंदों के वर्गीकरण की चेष्टा की जा सकती है।

शिल्प के विविध अंग नवीन प्रयोगों से युक्त रहे वही छंद के प्रति भी नवीनता का आग्रह इस युग के कवियों में विशेष था।

नरेश जी ने इस दिशा में योगदान दिया, नरेश के काव्य में परम्परागत छंद नाम मात्र को भी नहीं है।

कुछ छंदों में हेरफेर की गयी है। दो परम्परागत छंदों से मिश्रित छंद बनाया गया है। उदाहरण-

"पूँछ उठाये चली आ रही - 16 मात्राएँ
क्षितिज जंगलों से टोली - 14 मात्राएँ
दिखा रहे थे पथ इस भूमिका - 16 मात्राएँ
सारस सुना-सुना बोली - 14 मात्राएँ

इस प्रकार कहा जा सकता है कि नरेश ने प्राचीन छंदों के प्रति अपना जरा भी मोह नहीं दर्शाया है। प्राचीन छंद परम्परागत बिल्कुल नहीं है। साथ ही विविध परम्परागत छंदों के योग से बने मिश्रित छंद भी बहुत कम है।

'दिनकर' का छन्द भी अत्यन्त भावानुकूल है। नूतन और प्राचीन छन्दों के मिश्रण से अद्भुत संगीतात्मकता ध्वनि प्रवाह की सृष्टि की गयी है। रश्मिरथी तथा कुरुक्षेत्र में ललित पद छन्द और राधिका छन्द का प्रयोग दृष्टव्य है। महादेवी जी मे काव्य में सरसता, लय,

संगीतात्मकता, सुव्यवस्था और क्रमबद्धता आदि में सारी विशेषताएँ छंदबद्धता से ही आ सकती है।

"कविता निरन्तर भाव, संस्कार, सजग संवेदना, तीव्र अनुभूति, तरल हृदयता, अनुराग, भाषा सौष्ठव, अभिव्यंजना, कुशलता एवं शब्द संगीत के समन्वित प्रभाव से जन्म लेती है "[104] काव्य का गेयत्व छंदों पर आधारित है।

प्राचीन युग में छन्दों का बंधन बहुत कठोर था। छायावाद युग में क्रान्तिकारी परिवर्तन हुए। इस युग के कवियों ने वर्णों, लोकगीतों, वर्णवृत्तों और मात्रिक छन्दों में परिवर्तन किए।

पंत जी के शब्दों में- "हिन्दी का संगीत न केवल मात्रिक छन्दों में ही अपने स्वाभाविक विकास तथा स्वास्थ्य की संपूर्णता प्राप्त कर सकता है। उन्हीं के खास उसमें सौंदर्य की रक्षा की जा सकती है। वर्ण वृत्तों में उसकी धारा अपना चंचल नृत्य, अपनी नैसर्गिक मुखरता कल-कल छल-छल तथा अपनी क्रीड़ा कौतुक कटाक्ष एक साथ ही खो बैठती है।"[105]

साहित्यशास्त्र के साथ वार्णिक एवं मात्रिक छन्दों का प्रयोग होता रहा है। शिल्प पक्ष पर विचार करते समय छायावादी युग में एक मुख्य विचार बिन्दु सामने आया था।

सूर्यकान्त त्रिपाठी निराला

इन्होंने कविता को सर्वप्रथम छन्दमुक्त किया, प्रयोगवादी युग में कविता न केवल छन्द के बंधन से मुक्त हुई बल्कि उसकी गद्यात्म परिणति भी सामने आयी।

कविता की समस्त सीमाओं के टूटने के बावजूद भी उसकी स्वरबद्धता एक ऐसा पक्ष है जिसका सम्बन्ध संगीत-कला से होने के साथ आरोह, अवरोह, स्वरित आदि शब्दों की जीवन शक्ति के सूचक होते हैं।

"स्वराघात (जो बलाघात कालावधि या निपात किसी भी रूप में हो सकता है) ध्वनि अथवा गति की व्यवस्था ही छन्द मात्र का आधार है।

महाकाव्यों के अनेक सर्गों में कई प्रकार के छन्दों का प्रयोग तथा सर्ग के अन्त में किसी विशेष छन्द का प्रयोग परिवर्तन की प्रवृत्ति का सूचक है। छायावाद के इस युग में छन्दोबद्धता की यह प्रवृत्ति काव्य शिल्प के एक मानक के रूप में अपनायी गयी।

डॉ. जगदीश गुप्त का कथन है-

"लय गति और यति के पारस्परिक संघात से निष्पन्न होती है। यति विरामात्मक एवं काल सापेक्ष्य होती है।"

आई.ए. रिचर्ड्स- के अनुसार काव्य में लय केवल शब्द तक सीमित नहीं है, पढ़ने वाले पर उसका प्रभाव अर्थ के साथ संयुक्त होकर पड़ता है। अतएव बिना अर्थ का विचार किये अच्छी बुरी लय का अन्तर कविता में नहीं किया जा सकता और शब्द की लय विचार

करने पर अन्ततः भाव और अर्थ की समष्टि में पहचानी जाती है, जिसमें हमारी मानसिक चेतना का लय समाहित रहता है।

6. सूक्ति

सूक्ति का सामान्य अर्थ है-

सु+उक्ति, सुन्दर उक्ति। जिसके प्रयोग से, कथन के मर्म से पाठक के मन में विशेष प्रभाव पड़ता है। सूक्ति कहलाती है।

संस्कृत साहित्य में तो सूक्ति का बहुत अधिक प्रयोग है किन्तु हिन्दी में भी यह अपवाद नहीं है। सामान्य लोकवाणी से विचित्र, प्रभावकारी विशेष कथन को आरम्भ में सूक्ति कहा गया।[106]

सूक्तियाँ विद्वत् समाज में पर्याप्त सम्मान की अधिकारी होती हैं। जैसे-

"परिहित सरिस धर्म नहीं भाई
पर पीड़ा सम नहिं अधमाई।

सारांशतः लोक की उक्ति जब कवि द्वारा उद्धृत हो जाती है तब वह सूक्ति बन जाती है। हिन्दी के आधुनिक प्रबन्ध काव्य में भी सूक्तियों के प्रयोग प्राप्त हो जाते हैं। आधुनिक कवि दिनकर ने अपनी रचनाओं में सुन्दर सूक्तियों का प्रयोग किया है। एक उदाहरण दृष्टव्य है-

पर हा वसुधा दानी है
नहीं कृपण है।
देता मनुष्य उसको जब भी जलकण है।
यह दान वृथा वह कभी नहीं लेती है।
बदले में कोई दूब हमें देती है।

जीवन का वास्तविक लक्ष्य दिनकर के शब्दों में इस प्रकार हैं-

"उद्देश्य जन्म का नहीं, कीर्ति या धन है,
सुख नहीं धर्म भी नहीं न तो दर्शन है,
विज्ञान ज्ञान बल नहीं न तो चिन्तन है,
जीवन का अन्तिम ध्येय स्वयं जीवन है।"

मैथिलीशरण गुप्त की रचना 'जयद्रथ वध' भी सूक्ति सौन्दर्य के सम्बन्ध में स्मरणीय है। वे कहते हैं कि यदि न्याय को जीत दिलानी हो तो अन्याय करने वाले भाई बन्धुओं को भी दण्ड देना अधर्म नहीं होगा-

"घर कर चुप बैठ रहना,
यह महा दुष्कर्म है

न्यायार्थ अपने बन्धु को भी
दण्ड देना धर्म है।[107]

'राम की शक्ति पूजा' में निराला के काव्य नायक राम सोचते हैं-

"अन्याय जिधर है,
उधर शक्ति
कहते छल छल
हो गये नयन।
कुछ बूंद पुनः छलके दृग जल।"[108]

दिनकर अन्याय को सहना कायरता मानते हैं

"अब समझा, चुप्पी कर्दयता की वाणी है।
बहुत अधिक चातुर्य आपदाओं का घर है।[109]

लोकोक्ति

लोक + उक्ति, लोकोक्ति लोक में प्रचलित उक्ति लोकोक्ति कही जाती है।

आधुनिक प्रबन्ध काव्यों में रचनाकारों ने किसी किसी स्थल पर लोकोक्ति का सफल प्रयोग किया है।

मृत्यु जीवन का शाश्वत सत्य है। देह का अन्त तो होता है किन्तु आत्मा अमर होती है वह नया रूपान्तरण ले लेती है।

"मरता नहीं है ओ व्याघ्र!
मात्र रूपान्तरण है वह।'[110]

यह सत्य है कि कर्म के निष्पादन में ही जीवन गतिशील होता है। सक्रियता का आचरण ही मानव के अस्तित्व का बोध कराता है-

"निष्क्रियता में ही,
मानव अस्तित्व की
सार्थकता है।"[111]

मैथिलीशरण गुप्त स्वभाव से संवेदनशील रहे हैं। यह संवेदनशीलता ही भावना को प्रबल करके सूक्ति के सौन्दर्य को द्विगुणित करती है। आज के वैषम्य युक्त समाज को देखकर ही सम्भवत: यह पंक्ति अवतरित हुई है!

मनुष्य से ही मनुष्यता
हटकर बचना चाह रही।

लोकप्रियता लोकोक्ति का सर्वाधिक महत्वपूर्ण निकष है। संक्षिप्तता, सारगर्भिता और संप्राणता इसकी मुख्य विशेषताएं हैं। कान्यकुब्ज ब्राह्मणों की छुआछूत की भावना विख्यात है।

"है जहं आठ कनौजिया नौ चूल्हे की रीति
तहं परस्पर प्रीति की, कहाँ पढ़ावत नीति।"[112]

उपरलिखित पंक्तियों में रेखांकित पंक्ति ही लोकोक्ति बन गयी। मित्र को आपत्तिकाल में छोड़ देना धर्म नहीं है।

सरनागत कहं जे तजहि निज अनहित अनुमानि
ते नर पावर पापमय तिन्हहि बिलोकत हानि।

वैसी ही पंक्ति गुप्त जी ने 'जय भारत' में दी है-

"क्या संकट में उसे छोड़ दूँ जो मुझ पर अवलम्बित है।"[113]

इसी प्रकार तुलसी ने मानस में लिखा है-

हानि लाभ, जीवन मरण, जस अपजस विधि हाथ।

उसी प्रकार गुप्त जी ने लिखा -

'हार और जीत तो विधाता का विधान है।[114]

बिना मरे स्वर्ग नहीं मिलता।' इसे कवि ने यों कहा है- "कहते हैं स्वर्ग मिलता नहीं बिना मरे।।'[115]

अस्तु लोकोक्तियां समाज, नीति, धर्म अनुभव, व्यवहार, शिक्षा, उपदेश, विश्वास, रीति-नीति, ज्ञान आदि से संवलित रहती हैं। भाषा के कवि इनके माध्यम से अपने काव्यात्मक कथनों को अधिक तीव्र तथा प्रेषणीय बनाते एवं उनमें चमत्कार और मार्मिकता लाते रहे हैं।[116]

इसी प्रकार चमत्कारपूर्ण और शुद्ध हिन्दी के तत्सम शब्दों को प्रयुक्त करते हुए गुप्त जी ने उंगली पकड़कर पहुंचा पकड़ना को इस प्रकार है-

"उंगली पकड़ प्रकोष्ठ पकड़ लेना।[117]
अन्धे की लकड़ी के लिए-तुम अन्धे की दृष्टि हमारी।[118]

अस्तु! लोकोक्तियाँ लोक मनीषा की संग्राहिका है तथा चिरकाल के अनुभवों और गहन विचारों की निष्कर्षात्मक अभिव्यक्तियां हैं जो अपरिवर्तनीय है।

मुहावरा

"मुहावरा शब्द अरबी भाषा का शब्द है। हिन्दी में इसके मुहाव्वरां, मुहावरा रूप हुए। उर्दू में इसी अर्थ में रोजमर्रा तथा इस्तलाह शब्दों का प्रयोग होता है। रोजमर्रा शब्द को भी हिन्दी व्याकरणों में इसी अर्थ में लिया गया है। हिन्दी में इसका मुहावरा रूप मुझे उपयुक्त प्रतीत हुआ।[119]

संस्कृत में मुहावरे का प्रयोग नहीं होता था। संस्कृत में भाषा को सीधे तथा स्पष्ट ढंग से कहा जाता है। हिन्दी में मुहावरों का बाढ़ सी है। हिन्दी कविता ने फारसी कविता के इस गुण को अपनाया।

गुप्त जी के काव्य में मुहावरों का प्रयोग यत्र तत्र प्राप्त हो जाता है-

"नाकों चने चबाना पड़े थे और फिर भी,
निष्कृति के हेतु पड़े दाँतों तृण दबाने?'

इसके चमत्कार में मुहावरों का महत्वपूर्ण योगदान होता है। इनके द्वारा जो शब्द चित्र निर्मित होता है। वह प्रमाता के चित्र को चमत्कृत कर आह्लाद प्रदान करता है। प्राय: सभी कवियों ने इनके सफल संयोजन द्वारा रसाभिव्यंजना की है।[120]

मुहावरे भाषा का प्राण, सजीवता की मूर्ति, शक्ति का अक्षय भण्डार, मानवता की कसौटी होते हैं।

कहीं-कहीं मुहावरों के प्रयोग में कविगण संस्कृतीकरण भर कर देते हैं।

"आश्चर्य है हार में उन्होंने सिन्धु को है भर दिया।[121]

7. अन्य शैल्पिक उपकरण

(क) उदात्त तत्व

सन् 1954 में लौंजाइनस का एक ग्रन्थ प्रकाशित हुआ जिसका ग्रीक नाम 'पेरिइत्सुस' और अंग्रेजी नाम 'आन दिस ब्लाइम' था। इस ग्रन्थ पर उनका नाम 'डाईनोसियस' था। इस महत्वपूर्ण कृति का 2/3 भाग ही मिल सका है। विद्वानों ने यह भी स्वीकार किया है कि इसका वर्ण्य विषय काव्य की उदात्त भावना नहीं है।

डॉ. नगेन्द्र का मत है कि-

"इसमें उदात्त कला की प्रेरक भावनाओं और धारणाओं का विश्लेषण नहीं वरन् उदात्त शैली के आधार तत्व का विवेचन है।[122]

लौंजाइनस ने उदात्त तत्व को साहित्य के सब गुणों में महान माना। उन्होंने यह माना साहित्य में चाहे जितनी छोटी-मोटी त्रुटियाँ हो पर वह सच्चे अर्थों में साहित्य को प्रभावपूर्ण बना देता है।

लौंजाइनस ने उदात्त तत्व के विषय में कहा है कि- अभिव्यक्ति की विशिष्टता और उत्कर्ष ही औदात्य है। (Sublimity is always an eminence and excellence in language) इसी को लक्ष्य करके हिन्दी के उदात्त तत्व के बारे में स्वीकार किया गया- "किसी रचना में औदात्य तत्व उपयुक्त तथा महिमापूर्ण शब्द विधान, आवेग को दीप्त करने वाली अलंकार-योजना तथा रचना विधान का होना है।"[123]

उदात्त का काव्य में सर्वोपरि स्थान है? कुछ विद्वान इसे काव्य की आत्मा बताते हैं। साहित्य अपने अध्येताओं को जिस उच्च एवं आवेगपूर्ण अनुभूति तक ले जाता है, वे ही औदात्य की सीमाएँ हैं।

औदात्य की महत्ता एवं प्रभाव

उदात्तता का मूलोद्‌गम कवि प्रतिभा को स्वीकार करते हुए यह स्वीकार किया कि जब कवि प्रतिभा सहसा उदात्तता का निर्माण करती है, तो काव्य के अन्य उपकरण फीके पड़ जाते हैं। यह उदात्तता एकदम बिजली कड़का के पाठक को प्रभावित कर देती है।

उदात्तता का प्रभाव इतना व्यापक होता है कि पढ़ने वाला या सुनने वाला चरम आनन्द की स्थिति में पहुँच जाता है और वह आत्म विभोर हो उठता है। उदात्तता सम्मोहनकारी होती है।

लौंजाइनस के अनुसार उदात्तता की कुछ विशेषताएँ भी हैं, जिनका नामकरण डॉ. देवीशरण रस्तोगी ने इस प्रकार किया है-

(1) सार्वकालिकता व सार्वदेशिकता

(2) कवि प्रसिद्धि का आधार।

उदात्तता के तत्व- औदात्य के आधार पर ही कवियों को यश और प्रतिष्ठा की प्राप्ति होती है। उसने मुख्य रूप से दो तत्वों को समाहित किया है-

(1) अन्तरंग तत्व- अन्तरंग तत्व को भाव पक्ष भी कहते हैं।

i. महान विचार धारणाएं (The power of Grandeur of thought)

ii. उद्दाम आवेग या भावों की उत्कृष्टा (Vigorous and spirited Treatment of Passions)

(2) बहिरंग तत्व- बहिरंग तत्व के 4 तत्व स्वीकार किये हैं-

i. समुचित अलंकार योजना (ii) गरिमामय अभिव्यक्ति (iii) भव्य-भाषा तथा (iv) कल्पना तत्व ।

1. अतरंग तत्व–अतरंग तत्व को भाव पक्ष भी कह सकते हैं।

क- महान धारणाएं- इसको महान विचार और महान विचारों की उद्भावना भी कहा जाता है।

लौंजाइनस के अनुसार- "सच्चे वाग्मी को निश्चय ही क्षुद्र और हीन भावों से मुक्त होना चाहिए। क्योंकि यह सम्भव नहीं कि क्षुद्र उद्देश्यों और अनुदार विचारों द्वारा ग्रस्त व्यक्ति कोई स्तुत्य एवं क्या अमर रचना कर सके। महान शब्द उन्हीं के मुख से नि:सृत होते हैं जिनके विचार गम्भीर और गहन हो।"

महान विचारों की उपस्थिति प्राकृतिक गुण है। विचारगत महत्ता कवि को श्रेष्ठ साहित्यिक कृतियों से भी प्राप्त हो सकती है। इस तथ्य को होमर ने व्यक्त किया था-

"Although this is faculty rather natural than acquired, nevertheless it will be well for us in this instance also to train up our souls to sublimity.

रचना का विषय वस्तु व्यापक होना चाहिए रचना को अनिवार्यत: संकुचित हीन एवं स्वार्थबद्ध विचारों से मुक्त होना चाहिए।

डॉ. नगेन्द्र के अनुसार- 'विषय ऐसा होना चाहिए जो पाठक या श्रोता पर स्थायी प्रभाव डाले जिससे प्रभावित होना कठिन ही नहीं लगभग असम्भव हो जाये और जिसकी विस्मृति इतनी प्रबल और गहरी हो कि मिटाये न मिटे।"

ख– उद्दाम भावावेग- उद्दाम आवेग से तात्पर्य भाव आवेगों की तीव्रता, पवित्रता, सत्यता और शक्ति होनी चाहिए। ये गुण पाठक को तुरन्त सम्मोहित कर लेते हैं।

लौंजाइनस की धारणा है- "मैं यह बात पूरे विश्वास के साथ कह सकता हूँ कि आवेग, उन्माद, उत्साह के साथ कूट पड़ता है और एक प्रकार से वक्ता के शब्दों को विक्षेप से परिपूर्ण कर देता है, उसके यथास्थान व्यक्त होने से स्वर में जैसा औदात्य आता है, वह अन्यत्र दुर्लभ है।'

लौंजाइनस ने प्रेरणा स्वरूप भव्य आवेग को ही औदात्य का उद्‌गम माना है। उन्होंने दया, शोक, भय आदि को भव्य आवेग न मानकर निम्न कोटि का आवेग माना है। उन्होंने आवेग के दो रूप बताये।

i. भव्य आवेग- सुखात्मक मनोवेग- रति, शौर्य, ओज

ii. दुखात्मक आवेग- उल्लास, विस्मय, भय, करुणा, निराशा आदि ।

2. बहिरंग तत्व- बहिरंग तत्व को हम कलापक्ष भी कह सकते हैं। इसके अन्तर्गत तत्व माने गये हैं

(क) समुचित अलंकार योजना

i. अलंकारों का स्वाभाविक प्रयोग होना चाहिए ।

ii. अतिशयमूलक अलंकारों को विशेष महत्व दिया। उसके अनुसार अलंकार प्रयोग स्वत: सिद्ध है परन्तु उदात्त शैली के लिए उसमें औचित्य की स्थिति अनिवार्य है।

iii. वे मनोवैज्ञानिक प्रभावों के लिए अलंकारों को उपयोगी मानते हैं, चमत्कार प्रदर्शन के लिए नहीं। वे भावोत्कर्ष को आनन्द का हेतु मानते हैं।

iv. वे अलंकारों को साधन स्वीकार करते थे, साध्य नहीं।

लौंजाइनस ने निम्न उदात्त पोषण अलंकारों की भी चर्चा की है
(1) विस्तारण (2) शययोप्ति (3) प्रश्नालंकार (4) विपर्यय (5) व्यतिक्रम (6) पुनरावृत्ति (7) छिन्न-वाक्य (8) प्रत्यक्षीकरण (9) संचयन (10) सार (11) रूप परिवर्तन (12) पर्यायोक्ति।

ख- भव्य भाषा या उत्कृष्ट भाषा

इसमें शब्द चयन, भाषा-सज्जा, विवेकपूर्ण चयन, प्रयोग और रूपकादि के प्रयोग आते हैं। इसके अन्तर्गत पाठक, काव्य की मन: स्थिति में पहुंच जाता है। पाठक पर सम्मोहनकारी प्रभाव पड़ता है- "A moving and seductive effect"। इसके अन्तर्गत सुन्दर शब्द विचारों को आलोकित करते हैं।

लौंजाइनस ने रीति सम्प्रदाय के अनुसार- ओज माधुर्य, प्रसाद गुणों को स्वीकार किया। वह भाषा का पक्षधर था। वह हर जगह गरिमा भाषा को उपयुक्त नहीं मानता था।

शब्द-योजना संगीतात्मक प्रभाव के अनुकूल होनी चाहिए। ऐसे शब्द ही पाठक को आन्दोलित करते हैं और उदात्त भाव को जन्म देते हैं।

ग- गरिमामय अभिव्यक्ति या रचना विधान-रचना विधान गरिमामय होना चाहिए। रचना विधान के अन्तर्गत शब्दों, विचारों, कार्यों तथा राग के अनेक रूपों का सम्मिलन होता है। जिस प्रकार शरीरांग असामंजस्यपूर्ण होने पर शोभाहीन नहीं रहते।

घ- कल्पना- कल्पना वह शक्ति है जो पहले कवि को मानसिक रूप से वर्ण्य विषय का साक्षात्कार कराती है। कल्पना के महत्व को प्रकारान्तर रूप में माना गया है। यह चर्चा उन्होंने बिम्ब विधान के अन्तर्गत की है क्योंकि वह बिम्ब की निर्माण शक्ति कल्पना को मानते हैं। बिम्ब अथवा कल्पना चित्र एक ओर वागोक्त की ऊर्जा तथा शक्ति का द्योतन करते हैं दूसरी ओर भावक के आवेग को अभिभूत कर लेते हैं।

औदात्य के विरोधी तत्व -

औदात्य तत्व के विरोधी तत्व इस प्रकार हैं- रुचिहीन, वाक् स्फीति, भावाडम्बर, शब्दाडम्बर, आदि विरोधी तत्व हैं। भाव गरिमा के अभाव में नियोजित अनावश्यक वागाडम्बर, अवसर प्रतिकूल एवं खोखले आवेग का प्रदर्शन, संयम के स्थान पर असंयम

आदि उदात्त के विरोधी तत्व हैं। अभिव्यक्ति को क्षुद्रता, अत्यधिक संक्षिप्त जुड़ाव और संगति एवं लय का आधिक्य भी उदात्तता के लिए घातक है।

इसके अतिरिक्त विरोधी तत्व

(1) शक्ति की संक्षिप्तता- समास शैली से तात्पर्य नहीं अस्पष्टता से है।
(2) बालयेता
(3) असंयत, वाग्विस्तार, अस्त-व्यस्त पद-रचना, हीनार्थ शब्द प्रयोग।
(4) अनुचित विस्तार, अत्यधिक संक्षिप्तता, असंयत, अनावश्यक अलंकार, अतिशय लयात्मक संगीत आदि।

औदात्य सिद्धान्त का महत्व- औदात्य की स्थापना, अन्य आलोचकों एवं विद्वानों ने स्वीकार किया है। औदात्य का विवेचन पाश्चात्य समीक्षा की देन है। यह धारणा गहन और व्यापक है। उदात्त का अभिप्राय ऐसे विषय से है जो अनन्त विस्तार, संभ्रम आदि से पुष्ट उदात्त आत्मा का उत्कर्ष करने वाली ऐसी प्रबल अनुभूति है। यह सार्वदेशिक, सार्वकालिक और आत्म विस्मृतकारी है। उदात्त की कल्पना का अभाव न होते हुए भी भारतीय साहित्य में उनका उतना विस्तृत चिन्तन नहीं हुआ है।

उनकी सबसे बड़ी देन है- दोष रहित, भावावेग पूर्ण काव्य रचना की महत्ता को स्वीकार करना और कला तथा काव्य के अपूर्ण रूप को पूर्णता प्रदान करना।

(ग) कल्पना तथा ललित कल्पना- कॉलरिज ने काव्य साहित्य के विभिन्न पक्षों पर गम्भीर चिन्तन किया है। कॉलरिज ने कला सम्बन्धी स्थापना का विशेष महत्व दिया है। उनके इसी कल्पना सिद्धान्त पर विचार और विवेचन किया जा रहा है।

कॉलरिज के अनुसार कल्पना दो प्रकार की होती है- (i) प्रारम्भिक (ii) विशिष्ट। कॉलरिज के अनुसार "कल्पना द्वारा ही काव्य हृदयग्राही, मर्मस्पर्शी और सजीव बनता है। अत: कल्पना की क्षमता और महत्व अक्षुण्ण है। कवि का सर्वश्रेष्ठ गुण है कल्पना प्रयोग की अन्त:शक्ति।'

(1) आद्य कल्पना- आद्य कल्पना की परिभाषा इस प्रकार से दी है- Power of Perceiving the objects of sensor" **उन्होंने इसे और अधिक स्पष्ट करते हुए कहा है**- "The Primary imagination I hold to be the living power and prime agent of all human perceptions."

प्राथमिक कल्पना के द्वारा हमें मानवीय पदार्थों का बोध होता है। इन्द्रियों के द्वारा जिन विभिन्न वस्तुओं का बोध होता है, यह कल्पना ही उन्हें व्यवस्था में ढालती है, बिखरे बिम्बों को शनै:-शनै: ज्ञान का रूप प्रदान करती है- यह स्वाभाविक और सहज मानवीय गुण है।

(2) गौण कल्पना-गौण कल्पना विशिष्ट लोगों में पायी जाती है।

सत्यदेव मिश्र ने इसको प्रस्तुत किया है- "यह कल्पना प्रकृति में पदार्थों के पाये जाने वाले अव्यवस्थित स्वरूप को एक निश्चित रूप देने की इस अन्त:शक्ति का अभिप्रेत प्रयोग है। प्रथम यदि रूपकार ढालने की अनभिप्रेय अन्त:शक्ति है तो दूसरी अभिप्रेत अन्त:शक्तिं कहना यह है कि गौण कल्पना प्रारम्भिक कल्पना का ही वह विकसित रूप है, जिसका प्रयोग सर्जक स्वेच्छा से करता है। गौण कल्पना एक संयुक्त आत्मिक ऊर्जा है जिसमें मन:शक्ति अथवा आत्म शक्ति के अन्य सभी पहल प्रत्यक्ष ज्ञान शक्ति, विचार शक्ति, संकल्प शक्ति मनोवेगों आदि सभी समाहित हो जाते हैं।

कल्पना का महत्व

कॉलरिज कल्पना को ही काव्य का मूलाधार स्वीकार करते हैं, क्योंकि विरोधी गुणों में सामंजस्य वही स्थापित करती है।

"It is the unifying faculty of imagination that the opposite forces are reconcealed.

डॉ. देवी शरण रस्तोगी के अनुसार "प्रकृति के पुन: सर्जन में भी कल्पना ही सहायक होती है। कलाकार प्रकृति की अनुकृति नहीं करता, क्योंकि वह जानता है कि वह प्रकृति से नहीं जीत सकता इसलिए वह पुन: सर्जन की ओर बढ़ता वह प्रकृति को अधिक सुन्दर रूप में प्रस्तुत करता है। वह बहिर्जगत से प्राप्त सूत्रों का समावेश कर प्रकृति को अधिक पूर्णरूप प्रदान करता है।"

कल्पना और ललित कल्पना

डॉ. तारक नाथ बाली के अनुसार- कॉलरिज ने दिवास्वप्न में बिम्बों का निर्माण करने वाली शक्ति को कल्पना कहा तथा दोनों में एक प्रकार का अन्तर माना। ललित कल्पना या फैंसी एक ऐसी शक्ति है जो प्रत्ययों का संश्लेषण तो करती है, मगर यह संश्लेषण रचनात्मक नहीं होता, जड़ एवं विश्रृंखल होता है। यह एक प्रकार की शक्ति है, जिसका व्यक्तिगत जीवन में दिवास्वप्न में उपयोग होता है, मगर जो किसी सार्थक आस्वाद्य बिम्ब का निर्माण नहीं कर सकती।

ललित कल्पना के विपरीत कल्पना आत्मा की शक्ति है जो मार्जनात्मक है। रचनात्मकता उसका मूल गुण है। कल्पना के द्वारा निर्मित बिम्बों में समबद्धता होती है, सावयविक एकता होती है तथा वे आस्वाद्य होती है।

कॉलरिज के कल्पना और ललित कल्पना सम्बन्धी मान्यता को समझने के लिए उनके पूर्ववर्ती आलोचकों की कल्पना सम्बन्धी मान्यता पर विचार कर लेना आवश्यक है। इसके अभाव में कॉलरिज की कल्पना और ललित कल्पना को ठीक समझना सम्भव नही है।

कवि और कल्पना

कवि अथवा साहित्यकार के पास एक मनोहारी शक्ति कल्पना ही है जिसके द्वारा यह सर्वजन को सुन्दर लगने वाले रचनायें प्रस्तुत करता है। कवि के पास कल्पना ही उसकी वास्तविक दुनिया हैं, वह कल्पना से आनन्द लेता है। दूसरों को आनन्द के सागर में डुबोता है।

पाश्चात्य काव्यशास्त्री कवि की प्रतिभा को कॉलरिज से पहले दो शब्दों में प्रयोग किया वे शब्द इमेजिनेशन और फैन्सी। ड्राइडन में इन दोनों शब्दों का पर्याय बताया है, इमेजिनेशन को कल्पना फैन्सी को ललित।

सत्रहवीं शताब्दी के काव्यशास्त्रियों ने कल्पना को ललित कल्पना की अपेक्षा विशेष मान लिया।

कॉलरिज ने कल्पना को प्राइमरी इमेजीनेशन, ललित कल्पना को सेकेण्डरी इमेजिनेशन नाम दिया है।

कॉलरिज की मान्यता के अनुसार कवि, चित्रकार, दार्शनिक आदि इसी विशिष्ट कल्पना शक्ति अथवा सेकेण्डरी इमेजिनेशन का प्रयोग करते हैं।

कल्पना और ललित कल्पना ज्येष्ठता, कनिष्ठता- कॉलरिज की मान्यता से विहीन व्यक्ति से पूछा जाये कि साधारण कल्पना और कवि की कल्पना में कौन श्रेष्ठ है। सभी लोगों का उत्तर होगा कि कवि चित्रकार की कल्पना अर्थात् सेकेण्ड अथवा विशिष्ट कल्पना अर्थात् सेकेण्ड अथवा विशिष्ट कल्पना शक्ति श्रेष्ठ है। कॉलरिज ने इसको विपरीत बताया है उन्होंने कवि की कल्पना शक्ति को श्रेष्ठ और विशिष्ट अथवा सेकेण्डरी कल्पना को कनिष्ठ अथवा हीन माना है।

कॉलरिज ने कल्पना के दो प्रकार माने हैं- प्राथमिक कल्पना और गौण या विशिष्ट कल्पना। कॉलरिज बताते हैं कि आत्मा और जगत एक ही सत्ता के दो रूप हैं, जहाँ ब्रह्मवादी आत्मा और जगह को अलग-अलग प्रतीत होने का कारण माया बताते हैं, कॉलरिज इसका कारण मुख्य कल्पना बताते हैं। यहाँ एक ही चेतना खण्ड-खण्ड रूप में दिखाई देती है। यह मनुष्य के मन में मानसिक बिम्ब को प्रस्तुत करती है। कॉलरिज ने प्रथम कल्पना अथवा इमेजिनेशन का ही महत्व सबसे अधिक बताया है। विशिष्ट कल्पना. ललित कल्पना अथवा फैन्सी अथवा सेकेण्डरी इमेजीनेशन उसकी प्रतिध्वनि है। रचनात्मकता इसका मूल गुण है। इसलिए विवेक का ज्ञान तो कल्पना का अनिवार्य तथा अन्तरंग गुण है। ललित कल्पना रचनात्मक नहीं होती है। यह निम्न स्तर की शक्ति है।

विशिष्ट कल्पना कलाकारों में पाई जाती है, इसी को ललित कल्पना कहते हैं। यह आद्य कल्पना की प्रतिध्वनिक होती है। इसके आधार पर यह ललित कल्पना का निकृष्ट अथवा आद्य कल्पना से हीन माना गया है। यह दैवी कल्पना अथवा ब्रह्म कल्पना से हीन समझी ही

जायेगी। वास्तविक जगत में मधुर, तिक्त आदि छह रस होते हैं पर कविता में श्रृंगार, वीर आदि नौ रस होते हैं।

कविता को ब्रह्म से श्रेष्ठ बताते हुए कहा है-

विधि सौ कवि सब विधि बड़े यामे संशय नाहिं।
छः रस विधि भी सृष्टि में, नौ रस कविता माहिं।।

ललित कल्पना विषय और विषयी का समन्वय करती है विषयों में एकरूपता लाती है। भिन्न बिम्बों को व्यवस्थित करती है। प्राथमिक कल्पना दोनों को व्यवस्थित करता है।

जर्मन विद्वान काण्ट कल्पना को काव्य रचना का गुण नहीं मानते हैं। इसलिए कॉलरिज की कल्पना सम्बन्धी मान्यता काण्ट से भिन्न होती है। कॉलरिज के अनुसार कल्पना सक्रिय शक्ति होती है। कल्पना और ललित कल्पना को स्पष्ट रूप से इस प्रकार समझाया जा सकता है।

कल्पना

कल्पना अथवा इमेजीनेशन जीवन्त शक्ति है। यही सम्पूर्ण ज्ञान का मूल कारण है। प्राथमिक कल्पना एक महान व्यवस्थापिका का सिद्धान्त है। जो इन्द्रियाँ अव्यवस्थित हो जाती हैं उनको व्यवस्थित करती है। यह कल्पना प्रत्येक मनुष्य में होती है। इस कारण प्रत्येक व्यक्ति में सृजनात्मक शक्ति भी मानी जाती है। यह शक्ति हमारी इच्छा की सजगता के अभाव में भी काम करती है। इसे एक सहज और स्वतंत्र मानसिक क्रिया माना जा सकता है।

ललित कल्पना

ललित कल्पना को फैन्सी, सेकेण्डरी इमेजीनेशन, ललित कल्पना, विशिष्ट कल्पना आदि नाम दिया गया है। हम जब अपनी इच्छा से प्राथमिक कल्पना शक्ति का प्रयोग करते हैं तो उस अवसर पर उसका जो रूपक होता है उसे विशिष्ट कल्पना कहते हैं। प्राथमिक कल्पना इन्द्रियों को व्यवस्थित करती है। जब हम इस व्यवस्थापिका शक्ति का प्रयोग अपनी इच्छा से करते हैं, उस समय इसका मूल तो बना रहता है। इसकी कार्य पद्धति में भेद हो जाने के कारण इसकी कोटि बदल जाती है। विशिष्ट अथवा ललित कल्पना का प्रयोग चित्रकार दार्शनिक कवि आदि करते हैं। यह शंका है कि कवि इतिहासकार सभी इसी विशिष्ट अथवा ललित कल्पना शक्ति के द्वारा सृजन करते हैं।

कवि, चित्रकार, दार्शनिक सभी ललित अथवा विशिष्ट कल्पना शक्ति का प्रयोग करते हैं सभी विशिष्ट कल्पना शक्ति के द्वारा ही अपने कार्य में प्रवृत्त होते हैं। ये सभी अपनी अभिव्यक्ति में भाषा अथवा रंगों को प्रयोग करते हैं, छन्दबद्ध होने के कारण दार्शनिक और इतिहास ग्रन्थ काव्य नहीं कहे जा सकते है और न छन्द रहित कहा जा सकता है।

कॉलरिज ने कविता तथा कल्पना की अन्य विधियों में अन्तर स्पष्ट करते हुए अपना मत इस प्रकार व्यक्त किया है-

"किसी भी भाषा सृष्टि का कोई न कोई उद्देश्य होता है। दार्शनिक इतिहासकार उपदेश, वैज्ञानिक और कवि विभिन्न उद्देश्यों को लेकर अपनी अपनी कृतियों की सर्जन करते हैं। इनकी कृतियों में अन्तर समझने के लिए उनके उद्देश्य भेद को जान लेना आवश्यक है।"

कॉलरिज उद्देश्य और विषय वस्तु के अन्तर को ही विभिन्न कृतियों की विभिन्नता का कारण मानते हैं। तात्पर्य यह है कि उद्देश्य और विषय वस्तु में भेद होने से कृतियों में अन्तर आ जाता है।

स्पष्ट है कि दर्शन, इतिहास, उपदेश, विज्ञान आदि के ग्रन्थ एवं कार्यों में दो रूपों में समानता होती है। पहली समानता यह है कि सभी विशिष्ट कल्पना की उपज होती है। इनमें दूसरी समानता यह है कि सभी भाषा का प्रयोग करते हैं। इनके उद्देश्यों में अन्तर होता है और भिन्न-भिन्न होते हैं।

कॉलरिज की कल्पना सम्बन्धी मान्यता बाद में अंग्रेजी के आलोचकों को मान्य रही। यह मानना पड़ेगा कि कॉलरिज की व्याख्या अस्पष्ट तथा उलझी हुई है।

(घ) प्रबन्ध काव्य पर उर्दू का प्रभाव

आजकल के युग में राष्ट्रीय भावनाओं का स्फुरण हिन्दी तथा उर्दू दोनों में बीसवीं शताब्दी के आरम्भ से होने वाली सामाजिक तथा राजनैतिक चेतना से हुआ है, परन्तु हिन्दी कवियों पर उर्दू कविताओं का प्रभाव अंकित है। मौलाना हाली की 'मुसद्दस' रचना से प्रेरित होकर मैथिलीशरण गुप्त ने भारत-भारती की रचना की।

मैथिलीशरण गुप्त जी कहते हैं-

"हाली और कैफ़ी की मुसद्दसों से मैने लाभ उठाया है।"[124]

आधुनिक युग में जो महाकाव्य लिखे गये उनमें 'प्रिय प्रवास' में कहीं-कहीं तत्सम शब्दों के साथ उर्दू शब्द भी प्रयुक्त हुए हैं। वैदेही वनवास की भाषा पर भी कहीं-कहीं उर्दू शब्दों की छाप लगी है। उर्दू मुहावरों का प्रयोग किया गया है। 'रामचरित चिन्तामणि' में भी 'उनके छक्के छूट गये, आ गया पसीना' तथा 'कर मलने लगे' आदि पंक्तियों में उर्दू मुहावरों का प्रयोग पाया गया है। 'रश्मिरथी' में उर्दू के मुहावरों का प्रयोग पाया जाता है। 'हल्दीघाटी' भी उर्दू के प्रयोग से वंचित नहीं रह सका है।

डॉ. उमाकान्त के विचारानुसार- भारत-भारती, की विनय में गजल की सभी विशेषताएँ उपलब्ध हैं तथा यह असंदिग्ध रूप से गजल ही है।[125]

संदर्भ संकेत

1. अद्यतन अज्ञेय (रचनात्मक भाषा और सम्प्रेषण की समस्या), अज्ञेय प्रथम संस्करण 1977, पृ. 63
2. ऑक्सफोर्ड डिक्शनरी आफ करंट इंग्लिश, पृ. 1258
3. वृहद हिन्दी कोश, पृ. 1334
4. डॉ. पुष्कर दत्त शर्मा- आधुनिक काव्य रूप और शिल्प, पृ. 6
5. डॉ. मोहन अवस्थी- आधुनिक हिन्दी काव्य शिल्प, पृ. 6
6. नरेश मेहता, बोलने दो चीड़ को, पृ. 10
7. नरेश मेहता- संशय की एक रात, पृ. 40
8. नरेश मेहता- बोलने दो चीड़ को, पृ. 13
9. मेरा समर्पित एकांत, पृ. 101
10. वही, पृ. 28
11. वही पृ. 17
12. वही पृ. 24
13. संशय की एक रात, पृ. 90
14. धर्मवीर भारती-अंधायुग, पृ. 123
15. कनुप्रिया पृ. 51
16. वही, पृ. 13
17. एक कण्ठ विषपायी, पृ. 11
18. एक पुरुष और पृ. 32
19. इला और अमिताभ, पृ. 13
20. कुरुक्षेत्र के नये परिप्रेक्ष्य में पृ. 77
21. नरेश मेहता का दूसरा सप्तक, पृ. 125
22. वही, पृ. 126 से 128 तक
23. वही, पृ. 24
24. प्रवाद पर्व पृ. 45
25. संशय की एक रात, पृ. 9
26. महाप्रस्थान पृ. 33
27. अंधायुग पृ. 77
28. संशय की एक रात पृ. 53

29. महाप्रस्थान, पृ. 30
30. एक कण्ठ विषपायी, पृ. 85
31. शम्बूक, पृ. 34
32. संशय की एक रात पृ. 57
33. शम्बूक पृ. 18
34. प्रवाद पर्व पृ. 73
35. कनुप्रिया, पृ. 32
36. महाप्रस्थान, पृ. 32
37. कनुप्रिया, पृ. 16
38. संशय की एक रात पृ. 76
39. डॉ. सारनाथ सिंह- कबीर एक विवेचन, पृ. 200
40. डॉ. बड़थ्वाल – हिन्दी काव्य में निर्गुणधारा पृ. 337
41. प्रतीयते प्रत्येचिवा इति प्रति नई + अलीकाद पश्येति ईकन प्रत्येन साधु
42. अमरकोश, श्लोक संख्या 470
43. डॉ. कैलाश बाजपेयी- आधुनिक हिन्दी कविता में शिल्प, पृ. 75
44. डॉ. जनक शर्मा, गजानन्द माधव मुक्तिबोध-व्यक्तित्व और कृतित्व, पृ. 36
45. हिन्दी साहित्य कोष, पृ. 47
46. बोलने दो चीड़ को, पृ. 44
47. संशय की एक रात पृ. 47
48. संशय की एक रात पृ. 92
49. महाप्रस्थान, पर्व से उद्धृत
50. महाप्रस्थान, पृ. 74
51. वही, पृ. 96
52. महाप्रस्थान, पृ. 99-100
53. अंधायुग, पृ. 16
54. कनुप्रिया पृ. 73
55. वही पृ. 60
56. एक कण्ठ विषपायी, पृ. 93
57. आत्मजयी पृ. 79
58. शम्बूक, पृ. 99
59. वही,द पृ. 79
60. वही, पृ. 84
61. एक पुरुष और, पृ. 45
62. वही, पृ. 57

63. वही, पृ. 57
64. इला और अमिताभ पृ. 48
65. डॉ. देवेश ठाकुर – नयी कविता के साथ, पृ. 85
66. डॉ. कान्ति कुमार- नयी कविता, पृ. 239
67. तारसप्तक, पृ. 278
68. वही, पृ. 278
69. धूप का धान- तैतीसवीं वर्षगांठ, पृ. 48
70. कवि निराला, आचार्य नन्द दुलारे बाजपेयी, पृ. 130
71. साहित्य रूप, डॉ. राम अवध द्विवेदी, पृ. 273
72. संस्कार, श्रीपाल सिंह 'क्षेम', पू. छायावाद सं. उदयभानु सिंह, पृ. 170
73. रामधारी सिंह दिनकर-चक्रवात भूमिका, पृ. 72
74. लिटरेरी एसेज आफ एजरा पाउण्ड, पृ. 17
75. ड्राइडन द पोइट्रिक इमेज, पृ. 25
76. अज्ञेय-बूंद टपकी एक नभ से पृ. 13
77. बावरा अहेरी पृ. 16
78. अरी ओ करुणा प्रभामय, पृ. 71
79. चिन्तामणि, पृ. 228
80. एनसाइक्लोपीडिया ब्रिटेनिका वोल्यस पृ. 328
81. शाटर आक्सफोर्ड डिक्शनरी
82. चैम्बर्स ट्वन्टिएथ सेन्चुरी डिक्शनरी.
83. वेवस्टर्स थर्डन्यू इण्टरनेशनल डिक्शनरी
84. डॉ. हरिचरण शर्मा- आलोचना और सिद्धान्त, पृ. 261
85. सुलेखा शर्मा, काव्य शिल्प के आयाम, पृ. 63
86. सुजान के लेंगर, प्राब्लम्स आफ आर्ट, पृ. 132
87. टी.ई.एम. स्पेक्यू लेसंस, पृ. 28
88. कॉलरिज को टेड बाई रिच इन दीज बुक, कॉलरिज आन इमेजीनेशन, पृ. 34
89. डॉ. केदारनाथ सिंह, आधुनिक हिन्दी कविता में बिम्ब विधान, पृ. 84.
90. मॉडर्न एजुकेशनल साइकोलॉजी, बी.एन. जा, पृ. 32
91. काव्य बिम्ब, डॉ. नगेन्द्र पृ. 5 92.
92. उदयभानु सिंह, छाया, पृ. 134
93. नामवर सिंह, छायावाद पृ. 177
94. डॉ. नगेन्द्र - साधना के नये आयाम पृ. 121
95. डॉ. प्रतिभा कृषावल- छायावाद काव्य शिल्प, पृ. 280
96. डॉ. नगेन्द्र बिम्ब पृ. 17

97. नयी कविता- पृष्ठभूमि स्वरूप और विकास, पृ. 14
98. डॉ. रविनाथ सिंह, नयी कविता की भाषा पृ. 238
99. नयी कविता अंक-2 (1955) पृ. 38
100. शमशेर कुछ और कवितायें
101. डॉ. हरदेव बाहरी-वृहत अंग्रेजी हिन्दी कोश, भाग-1
102. धर्मयुग पृ. 17
103. गिरिजा कुमार माथुर, आलोचना, पृ. 132, 133 104.
104. डॉ. पुत्तू लाल शुक्ल, आधुनिक हिन्दी काव्य में छन्द योजना पृ. 473
105. पल्लव की भूमिका
106. दिनकर परशुराम की प्रतीक्षा पृ. 30
107. डॉ. नगेन्द्र रीतिकाव्य की भूमिका, पृ. 117
108. वही, पृ. 195
109. मैथिलीशरण गुप्त भारत भारती, पृ. 5
110. डॉ. धर्मवीर भारती, अंधा युग, पृ. 29
111. वही, पृ. 43
112. वियोगी रि पृ. 65
113. मैथिलीशरण गुप्त पृ. 85
114. वही, पृ. 55
115. गुप्त जी- नहुष चतुर्थावृत्ति, पृ. 117
116. डॉ. गया सिंह- तुलसी काव्य की लोकतात्विक संरचना पृ. 155
117. मैथिलीशरण गुप्त, पंचवटी, पृ. 51
118. साहित्यिक मुहावरा-लोकोक्ति कोश हरिवंश राय शर्मा, पृ. 10-11
119. हिन्दी मुहावरा कोष 1993 वि. राम नारायण लाल, प्रयाग, चौथा संस्करण, पृ. 1
120. डॉ. सूर्य प्रकाश काव्य में लोकोक्तियों और मुहावरों का सौन्दर्य पृ. 45
121. वही पृ. 47
122. डॉ. नगेन्द्र रीतिकाव्य की भूमिका, पृ. 117
123. लौंजाइन्स डॉ. नगेन्द्र रीतिकाव्य की भूमिका, पृ. 195
124. मैथिलीशरण गुप्त भारत भारती, पृ. 5
125. डॉ. उमाकान्त –मैथिलीशरण गुप्त, कवि तथा सांस्कृतिक आख्याता, पृ. 345

सप्तम अध्याय

उपसंहार

1. आधुनिक युद्ध प्रबन्ध काव्यों की प्रासंगिकता
2. निष्कर्ष तथा उपलब्धियाँ

अध्याय-सप्तम

उपसंहार

1. आधुनिक युद्ध प्रबन्ध काव्यों की प्रासंगिकता

रीतिकाल की श्रृंगारी वीथिकाओं से निकल कर कविता आधुनिक काल में प्रविष्ट हुई। इस काल का प्रादुर्भाव भारतेन्दु युग से माना जाता है। यह काल विशेष रूप से इसलिए भी जाना जाता है कि यहीं से नवजागरण का सूत्रपात हुआ और सामन्तवाद की समाप्ति से अंग्रेजों ने इस देश की परम्परा को भली भांति समझते हुए आधुनिकीकरण की प्रक्रिया प्रारम्भ की।

एक ओर भारतेन्दु युग में जहाँ काव्य की स्रोतस्विनी प्रवाहित हुई तो दूसरी ओर गद्य के क्षेत्र में भी (उपन्यास, निबन्ध, कहानी, नाटक) अभूतपूर्व प्रगति हुई। अस्तु जनचेतना को जागृत करने का अथक प्रयत्न करता हुआ तथा युगीन परिस्थितियों को दृष्टि में रखता हुआ आधुनिक काल का साहित्य विविध विधाओं का युग रहा है।

काव्य के क्षेत्र में यहाँ प्रबन्ध काव्यों का भी सृजन हुआ। यदि हिन्दी साहित्य के इतिहास पर दृष्टि डालें तो आदिकालीन काव्य धारा से लेकर अद्यतन युद्ध प्रसंग अवश्य रहे हैं।

हिन्दी से पूर्व संस्कृत साहित्य के अन्तर्गत रामायण, महाभारत, किरातार्जुनीयम्, नैषधीयचरितम् आदि में युद्ध प्रसंगों का अवतरण हुआ है।

भक्ति काल में जायसी कृत पद्मावत, तुलसीकृत रामचरितमानस आदि में युद्ध के वातावरण का सजीव चित्रण किया है।

काव्य-प्रवृत्तियों के अपवाद स्वरूप रीतिकाल में भूषण और लाल का काव्य स्मरणीय है।

इसी क्रम में आधुनिक युगीन प्रबन्ध काव्यों में यह तथ्य स्पष्ट करने का सफल प्रयास किया गया है कि समाज में जब तक वर्ग भेद, वैषम्य रहेगा, युद्ध बना रहेगा। इस काल की रचनाओं में सामाजिक जीवन के अनेकानेक प्रश्नों को युद्ध की स्थितियों के माध्यम से उद्घाटित किया गया है।

इस कथन के परिप्रेक्ष्य में मैथिलीशरण गुप्त, जयभारत और विष्णुप्रिया, दिनकर कृत कुरुक्षेत्र, और रश्मिरथी, नरेन्द्र शर्मा कृत उत्तरजय, कुंवर नारायण कृत आत्मजयी, नरेश मेहता रचित संशय की एक रात में द्वन्द्वात्मक स्थितियां चित्रित की गयी हैं।

संस्कृत का सम्बन्ध आत्मा से होता है। यह संस्कृति जहाँ इतिहास के रूप में हमारे लिये प्रेरणा और पृष्ठभूमि बनती है वहीं वर्तमान चेतना के स्पन्दन से जीवन भी बनती है। हमारे कवियों ने संस्कृति के उदात्त अतीत को ग्रहण करते हुए वर्तमान जीवन के द्वन्द्वात्मक संदर्भों से जोड़ने और अभिव्यक्त करने का प्रयास किया है। इस प्रयास को पंचवटी, यशोधरा, कामायनी, राम की शक्ति पूजा, कुरुक्षेत्र, रश्मिरथी, नकुल, जयभारत, उन्मुक्त आर्यावर्त आदि में देखा जा सकता है।

इन सभी रचनाओं में वर्तमान जीवन के प्रश्नों पर दृष्टिपात किया गया है। आधुनिक राष्ट्रीय संदर्भों में ये रचनायें अत्यधिक महत्वपूर्ण हैं, इनमें युद्ध की अनिवार्यता, त्याग, बलिदान, विभीषिका और मानवीय करुणा का समन्वित स्वरूप परिलक्षित होता है।

आधुनिक युग के प्राय: अधिकांश कवियों ने आधुनिकता को आधुनिक मानववाद के साथ जोड़ा है। समस्त उपेक्षितों, लघु-मानव को नयी सहानुभूति परक दृष्टि से देखा गया है। केवल आदर्शपरक दृष्टिकोण से नहीं वरन् मानव के उस यथार्थ की अभिव्यक्त की गयी है जिसे वह भोग रहा है, जी रहा है, कवियों के द्वारा मानवीय सामाजिक प्रश्नों को उद्घाटित किया गया है किन्तु परम्परा का त्याग ये कवि नहीं कर सके हैं।

इन कवियों ने व्यक्ति की पीड़ा को समाज के परिप्रेक्ष्य में उभारा गया है। दुविधा में रहते हुए मानव संशयग्रस्त होता है, उसका मन संकल्प विकल्प में डूबता उतराता है। युद्ध के होने से मानव हमेशा भयाक्रान्त होता है और शान्ति की कामना करता है।

आज भी मानव-समाज युद्धों की छाया में जी रहा है फिर भी हमारे देश की संस्कृति पराजय, हताशा के अनुकूल नहीं है। क्योंकि पराजय संचारी चेतना है वह स्थायी नहीं होती। आस्था का लाभ और शान्ति और अहिंसा का संदेश देने वाली भारतीय संस्कृति युद्धोन्मुखी नहीं रही। आधुनिक कवियों ने युद्ध की विभीषिका को दिखाते हुए भी समाज में शान्ति और सौख्य की ही कामना की है तथा विद्रूपताओं का अंकन करते हुए नवीन मानव मूल्यों की प्रतिष्ठा की है।

राम भी मानवता की हत्या द्वारा प्राप्त विजय को स्वीकार नहीं करते। वे जीवन मूल्यों के उदात्त स्वरूप चाहते हैं। महाभारत में युधिष्ठिर भी धर्म का उदात्त रूप ही समाज में प्रतिष्ठित करना चाहते हैं।

मानव सभ्यता में युद्ध एक शाश्वत प्रश्न है। भारतीय संस्कृति में क्षात्र-धर्म हेतु यह आवश्यक भी माना गया है। जब हिंसा से आपूरित विरोधी समझाने पर भी न्याय व धर्म की बात नहीं सुनता और दुर्योधन की भांति 'जानामि धर्मं न च में प्रवृत्ति' का कथन करता है तब इन्हीं परिस्थितियों में युद्ध करना अर्जुन (पाण्डव पक्ष) की हृदय से विवशता तथा कर्म से दायित्व बन जाता है।

रामायण, महाभारत युद्ध काव्य हैं। गीता में कृष्ण की अमृतमयी वाणी युद्ध भूमि में ही निःसृत हुई है। शौर्य के कारण ही वसुन्धरा वीरभोग्या कही जाती है।

पूर्वकाल में शान्ति स्थापन के लिए युद्ध हुए किन्तु अब काल व देश के सापेक्ष्य में दो-दो महायुद्धों ने विनाशकारी वातावरण सृजित कर दिया है।

हिन्दी के आधुनिक प्रबन्ध काव्यकारों ने युद्ध और उसकी समस्याओं पर विचार किया हैं। निराला ने राम की शक्ति पूजा में शक्ति की मौलिक कल्पना करते हुए राम की मन:स्थितियों का मनोवैज्ञानिक चित्र उपस्थित किया- 'अन्याय जिधर है उधर शक्ति' ऐसा विचार मन में आ गया। कुरुक्षेत्र, रश्मिरथी (दिनकर), अन्धायुग (डॉ. धर्मवीर भारती), एक कंठ विषपायी (दुष्यन्त कुमार), आर्यावर्त (मोहन लाल महतो वियोगी), संशय की एक रात (नरेश मेहता) आदि आधुनिक युग की विशिष्ट युद्ध विषयक रचनाएं हैं।

युद्ध के प्रश्नों को उठाते हुए उपरिलिखित सभी रचनाओं में वर्तमान जीवन की विसंगतियाँ, द्वन्द्वादि, मूल्यहीनताओं का उद्घाटन किया गया है।

आज का युग विघटनकारी युग है। आज युद्ध विषयक समस्या सर्वाधिक ज्वलन्त समस्या के रूप में हमारे सामने है। कवियों के सम्मुख यह समस्या चिन्तन का विषय बनकर उभरी जिनके परिणामस्वरूप, अनेक युद्ध केन्द्रित कथ्य को लेकर रचनायें लिखी गयीं। मानवीयता के विकृतीकरण, आस्था-अनास्था के प्रश्नों को उठाते हुए आधुनिक युगीन प्रबन्ध काव्यों में युद्ध की सापेक्षता का प्रतिपादन किया गया। सभी कवियों की यह मान्यता रही है कि इस समस्या का हल व्यक्तिगत एवं सामाजिक रूप से निकलना चाहिए। युद्ध की पृष्ठभूमि पर जितने भी प्रबन्ध काव्य सृजित हुए हैं उन सभी में कोई न कोई सन्देश अवश्य है- मानवीय करुणा।

शान्ति व प्रेम, धर्म संस्थापन, सामाजिक सद्भाव आदि से ये काव्य परिपूर्ण है। इनमें जीवन के कर्तव्य भी हैं, मानव हृदय की संवेदना भी है, युयुत्सा और करुणा के भावों के मध्य द्वन्द्व योजना भी है।

संस्कृत में भरतमुनि ने काव्य लक्षण देते हुए- 'मृदुललित पदाढ्यंगूढ़शब्दार्थहीनम्' के साथ ही उसे 'जनपद सुखभोग्यं' स्वीकार किया, तो भामह ने शब्दार्थो सहितौ काव्यम् की घोषणा की, मम्मट वाक्यम् रसात्मकं काव्यम् की बात करते हैं, तो विश्वनाथ 'रमणीयार्थ प्रतिपादक: शब्द: काव्यम्।

हिन्दी साहित्य के प्रसिद्ध समीक्षक एवं निबंधकार आचार्य रामचन्द्र शुक्ल हृदय की मुक्तावस्था को रस दशा बताते हुए मानव की वाणी के शब्द विधान को कविता मानते हैं।

अस्तु! काव्य उद्दाम अनुभूति की सहज एवं निश्छल अभिव्यक्ति है।

काव्य के दो भेद है- मुक्तक एवं प्रबन्ध! प्रस्तुत शोध कार्य में प्रबन्ध काव्य पर ही दृष्टि रखी गयी है क्योंकि शोध प्रबन्ध को 'आधुनिक युद्ध प्रबन्ध काव्य' के आधार पर पूर्ण किया गया है।

संस्कृत साहित्य हो या हिन्दी सभी में प्रबन्ध काव्यों के अन्तर्गत युद्ध के चित्र मिल ही जाते हैं- रामायण, पृथ्वीराज रासो, आल्हखण्ड, पद्मावत, रामचरितमानस से लेकर आधुनिक युग के प्रबन्ध काव्यों में युद्ध के प्रसंगों की सर्जना हुई है। इनमें जयद्रथ वध, कुरुक्षेत्र, रश्मिरथी, आर्यावर्त, संशय की एक रात, अन्धा युग, उन्मुक्त, हल्दीघाटी, इत्यादि विशेष रूप से उल्लेखनीय हैं।

2. निष्कर्ष एवं उपलब्धियाँ

आधुनिक युग में युद्ध की विभीषिका और भी बढ़ गयी है। वैज्ञानिक उपकरणों के दिन प्रतिदिन आविष्कारों ने संसार को छोटा कर दिया है। विश्व के किसी भी कोने में उठती हुई युद्ध की चिंगारी सम्पूर्ण सृष्टि को नष्ट कर सकती है। इस आशंका से कवि निरन्तर चिन्तित हैं क्योंकि चाहे विजय हो अथवा पराजय, सबमें पीड़ा ही होती है।

प्राय: सभी प्रबन्ध काव्यों के कथानक पौराणिक या ऐतिहासिक है। इन कवियों ने पौराणिक कथानकों के विशेष प्रभावकारी, मार्मिक प्रसंगों का ही चयन किया, तथा आधुनिक युगीन चेतना के विभिन्न आयामों को उद्घाटित करने का सफल प्रयास किया। नवीन प्राचीन पीढ़ी के मध्य टकराव, अनास्था, संशय ग्रस्तता, विवशता, वर्तमान समय की मूल्यहीनता को उठाया गया है। आधुनिक युगीन रचनाकारों ने अपनी रचनाओं के माध्यम से समाज के वैषम्य विसंगति, और विरूपता को चित्रित किया है। युद्ध के परिप्रेक्ष्य में इन कवियों द्वारा देश की ज्वलन्त घटनाओं समस्याओं का जीवन्त चित्र प्रस्तुत किया गया है। संस्कृति के उदात्त तत्वों के प्रति आस्था रखने वाले इन सभी कवियों ने घटनाओं, अवस्थाओं और विभिन्न समस्याओं को वृहत् मानवीय मूल्यों, संवेदनाओं ओर संदर्भों से सम्बद्ध कर दिया हैं। प्राय: अधिकांश रचनाओं में युद्ध की अनिवार्यता, शान्ति के प्रयास हेतु त्याग एवं बलिदान आदि चित्रित हुए हैं।

शिल्प की दृष्टि से सभी युद्ध प्रबन्ध काव्य स्तरीय हैं। इन सभी प्रबन्ध रचनाओं में शब्द संयोजन अपूर्व है। क्योंकि कवियों को यह भली भांति ध्यान रहा है कि शब्दों के उचित प्रयोग न होने से कविता निश्चित रूप से शिथिल हो जाती है। नरेश मेहता आदि ने देशज शब्दों के प्रयोग से भाषा सौन्दर्य में अभिवृद्धि की हैं साथ ही नाटकीय शैली का भी यत्र-तत्र प्रयोग दृष्टव्य है। इसके अतिरिक्त बिम्ब, प्रतीक, योजना, सूक्ति, लोकोक्ति तथा मुहावरे सभी ने समन्वित सहयोग देकर आधुनिक युगीन युद्ध प्रबन्ध कार्यों को नयी चेतना प्रदान की है। अस्तु निष्कर्षत: कहा जा सकता है कि आधुनिक युद्ध प्रबन्ध काव्यकारों की रचनाओं में युगीन चेतना, शक्तिमत्ता और प्रजातांत्रिक शक्तियों के सम्बन्ध का निरूपण किया गया है।

मानव की हित की भावना, शान्ति, प्रेम, और सद्भावना के प्रसार का संदेश इन काव्यकारों ने दिया है और यह भी स्पष्ट किया है कि जब मूल्य क्षरण का आधिक्य हो जाता है तब युद्ध की स्थिति बन जाती है, समाज का विघटन होने लगता है, उसका विकास अवरुद्ध हो जाता है। तब मूल्यों के संरक्षण हेतु ऐसे युद्ध प्रबन्ध कार्यों का सृजन हुआ है जो युगीन उत्कर्ष मानव जीवन को प्रबोध देने, शक्ति प्रदान करने, शान्ति सद्भाव, करुणा एवं अहिंसा का संदेश देने के लिए लिखे गये।

अस्तु! आज के इस अणु-युग में शान्ति की खोज परमावश्यक है, जिसके लिए युग-युग से मानव प्रयत्नशील रहा है। विशेषत: आज का समय संत्रास, घुटन, तनाव और नैराश्य का है, संवेदनहीनता बढ़ती जा रही है, ऐसे विषम समय के ज्वलन्त प्रश्नों को उठाते हुए आधुनिक युगीन युद्ध प्रबन्धों में नायकों के द्वारा सामाजिक शान्ति स्थापना की बात की गयी है, किन्तु क्या युद्धों के होने से शान्ति हो पाएगी? परिवर्तित परिस्थितियों में आज मनुष्य, धर्म, नीति और अध्यात्म से विमुख हो चुका है। संहारक विज्ञान, युद्ध की विभीषिकाओं, क्षुद्र राजनीति ने मनुष्य के व्यक्तित्व को विघटित कर दिया है। जीवन में उदात्त मूल्यों की कमी हो रही है।

उपर्युक्त विवेचन के आधार पर हम निष्कर्षत: यह कह सकते हैं कि हिन्दी के आधुनिक युगीन प्रबंध काव्यों में निहित जीवन संदेश उन मूल्यों का बोध कराते हैं जिनके द्वारा व्यक्ति अपने खण्डित संशययुक्त और भ्रमित जीवन में सुख-शान्ति की सांस ले सके। असमी प्रबन्ध काव्यों में मानवीय दृष्टिकोण की विद्यमानता रही है साथ ही यह भी संदेश दिया है कि आज शासक को रावण या कंस की भांति दुराग्रही, प्रजापीड़क नहीं होना चाहिए न ही प्रजा से उसके अधिकार छीनने चाहिए क्योंकि निरंकुश इतिहास मानवीय प्रगति में बाधक बन जाता है।

समग्रत: कहा जा सकता है कि आधुनिक युद्ध प्रबन्ध काव्यों में युगीन चेतना, शान्ति, सद्भाव, मूल्य रक्षा की बात को रखकर समकालीन समस्याओं को उभारा गया है इसलिए इन रचनाओं के द्वारा कवियों ने पौराणिक आख्यानों से उन मार्मिक प्रसंगों का ही चयन किया है जो आज के संदर्भों में मनुष्य को वे सन्देश दे सकें जो क्षरित हो रहे मानव-मूल्यों की पुनर्स्थापना कर सकने में समर्थ हों।

सन्दर्भ ग्रन्थ सूची

सन्दर्भ ग्रन्थ-सूची

1. अज्ञेय- प्रकृति काव्य, काव्य प्रकृति ले. संजय कुमार
2. आधुनिक हिन्दी काव्य की प्रवृत्तियाँ- डॉ. ओम प्रकाश शर्मा, वोहरा प्रकाशन, जयपुर (राजस्थान)
3. आधुनिक काव्य संकलन- डॉ. यतीन्द्र तिवारी, प्रकाशक-साहित्य निकेतन, प्रथम संस्करण, 2005
4. आधुनिक हिन्दी साहित्य की मानवतावादी भूमिकाएं- डॉ. भगवानदास वर्मा
5. आधुनिक काव्य संकलन-डॉ. यतीन्द्र तिवारी, प्रकाशन–साहित्य रत्नालय संस्करण 2007
6. आधुनिक हिन्दी प्रबन्ध काव्यों का रसशास्त्रीय विवेचन-डॉ. भगवान लाल साहनी
7. आधुनिक साहित्य सृजन और समीक्षा-श्री नन्द दुलारे बाजपेयी, प्रकाशक-दि मैकमिलन कम्पनी आफ इण्डिया लि. , नई दिल्ली संस्करण-1978, कलकत्ता, बम्बई, मद्रास समस्त विश्व में सहयोगीक्रम
8. आधुनिक बोध और आधुनिकीकरण-रमेश कुन्त मेघ, अक्षर प्रकाशन, दिल्ली, प्रथम संस्करण 1969
9. आधुनिक हिन्दी काव्य प्रवृत्तियाँ- करुणापति त्रिपाठी, प्रकाशन-हिन्दी पुस्तकालय वाराणसी, प्रथम संस्करण-1967
10. आधुनिक हिन्दी साहित्य-राम गोपाल सिंह चौहान, विनोद प्रकाशन पुस्तक मंदिर आगरा
11. आधुनिक हिन्दी साहित्य का विकास- श्रीकृष्ण लाल, प्रथम संस्करण 1965, प्रकाशन-हिन्दी परिषद प्रकाशन, प्रयाग विश्वविद्यालय, प्रयाग।
12. आधुनिक हिन्दी साहित्य का विकास- श्रीकृष्ण लाल, तृतीय संस्करण 1952, प्रकाशन-हिन्दी परिषद प्रकाशन, प्रयाग विश्वविद्यालय, प्रयाग।
13. आधुनिक हिन्दी काव्य और संस्कृति, डॉ. भक्तराज शास्त्री, चन्द्रलोक प्रकाशन
14. आधुनिक हिन्दी साहित्य : विविध आयाम, डॉ. बी.के. अब्दुल जलील, वाणी प्रकाशन, 21-ए, दरियागंज, नई दिल्ली
15. आधुनिक प्रबन्ध काव्य संवेदना के धरातल- विनोद गोदरे।

16. आधुनिक हिन्दी साहित्य की मानवतावादी भूमिकाएँ-डॉ. देवेश ठाकुर, मीनाक्षी प्रकाशन, मेरठ सिटी।
17. आधुनिक खण्ड काव्यों में युग चेतना- डॉ. एन.डी. पाटिल, प्रकाशन रामेन्द्र तिवारी, अतुल प्रकाशन प्रथम संस्करण, 1994
18. आधुनिक हिन्दी कविता में उर्दू के तत्व-डॉ. नरेश, राजपाल एण्ड सन्स कश्मीरी गेट, दिल्ली।
19. आधुनिक महाकाव्य-विश्वम्भर मानव, प्रकाशन साहित्य भवन प्रा.लि. जीरो रोड, इलाहाबाद, प्रथम संस्करण 1975
20. आधुनिक हिन्दी साहित्य का विकास-डॉ. श्रीकृष्ण लाल, हिन्दी परिषद प्रकाशन, इलाहाबाद, प्रथम संस्करण 1965
21. आत्मजयी-कुँवर नारायण, भारतीय ज्ञानपीठ प्रकाशन
22. आधुनिक हिन्दी काव्य प्रवृत्तियाँ-करुणापति त्रिपाठी, वाराणसी प्रकाशन, 1967
23. काव्यशास्त्र- डॉ. भागीरथी मिश्रा, विश्वविद्यालय प्रकाशन, वाराणसी, संस्करण, 1984
24. काव्यांजलि- अधिकृत प्रकाशन सिंघल, फैजाबाद रोड, लखनऊ
25. काव्य का रूप- डॉ. गुलाब राय प्रकाशन आत्माराम एण्ड सन्स, नई दिल्ली संस्करण 1970
26. 'कुरुक्षेत्र' नये परिप्रेक्ष्य में- विनोद कुमार मंगलम प्रकाशन-सुमित प्रकाशन, संस्करण 2000
27. 'कुरुक्षेत्र'- रामधारी सिंह दिनकर, प्रकाशन-अजन्ता प्रेस लिमिटेड, पटना, बिहार, 1946
28. डॉ. उमाकान्त, मैथिलीशरण गुप्त कवि तथा संस्कृति के आख्याता, नेशनल पब्लिशिंग हाउस, दिल्ली। द्वितीय संस्करण 1964
29. डॉ. ईश्वर दत्त- हिन्दी भाषा और साहित्य, गरिमा प्रकाशन, शिवराम कृपा, मयूर पार्क, बसन्त बिहार, संस्करण 2007
30. तुलसी और उनका काव्य- पं. राम नरेश त्रिपाठी, राजपाल एण्ड सन्स, दिल्ली।
31. दिनकर- सावित्री सिन्हा, प्रकाशक-ओम प्रकाशन, राधाकृष्ण अंसारी रोड, दरियागंज, दिल्ली-6
32. दिनकर- सृष्टि और दृष्टि ले. छोटे लाल दीक्षित, प्रकाशक अभिलाषा प्रकाशन, 107/280 ब्रह्मनगर, कानपुर संस्करण 1978

33. दिनकर की काव्य साधना-ले. मुरलीधर श्रीवास्तव, प्रकाशक श्री अजन्ता प्रेस, पटना बिहार, सं. 1951
34. दुष्यन्त कुमार और उनका साहित्य-ले. हरिचरण शर्मा 'चिन्तक' प्रकाशक- प्रमोद प्रकाशन, शाखा राजेश्वरी मार्ग, कोठी नं. 14 शिवपुरी (म.प्र.) प्रथम संस्करण 1982
35. धर्मवीर भारती 'अंधायुग'- किताब महल, इलाहाबाद, षष्ठम सं. 1973
36. नई कविता का रूप- ले. डॉ. रेनू दीक्षित, सरस्वती प्रकाशन, नौबस्ता कानपुर सं. प्रथम-2009
37. नई कविता के प्रबंध काव्य शिल्प और जीवन दर्शन-ले. उमाकान्त गुप्ता, प्रकाशक-वाणी प्रकाशन, नई दिल्ली-11, प्रथम संस्करण 1985
38. नई कविता और नरेश मेहता- लेखक-डॉ. विमला
39. नई कविता– 'सीमाएं और संभावनाएं'– ले. गिरिजा कुमार माथुर, प्रकाशक-नेशनल पब्लिशिंग हाउस, दिल्ली-प्रथम संस्करण 1972
40. नया सृजन नया बोध- ले. कृष्ण दत्त पालीवाल, प्रकाशक-राजेश पुस्तक केन्द्र, गीता कालोनी, गाँधी नगर, दिल्ली प्रथम संस्करण-1975
41. नई कविता की प्रबन्ध चेतना-ले. महावीर सिंह चौहान, प्रकाशक गिरिनार प्रकाशन, पिलानीगंज महेसाना (उ. गुजरात) प्रथम संस्करण 1987
42. हिन्दी साहित्य का संक्षिप्त इतिहास-नन्द दुलारे बाजपेयी, प्रकाशक वाणी प्रकाशन, दरियागंज, नई दिल्ली, सं. 1985
43. नरेश मेहता का काव्य- संवेदना और शिल्प, प्रकाशक आराधना ब्रदर्स, 124/152 सी. ब्लाक गोविन्द नगर, कानपुर, प्रथम संस्करण 1980
44. नरेश मेहता का काव्य विमर्श और मूल्यांकन-लेखक प्रभाकर शर्मा
45. परशुराम की प्रतीक्षा- रामधारी सिंह दिनकर, प्रकाशक-केदारनाथ सिंह उदयांचल, राष्ट्र कवि दिनकर पथ, राजेन्द्र नगर, पटना, सं. 1964
46. बीसवीं शती की सामाजिक चेतना ले. डॉ. सोमनाथ शुक्ला, प्रकाशक- आशीष प्रकाशन, कानपुर, प्रथम संस्करण 1998
47. भारतीय संस्कृति-लेखक डॉ. देवराज, प्रकाशन सूचना विभाग, उत्तर प्रदेश।
48. महादेवी का काव्य कला और दर्शन एक सम्यक अनुशीलन- लेखक डॉ. रश्मि दीक्षित, प्रकाशक-केन्द्रीय हिन्दी संस्थान, आगरा, प्रथम संस्करण, 1999
49. महाभारत का आधुनिक हिन्दी काव्यों पर प्रभाव- लेखक विनय, प्रकाशक-सन्मार्ग प्रकाशन, 16 यू.बी. बंगाली रोड, दिल्ली-7

50. मैथिलीशरण गुप्त-भारत भारती, चिरगांव
51. मैथिलीशरण गुप्त-साकेत, ले. डॉ. हनुमान दास गुप्त, प्रकाशक- मंजू प्रकाशन, प्रथम संस्करण 1970
52. मोहन लाल महतो 'वियोगी'- आर्यावृत, सीए-5/110 देशबंधु नगर, बबूल घाटी, कलकत्ता-59
53. रामधारी सिंह दिनकर का काव्य अनुशीलन- ले. डॉ. बिन्दु प्रकाशक-कला प्रकाशन, बी-33/31-ए-1 न्यू साकेत कालोनी 190 एच.यू. वाराणसी संस्करण-2002
54. रामचन्द्र शुक्ल प्रतिनिधि संकलन, ले. निर्मला जैन
55. रश्मिरथी-ले. रामधारी सिंह दिनकर, प्रकाशक-अजन्ता प्रेस, पटना बिहार, सं. 1952
56. रावी तट- डॉ. अरुण प्रकाश अवस्थी, मौरांवा, उन्नाव (उ.प्र.)
57. शोध दिशा- डॉ. गिरिराज शरण अग्रवाल
58. शोध अंक-8, डॉ. मीना अग्रवाल संस्करण जुलाई-दिसम्बर 2009
59. संस्कृत साहित्य का इतिहास, ले. सेठ कन्हैया लाल पोद्दार, प्रकाशक- नागरी प्रचारिणी सभा, वाराणसी, तृतीय संस्करण संवत् 2030
60. स्वातंत्र्योत्तर हिन्दी काव्य में जीवन मूल्य–खण्ड द्वितीय, ले. डॉ. भारत कुमार सिंह
61. संस्कृत साहित्य का सरल इतिहास-ले. डॉ. रणजीत शर्मा
62. साकेत महाकाव्य-ले. मैथिली शरण गुप्त
63. हिन्दी साहित्य का इतिहास-डॉ. चेतक एवं प्रो. राज कुमार शर्मा, कालेज बुक डिपो, जयपुर, नई दिल्ली, मुम्बई
64. हिन्दी के प्रगतिशील और समकालीन कवि- डॉ. रणजीत, साहित्य रत्नालय, संस्करण 2001, 37/50 गिलिस बाजार कानपुर
65. हिन्दी साहित्य का इतिहास (आदिकाल)-डॉ. हरवंश लाल शर्मा, शेखर शर्मा
66. हिन्दी साहित्य का संक्षिप्त इतिहास-आचार्य नन्द दुलारे बाजपेयी, संस्करण-1985 वाणी प्रकाशन, दरियागंज, नई दिल्ली द्वारा प्रकाशित
67. हिन्दी साहित्य का इतिहास- डॉ. हरिचरण शर्मा, प्रकाशन-माया, प्रथम संस्करण 2005, जयपुर, उदय सिंह मार्केट त्रिपोलिया बाजार, कानपुर ।
68. हिन्दी साहित्य का इतिहास-आचार्य रामचन्द्र शुक्ल, प्रकाशन- नागरी प्रचारिणी सभा, काशी संस्करण, संवत्, 2029

69. हिन्दी साहित्य का दूसरा इतिहास- डॉ. बच्चन सिंह, प्रकाशन-राधाकृष्ण प्रकाशन प्रा.लि. 2/38 अंसारी मार्ग, दरियागंज, नई दिल्ली-110002, संस्करण 1996
70. हिन्दी साहित्य के इतिहास की सामग्री-डॉ. शिवकुमार शर्मा
71. हिन्दी का साहित्य शास्त्र-रामचन्द्र कौशिक कृष्ण चन्द्र गुप्त, प्रकाशक-भावना प्रकाशन, 174-सी, संस्करण 1987 परपड़गंज, दिल्ली-110092
72. हिन्दी साहित्य के इतिहास की समस्याएं- अवधेश प्रधान
73. हिन्दी की आधुनिक प्रबन्ध कविता का पौराणिक आधार– नन्द किशोर नन्दन, प्रकाशन संस्थान, 216 श्री रामनगर शाहदरा, दिल्ली प्र.सं. 1978
74. हिन्दी के प्रगतिशील काव्य-रणजीत, पीपल्स पब्लिशिंग हाउस प्रालि, नई दिल्ली
75. हिन्दी के श्रेष्ठ काव्यों का मूल्यांकन-सं. यश गुलाटी, सूर्य प्रकाशन नई सड़क दिल्ली, प्रथम संस्करण 1969
76. हिन्दी साहित्य का इतिहास-डॉ. नगेन्द्र
77. हिन्दी काव्य में प्रगतिवाद-विजय शंकर मल्ल, प्रकाशन, सरस्वती मंदिर प्रकाशन, प्र.सं.1947
78. हिन्दी साहित्य का अतीत-विश्वनाथ प्रसाद मिश्र, दि.सं. 2023, वाणी विठान, काशी
79. हिन्दी साहित्य का वृहत इतिहास, 16 वां भाग, नागरी प्रचारिणी सभा, काशी, सं. 2017 वि.
80. हिन्दी साहित्य 20वीं शताब्दी- डॉ. नन्द दुलारे बाजपेयी, सागर स्टूडेन्ट्स बुक डिपो, 1955 ई.
81. हिन्दी रीति साहित्य-डॉ. भागीरथ मिश्र, राजकमल प्रकाशन, दिल्ली, 1973 ई.
82. साहित्य साहित्य का इतिहास-आचार्य रामचन्द्र शुक्ल, नागरी प्रचारिणी सभा, काशी-2001 ई.
83. हिन्दी महाकाव्यों का शिल्प विधान-डॉ. श्याम नंदन किशोर
84. हिन्दी महाकाव्य का स्वरूप विकास-डॉ. शंभूनाथ सिंह

हिन्दी पत्रिकाएं

1. नवनीत
2. कादम्बिनी
3. आजकल
4. साहित्य अमृत
5. वर्तमान साहित्य
6. वागार्थ

7. दास्तावेज
8. पुनर्नवा
9. हंस
10. सापेक्ष
11. हिन्दी विश्वकोष, सं. नगेन्द्र नाथ गुप्ता
12. आधारशिला
13. हिन्दी साहित्य कोष भाग-1 सं. धीरेन्द्र वर्मा
14. हिन्दी साहित्य कोष भाग-2 सं. धीरेन्द्र वर्मा
15. मधुमती
16. पहल
17. अनुरोहा
18. सम्मेलन पत्रिका (लोक संस्कृति अंक) 2020
19. जनपद पत्रिका-अक्टूबर 1952, हिन्दी
20. जनपदीय परिषद का त्रैमासिक मुखपत्र काशी
21. डॉ. विश्वनाथ प्रसाद तिवारी दस्तावेज

विशिष्ट कवियों की रचनाएं

1. रामधारी सिंह 'दिनकर'	- कुरुक्षेत्र
2. रामधारी सिंह 'दिनकर'	- रश्मिरथी
3. जयद्रथ वध	- संशय की एक रात
4. जयशंकर प्रसाद	- प्रिय प्रवास
5. दुष्यन्त कुमार	- एक कण्ठ विषपायी
6. मैथिलीशरण गुप्त	- साकेत
7. धर्मवीर भारती	- अंधायुग
8. कुँवर नारायण	- आत्मजयी
9. रामधारी सिंह दिनकर	- परशुराम की प्रतीक्षा
10. सूर्यकान्त त्रिपाठी निराला	- राम की शक्ति पूजा
11. नरेश मेहता	- संशय की एक रात

www.ingramcontent.com/pod-product-compliance
Ingram Content Group UK Ltd.
Pitfield, Milton Keynes, MK11 3LW, UK
UKHW041631190726
13854UKWH00006B/2435